Belinda Spitz

Uni-Taschenbücher 1355

UTB
FÜR WISSEN
SCHAFT

Eine Arbeitsgemeinschaft der Verlage

Birkhäuser Verlag Basel · Boston · Stuttgart
Wilhelm Fink Verlag München
Gustav Fischer Verlag Stuttgart
Francke Verlag München
Harper & Row New York
Paul Haupt Verlag Bern und Stuttgart
Dr. Alfred Hüthig Verlag Heidelberg
Leske Verlag + Budrich GmbH Opladen
J. C. B. Mohr (Paul Siebeck) Tübingen
R. v. Decker & C. F. Müller Verlagsgesellschaft m. b. H. Heidelberg
Quelle & Meyer Heidelberg
Ernst Reinhardt Verlag München und Basel
K. G. Saur München · New York · London · Paris
F. K. Schattauer Verlag Stuttgart · New York
Ferdinand Schöningh Verlag Paderborn · München · Wien · Zürich
Eugen Ulmer Verlag Stuttgart
Vandenhoeck & Ruprecht in Göttingen und Zürich

Johannes Wallmann

Kirchengeschichte Deutschlands seit der Reformation

2., durchgesehene Auflage

J. C. B. Mohr (Paul Siebeck) Tübingen

CIP-Kurztitelaufnahme der Deutschen Bibliothek

Wallmann, Johannes:

Kirchengeschichte Deutschlands seit der Reformation / Johannes Wallmann. – 2., durchges. Aufl. – Tübingen: Mohr 1985.

(UTB für Wissenschaft: Uni-Taschenbücher; 1355)

1. Aufl. im Ullstein-Verl., Frankfurt (M.), Berlin, Wien als: Kirchengeschichte Deutschlands; 2
ISBN 3-16-144902-9

NE: UTB für Wissenschaft / Uni-Taschenbücher

1. Auflage 1973 [Ullstein-Verlag, Berlin]
2. Auflage 1985 (durchgesehen)

Printed in Germany
Einbandgestaltung: Alfred Krugmann, Stuttgart

Inhalt

VIERTER ABSCHNITT: DAS 19. JAHRHUNDERT BIS ZUM 1. WELTKRIEG

FÜNFTER ABSCHNITT: DER WEG DER KIRCHE NACH DEM 1. WELTKRIEG

Vorwort

Diese *Kirchengeschichte Deutschlands seit der Reformation* erschien erstmals 1973 innerhalb der von Walther Hubatsch im Verlag Ullstein herausgegebenen Taschenbuchreihe »Deutsche Geschichte. Ereignisse und Probleme«. Sie war für einen weiteren, historisch interessierten Leserkreis bestimmt. Daß sie Verbreitung gerade unter Studierenden gefunden hat und von dieser Seite wiederholt um eine Neuauflage gebeten wurde, mag als Rechtfertigung dafür gelten, daß sie nun in neuer Gestalt in einer Reihe akademischer Studienbücher erscheint. Ich hoffe allerdings, daß sie auch im veränderten Gewand noch immer die ihr ursprünglich zugedachte Absicht erfüllen kann, Kenntnis und Verstehen neuzeitlicher Kirchengeschichte einer weiteren Leserschaft zu vermitteln.

Wie die Begrenzung auf Deutschland war mir die Begrenzung auf den Zeitraum vom Auftreten Martin Luthers bis zur Mitte des 20. Jahrhunderts von der ursprünglichen Konzeption der Reihe vorgegeben. Innerhalb dieses Zeitraums ist neben der Reformationsgeschichte der Kirchengeschichte des 19. Jahrhunderts besondere Aufmerksamkeit geschenkt worden. An einigen Stellen, z. B. beim Zweiten Vatikanischen Konzil, habe ich die mir gesetzte Grenze mit knappen Strichen überzogen.

Auch die Form der Darstellung war mir vorgegeben: kein bloßes Aufzeigen von Tendenzen und Grundzügen, sondern eine möglichst dicht am Geschehen bleibende, erzählende, dabei um Einordnung in größere Zusammenhänge bemühte Darstellung. Einen so weitschichtigen Stoff wie die neuere Kirchengeschichte in ein Taschenbuch zu zwängen, ist keine leichte Aufgabe. Viel, auch viel wichtiger Stoff, mußte draußen bleiben, wenn die Darstellung lesbar bleiben sollte. Unter dem Zwang zur Kürze habe ich – besonders gegen Ende – mitunter einen gröberen Pinsel gebrauchen und auf manche Nuancierung und Urteilsabschattung verzichten müssen.

Taschenbücher werden in der Regel keiner eingehenden Rezension gewürdigt. Um so dankbarer bin ich für die gründliche Besprechung, die Joachim Mehlhausen in »Verkündigung und Forschung« (1980) diesem Buch gewidmet hat. Die Zustimmung zu meinem Gliederungsschema, besonders zu meinem Versuch, der schwer zu überschauenden Kirchen- und Theologiegeschichte des 19. Jahrhunderts eine gliedernde Ordnung abzugewinnen, hat mich ermutigt. Hinweise auf Versehen und Fehler hoffe ich berücksichtigt zu haben.

Die Neuauflage habe ich als Chance genutzt, um außer Druckfehlern und Versehen auch Änderungen vorzunehmen da, wo die Forschung inzwischen weitergegangen ist. Freilich habe ich nicht überall meine Darstellung dem neuesten, bekanntlich nicht immer dauerhaften Forschungsstand anpassen wollen. Das Literaturverzeichnis haben Burkhard Weber und Udo Sträter unter Weglassung mancher älterer Titel auf den neuesten Stand gebracht. Beide halfen auch bei der Korrektur, wofür ich ihnen, wie auch Frau Killisch für die Schreibarbeit, meinen Dank ausspreche.

Bochum, im Januar 1985 *Johannes Wallmann*

ERSTER ABSCHNITT: DIE REFORMATION IN DEUTSCHLAND

»Reformation der Kirche« – dieser Kampfruf stammt nicht aus der Bewegung, die mit dem Wittenberger Augustinermönch Martin Luther und seinen 95 Thesen begann und im 16. Jahrhundert in Deutschland und vielen europäischen Ländern zu einer grundlegenden Neugestaltung der Kirche und zum Abfall von Rom führte. »Reformation der Kirche« – dies war die Parole der Reformbewegung des frühen 15. Jahrhunderts. Jener Bewegung, die auf den Konzilien von Konstanz (1414–1418) und Basel (1431–1449) zugleich mit der Überwindung des Schismas zwischen Rom und Avignon auch eine Erneuerung der Kirche an Haupt und Gliedern, eine »reformatio ecclesiae in capite et membris« erreichen wollte. Aber die große kirchliche Reformbewegung des Spätmittelalters war gescheitert. Der Versuch der auf dem Konzil von Basel repräsentierten abendländischen Gesamtkirche, eine universale, die ganze europäische Christenheit und das gesamte geistliche und weltliche Leben umfassende Reformation ins Werk zu setzen, wurde von Rom vereitelt. Denn durch die Reformation wäre das Papsttum aus seiner monarchischen Stellung verdrängt und das Konzil als höchste kirchliche Gewalt über das Papsttum gestellt worden. Indem das Papsttum den Angriff auf seine Machtstellung abschlug und den Konziliarismus verdammte, trug es den Gedanken der Reformation der Kirche mit zu Grabe. Für das in der zweiten Hälfte des 15. Jahrhunderts vollends verweltlichte Renaissancepapsttum, dessen Interessen sich ganz auf seinen italienischen Kirchenstaat richten, ist das Thema »Reformation der Kirche« von der Tagesordnung verschwunden. Daß es im frühen 16. Jahrhundert wieder auftaucht und nun zur Parole einer die Einheit der abendländischen Christenheit spaltenden kirchlichen Revolution wird, geht nicht zuletzt auf die Versäumnisse und Fehlschläge des Konzilsjahrhunderts zurück.

Die konziliare Reformbewegung des 15. Jahrhunderts war eine gesamteuropäische Bewegung gewesen. Ihr geistiges Zentrum lag in der Universität Paris. Die Reformation des 16. Jahrhunderts ist im Ansatz keine gesamteuropäische Bewegung mehr, sie geht allein vom Deutschen Reich, von einer recht unbedeutenden deutschen Provinzuniversität aus. Das hat seinen Hauptgrund in der letztlich unableitbaren Tatsache des Auftretens von Martin Luther. Aber niemals hätten Luthers 95 Thesen eine reformatorische Bewegung in Deutschland hervorrufen können, wenn nicht gerade hier das Verlangen nach der Reformation der Kirche so lebendig geblieben wäre wie in keinem anderen Land.

Die Wiederherstellung seiner Macht in der Mitte des 15. Jahrhunderts hatte das Papsttum mit großen Zugeständnissen an die europäischen Mächte erkauft. Es mußte zusehen, wie Frankreich in der Pragmatischen Sanktion von Bourges (1438) seine gallikanischen Freiheiten gegenüber Rom proklamierte, die Reformdekrete des Baseler Konzils übernahm, die französische Kirche ganz dem kurialen Einfluß entzog. Noch unmittelbar vor Ausbruch der deutschen Reformation hat Rom im Konkordat mit Frankreich (1516) dessen nationalkirchliche Freiheiten anerkennen müssen. Auch die beiden anderen großen Nationen Westeuropas, England und Spanien, hatten sich ein hohes Maß von Selbständigkeit gegenüber Rom erkämpft, waren auf dem Wege, die katholische Kirche in den Staat einzuordnen. Nur in Deutschland, das durch die Tradition des Heiligen Römischen Reichs besonders eng mit Rom verbunden war, hat das Papsttum seinen Einfluß wiedergewinnen und in der nachkonziliaren Ära sogar noch weiter ausbauen können. Das unter Kaiser Friedrich III. abgeschlossene Wiener Konkordat von 1448, das formell bis zum Ende des alten Reiches in Geltung blieb, machte dem Papst weitgehende Zugeständnisse und vereitelte jede Reform. Der Papst erhielt maßgeblichen Einfluß auf die Besetzung der geistlichen Stellen – mehr als die Hälfte der deutschen Stiftspfründen wurde von Rom vergeben – und er empfing außerordentlich hohe Einnahmen aus der Besteuerung der deutschen Kirche (Palliengelder, Servitien, Expektanzen, Annaten usw.). Zwar haben einzelne deutsche Fürsten in der Folgezeit günstigere Vereinbarungen mit Rom erzielt, sie haben sich ähnliche landesherrliche Kirchengewalt zusichern lassen wie die westeuropäischen Monarchen – hier liegen die Ansätze zum landesherrlichen Kirchenregiment in Deutschland. Aufs Ganze bleibt Roms Einfluß in Deutschland bedrückend stark, stärker als in Frankreich, England und Spanien. Nirgendwo in diesen Ländern hätte ein kuriales Finanzgeschäft abgewickelt werden können von der Art des die deutsche Reformation auslösenden Ablaßhandels.

Bald nach dem Abschluß des Wiener Konkordats, auf einem Frankfurter Kurfürstentag 1456, sind die »Gravamina der deutschen Nation« zusammengestellt worden, eine Sammlung der

Deutschland durch den römischen Stuhl auferlegten Beschwernisse. Die Gravamina klagen Rom an, Deutschland nur als Objekt der Ausbeutung zu betrachten. Sie beklagen die Eingriffe in die Stellenbesetzung, die finanzielle Aussaugung, die Willkür der päpstlichen Gerichtsbarkeit. »Nicht die Kirche selbst wird da angegriffen, es ist vielmehr ein einziger Schrei der Empörung gegen die Ungebühr der Regierung in Rom: Der Papst ist der Todfeind der deutschen Nation, denn er vernichtet ihren Reichtum, ihre Freiheit und ihre Ehre« (R. Stadelmann). Auf den deutschen Reichstagen immer wieder vorgetragen, am Vorabend der Reformation vom nationalbewußten deutschen Humanismus aufgenommen, haben die Gravamina ein romfeindliches Klima geschaffen, noch ehe Luther hervorgetreten ist. »Ohne die Gravamina der deutschen Nation hätte die Nation jenem ersten Ruf Luthers nicht geantwortet, wäre Luther nicht zum Reformator geworden, wäre die Reformation nicht gekommen.« (J. Lortz).

Das geistige Klima Deutschlands am Vorabend der Reformation war romfeindlich, aber es war nicht kirchenfeindlich und schon gar nicht irreligiös. Im Gegenteil: wohl nie hat kirchliches Leben in Deutschland so geblüht wie um 1500. Die Kirche ist in allen Schichten noch fraglos als die geistig führende Macht anerkannt. Die skeptischen und paganistischen Strömungen der Renaissance, die in Italien und Frankreich eine höhere Bildungsschicht von Kirche und Christentum entfremden, fanden in Deutschland kaum Wurzelboden. Der deutsche Humanismus war, von Einzelgestalten wie Conrad Celtis abgesehen, eine Bildungsbewegung, die mit ihrer Abwendung von der Scholastik und Metaphysik und ihrer Hinwendung zur Philologie und Geschichte allenfalls die Schäden von Theologie und Kirche kritisierte, doch die religiösen Grundlagen der mittelalterlichen Kirche nicht verließ. Ja, im Werk des Erasmus von Rotterdam ging der Humanismus soeben die Verbindung mit der christlichen Theologie ein, bildete sich zu einem biblischen Humanismus weiter, dessen reformerische Impulse auf eine innere Erneuerung der Christenheit im Geist des biblischen Altertums zielten, den Rahmen der bestehenden Kirche aber nirgendwo sprengten.

Die humanistische Pädagogik verband sich bei den »Brüdern vom gemeinsamen Leben« mit der von der Tradition der deutschen Mystik sich nährenden Frömmigkeit der Devotio moderna zu einer kräftigen, die Verinnerlichung des religiösen Lebens und seine praktische Bewährung im Alltag befördernden Reformbewegung, die um 1500 durch das Schulwesen der Brüder auch Einfluß auf das deutsche Stadtbürgertum gewann. Die Erfindung der Buchdruckerkunst kam überwiegend dem Bedürfnis nach religiöser Bildung zugute. Wohlfeile Erbauungsbücher erlebten hohe Auflagen. In den Städten wuchsen die spätgotischen Hallenkirchen empor, Predigtkirchen, von deren Kanzeln die großen Volksprediger – ein Geiler von Kaisersberg, ein Thomas Murner – das Volk zur Buße riefen. Zugleich blühte an den Seitenaltären der Kirchen der Bilderkult; unüberschaubar der Reichtum an christlicher Malerei und Plastik gerade aus dieser Zeit. Es wuchsen die Meßstiftungen und mit ihnen die Zahl der meßlesenden Kleriker, die in manchen Städten schon ein Zehntel der Bevölkerung ausmachten.

Unersättlich war das religiöse Bedürfnis der Menschen dieser Zeit, und es ist auffällig, daß es seine Befriedigung durchweg in dem Angebot der Kirche findet. Die großen ketzerischen Bewegungen sind um 1500 so gut wie verschwunden. Es sind die kirchlichen Formen der Wallfahrt, des Wunderglaubens und des Reliquienkults, der Heiligenverehrung und der Marienfrömmigkeit, zu denen die Menschen Zuflucht nehmen. Mönchtum und kirchliche Bruderschaften brauchen über mangelnden Zulauf nicht zu klagen. Man hat die Zeit am Vorabend der Reformation ein »Zeitalter der höchsten Steigerung der Kirchlichkeit« genannt (B. Moeller).

In dieser Atmosphäre einer aufs höchste gesteigerten Kirchlichkeit zündet nun der Blitz der 95 Thesen. Es ist ein Mann, kaum berührt vom Geist des Humanismus und vom Romhaß der Gravamina, ein von der mittelalterlichen Scholastik geprägter, um das Heil seiner Seele ringender Mönch und Professor der Theologie, von dem der größte Umbruch in der Geschichte der Kirche ausgeht. Von der kleinen kursächsischen Universitätsstadt Wittenberg aus bringt er jene Bewegung in Gang, die nun in einmaliger Weise jenes Wort von der »Reformation der Kirche« auf sich gezogen hat.

I Martin Luthers Werdegang bis zum Durchbruch der reformatorischen Erkenntnis.

Jugend

Martin Luther wurde am 10. November 1483 in Eisleben in der im südöstlichen Vorland des Harzes gelegenen Grafschaft Mansfeld geboren. Der Vater entstammte einem thüringischen Bauerngeschlecht aus Möhra bei Eisenach. Als ältester Sohn nach heimatlichem Recht nicht erbberechtigt, hatte er sich seinen Beruf in dem im 16. Jahrhundert aufblühenden Kupferbergbau gesucht. In der an Kupferminen reichen Grafschaft Mansfeld, in die Hans Luther bald nach seiner Heirat übersiedelte, ist dem strebsamen und tüchtigen Bergmann der soziale Aufstieg nicht versagt geblieben. Vom einfachen Häuer hat sich Hans Luther allmählich zu einem kleinen Unternehmer emporgearbeitet, der am Gewinn von mehreren Schächten und Hütten beteiligt war. Zur Primiz seines Sohnes konnte er 1507 die stattliche Summe von 20 Gulden der Klosterküche spenden und mit zwanzig von ihm freigehaltenen Gästen in Erfurt erscheinen. In Luthers Jugendzeit wird es noch ärmlich zugegangen sein. Mindestens neun Kinder hatte die Mutter zu versorgen, deren von Arbeit und Sorgen ausgemergeltes Gesicht, wie es Lukas Cranach gemalt hat, etwas verblaßt hinter der kraftvollen, lebensvollen Statur des Vaters.

Die Erziehung der Eltern war streng. »Ihr ernst und gestreng Leben, das sie mit mir führten, das verursachte mich, daß ich darnach in ein Kloster lief und ein Mönch wurde.« Man hat aus solchen Äußerungen auf einen unbewußten Vaterhaß des jungen Luther schließen wollen und darin das spätere Ringen um den gnädigen Gott verwurzelt gesehen. Aber wenn Luther sich der elterlichen Strenge erinnert, so macht er gar keinen Unterschied zwischen Vater und Mutter. Es ist die Mutter, von der er berichtet, sie habe ihn wegen einer Nuß so hart geschlagen, daß das Blut floß. Und gerade vom Vater hat sich ihm eingeprägt, wie, als er einmal den Sohn scheu gemacht hatte, ihm »bange war, bis er mich wieder zu ihm gewöhnte«.

Das Elternhaus pflegte eine normale kirchliche Frömmigkeit. Von besonderen religiösen Einflüssen der frühen Jugendzeit wissen wir nichts. Hans Luther wollte aus dem begabten Sohn etwas Besonderes machen, »einen Schultheiß oder was sie mehr im Dorfe haben«, später, als es ihm wirtschaftlich besser ging, einen Juristen, in welchem Stand man sich das Vertrauen eines Fürsten erringen, zu Geld und Ehren, vielleicht sogar in den Adelsstand gelangen konnte. Von der Mansfelder Lateinschule, auf der Luther sein einfaches mittelalterliches Mönchslatein gelernt hat, wurde er 1497 nach Magdeburg auf die Domschule gegeben, an der die Brüder vom gemeinsamen Leben unterrichteten, das Jahr darauf an die St. Georgenschule nach Eisenach, wo er in den frommen, der franziskanischen Frömmigkeit anhängenden Bürgerfamilien Cotta und Schalbe Aufnahme fand.

Studium und Klosterzeit in Erfurt

Zum Sommer 1501 bezog Luther die Erfurter Universität. An der niederen Fakultät begann er mit dem philosophischen Studium und erwarb zum frühestmöglichen Zeitpunkt die erforderlichen akademischen Grade (Baccalaureus 1502, Magister Anfang 1505). An der Erfurter Universität herrschte der Nominalismus des Wilhelm von Ockham, jene spätmittelalterliche Denkrichtung, die das Verhältnis von Denken und Sein problematisierte, nicht mehr die harmonische Zusammenschau von Natur und Übernatur, Vernunft und Offenbarung nachvollziehen konnte, wie sie einst Thomas von Aquin gelehrt hatte. Durch seine nominalistischen Lehrer ist Luther bereits als Philosophiestudent zur Kritik an Aristoteles und zu der von ihm lebenslang beibehaltenen scharfen Unterscheidung von Glauben und Wissen erzogen worden. Doch bleibt die Bildung in der »via moderna« des Ockhamismus noch ganz im Rahmen spätmittelalterlicher Schulmeinungen. Gerade seine Erfurter philosophischen Lehrer sind Luthers späterer Abkehr von der scholastischen Theologie nicht gefolgt.

Luther galt als ein »hurtiger, fröhlicher Gesell«, der im Kreis guter Freunde die Laute zu schlagen wußte und nach Humanistenart seinen Vergil las. Nichts deutete auf eine innere Krise hin. Da kommt, wenige Wochen nach Beginn des juristischen Studiums, für den frischgebackenen Magister die plötzliche Wende, die erste jener anschaulichen Szenen, an denen dies bewegte Leben so reich ist: auf dem Rückweg von Mansfeld wird Luther eine Wegstunde vor Erfurt, bei dem Dorf Stotternheim, vom Gewitter überrascht (2. 7. 1505). Der Blitz schlägt unmittelbar in seiner Nähe ein. Dem zu Tode Erschreckten entringt sich in höchster Angst das Gelübde:

»Hilf St. Anna, ich will ein Mönch werden!«

Es ist nicht bloße Todesangst, die dieses Gelübde entpreßt hat. Es ist die Angst vor dem schnellen, dem plötzlichen Tod, der den Menschen unvorbereitet und ungebeichtet vor den Thron des himmlischen Richters stellt: für den, der die spätmittelalterliche Frömmigkeit ernst nimmt, der furchtbarste Gedanke. Luther hat dem plötzlichen Tod kurz vorher schon einmal ins Auge geschaut. Bei einer Verwundung mit dem eigenen Degen war er fast verblutet: »Da wäre ich ... auff Mariam dahin gestorben«. Der Gedanke, Mönch zu werden, diejenige Lebensform zu wählen, die als eine ständige Buße den Menschen stets vorbereitet sein läßt, vor den himmlischen Richter zu treten, wird ihm schon durch den Kopf gegangen sein. Obwohl es ihn nachträglich gereut und seine Freunde ihm abraten, bleibt Luther bei seinem Gelübde. Am 17. Juli 1505 tritt er ins Erfurter Augustinerkloster ein. Nicht um ein Heiliger zu werden, um Vollkommenheit zu erreichen, wird Luther Mönch. Die Angst, verloren zu gehen im Gericht, hat ihn ins Kloster getrieben. Die Frage nach dem gnädigen Gott, Luthers Schicksalsfrage, ist ihm nicht erst unter dem Eindruck mönchischer Bußfrömmigkeit im Kloster gekommen.

Das Erfurter Augustinerkloster gehörte zu der strengen Richtung des nach der Augustinerregel lebenden Bettelordens, der sogenannten Observanz. Unter den zahlreichen Erfurter Klöstern hat Luther dasjenige gewählt, das als vorzüglichste Pflegestätte des asketischen Ideals galt. Zuerst für ein Probejahr als Novize aufgenommen, nach der Profeß, der Ableistung der mönchischen Gelübde, dann regelrechtes Ordensmitglied, hat Luther mit großer Gewissenhaftigkeit die Vorschriften seines Ordens befolgt. »Wahr ist's, ein frommer Mönch bin ich gewesen und habe meinen Orden so streng gehalten, daß ich sagen darf: Ist je ein Mönch in den Himmel gekommen durch Möncherei, so wollt ich auch hineingekommen sein. Das werden mir bezeugen alle meine Klostergesellen, die mich gekannt haben. Denn ich hätte mich, wenn es noch länger gewährt hätte, zu Tode gemartert mit Wachen, Beten, Lesen und anderer Arbeit.«

Im Frühjahr 1507 im Erfurter Dom zum Priester geweiht, begann Luther am Generalstudium des Erfurter Augustinerordens mit dem theologischen Studium. Hatte er zur Vorbereitung auf die Weihe den dicken Folianten durcharbeiten müssen, in dem der Tübinger Nominalist Gabriel Biel den Gang der Meßliturgie erklärte (Expositio canonis missae), so bekam er jetzt unter dem Regens Johann Nathin, einem Schüler Biels, eine gründliche Schulung in der scholastischen Theologie ockhamistischer Ausrichtung. Das Grundbuch der scholastischen Theologie, die Sentenzen des Petrus Lombardus, hat Luther im Licht der ockhamistischen Auslegung, die ihm Biel (Collectorium) und der Pariser Theologe Pierre d'Aillie gaben, studiert; so gründlich, daß er Biel und d'Aillie noch in späteren Jahren auswendig zitieren konnte.

Auch seiner theologischen Bildung nach ist Luther aus der Schule des Ockhamismus hervorgegangen. Das Urteil über den Ockhamismus ist in der Forschung ebenso umstritten wie das Urteil über das Ausmaß des ockhamistischen Einflusses auf Luther und das Werden seiner reformatorischen Theologie. Daß der Ockhamismus ein Verfallsprodukt der Scholastik sei, Luther die scholastische Theologie nur in der Entartung kennengelernt habe (so am Anfang des 20. Jahrhunderts Denifle) wird heute nicht mehr behauptet. Gleichwohl hält sich das historisch besonnenere, theologisch nicht weniger harte Urteil, der Ockhamismus sei »wurzelhaft unkatholisch«, Luthers Weg vom ockhamistischen zum reformatorischen Theologen habe in der Niederringung eines Katholizismus bestanden, »der nicht katholisch war« (Lortz). In der Tat wird im Ockhamismus eines Gabriel Biel der Freiheit des in eine majestätische Ferne entrückten Gottes eine Freiheit des Menschen gegenübergestellt, der aus dem Vermögen seiner natürlichen Kräfte Gott lieben und damit die Bedingungen des Gnadenempfanges leisten kann – ein pelagianisierendes Verständnis von der Macht des menschlichen Willens, das mit der thomistischen und der späteren tridentinischen Gnadenlehre nicht in Übereinstimmung gebracht werden kann. Daß der Mensch durch Anstrengung seiner natürlichen Kräfte, daß er durch Werke sich die Gnade erwerben kann, dies ist das Gegenbild der reformatorischen Rechtfertigungslehre, die Folie, auf der sich Luthers reformatorische Theologie ausgeformt hat.

Aber Luther hat im Fortgang seines theologischen Studiums auch andere Lehrtraditionen der Kirche, die patristisch-monastische Theologie, die mystische Tradition eines Bernhard von Clairvaux und die Devotio moderna kennengelernt und verarbeitet. Im Ockhamismus hat er sein theologisches Denken geschult, keineswegs hat er über die Mauern der Schulen nicht hinausgeschaut. Auch bleibt er mit seiner reformatorischen Theologie durchaus nicht auf den Gegensatz zum Nominalismus fixiert. Daß Luther Ockhamist war, darf man also nicht überbetonen, und keineswegs ist es richtig, daß er den echten Katholizismus gar nicht kennengelernt habe.

Luther hat später an der scholastischen Theologie kritisiert, daß sie sich mehr mit den Aussprüchen der Kirchenväter als mit der Bibel beschäftigte, daß sie – modern gesprochen – der Dogmatik den Vorrang vor der Exegese gab. Die Bibel ist ihm aber während seines Studiums nicht unbekannt geblieben. Nach den Ordensstatuten war ihm regelmäßige Bibellektüre vom ersten Jahr an vorgeschrieben: »Als ich ins Kloster gegangen war, begann ich die Bibel zu lesen, nochmals zu lesen und immer wieder zu lesen.« Die erstaunliche Bibelkenntnis, die Luther befähigt hat, in seinen zahlreichen Schriften die Bibel fast immer auswendig zu zitieren, meist wörtlich genau, stammt aus den Erfurter Klosterjahren. Das Buch, das er gegen die Kirche wenden sollte, hat diese ihm selbst in die Hand gelegt. Freilich hat er sich das rechte Verständnis der Bibel erst in mühsamem Ringen gegen die Auslegungstradition seiner Kirche erkämpfen müssen.

In Wittenberg

Luther hat sich innerhalb seines Konvents recht bald einiges Ansehen erworben. Im Winter 1510/11 sandte man ihn in Ordensangelegenheiten zusammen mit einem Nürnberger Bruder nach Rom. Die Reise zeigt ihn als treuen Sohn seiner Kirche, der die reichen Gelegenheiten des Ablaßerwerbs nicht vorübergehen läßt und sich durch die scharf beobachteten Verfallserscheinungen in seinem Glauben nicht beirrt zeigt. Im Sommer 1511 wurde Luther endgültig aus dem Erfurter Augustinerkonvent in das Wittenberger Augustinerkloster versetzt, nachdem er zuvor schon einmal ein Jahr in Wittenberg moralphilosophische Vorlesungen gehalten hatte (1508/9), in dieser Zeit auch den Grad eines baccalaureus biblicus erworben hatte. Im Wittenberger Konvent fand Luther in dem Ordensvikar *Johannes von Staupitz* (1469[?]–1524), einem von der Devotio moderna geprägten thomistischen Theologen, einen verständnisvollen Seelsorger, der ihn in seinen anhaltenden Gewissensängsten und Prädestinationsanfechtungen auf die Wunden Christi hinwies, ohne ihm doch auf Dauer helfen zu können. Staupitz, der Luthers außerordentliche theologische Begabung früh erkannte, drängte ihn zum Erwerb der theologischen Doktorwürde und schlug ihn als seinen Nachfolger in der biblischen Professur der

Wittenberger Universität vor. So trat Luther 1512 das akademische Amt an, das er fast dreieinhalb Jahrzehnte bis zu seinem Tod versehen sollte.

Die Wittenberger Universität war erst 1502 gegründet als kursächsische Konkurrenz zu Leipzig, das nach der wettinischen Erbteilung von 1485 dem albertinischen Sachsen verblieben war. Sie war auf keine der scholastischen Schulrichtungen eingeschworen. Luthers Kollegen Andreas Karlstadt und Nikolaus von Amsdorf gehörten der »via antiqua« an. Es ist nun Luthers eigentümliche Leistung, nach einem halben Jahrzehnt Lehrtätigkeit in Wittenberg nicht nur für sich selbst die Grundlagen einer neuen, zur Scholastik in Gegensatz tretenden Theologie gelegt, sondern auch seine Fakultätskollegen mit sich fortgerissen zu haben. Karlstadt zwar nur für wenige Jahre, Amsdorf dagegen für eine lebenslange Kampfgenossenschaft. Es ist nicht ein einsamer Mönch, der 1517 mit den Ablaßthesen an die Öffentlichkeit tritt. Der Verfasser der 95 Thesen galt in Fachkreisen längst als das Schulhaupt einer neuen, der Wittenberger Theologie.

Die frühen Wittenberger Vorlesungen

Der reformatorische Durchbruch ist nicht einfach im Ringen einer angefochtenen Seele mit Gott in der Einsamkeit einer Klosterzelle erfolgt. Er schließt einen breiten theologischen Durchbruch durch das gesamte Gefüge der mittelalterlichen Theologie ein.

Dies zu erkennen ist erst möglich geworden auf Grund der um die letzte Jahrhundertwende geglückten Quellenfunde, an deren Aufarbeitung die Lutherforschung bis heute arbeitet. Es sind dies hauptsächlich die frühen Vorlesungen Luthers aus den Jahren 1513–1518, die größtenteils in Luthers eigener Niederschrift, teilweise in studentischen Nachschriften aufgefunden worden sind: die erste Psalmenvorlesung (1513–15), die Römerbriefvorlesung (1515–16), die Galaterbriefvorlesung (1516–17) und die Hebräerbriefvorlesung (1517–18). Texte von erheblichem Umfang, die vier Bände der großen Weimarer Lutherausgabe füllen. Durch sie ist man in einzigartiger Weise instandgesetzt, Luthers Wandlung vom scholastischen zum reformatorischen Theologen zu verfolgen, einen epochalen geistigen Umbruch bis ins Detail hinein zu beobachten. Hinter dem Luther der 95 Thesen ist ein neuer, unbekannter Luther aufgetaucht. Ein Theologe, der sich in langem, mühevollen

Ringen aus den Traditionen der mittelalterlichen Theologie freikämpft und eine Revolution der gesamten theologischen Wissenschaft heraufführt. Es ist jetzt nicht mehr möglich, die Reformation aus dem individuellen religiösen Erleben eines einzelnen Menschen herzuleiten, die reformatorische Lehre als den nachträglichen »Ausdruck« eines innerlichen persönlichen Erlebnisses zu begreifen und damit zu relativieren. Das Werden der Reformation hat sich auf dem Feld der theologischen Wissenschaft vollzogen in einer nicht auflösbaren Dialektik von *Lehre* und *Leben.*

Unter den vielerlei Aspekten, unter denen das Werden der reformatorischen Theologie betrachtet werden kann, verdient mit Vorrang die Revolutionierung der bisherigen Art der Bibelauslegung genannt zu werden: Luthers neue Hermeneutik.

Das Mittelalter hatte die Bibel nach der hermeneutischen Regel vom vierfachen Schriftsinn ausgelegt. Auf den Grundsinn, den buchstäblichen Sinn der Schrift, hatte man den Überbau eines allegorischen, tropologischen und anagogischen Schriftsinnes aufgestockt. Jedes Bibelwort war demnach mehrfacher Auslegung fähig: ein ungeschichtliches, die Bibel in die Nähe eines Orakelbuches rückendes Schriftverständnis, wobei über die verbindliche Auslegung letztlich ein kirchliches Lehramt entscheiden mußte.

Luther übernimmt in der 1. Psalmenvorlesung noch die Auslegung nach dem vierfachen Schriftsinn, gestaltet sie aber von innen heraus um, indem er in seiner von stärkster persönlicher Betroffenheit geleiteten Auslegung den buchstäblichen Sinn der Schrift und den auf die Existenz des Menschen bezogenen tropologischen Sinn eindeutig bevorzugt, ja beide eng miteinander verbindet. Da die Psalmen – hierin folgt Luther der Tradition – von Christus reden, rückt die Beziehung zwischen Christus und dem ihm im Glauben und in der Demut entsprechenden Menschen in den Mittelpunkt. »Die enge Verbindung von sensus litteralis (Christus) und tropologicus (fides Christi) wurde die Urform der reformatorischen Rechtfertigungslehre« (Ebeling). In den Vorlesungen über die Paulus-Briefe hat Luther den vierfachen Schriftsinn preisgegeben, in der darauf folgenden 2. Psalmenvorlesung (1518–21) hat er die allegorische Methode ausdrücklich bekämpft und nur noch einen einzigen Schriftsinn anerkannt (unicus sensus simplicissimus).

Luther hat mit einer großen, von Origenes in die christliche Kirche eingebrachten Tradition der Schriftauslegung gebrochen. Einst hatte die allegorische Methode einem Augustinus den Anstoß am

Christentum genommen und ihm den Weg zur Kirche geebnet. Jetzt wird durch die Abkehr von der allegorischen Methode die Schrift der Kirche gegenübergestellt. Die Schrift wird zur Instanz, an der sich die Kirche messen lassen muß, ja sie wird zur Waffe gegen eine Kirche, die dem Anspruch des Wortes Gottes durch die allegorische Methode ausweicht.

In den frühen Vorlesungen bildet sich also heraus, was man das protestantische Schriftprinzip, das »sola scriptura« nennt. Das protestantische Schriftprinzip besteht nicht schon darin, daß allein die Schrift als Quelle der Offenbarung angesehen und alle außerbiblische Tradition als nicht autoritativ unter sie gestellt wird. Ein solches Schriftprinzip kannte auch die mittelalterliche Scholastik, und in diesem formalen Sinn hat Luther das sola scriptura aus dem Erfurter Ockhamismus übernommen. Das reformatorisch Neue ist, daß die Schrift nach Luther allein aus sich selbst, aus ihrem eigenen Geist heraus verstanden werden soll, daß das Licht zu ihrem Verständnis nicht von außen, von den Auslegungsregeln und Meinungen der Tradition oder von einem kirchlichen Lehramt herbeigeholt werden darf, sondern aus der Schrift selbst fließen muß. Die Heilige Schrift legt sich selbst aus, sie ist ihr eigener Interpret (sui ipsius interpres) – das ist der tiefste, die Suprematie des Wortes Gottes über die Kirche gewährleistende Sinn des reformatorischen Schriftprinzips. Er ist in seiner vollen, den konfessionellen Graben aufreißenden Konsequenz Luther erst in den Jahren des Kampfes mit Rom bewußt geworden.

Die Entdeckung der Glaubensgerechtigkeit

In die Jahre des exegetischen Bemühens um den Psalter und die Paulus-Briefe fällt eine Erkenntnis, der Luther in zahlreichen Rückblicken späterer Jahre eine entscheidende Bedeutung für sein Werden zum Reformator zugeschrieben hat: die Entdeckung der Glaubensgerechtigkeit im Römerbrief des Apostel Paulus.

Lange Zeit hat man vom »Turmerlebnis« geredet nach dem Luthers Arbeitsraum bergenden Turm des Wittenberger Augustinerklosters. Daß man eher von einer Entdeckung sprechen muß als von einem Erlebnis, ergibt sich klar aus Luthers Berichten. Danach handelt es sich um eine exegetische Erkenntnis, die Luther im Römerbrief Kap. 1, Vers 17 aufgegangen ist. Die Gerechtigkeit Gottes, von der Paulus sagt, daß sie im Evangelium offenbart werde, hatte er aufgefaßt als eine strafende Gerechtigkeit, die dem Menschen entsprechend seinen Taten vergilt. Er hatte also die Vokabel Gerechtigkeit verstanden von dem in der Philosophie des Aristoteles verwurzelten, von der spätantiken Jurisprudenz auf die Formel »Jedem das Seine« (Suum cuique) gebrachten Gerechtigkeitsbegriff (Iustitia distributiva) her. Damit kam er aber bei Paulus nicht zu Rande. Sollte Gott, der doch durch Moses und das Gesetz bereits dem Sünder Strafe androht, nun durch das Evangelium noch einmal eine Strafgerechtigkeit offenbaren? Wie sollte man einen solchen Gott lieben? Luther begann, die Gerechtigkeit Gottes zu hassen. Gleichwohl versuchte er wieder und wieder herauszubekommen, was denn Paulus mit der Offenbarung der Gerechtigkeit Gottes meine.

Es hat lange gedauert, bis Luther sich von der Fixierung auf den philosophischen Begriffssinn lösen konnte, um einmal auf den Gebrauch des Begriffes im Kontext der Römerbriefstelle zu achten: »Ich klopfte beharrlich an eben dieser Stelle bei Paulus an, mit glühend heißem Durst, zu erfahren, was St. Paulus wolle. Bis ich, dank Gottes Erbarmen, unablässig Tag und Nacht darüber nachdenkend, auf den Zusammenhang der Worte achtete, nämlich: ›Gottes Gerechtigkeit wird in ihm offenbart, wie geschrieben ist: der Gerechte lebt aus Glauben.‹ Da begann ich die Gerechtigkeit Gottes zu verstehen als die, durch die als ein Geschenk Gottes der Gerechte lebt, nämlich aus Glauben, und daß dies der Sinn sei: durch das Evangelium werde die Gerechtigkeit Gottes offenbart, nämlich die passive Gerechtigkeit, durch die uns der barmherzige Gott gerecht macht durch den Gauben, wie geschrieben ist: ›der Gerechte lebt aus Glauben‹. Da hatte ich das Empfinden, ich sei geradezu von neuem geboren und durch geöffnete Tore in das Paradies selbst eingetreten. Da zeigte mir sofort die ganze Schrift ein anderes Gesicht.«

Luther erzählt in diesem berühmten, ein Jahr vor seinem Tod verfaßten Bericht (Vorwort zum 1. Band seiner lateinischen Schriften, 1545), wie er anschließend im Kopfe die Bibel durchgegangen sei und dabei eine Reihe von Analogien festgestellt habe, nämlich daß auch Werk Gottes bedeute das Werk, das Gott in uns wirkt, Kraft Gottes die Kraft, durch die er uns kräftig macht, Weisheit Gottes, durch die er uns weise macht usw. Dadurch wurde er seiner Entdeckung gewiß. »Wie sehr ich die Vokabel ›Gerechtigkeit Gottes‹ vorher haßte, so pries ich sie nun mit entsprechend großer Liebe als das mir angenehmste Wort. So ist mir diese Paulus-Stelle wahrhaftig das Tor zum Paradies geworden.«

Luther berichtet hier von einer exegetischen Entdeckung, aber es ist eine Entdeckung, die sich nicht einfach in die Reihe früherer, beim Studium der Bibel gewonnener Erkenntnisse einordnen läßt. Diese Entdeckung bringt die Lösung jener Frage, die Luther hatte Mönch werden lassen: wie kriege ich einen gnädigen Gott. Das Erschrecken vor dem Gericht Gottes hatte ihn ins Kloster getrieben, die mönchische Lebensform der ständigen Buße schien Sicherheit zu bieten, um der Hölle zu entlaufen und im Gericht zu bestehen. Aber die Buße bestand nach kirchlicher Lehre nicht nur in der Reue und der Beichte, sie umschloß auch die Genugtuung, wie sie der Mönch durch Beten, Fasten und andere asketische Übungen leistete, um sich der göttlichen Gnade wert zu zeigen. Hier war der Punkt, wo Luthers Gewissen sich nicht beruhigen ließ, wo er an sich selbst und an Gott irre wurde, hier fiel er in die tiefste Verzweiflung, aus der ihn auch Staupitz' Hinweis auf die Wunden Christi nicht trösten konnte. Zeigten die Gotteshäuser neben dem Bild des am Kreuz hängenden Erlösers nicht auch noch das Bild des auf dem Regenbogen thronenden Christus im Jüngsten Gericht? Wandelte sich nicht dem Unbußfertigen das Bild des Erlösers zum Bild des gerecht strafenden Richters? Wohl am deutlichsten an der Christusanschauung läßt sich der tiefgehende, befreiende Umbruch ablesen, den die Entdeckung der Gerechtigkeit Gottes, das Wegnehmen der Decke des philosophischen Gerechtigkeitsbegriffs vom biblischen Begriff der Gerechtigkeit für Luther gebracht hat: »Ich bin unter dem Papsttum vor Christo geflohen und habe vor seinem Namen gezittert. Denn mein Herz hatte diese Gedanken von Christo geschöpft, daß er ein Richter wäre, dem ich am Jüngsten Tag müßte Rechenschaft geben ... Drumb so hat man vor Christus sich gefürchtet und sind von ihm wir alle gelaufen zu den Heiligen und Mariam.« Jetzt erkennt Luther, daß die Gerechtigkeit, die im Evangelium von Jesus Christus verkündet wird, keine strafende, sondern eine helfende, eine den Menschen recht machende Gabe Gottes ist, die nichts zu tun übrig läßt und allein im Glauben angenommen werden kann. Gottes Barmherzigkeit, von der Luther wohl wußte, ohne sich ihrer trösten zu können, und Gottes Gerechtigkeit – das sind keine auseinanderfallende Gegensätze mehr. Sondern, und hier ist Luther zum alttestamentlich-biblischen Gerechtigkeitsbegriff durchgestoßen, Gottes Gerechtigkeit ist sein Heil, ist »nach brauch der schrifft die ausgegossene gnad und barmherzigkeit gottes durch Christum in uns«. Eben das, was Luther erschreckt hatte, wird nun zum Evangelium, zur frohen Botschaft. Der einst vor dem Gedanken an den Jüngsten Tag erzitterte, kann sich nun in den Seufzer flüchten: Komm, *lieber* Jüngster Tag.

Die reformatorische Wende als Forschungsproblem

Über kein Thema der Reformationsgeschichte sind so viel verschiedene, sich gegenseitig widersprechende Thesen publiziert worden wie über Luthers reformatorische Wende. Vor allem die Frage nach dem Zeitpunkt der reformatorischen Entdeckung hat die Forschung in schier unlösbare Probleme gestürzt. Luthers eigene Angaben sind so gehalten, daß sich ein eindeutiger Hinweis auf den Zeitpunkt daraus nicht entnehmen läßt. Sie besagen nur, daß die Entdeckung in die Zeit zwischen der ersten und dem Beginn der zweiten Psalmenvorlesung, also zwischen 1513 und 1518 fiel. War man noch zu Anfang des Jahrhunderts entgegen Luthers Angaben mit der Datierung vor diesen Zeitraum gerückt (u. a. Karl Holl: 1512), so bleiben heute fast alle Forscher innerhalb desselben. Sie kommen aber hier zu ganz verschiedenen Ergebnissen, wobei sich allmählich eine Polarisierung zwischen einer Datierung in die erste Psalmenvorlesung auf ca. 1514 und eine Spätdatierung in die Zeit nach dem Thesenanschlag auf das Jahr 1518 abzeichnet. Die Verfechter der Frühdatierung können geltend machen, daß sich das Verständnis der Gerechtigkeit Gottes als Glaubensgerechtigkeit deutlich in der Auslegung des 71. und 72. Psalmes der 1. Psalmenvorlesung findet. Für die Spätdatierung wird argumentiert (E. Bizer), daß die Theologie der frühen Vorlesungen noch deutlich vorreformatorischen Charakter habe, daß die reformatorische Wende in der Entdeckung des Wortes als Gnadenmittel bestehe und diese entscheidende Entdeckung erst 1518 greifbar werde. Beide Auffassungen stützen sich auf starke Argumente, haben aber auch ihre Schwächen. Den Verfechtern der Spätdatierung kann vorgeworfen werden, daß sie die reformatorische Wende in etwas ganz anderem erblicken als Luther selbst es tat. Nicht die Entdeckung des Worts als Gnadenmittel, sondern die Entdeckung der Glaubensgerechtigkeit hat Luther als den befreienden Durchbruch bezeichnet. Das neue Verständnis von Gerechtigkeit ist nun einmal klar in der 1. Psalmenvorlesung nachzuweisen. Die Vertreter der Frühdatierung müssen sich fragen lassen, ob denn die Entdeckung der Glaubensgerechtigkeit wirklich schon die Wende zur reformatorischen Theologie gebracht habe. Luther sagt selbst, daß er kurz nach der Entdeckung in Augustins Schrift »De spiritu et littera« nahezu das gleiche Verständnis der Gerechtigkeit Gottes als Heilsgabe gefunden habe. Die katholische Forschung (Denifle) hat überdies gezeigt, daß sich das augustinische Verständnis durch das ganze Mittelalter in den Kommentarwerken zum Römerbrief erhalten hatte. Die auf der Höhe der Jahre 1518–20 von Luther vollzogene theologische Wende gegen Rom, gegen das katholische Kirchen- und Sakramentsverständnis läßt sich jedenfalls nicht als bloße Entfaltung eines in der 1. Psalmenvorlesung bereits vorhandenen Keimes begreifen. So zeichnet sich immer mehr ab, daß die Wahrheitsmomente der Früh- und der Spätdatierung miteinander verbunden werden müssen. Die reformatorische Wende bestand nicht in einem einmaligen Erlebnis, darf nicht auf den Punkt einer datierbaren Entdeckung beschränkt werden. Bei dem reformatorischen Durchbruch handelt es sich um einen mühsamen, in immer neuen Anstößen und Durchbrüchen erfolgten Erkenntnisprozeß. Von ihm gilt, was Luther wiederholt betont hat: »Ich habe meine Theologie nicht auf einmal gelernt, sondern habe immer tiefer und tiefer graben müssen.«

II Die Auseinandersetzung mit Rom 1517–1521

Der Ablaßstreit

Die reformatorische Entdeckung hatte zur Befreiung aus den Ängsten geführt, in die Luther mit dem Ernstnehmen der mönchischen Buße geraten war. Die reformatorische Tat, zu der Luther am 31. Oktober 1517 schreitet, gehört wiederum in den Bereich der Buße. Luther greift mit seinen 95 Thesen diejenige Einrichtung der Kirche an, die sich seit dem frühen Mittelalter als ein Appendix an das kirchliche Bußsakrament angebildet hat: den Ablaß.

Was ist Ablaß? Ablaß ist Befreiung von den zeitlichen Sündenstrafen, die dem reuigen Sünder nach Beichte und Absolution verbleiben und die er in dieser Welt oder im Fegefeuer abzubüßen hat, um dereinst in den Himmel zu kommen. Der Ablaß betrifft nicht die Sündenschuld, deren Tilgung durch die Absolution er voraussetzt. Der Ablaß erlöst auch nicht von den ewigen Höllenstrafen. Aber die zeitlichen, d. h. die befristeten Strafen, die dem Absolvierten um seiner Läuterung und um der Gerechtigkeit willen auferlegt werden und die, soweit nicht in diesem Leben abgebüßt, nach dem Tode im Fegefeuer abgelöst werden müssen, die ist die mittelalterliche Kirche bereit, für bestimmte Gegenleistungen, für Wallfahrten oder die Teilnahme an einem Kreuzzug, nachzulassen. Im Spätmittelalter wurde es üblich, statt für persönliche Leistungen auch für Geldzahlungen Ablaß zu gewähren. Das Recht, über die Gewährung von Ablaß zu entscheiden, stand allein dem Papst zu. Er verfügte über den Kirchenschatz, das aus den überschüssigen Verdiensten Christi und der Heiligen gesammelte Kapital, aus dem Ablaß ausgeteilt wurde. Ursprünglich eine Ausnahme, noch im Jubiläumsablaß Bonifaz VIII. von 1300 als eine nur alle hundert Jahre wiederkehrende kirchliche Extragnade verkündet, war zu Luthers Zeit der Ablaß eine überaus verbreitete kirchliche Einrichtung. In Wittenberg selbst war die Schloßkirche mit ihren reichen Reliquienschätzen ein beliebtes Pilgerziel, wo unermeßliche Ablaßgnaden erworben werden konnten. Aber nicht der Wittenberger, sondern erst der Tetzelsche Ablaß hat Luther zum Handeln herausgefordert.

Der Ablaß, der von Tetzel 1517 feilgeboten wurde und mit dem er im brandenburgisch-magdeburgischen Land umherzog, war der Ablaß für den Bau von St. Peter in Rom. So wenigstens wurde der

Ablaß in der Öffentlichkeit firmiert. In Wirklichkeit war nur die Hälfte des Ertrags für Rom bestimmt, die andere sollte Zwecken dienen, von denen die Gläubigen und von denen auch Luther bei Abfassung seiner Thesen gar keine Ahnung gehabt haben.

Der Erzbischof Albrecht von Mainz (1490–1545), ein junger Hohenzollernsprößling, hatte den Vertrieb des Petersablasses von der Kurie angeboten bekommen, um auf diese Weise seine hohen Schulden bei den Fuggern abzutragen. Das Augsburger Bankhaus Fugger hatte ihm die hohe Summe von 29 000 rheinischen Dukaten geliehen, damit er die für die Besteigung des Mainzer erzbischöflichen Stuhls an Rom zu entrichtenden Servitien und Palliengelder bezahlen konnte, dazu die Dispensgelder für die nach kirchlichem Recht eigentlich verbotene Kumulation (= Ämterhäufung) des bereits von ihm innegehabten Magdeburger und des Mainzer Bischofsstuhls.

Die Verweltlichung der spätmittelalterlichen Kirche, ihre Verflochtenheit in die Welt der Macht- und Finanzpolitik wird selten so deutlich wie an dem Dreierpakt zwischen Rom, dem hohenzollernschen Kirchenfürsten und dem Finanzhaus Fugger: »Hier bietet die Kurie gegen Geld eine kanonisch verbotene, religiös-seelsorgerlich unverantwortliche Kumulierung einem jungen, wenig geistlichen Menschen in der Hoffnung auf politische Vorteile; sie macht außerdem den Ablaß zum Tauschobjekt in einem Großhandelsgeschäft. Ausführendes Organ dieses Handels zwischen dem Verwalter der durch Christi Blut erworbenen Verdienste und einem weltlichen Kirchenfürsten ist eine Bank: schroffer konnte die Verkehrung sich selbst nicht darstellen« (Lortz).

Der Erzbischof von Mainz hatte den Leipziger Dominikanermönch *Johann Tetzel* (ca. 1465–1519) mit dem Vertrieb des Ablasses beauftragt. Die Dienstanweisung Tetzels, die »Instructio summaria«, zählt die verschiedenen Ablaßgnaden auf, die jedermann erwerben konnte: Ablaß für eigene Sündenstrafen, die im Bußsakrament auferlegt waren, Ablaß für die verstorbenen Seelen im Fegefeuer, Ablaß für zukünftige Sünden, das heißt die Gewähr, bei einer zukünftigen Beichte mit der Schuld auch die Strafe erlassen zu bekommen. Der Preis für die Ablaßbriefe war flexibel, richtete sich nach dem Stand des Käufers und schwankte etwa bei dem Plenarablaß für eigene Sündenstrafen zwischen 1/2 und 25 Rheinischen Goldgulden. Auch die Bedürftigen sollten nicht leer ausgehen und ihren Beitrag mit Gebet und Fasten ersetzen können, »denn das

Himmelreich soll den Reichen nicht mehr als den Armen offenstehen«. Doch wurde eingeschärft, immer die Förderung des Baus von St. Peter vor Augen zu haben. Die Instruktion drängte zu einer marktschreierischen Anpreisung des Ablasses, um einen möglichst hohen Erlös zu erzielen.

Im Frühjahr 1517 erschien Tetzel, nach zeitgenössischen Berichten »ein großer Mann, seiner Sprache beredt und sehr kühn«, im magdeburgisch-sächsischen Raum. Das Volk strömte ihm in Scharen zu. Nach seiner feurigen Predigt, in der die Qualen des Fegefeuers ausgemalt und die »heilige Ware« genugsam angepriesen wurde, trat er als erster an den Geldkasten, um für sich oder einen Verwandten den Ablaßbrief zu lösen. Der Vers »Sobald das Geld im Kasten klingt, die Seele aus dem Fegefeuer in den Himmel springt« entspricht seiner Dienstanweisung, auch wenn er aus Tetzels Mund nicht bezeugt ist. Der Kurfürst von Sachsen hatte Tetzel seine Grenzen verschlossen, konnte aber nicht hindern, daß seine Landeskinder ins benachbarte brandenburgische Gebiet liefen. Luther merkte die verheerenden Folgen an seinen Beichtkindern, die im nahen Jüterbog Tetzel gehört und bei ihm Ablaß gekauft hatten. Zunächst glaubte er an persönliche Extravaganzen Tetzels. Als ihm im Herbst 1517 ein Exemplar der »Instructio summaria« in die Hand kam, sah er, daß System dahinter steckte, daß Tetzels Predigt auf offiziellen Anweisungen beruhte. Luthers Bekanntwerden mit der »Instructio summaria« ist der unmittelbare Anlaß für die 95 Thesen. In einem Brief vom 31. 10. 1517, dem er seine Thesen beilegte, hat Luther den Erzbischof von Mainz aufgefordert, die Instruktion zurückzuziehen.

Die 95 Thesen über die Kraft der Ablässe sind kein reformatorisches Manifest, keine »Artikel« der Lehre, wie sie später die reformatorischen Bekenntnisse enthalten. Die Thesen sind Behauptungen, die Luther zur Diskussion stellt und über deren Wahrheit erst in einer akademischen Disputation entschieden werden soll. Das Bild von dem kühnen Mönch, der mit markigen Hammerschlägen die Thesen an die Wittenberger Schloßkirchentür schlägt und damit eine Welt zum Einsturz bringt, ist ein Symbolbild, das die Wirkungen bereits in die Tat hineinzieht. Der Anschlag von Thesen ist ein durchaus normaler Vorgang innerhalb des Wittenberger Universitätsbetriebs, das Tor der Schloßkirche war das Schwarze Brett der Universität. Die Disputation, zu der Luther einlud, hat nie stattgefunden. Gleichwohl fanden die Thesen in Deutschland eine Resonanz, für die wir keinen Vergleich wissen. In »schier vierzehn Tagen« – eine sicherlich nicht wörtlich zu nehmende Zeitangabe – wurden sie in ganz Deutschland bekannt.

Luther greift in den 95 Thesen nicht den Ablaß überhaupt an. Daß die Kirche Strafen nachlassen kann, wird von ihm nicht bestritten. Allerdings könne sie das nur, wenn es sich um von der Kirche auferlegte Strafen handele. Luther greift aber auch nicht nur die Praxis und Ausschreitungen beim Ablaßhandel an. Ausgehend von dem Satz, nach Jesu Worten sollte das ganze Leben der Gläubigen eine ständige Buße sein (These 1), interpretiert Luther den Ablaß auf eine Weise, durch die dieser Einrichtung praktisch die religiöse Berechtigung abgesprochen, der Ablaßbegriff zersetzt und damit der kirchlichen Bußpraxis der Boden entzogen wird – ein viel gefährlicherer Angriff als der direkte auf die Ablaßlehre. Luthers Thesen handeln nach grundsätzlichen Feststellungen über Buße, Strafe und Schuld (These 1–7) vom Ablaß für die Verstorbenen im Fegefeuer (These 8–29), vom Ablaß für die Lebenden (These 30–55), vom Kirchenschatz, also von dem Kapital der Verdienste Christi und der Heiligen, aus dem der Papst den Ablaß ermöglicht (These 56–68), von den Auswüchsen der Ablaßpredigt (These 69–80), von den scharfsinnigen Fragen und Einwendungen der Laien gegen den Ablaß, eine äußerst geschickte und wirksame Aufnahme der antikirchlichen Ressentiments seiner Zeit (These 81–91). Die Thesen enden mit einer feierlichen Warnung vor der Ablaßpredigt und der Mahnung, der Christ solle, statt vor Strafen zu fliehen, in die Nachfolge Christi treten: »Man soll die Christen ermahnen, daß sie ihrem Haupt Christus durch Strafen, Tod und Hölle nachfolgen und so ihr Vertrauen eher darauf setzen, durch viel Leid als durch sicheren Frieden in den Himmel einzugehen« (These 92–95).

Niemand war von der gewaltigen Wirkung der Thesen mehr überrascht als Luther selbst. Hatte er sie doch in Latein formuliert, der Sprache der Gelehrten, war doch schon kurze Zeit vorher eine viel schärfere Thesenreihe »contra scholasticam theologiam« von ihm ausgegangen und ohne Widerhall geblieben. Über viele seiner Thesen war Luther selbst noch im Zweifel, und es kam ihm mehr als ungelegen, daß die Thesen in Übersetzungen unter das Volk drangen. In dem »Sermon von Ablaß und Gnade« vom März 1518 hat er versucht, den Siegeslauf seiner Thesen durch eine kurze, knappe Volksschrift selbst zu überholen. Der Sermon scheidet aus den 95 Thesen alle Äußerungen über den Papst, über den Kirchenschatz, die direkten Bezüge auf die »Instructio summaria«, natürlich auch die Laienargumente aus. Keine Disputationsthesen, nur unbezweifelbar Gewisses, in der Schrift Gegründetes will Luther unter das Volk bringen. Und so zeigt er auf, daß der Ablaß weder von Gott geboten noch geraten sei, daß viele falsche Vorstellungen über die Macht der Ablässe im Schwange gehen, und daß ein Christ erst den Armen helfen und in seiner Stadt um das Beste besorgt sein müßte, ehe er zum Bau von St. Peter Geld übrig haben dürfe. Und wenn ein Christ schon Geld für St. Peter gäbe, dann dürfe es kein Ablaß sein: »Mein Wille, Begierde, Bitte und Rat ist, daß niemand Ablaß löse, laß die faulen und schläfrigen Christen Ablaß lösen, gang du für dich.« Der Sermon ist eine Aufklärungsschrift im besten Sinne des Wortes. Erst durch ihn sind Luthers Gedanken wirklich ins Volk gedrungen.

Die kirchliche Reaktion auf den Angriff der 95 Thesen konnte nicht ausbleiben. Der Erzbischof von Mainz pflegte sich zwar über geistliche Dinge nicht aufzuregen. Er gab die Thesen nach Rom zur Prüfung weiter, ohne von sich aus Schritte gegen den Wittenberger Mönch zu unternehmen. Empfindlich aber reagierte Tetzel, der seinen von alters her auf die Ketzerbekämpfung spezialisierten Orden mobilisierte und auf einem Kapitel in Frankfurt a. O. Anfang 1518 vor 300 Dominikanern gewaltig gegen den neuen Ketzer loszog, ihn in wenigen Wochen bereits den Scheiterhaufen besteigen sah. Die Dominikaner veranlaßten die Anzeige in Rom, beantragten also den Ketzerprozeß. Um den Beweis der Ketzerei zu erbringen, disputierte Tetzel über eine gegen Luther gerichtete Thesenreihe, die der Frankfurter Theologe *Konrad Wimpina* (ca. 1460–1531) verfaßt hatte. Die Tetzel-Wimpinaschen Thesen sind die erste Gegenäußerung, die Luther auf seine 95 Thesen erhielt. Ihnen folgte im gleichen Jahr 1518 der »Dialogus« des *Sylvester Prierias* (ca. 1456–1523), der als Magister Sacri Palatii in Rom das theologische Gutachten für den Ketzerprozeß zu erstellen hatte. Schließlich meldete sich mit seinen nur handschriftlich verbreiteten »Obelisci« der Theologe zu Wort, der sich in den kommenden Auseinandersetzungen zum Führer der antilutherischen Front und zu Luthers streitbarstem theologischen Gegner entwickeln sollte: der Ingolstädter Professor *Johann Eck* (1486–1543). Luther antwortete mit seinem ebenfalls nur handschriftlichen »Asterisci« (beides Termini aus der Buchdruckersprache für Anmerkungen). Noch war es ein Geplänkel, nur ein Vorspiel künftiger, härterer Auseinandersetzungen.

Der römische Prozeß

Mit der Anzeige in Rom durch den Dominikanerorden war ein Mechanismus in Bewegung gesetzt, auf den die Kurie seit Jahrhunderten gut eingespielt war: der Ketzerprozeß. Durch das kanonische Recht war er bis in die Einzelheiten geregelt. Überblickt man die einzelnen Stadien des Prozesses gegen Luther, so ergibt sich das folgende Bild:

Juni 1518:	Eröffnung des Prozeßverfahrens wegen Verbreitung neuer Lehre und Verdacht der Ketzerei.
August 1518:	Umwandlung des Prozesses in das summarische Verfahren gegen notorische, das heißt als bewiesen angesehene Ketzerei.
Oktober 1518:	Verhör Luthers durch Cajetan in Augsburg und Verweigerung des Widerrufs.
Juni 1520:	Bannandrohungsbulle »Exsurge Domine«.
Januar 1521:	Bannbulle »Decet Romanum Pontificem«, das heißt Exkommunikation Luthers aus der Kirche.

Seit dem 13. Jahrhundert hatte dem päpstlichen Bann die Rechtloserklärung durch den Kaiser zu folgen. So mußte sich an Luthers Exkommunikation noch die »Reichsacht« anschließen, erklärt im Wormser Edikt von 1521.

In Luthers Prozeßkalender fällt die große, fast zwei Jahre ausmachende Lücke auf, die zwischen dem Verhör und der Bannandrohungsbulle klafft. Diese Lücke ist das Wichtigste an Luthers Prozeß. Daß die Kurie wider allen Brauch und Regel den Prozeß gegen einen schon für schuldig erkannten Ketzer so lange schleifen ließ, hat man den verhängnisvollsten Fehler genannt, den sie je begangen hat. Für Luther bilden diese zwei Jahre einen unermeßlichen Gewinn. In ihnen findet er Zeit, sich klar zu werden über sich selbst und die Tragweite seines Angriffes gegen Rom, die theologischen Konsequenzen voll auszuziehen, die sich aus seiner Abkehr von der mittelalterlichen Scholastik ergeben, in ihnen findet er eine große Zahl von Freunden und Anhängern, kann durch zahlreiche Schriften eine Saat ausstreuen, deren Aufgang auch der Frost des Bannes und der Reichsacht nichts mehr anhaben kann.

Zunächst sah es noch aus, als ob kurzer Prozeß gemacht würde.

Nachdem an der Kurie das Verfahren eingeleitet worden war, bekam Luther die Vorladung, binnen 60 Tagen in Rom zu erscheinen. Darauf wandte sich Luther durch seinen Freund Spalatin an den Kurfürsten mit der Bitte, man möge durch den Kaiser die Überweisung des Prozesses auf deutschen Boden erwirken (die sogenannte Remissio ad partes Alemanniae), wie sie auch Reuchlin bewilligt worden war. Während er sich unter den Schutz seines Landesherren begab, war in Rom bereits eine schärfere Gangart eingeschlagen worden. Spitzel aus dem Dominikanerorden, die unter Luthers Wittenberger Kanzel Äußerungen aus einer Predigt über den Bann mitgeschrieben hatten, meldeten nach Rom, Luther habe zur Nichtachtung des Bannes aufgerufen. Luther hatte nur gegen den Mißbrauch des Bannes gepredigt, den die Kurie als ein finanzpolitisches Druckmittel gegen Dörfer und Städte anwandte, wenn sie die kirchlichen Abgaben nicht leisteten. Die Denunziation genügte, um Luthers Ketzerei als erwiesen anzusehen. Am 23. August 1518 erging an den auf dem Reichstag zu Augsburg weilenden Kardinal Cajetan die Anweisung, er möge Luther als einen notorischen Ketzer vorladen, ihn entweder zum Widerruf bringen oder aber gefesselt nach Rom abführen. Zu gleicher Zeit erhielt Kurfürst Friedrich der Weise die Aufforderung, den »Sohn der Bosheit« an Cajetan auszuliefern.

Luther vor Cajetan in Augsburg

Am 12. Oktober und den beiden folgenden Tagen des Jahres 1518 steht Luther im Fuggerhaus in Augsburg vor Cajetan. Der Kardinal ist päpstlicher Politiker. Eben noch hat er auf dem Augsburger Reichstag zum Kreuzzug gegen die Türken aufgerufen. Aber Cajetan ist zugleich einer der gelehrtesten Köpfe der Kirche, der gründlichste Kenner der Werke des Thomas von Aquin. Späteren Zeiten wird er als Begründer des Neuthomismus gelten. Dreierlei ist es, was Cajetan von Luther fordert: Bereue deine Irrtümer und widerrufe sie. Versprich, sie nicht mehr zu lehren. Enthalte dich aller Umtriebe, durch die der Friede der Kirche gestört werden könnte.

Luther bittet, man möge ihm seine Irrtümer angeben. Der Kardinal verweist auf die 58. der Ablaßthesen, in der Luther bestritten hatte, daß der Kirchenschatz mit den Verdiensten Christi und der Heiligen identisch sei. Diese These werde hinlänglich durch die päpstliche Dekretale Unigenitus von 1343 widerlegt. Es kommt zwischen beiden zu einer Debatte über die Auslegung der päpstlichen Dekretale. Luther legt noch Wert darauf, nichts den päpstlichen Dekreten Widersprechendes gelehrt zu haben. Aus dem Verhör eines Ketzers ist wider Erwarten ein theologischer Disput geworden. Luther ahnt nicht, daß der Kardinal eben Order bekommen hat, aus politischen Gründen mit Luther glimpflich zu verfahren.

Noch eine zweite »Irrlehre« Luthers wird in den Augsburger Tagen verhandelt. Cajetan, der sich gründlich mit Luthers Schriften befaßt hatte, hatte in der Resolution zur 7. Ablaßthese die Behauptung gefunden, »daß für jeden, der ein Sakrament begehre, der Glaube notwendig sei«. Das sei eine neue und höchst irrige Lehre, die widerrufen werden müsse. Luther muß diesen Satz verteidigen, und er tut es, indem er erstmals öffentlich auf seine reformatorische Entdeckung zurückgreift: »Es ist eine unfehlbare Wahrheit«, so lautet seine Antwort, »daß nur der gerecht ist, der an Gott glaubt, wie es Röm. 1,17 heißt: Der Gerechte lebt aus Glauben. Daher ist die Gerechtigkeit und das Leben des Gerechten sein Glaube. Zweitens: Der Glaube aber ist nichts anderes als das, was Gott verheißt oder sagt zu glauben. Daher sind das Wort und der Glaube notwendig zugleich, und ohne Wort kann unmöglich Glaube sein.« Es ist die reformatorische, den mittelalterlichen Sakramentalismus aus den Angeln hebende Wort-Glaube-Beziehung, auf die Luther sich in Augsburg beruft, von der alle Richtungen der mittelalterlichen Theologie, der Ockhamismus wie der von Cajetan vertretene Thomismus angegriffen werden. Cajetan hatte erkannt, daß Luthers Angriff nicht auf den Bereich des Bußsakraments lokalisiert werden konnte, sondern daß darin der Sakramentalismus, das katholische Heilsverständnis überhaupt in Frage gestellt wurde. Der scharfsinnige Thomist hatte denjenigen Punkt herausgegriffen, hinter dem die Ablaßfrage bald als zweitrangig zurücktrat.

Luther hat in Augsburg nicht widerrufen. Er hat, ungewiß, ob ihn der Kardinal daraufhin gefangen nehmen würde, Augsburg bei Nacht verlassen. Zuvor hatte er feierliche Berufung eingelegt. Nach seiner Heimkehr appellierte er von dem schlecht informierten an den besser zu informierenden Papst. In Wittenberg hielt man ein Pferd bereit, das ihn, sobald der Bannstrahl eintraf, nach Frankreich bringen sollte oder an einen anderen sicheren Ort.

Die Miltitziade

Mit der Verweigerung des Widerrufs waren die Würfel gefallen. Der Bruch mit Rom war, wenn es Luther auch noch nicht voll bewußt war, vollzogen. Aber wie der Tragödie das Satyrspiel folgt, so folgt dem Ernst der Szene mit Cajetan das heitere Geplänkel mit dem päpstlichen Kammerherren Karl von Miltitz, der seit dem Herbst 1518 die Fäden in seine Hand nimmt und mit Luther zu einem Arrangement kommt, das diesem eine letzte Hoffnung auf friedliche Beilegung gibt.

Daß die Kurie den bereits entschiedenen Prozeß gegen Luther sistiert, daß sie dem Ketzer Zeit und Entgegenkommen schenkt, hat natürlich Gründe. Politische Gründe. Der Papst ist nicht nur Oberhaupt der Kirche und Richter in geistlichen Dingen, er ist Souverän eines Staates, als Souverän des Kirchenstaates in die Interessenpolitik der europäischen Machtstaaten hineinverflochten. Im Jahre 1518 muß er alles tun, um Luthers Schutzherrn, den Kurfürsten von Sachsen, zum Freund und Bundesgenossen zu gewinnen; denn Kaiser Maximilian plant, seinen Enkel Karl von Burgund, den König von Kastilien und Aragon, zum deutschen König und damit zum Nachfolger im Kaisertum wählen zu lassen. Diese Wahl, die angesichts der italienischen Besitztümer Karls den deutschen Kaiser zum Beherrscher Italiens machen würde, muß der Papst zu verhindern suchen. Dazu gibt es keinen anderen Weg als die Beeinflussung des Wahlgremiums der deutschen Kurfürsten, in dem Friedrich der Weise die gewichtigste Stimme hat. Darauf zielt die Mission des Kammerherren von Miltitz, der im Herbst 1518 nach Kursachsen geschickt wird, um Friedrich dem Weisen das Geschenk der Goldenen Tugendrose zu überbringen und für einen seiner Freunde den Kardinalshut zu versprechen.

In mehr auf eigene Faust, als in päpstlichem Auftrag unternommenen Verhandlungen hat der mit Lobhudeleien und Schmeicheleien nicht sparsame Miltitz Luther im Januar 1519, dem Todesmonat Kaiser Maximilians, zu einem Stillhalteabkommen, dem Altenburger Pakt, zu überreden vermocht. Luther gab das Versprechen, sich öffentlich nicht mehr zu äußern, wenn die Gegenseite das gleiche tue. Miltitz versprach, ein gelehrter Bischof werde sich Luthers Sache annehmen. Luther wiederum erklärt sich zum Widerruf bereit, wenn er des Irrtums überführt würde.

Einige Monate hat sich Luther an diesen Pakt gebunden gefühlt.

Dabei mußte er sehen, wie seine Gegner, an der Spitze Johann Eck, eine Streitschrift nach der anderen herausgaben. Als er in einer Schrift Ecks gegen Karlstadt seine eigenen Behauptungen angegriffen sah, suchte er zu der zwischen Eck und Karlstadt einberufenen Disputation zugelassen zu werden. So kommt es im Sommer 1519 zur Disputation zwischen Luther und Eck in Leipzig.

Die Leipziger Disputation

Wie sich das Werden der reformatorischen Theologie in Luthers Vorlesungen dokumentiert, so der Kampf mit der mittelalterlichen Theologie in Luthers Disputationen. Schon vor den Ablaßthesen hatte Luther im September 1517 in der Disputatio contra scholasticam theologiam nicht nur die ockhamistische, sondern auch die übrigen Richtungen der Scholastik angegriffen. Aus der Engführung der 95 Thesen ging er im April 1518 auf einem Ordenskapitel der deutschen Augustinereremiten in Heidelberg erneut auf breiter Front zum Angriff gegen die theologischen und philosophischen Grundlagen der Scholastik über. Die Heidelberger Disputation, auf der Luther dem freien Willen des Menschen jedes Vermögen abspricht, den Aristoteles aus der Theologie verbannt und der scholastischen Theologie der Herrlichkeit (theologia gloriae) eine Gott in der Niedrigkeit suchende Theologie des Kreuzes (theologia crucis) entgegenstellt, hat ihm die begabtesten Köpfe unter der theologischen Jugend Oberdeutschlands zugeführt. Männer, die später die Reformatoren oberdeutscher Städte und Länder wurden, wie Martin Bucer, der Reformator von Straßburg, und der Württemberger Johann Brenz, hat er hier zu Schülern gewonnen.

Auch aus dem Kreis der Humanisten kamen ihm in diesem Jahr neue Freunde zu. Der junge, hochbegabte *Philipp Melanchthon* (1497–1560), ein Großneffe Reuchlins, konnte im Sommer 1518 für die neuerrichtete Professur des Griechischen an die Wittenberger Universität berufen werden. In ihm fand Luther seinen treuesten Verbündeten, den Kopf, der die reformatorische Theologie in die behältliche Form einer Schullehre umzugießen verstand (Loci communes 1521, in den späteren Auflagen unter dem Titel Loci theologici die erste lutherische Dogmatik). Konnte der Fürst der Humanisten, der große Erasmus, dem Wittenberger Mönch nicht mehr als zeitweilige Sympathien entgegenbringen, so hat sich in der Person und im Wirken Melanchthons das engste Bündnis zwischen Humanismus und reformatorischer Theologie ergeben, Grundlage für den Aufbau einer wissenschaftlichen protestantischen Theologie, ja für ein ganzes protestantisches Bildungswesen.

Melanchthon hat Luther nach Leipzig begleitet, wo er im Juli 1519 mit Eck die Klingen kreuzte. Der wortgewaltige Eck, schon in seiner Jugend als theologisches Wunderkind bestaunt, hatte sich bei der Disputation mit Karlstadt über Gnade und freien Willen überlegen gezeigt. Auch Luther hatte es schwer, gegenüber Ecks Schlagfertigkeit und seinem immensen Gedächtnis zu bestehen. Aber nicht, wer gesiegt hat – beide Seiten haben sich später den Sieg zugeschrieben – ist in Leipzig entscheidend gewesen. Die Bedeutung der Leipziger Disputation liegt in den aufsehenerregenden Äußerungen, zu denen sich Luther durch Eck hat provozieren lassen.

Der Ablaß spielte nur noch am Rande eine Rolle. Nachdem Tetzel von Rom erst kürzlich fallen gelassen worden war, war Eck klug genug, die heikle Ablaßfrage links liegen zu lassen. Er schob den Streitpunkt sofort auf die Frage des päpstlichen Primats. Man debattierte lange über Luthers Behauptung, die Oberhoheit der römischen Kirche über die Gesamtkirche sei eine erst in den letzten vier Jahrhunderten aufgekommene Rechtsanschauung, gegen die die Bibel und die Geschichte von elf Jahrhunderten sprächen. Eck argumentierte mit der Autorität der Kirchenväter. Luther bestritt, daß das Papsttum göttlichen Rechtes sei, daß der Gehorsam gegenüber dem Papst heilsnotwendig sei, argumentierte aus der Geschichte und verwies auf die griechische Kirche, die Rom niemals untergeben gewesen sei. Eck fragte Luther, ob er denn nicht wisse, daß die Leugnung des päpstlichen Primats zu den Irrtümern des Johann Huß gehöre, die auf dem Konzil von Konstanz verurteilt worden waren? Ob er denn Sympathien mit Huß und den Hussiten habe? Luther scheute zurück: die Trennung der Böhmen von der Kirche billige er keineswegs. Sie verstoße gegen das Gebot der Liebe und der Einigkeit des Geistes. Aber es seien unter den in Konstanz verurteilten Sätzen viele grundchristliche und evangelische Sätze, die die Kirche nicht verurteilen könne. Da hatte Eck erreicht, was er wollte. Der Satz, daß Konzilien irren können, mußte von Luther jetzt als notwendige Konsequenz zugegeben werden. Die im Bewußtsein der Zeit höchste Autorität war damit in Frage gestellt. Nun war nicht nur praktisch, sondern auch theoretisch der Bruch mit dem katholischen Kirchenbegriff perfekt.

Die Leipziger Disputation hat überall in Deutschland und über seine Grenzen hinaus, besonders natürlich in Böhmen, gewaltiges Aufsehen erregt. Eine ganze Flugschriftenliteratur wird durch sie hervorgerufen. Fast einstimmig nimmt die Öffentlichkeit für Luther Partei. Ulrich von Hutten vergißt seine Ressentiments gegen die Mönchskutte. Mit ihm geht der nationalbewußte deutsche Humanismus ins Lager Luthers über. Luther, immer noch unter der Drohung des Bannes, fühlt die Nation hinter sich. Als ob die Dämme einer lange zurückgestauten Flut gebrochen seien, so ergießt sich jetzt der reiche Strom seiner Gedanken in eine Fülle von Schriften, die an Klarheit und Tiefe der Gedanken, auch an sprachlicher Schönheit, alles übertreffen, was er bisher geschrieben hat.

Die großen Schriften des Jahres 1520

Luthers Feder war seit dem Ablaßstreit nicht müßig gewesen. Neben die ihm abgezwungenen, jedoch nicht ungern verfaßten Streitschriften tritt die immer größer werdende Reihe theologisch-religiöser Schriften in lateinischer und deutscher Sprache, in denen sich allmählich das Ganze der reformatorischen Anschauungswelt abzurunden beginnt.

Aus seinen Wittenberger Vorlesungen erwachsen, erscheinen 1519 die »Operationes in Psalmos«, der Anfang seiner zweiten Psalmenvorlesung, dazu im gleichen Jahr der »Galaterkommentar«, dem man wegen seiner Geschlossenheit und Prägnanz die Krone unter Luthers Kommentarwerken zuerkannt hat. Diesen großen theologischen Neuentwürfen reihen sich die kleineren Gelegenheitsschriften an, vor allem die von Luther in dieser Zeit bevorzugten »Sermone«, allgemeinverständliche Abhandlungen, in denen, wie etwa in den Sakramentssermonen über Taufe, Buße und Abendmahl ein einzelnes Thema ins Licht des Evangeliums gerückt wird.

Das folgende Jahr 1520 nennt man nicht zu Unrecht den Gipfelpunkt in Luthers literarischem Schaffen. Die Schrift »Von dem Papsttum zu Rom« entwickelt erstmals den reformatorischen Kirchenbegriff. In ihr wird unter der Christenheit die »Versammlung aller Christgläubigen auf Erden« verstanden, eine geistige, nicht eine leibliche, durch Gesetze gegründete Gemeinschaft. Ihr einziges Haupt ist Christus. Was der Papst gebietet, kann von Irrtum sein und muß nach der Schrift geprüft werden: »Er soll mir unter Christo bleiben und sich lassen richten durch die Heilige Schrift.«

Der »Sermon von den guten Werken«, vielleicht die schönste von Luthers Schriften, enthält die reformatorische Ethik. Ausgehend vom Glauben als der Erfüllung des ersten Gebotes und der Wurzel aller guten Werke tritt Luther dem Mißverständnis entgegen, als wisse die reformatorische Glaubenspredigt nicht von guten Werken zu reden. Dabei hebt er die Unterscheidung zwischen edlen und weniger edlen Werken, zwischen kultischem und profanem Handeln auf. Auch Gehen, Stehen, Schlafen, Essen und Trinken, selbst das Aufheben eines Strohhalms kann ein gutes, gottwohlgefälliges Werk, ja ein Gottesdienst sein, wenn es im Glauben geschieht. Nichtig dagegen sind die vermeintlich guten und heiligen Werke, Wallfahrten, Fasten und Beten, wenn ihnen der Grund des Glaubens fehlt.

In der zweiten Hälfte des Jahres 1520 erscheinen die drei Schriften, die man herkömmlich die reformatorischen Hauptschriften nennt. Zunächst, im Sommer 1520, die Reformschrift »An den christlichen Adel deutscher Nation von des christlichen Standes Besserung«. Luther nimmt hier die Klagen über die Aussaugung Deutschlands durch den römischen Fiskus auf, wie sie in den »Gravamina deutscher Nation« seit der Mitte des 15. Jahrhunderts immer wieder neu laut geworden waren. Da die Bischöfe versagen, ruft er den Adel, das heißt die weltlichen Obrigkeiten, den Kaiser und die Stände, zum Eingreifen auf. Sein Reformprogramm ist als Vorlage für ein nationales Konzil gedacht, das die von den Bischöfen vernachlässigte Reformation dem Adel in die Hand geben soll. Bei allem Anklang an ältere Klagen und Forderungen setzt Luther den Hebel der Reform viel tiefer an als seine Vorgänger: er hebt die für mittelalterliches Denken grundlegende, alle päpstlichen Ansprüche rechtfertigende Anschauung von der Überordnung der geistlichen über die weltliche Gewalt auf. Nicht so, daß er, wie im säkularisierten Denken der Renaissance, die weltliche Gewalt über die geistliche setzt. Luther bestreitet überhaupt das Recht zur Unterscheidung von geistlicher und weltlicher Gewalt, geistlichem und weltlichem Stand innerhalb der Christenheit: »Man hat's erfunden, daß Papst, Bischof, Priester, Klostervolk wird der geistliche Stand genannt, Fürsten, Herren, Handwerks- und Ackerleute der weltliche Stand, welches gar ein fein Comment (= Trug) und Gleißen ist. Doch soll niemand darüber schüchtern werden, und das aus dem Grund: Denn alle Christen sind wahrhaftig geistlichen Stands und ist unter ihnen kein Unterschied denn des Amts halben allein ... Das macht alles, daß wir eine Taufe, ein Evangelium, einen Glauben haben und sind gleiche Christen; denn die Taufe, Evangelium und Glauben, die machen allein geistliche und Christenvolk.« Es ist die reformatorische Lehre vom »allgemeinen Priestertum«, die Luther den päpstlichen Ansprüchen entgegensetzt, ja mit der nun grundsätzlich die Unterscheidung von Klerus und Laien verworfen wird.

Das dann folgende Reformprogramm umfaßt nahezu sämtliche gesellschaftlichen Bereiche. Außer den speziell kirchlichen Fragen (Abschaffung des Kirchenstaates, Priesterehe, Einigung mit den Böhmen) wird ein Sozialprogramm (Abschaffung des Bettels, Armenfürsorge), ein die Reform der Universitäten und Schulen forderndes Bildungsprogramm, ja ein Wirtschaftsprogramm (Eindämmung des Frühkapitalismus, der Fuggerschen Handelsgesellschaften, dafür stärkere Förderung der Landwirtschaft) entworfen. Der schon in den 95 Thesen greifbare soziale Bezug der reformatorischen Verkündigung wird auf breiter Ebene entfaltet. Von allen Schriften Luthers wurde die Schrift an den Adel die bekannteste und verbreitetste. Schon vierzehn Tage nach Erscheinen waren 4000 Exemplare verkauft.

Geht es in der Adelsschrift um die Besserung des christlichen Lebens, so zielt die Schrift »Von der Babylonischen Gefangenschaft der Kirche« (De captivitate Babylonica ecclesiae) ins Zentrum der katholischen Lehre: in die Sakramentslehre. Von den sieben Sakramenten der mittelalterlichen Kirche will Luther nur Taufe, Abendmahl und, mit Einschränkungen und Zweifel hinsichtlich ihres sakramentalen Charakters, die Buße gelten lassen. Aber nicht diese quantitative Reduktion, auch nicht die Forderung des Laienkelchs und die Ablehnung des Transsubstantiationsdogmas, sondern das qualitativ neue Verständnis des Sakraments ist das entscheidende. Das Sakrament wird seines Ranges als vollkommenstes Mittel göttlicher Gnade entledigt, es wird dem Wort untergeordnet. In die Relation von Wort und Glaube einbezogen, wird das Sakrament als ein sichtbares Zeichen verstanden, das einer göttlichen Verheißung (promissio) von Christus beigegeben ist. Dieses Wort der Verheißung ist wichtiger als das Zeichen. Luther entleert die Sakramente nicht zu bloßen Symbolen, an der Gegenwart Christi in den Abendmahlselementen hält er fest, auch wenn er den Meßopferbegriff aufgibt und bekämpft. Wirkt Gottes Gnade jedoch nach scholastischer Lehre in den Sakramenten ex opere operato (= allein infolge des Vollzugs des Sakramentes), ohne daß notwendig der Glaube dabei sein muß, so kommt nach Luther die Gnade im Wort zum Menschen und muß im Glauben empfangen werden, ohne daß notwendig das Sakrament genommen werden muß. Damit ist dem Sakramentalismus der mittelalterlichen Priesterkirche die Grundlage entzogen. Nicht zu Unrecht haben die Zeitgenossen in der »Babylonischen Gefangenschaft« den schärfsten Angriff auf die Grundlagen der Kirche gesehen. Nicht wenige, die Luthers Adelsschrift eben noch begeistert zustimmten, haben ihm nach der Babylonica die Gefolgschaft versagt.

Den beiden großen Kampfschriften folgt das von den Wellen des Streites mit Rom ganz unberührte Büchlein »Von der Freiheit eines Christenmenschen«. Wie nie wieder seit den Zeiten des Neuen Testaments ist hier die christliche Existenz unter die Signatur der »Freiheit« gestellt. »Ein Christenmensch ist ein freier Herr über alle Ding und niemand untertan. Ein Christenmensch ist ein dienstbar Knecht aller Ding und jedermann untertan.« In die Spannung dieser beiden, nach 1. Kor. 9,19 gebildeten Sätze stellt Luther das Leben des Christenmenschen. Dabei holt er den Freiheitsbegriff aus der Formalität reiner Selbstbestimmung heraus und stellt ihn dar in seiner Hinordnung auf die Liebe. Christus selbst ist das Urbild der Freiheit. In der Gemeinschaft mit ihm, in dem »fröhlichen Wechsel und Streit« bekommt der Mensch im Glauben Anteil an seinen Gütern, wird er frei, seinem Nächsten ein Christus zu werden, wie Christus ihm einer geworden ist. Die sich zu dieser Zeit festigende Ansicht, der Papst sei der Antichrist, hat Luther nicht gehindert, den Freiheitstraktat Leo X. zu widmen.

Bannandrohung und Bann

Nach der Wahl Karl V. zum deutschen Kaiser (28. 6. 1519) entfiel für die Kurie die Nötigung, weiterhin Rücksichten auf den sächsischen Kurfürsten zu nehmen. Der Ketzerprozeß gegen Luther wurde wieder aufgenommen. Am 15. Juni 1520, während Luther in Wittenberg gerade an seiner Adelsschrift schrieb, wurde in Rom die Bulle »Exsurge Domine« ausgefertigt, die Bannandrohungsbulle.

Der Spruch des höchsten kirchlichen Lehramtes ist, wie heute allseits anerkannt, kein theologisches Meisterstück. In der Bannandrohungsbulle werden 41 Sätze aus Luthers Schriften als häretisch gebrandmarkt. Einzelne Behauptungen aus den Ablaßschriften über Buße, Ablaß und Fegefeuer, aus der Leipziger Disputation über Papsttum und Konzilsgewalt sind zusammengestellt. Luthers Satz »Ketzer verbrennen ist gegen den Willen des Geistes« wird ebenso als Häresie bezeichnet wie die Forderung des Laienkelchs. Als die beiden päpstlichen Abgesandten Hieronymus Aleander und Johann Eck die Bulle nördlich der Alpen bekanntmachten, war ihr Inhalt durch die Schriften des Jahres 1520 längst überholt. Luther ist auf einer Stufe seiner theologischen Entwicklung verurteilt worden, auf der der volle Gegensatz zu Rom noch gar nicht entfaltet worden war.

Die Verbreitung der Bulle stieß in Deutschland auf Schwierigkeiten. Nur in den Niederlanden und am Rhein konnte Aleander die geforderten Bücherverbrennungen durchsetzen. Luther reagierte auf die Bannandrohung mit einer symbolhaften Gegendemonstration. Am Morgen des 10. Dezember 1520 verbrannte er vor dem Wittenberger Elstertor im Angesicht seiner Wittenberger Studenten die Werke der Scholastiker, die Folianten des kanonischen Rechtes und – dies heimlich – ein Exemplar der Bannandrohungsbulle. Durch eine eilige Schrift »Warum des Papstes und seiner Jünger Bücher verbrannt sind« tat er ein übriges, um den Schein dieser Flammen weit leuchten zu lassen. Jetzt mußte auch dem letzten klar sein, daß der Bruch mit Rom endgültig war. Als im Januar 1521 die Bulle »Decet Romanum Pontificem« den Bann über Luther aussprach, hat sie kaum noch öffentliche Beachtung gefunden.

Der Reichstag zu Worms

Drei Monate nach dem römischen Bannspruch steht Luther vor Kaiser und Reich auf dem Reichstag zu Worms. Kein anderes Faktum macht die Auflösung der mittelalterlichen Einheit von weltlichem und geistlichem Recht so deutlich wie die Zitierung eines von der Kirche verurteilten Ketzers vor das höchste Gremium des Heiligen Reiches. Des Kaisers Wille war es nicht, daß Luther kommen sollte. Schon bei der Kaiserwahl hatte Karl jedoch das Zugeständnis machen müssen, kein Deutscher dürfe ungehört an Rom ausgeliefert werden. Jetzt drängte Friedrich der Weise darauf, daß Luther verhört würde. Die Macht der öffentlichen Meinung, die Furcht auch der romtreuen Obrigkeiten vor dem Aufruhr des »gemeinen Mannes« gaben dieser Forderung Nachdruck. So kam ein

Kompromiß zustande. Daß Luther vorgeladen wurde, nicht ungehört verurteilt werden durfte, konnten der sächsische Kurfürst und die Stände erreichen. Daß er nur zum Widerruf vorgeladen wurde und daß, wenn er nicht widerriefe, der Kaiser gegen ihn ein Edikt erlassen konnte, das setzten der Kaiser und die antilutherische Mehrheit unter den Kurfürsten durch. So stand der Ausgang praktisch schon fest, als Luther im April nach Worms kam. In letzter Minute gewarnt, ließ er sich nicht beirren: »Wenn noch soviel Teufel zu Worms wären, als Ziegel auf den Dächern, ich wollte doch hinein.«

Luther, am 17. April 1521 vor Kaiser und Reich stehend, wird auf seine Schriften angesprochen: ob er sich zu ihnen bekenne und ob er zum Widerruf bereit sei. Nach einer Bedenkzeit hält Luther am nächsten Tag, am 18. April, zunächst eine längere, klug abwägende Rede, macht Unterschiede zwischen seinen Schriften, erkennt Übersteigerungen der Polemik an, erklärt aber, in der Sache nichts nachlassen zu können. Allerdings würde er als erster seine Schriften ins Feuer werfen, wenn er des Irrtums überführt würde. Man verlangt eine knappe und klare Antwort, ob er widerrufe oder nicht. Nun spricht Luther ein zweites Mal. Diesmal läßt er alle diplomatische Klugheit fahren, gibt eine Antwort »ohne alle Hörner und Zähne«. Wenn er nicht durch das Zeugnis der Schrift und durch klare Vernunftgründe überzeugt werde – denn dem Papst und den Konzilien allein glaube er nicht, da sie öfter geirrt und sich widersprochen hätten – so sei er durch die Heilige Schrift überwunden in seinem Gewissen und gefangen in dem Worte Gottes. »Daher kann und will ich nichts widerrufen, weil wider das Gewissen etwas zu tun weder sicher noch heilsam ist. Gott helfe mir, Amen.« Zornig entgegnet ihm der Offizial, daß Konzilien geirrt hätten, könne Luther nicht beweisen. Luther antwortet: er könne und wolle es. Wieder in seiner Herberge, reckt er nach Landsknechtsbrauch seine Arme gen Himmel: »Ich bin hindurch, ich bin hindurch.«

Am nächsten Tag legt der Kaiser den Ständen eine Erklärung vor. Er bekennt sich als treuer Sohn der katholischen Kirche, in deren Glauben er erzogen sei und die er wie seine Vorväter gegen jede Ketzerei zu verteidigen gedenke. Hatte Luther am Vortag den protestantischen Wahrheitsbegriff geltend gemacht, so Karl jetzt den katholischen: »Denn es ist sicher, daß ein einzelner Bruder irrt, wenn er gegen die Meinung der ganzen Christenheit steht, da sonst die Christenheit tausend Jahre oder mehr geirrt haben müßte.« Luther habe sein Geleit, aber er werde ihn nicht wieder hören und in Zukunft als einen notorischen Ketzer behandeln. Das gleiche erwarte er auch von den Ständen des Reiches.

Zwischen dem Kaiser und Luther gab es kein Verhandeln mehr. Auch die Stände, die in Ausschußsitzungen einige Tage lang auf Luther Einfluß zu gewinnen suchten, konnten einen Widerruf nicht erreichen. Noch im Schutz des kaiserlichen Geleits verließ Luther am 25. April Worms. Das Wormser Edikt, datiert auf den 8. Mai 1521, vom Kaiser nach der Abreise der meisten Fürsten unterschrieben am 26. Mai, tat Luther in die Reichsacht, erklärte ihn nach Ablauf der Geleitsfrist für rechtlos, verbot, ihn zu herbergen und zu speisen, forderte seine Auslieferung von jedem, der seiner habhaft werden könne. Das Edikt verbot weiter Druck, Kauf und Lektüre seiner Schriften, verfügte die Verfolgung von Luthers Anhängern. Der von Aleander entworfene Text bringt eine sehr viel weitergehende Begründung als der kirchliche Bann. »Daß er die sieben Sakrament, die von der heiligen Kirche so lange gehalten worden, nach Zahl, Ordnung und Gebrauch zerstöret hat«, wird Luther ebenso vorgeworfen wie »daß er die Decreta und geistliche Gesetze öffentlich zu verbrennen kein Entsetzung oder Scheu gehabt hat«. Das Edikt schien ein voller Sieg des Kaisers über die lutherfreundlichen Stände zu sein. Aber wieder war es die Politik, die Luthers Sache zu Hilfe kam.

III Die Sturmjahre der Reformation bis zur Katastrophe des Bauernkrieges.

Der Wildwuchs der Reformation

Das Wormser Edikt hatte das Urteil über Luther und die reformatorische Bewegung gesprochen. Aber es fehlte die Macht, die imstande war, dieses Urteil auszuführen.

Der Kaiser hatte unmittelbar nach dem Wormser Reichstag das Reich verlassen. Deutschland war nur ein Teil seines Imperiums. Für die nächsten neun Jahre beanspruchten ihn seine spanischen Lande, der nun ausbrechende, mehr als zwei Jahrzehnte währende Machtkampf mit Franz I. von Frankreich, die Verteidigung des Abendlandes gegen die Türken, auch die Auseinandersetzung mit dem Papst. Erst 1530 sollte Karl für kurze Zeit wieder ins Reich zurückkehren und sich der Ordnung der Reichsdinge annehmen können. Für die Dauer seiner Abwesenheit vom Reich nahm das Reichsregiment, eine Ständeversammlung unter Karls jüngerem Bruder Ferdinand, die höchste Gewalt im Reiche wahr.

Das in Nürnberg tagende Reichsregiment war jedoch zu schwach, um das Wormser Edikt durchzuführen. Ferdinand brauchte die Unterstützung der lutherfreundlichen Stände im Türkenkrieg. Auf den drei Nürnberger Reichstagen (1522–24) ist die Durchführung des Wormser Edikts immer wieder hinausgeschoben worden. Die vom Nuntius Chieregati in Nürnberg vorgebrachten päpstlichen Mahnungen, verbunden mit einer die kirchlichen Mißstände zugebenden Schulderklärung des reformfreudigen Hadrian VI., blieben ohne Folgen. Der Reichstag verwies auf die noch nicht abgestellten Gravamina der deutschen Nation und forderte ein Konzil, das möglichst in Jahresfrist vom Papst im Einvernehmen mit dem Kaiser in einer deutschen Stadt einberufen werden sollte. Damit war eine Forderung erhoben, die auf den Reichstagen fortan immer wieder erklang, der sich das Papsttum in Erinnerung an den Konziliarismus des 15. Jahrhunderts über lange Jahre mit allen Mitteln zu erwehren gesucht hat.

So sind die Mächte des alten Glaubens unter sich uneins. Ihre Uneinigkeit bildet den Windschatten, in dem sich die reformatorische Bewegung ausbreiten kann. Nach dem Wormser Reichstag wird klar, wie unklug Rom gehandelt hatte, als es dem Ketzer Zeit ließ, die Saat seiner Schriften auszustreuen. Jetzt beginnen die

Halme zu sprießen, regt sich überall, nicht nur in Wittenberg und Kursachsen, auch in den oberdeutschen Städten, in der Schweiz, in den Niederlanden, in Österreich, Tirol und Mähren, bis nach Preußen und Livland, eine reformatorische Bewegung. Nach Frankreich, England, Schottland, Spanien und Italien trägt der Buchdruck die Gedanken des Wittenberger Reformators. Seit 1521 tritt neben Luther die immer größer werdende Schar von Freunden und Schülern hervor, die selbständig die Aufgabe der Reformation anpacken, so die Reformatoren der oberdeutschen Städte, an der Spitze Martin Bucer in Straßburg. Es treten Männer auf, denen das Beispiel Luthers Mut gibt, einen selbständig beschrittenen Weg zur Reformation weiterzugehen, wie der Schweizer Huldreich Zwingli. Es sprießt auch viele Saat empor, die Luther nicht als sein Gewächs anerkennen kann, die ihn mit Entsetzen erfüllt und die er als Unkraut auszujäten sucht: es beginnt sich ein radikaler Flügel der Reformation zu bilden, der mit Ungestüm Altes vernichtet und die vom reformatorischen Evangelium geforderte Freiheit und Gleichheit der Christenmenschen unmittelbar in die Praxis umsetzen will. Für Luther heißt das: neben den Kampf mit Rom tritt die zweite, zeitweilig dringendere Aufgabe, die Auseinandersetzung mit dem radikalen Flügel im eigenen Lager, mit den »Schwärmern«.

Man hat die Jahre zwischen Worms und dem Bauernkrieg die Zeit des »Wildwuchses« der Reformation genannt. Es ist eine Zeit ungebändigter Bewegung, in der die wiederentdeckte Bibel von mancherlei Predigern unter das Volk gebracht, die reformatorische Lehre mit sozialrevolutionärem Gedankengut vielfältig vermischt wird. Eine Zeit, an derem Ende sich die Notwendigkeit eines durch Katechismus, Kirchenordnung und Bekenntnis geeinten Kirchentums ergibt.

Luther auf der Wartburg

Vom 4. Mai 1521 bis zum 1. März 1522 ist Luther auf der Wartburg, am Westrand des sächsischen Kurfürstentums, unter dem Schutz seines Landesherren. Ein Jahr der Anfechtungen, der immer wieder auftauchenden Frage: »Bist du allein klug? Sind so viele Jahrhunderte in die Irre gegangen? Wie, wenn du im Irrtum wärst und so viele andere mit dir nähmest in die ewige Verdammnis?« Aber auch ein Jahr der Zweifel, ob er in Worms nicht zu vorsichtig gewesen sei, zu sehr auf den Rat kluger Freunde gehört habe. Zu den Anfechtungen gesellen sich monatelange leibliche Beschwerden. Umso erstaunlicher die große Zahl von Schriften, die Luther auf seinem »Patmos« geschrieben hat. Zwei darunter von großer Folgewirkung: die Bibelübersetzung und die Kirchenpostille.

Luther hat auf der Wartburg nur das Neue Testament übersetzt. Die Übersetzung der ganzen Bibel zieht sich bis 1534 hin, am Alten Testament hat später ein ganzes Team Wittenberger Gelehrter jahrelang gearbeitet. Luther hat auf der Wartburg die lateinische Bibel (Vulgata) vor sich liegen gehabt, daneben das griechische Neue Testament des Erasmus, das auch eine weitere lateinische Übersetzung bot. Ob er außerdem eine der früheren deutschen Bibelausgaben (etwa die Zainerbibel ca. 1475) verglichen hat, ist ungewiß. Die in der staunenswert kurzen Zeit von elf Wochen vollendete Übersetzung des Neuen Testaments ist weder die erste – man zählt 14 hochdeutsche Bibeldrucke vor Luther – noch ist durch sie die frühneuhochdeutsche Schriftsprache geschaffen worden. Luther hat sich der Hochsprache der sächsischen Kanzlei bedient. Durch die Lutherbibel ist sie zur deutschen Gemeinsprache geworden, freilich in der Anschaulichkeit und Volkstümlichkeit, die ihr Luther verliehen hat. Der einzigartige, alle früheren Versuche weit in den Schatten stellende Rang der Lutherschen Übersetzung rührt aus dem tiefen, eigenständig geschöpften Verständnis der biblischen Sache ebenso wie aus der Sprachmächtigkeit des Übersetzers, der sich nicht sklavisch an wörtliche Richtigkeit bindet und in seinem nachschöpferischen Übersetzen dem biblischen Original treuer bleibt als jede wortgetreue Kopie. Es ist nicht zuviel gesagt, daß erst Luther dem deutschen Volk die Bibel geschenkt hat.

Gottes Wort ist nach Luthers Verständnis kein geschriebenes Wort, sondern ein mündliches, in lebendiger Rede erschallendes Wort. Es muß verkündigt, gepredigt werden. Neben die Bibelübersetzung tritt deshalb die Arbeit an einem Modell reformatorischer Predigt, der Kirchenpostille. Auf der Wartburg begonnen, ist die Kirchenpostille in den späteren, die Predigtperikopen des ganzen Kirchenjahres umfassenden Redaktionen ein Predigtmusterbuch für Generationen lutherischer Pfarrer geworden. Der ganze Reichtum der durch die Erkenntnis des Evangeliums freigelegten Gedankenwelt Luthers fließt in die breitausgesponnenen Predigten über die Advents- und Weihnachtsperikopen ein, die Luther auf der Wartburg geschrieben hat. Er hat die Kirchenpostille später sein bestes Buch genannt.

Durch Bibelübersetzung und Kirchenpostille hat Luther die reformatorische Bewegung auf den Quellgrund ihrer Kraft gewiesen: auf die Bibel und die Predigt. Beide bekommen durch Luther ihre einzigartige Stellung im Protestantismus. Doch geht die tiefe Gebundenheit an das Wort Gottes zusammen mit einer unerhört kühnen Freiheit gegenüber einzelnen Büchern des biblischen Kanons. In der Vorrede zum Neuen Testament von 1522 wird der Jakobusbrief »eine rechte stroherne Epistel« genannt. Von der Johannesoffenbarung sagt Luther, er achte sie nicht hoch, da man in ihr Christus nicht erkennen könne. Unerhört kühn wird auch an der Kanzelpredigt Kritik geübt. Es sei ein Mißstand, daß »einer allein einher schwätzet«, heißt es in der Kirchenpostille, zur Zeit Jesu und der Apostel sei es nicht so gewesen. »Es sollt eine rechte Predigt zugehen, wie in einer Collation (= Unterhaltung) über Tisch etwas gehandelt wird. Darum auch Christus das Sacrament eingesetzt, daß man darob zu Tische sitzen und sein Wort handeln sollt, aber es ist alles umgekehret und eitel Menschenordnung an statt göttlicher Ordnung kommen.«

Diese Ansätze aus der Gedankenwelt der Wartburgzeit sind schon bei Luther selbst nicht zur vollen Auswirkung gekommen, geschweige in der weiteren Entwicklung des Luthertums. Erst die Aufklärung hat den Gedanken der Kanonskritik wieder aufgegriffen. Die Kritik am Monopol der Kanzelpredigt lebt in den protestantischen Sekten und im Pietismus weiter.

Die Wittenberger Bewegung 1521/22

Während Luther auf der Wartburg weilte, war es in Wittenberg nicht ruhig geblieben. Im Herbst 1521 verließen 13 Mönche das Augustinerkloster. Melanchthon begann mit seinen Schülern das Abendmahl in beiderlei Gestalt zu feiern. Priester lösten sich vom Zölibatsgelübde und heirateten. Anfang Dezember hielt sich Luther heimlich einige Tage in Wittenberg auf. Noch war er mit den Neuerungen einverstanden, beruhigt kehrte er auf die Wartburg zurück.

Doch bald ging Luthers Kollege Karlstadt zum Angriff auf das Kernstück des alten Gottesdienstes, die Messe, über. Weihnachten 1521 feierte Karlstadt mit 2000 Gläubigen das Abendmahl in beiderlei Gestalt, er selbst in weltlicher Kleidung, das Latein der Liturgie durch die deutsche Sprache ersetzend – der erste öffentliche evangelische Abendmahlsgottesdienst in deutscher Sprache, den die Reformation kennt. Zugleich wurden die täglichen Meßgottesdienste und die »Stillen Messen« abgeschafft, die Beichte für unnötig, die Fastengebote für ungültig erklärt. Auch forderte man die Abschaffung der Bilder und Altäre.

Durch die Wittenberger Reformationsordnung vom Januar 1522, erarbeitet vom Rat und lutherisch gesinnten Universitätslehrern, suchte man die Reformationsbewegung in geregelte Bahnen zu lenken. Die Ordnung sieht neben kultischen Neuordnungen wie Abschaffung der Messe und Bilderverbot die Überführung des Kirchen- und Klostergutes in Gemeinbesitz, in den »Gemeinen Kasten« vor, der der Sozialfürsorge für die Armen und Schwachen dienen soll. Ein Stück des in der Adelsschrift aufgestellten Sozialprogramms schien erfüllt zu werden.

Aber der Wittenberger Reformationsversuch wurde in die Schere genommen. Von oben forderte der Kurfürst, unter dem Druck des Reichsregimentes stehend, die Zurücknahme der Ordnung. Von unten drängten radikale Laienkräfte zu weitergehenden Reformen. Aus der Tuchmacher- und Bergwerksstadt Zwickau, einem Zentrum sozialer Gärung, kamen die »Zwickauer Propheten«, geistbegabte Prediger, die die Abschaffung der Kindertaufe forderten und mit ihrer Berufung auf Geistbesitz und unmittelbare Offenbarungen die Freunde des Wittenberger Reformators, Melanchthon vor allem, in Verwirrung brachten. Anarchische Zustände drohten, es kam zum Bildersturm. Niemand wußte der Bewegung mehr Einhalt zu gebieten. Da rief der Wittenberger Rat, in dem nach einer Neuwahl die gemäßigten Kräfte, unter ihnen der Maler Lukas Cranach, die Mehrheit hatten, Luther von der Wartburg zurück. Der Geächtete schien der einzige, der zur Ordnung zurückrufen konnte.

Am 1. März verließ Luther die Wartburg. Unterwegs schrieb er seinem Kurfürsten den berühmten Brief, in dem er auf allen weltlichen Schutz verzichtet, ja mit der Kraft seines Glaubens eher den Kurfürsten schützen will, das schönste Zeugnis seines Glaubensmutes. Vom 9. März 1522 an, dem Sonntag Invokavit, steht Luther acht Tage lang auf der Kanzel der Wittenberger Stadtkirche, in der Kutte des Mönchs und mit frischgeschnittener Tonsur. Die »Invokavitpredigten« nehmen zu den vorgenommenen Reformen Stellung: Abschaffung der Messe und der Beichte, Priesterehe, Aufhebung der Fastengebote, Abtun der Bilder, Abendmahl unter beiderlei Gestalt.

Durchweg hält Luther die Forderungen der Reformer für richtig, ja er erkennt sie als Frucht seiner eigenen Gedanken an. Nicht, was reformiert worden ist, sondern *wie* reformiert worden ist, greift er an: daß man mit Gewalt und Zwang vorging, daß man die Reformen zur Bedingung der Seligkeit gemacht habe, daß man auf die Schwachen, noch am Hergebrachten Hängenden keine Rücksicht nahm, sie durch äußere Ordnungen zu rechten Christen machen wollte. Gegen den puritanischen Eifer, alles Böse, alles Unbiblische aus der christlichen Gemeinde auszurotten, zieht Luther zu Felde. Das Schonen der Schwachen macht er jetzt zur Bedingung des wahren Glaubens. Ja er brandmarkt den Eifer der Neuerer als Pervertierung evangelischer Freiheit in eine neue Gesetzlichkeit. Es laufe auf Selbsttäuschung hinaus, wenn man das Böse ausrotten wolle: »Ja wenn wir unseren ärgsten Feind vertreiben wollten, der uns am allerschädlichsten ist, so müßten wir uns selber töten, denn wir haben keinen schädlicheren Feind als unser Herz.« Nach acht Tagen war in Wittenberg Ruhe und Ordnung eingekehrt. Noch hatte Luthers Wort Gewalt über die Geister. Ein Großteil der Reformen, jedenfalls der kultischen Reformen, wurde rückgängig gemacht.

Luthers Eingreifen in die Wittenberger Unruhen kann in seiner Bedeutung für den weiteren Verlauf der Reformationsgeschichte kaum überschätzt werden. Jedem gewaltsamen, aber auch jedem spontanen Versuch, das alte Kirchenwesen zu reformieren, war damit der Weg verlegt. Darüber hinaus wurde jeder Gesetzlichkeit in der Lebensordnung christlicher Gemeinde gewehrt. »Indem Luther in jenen berühmten Fastenpredigten von 1522 jeden kultischen und moralischen Zwang ablehnte, hat er von allem Anfang an die deutsch-evangelische Kirche davor bewahrt, eine puritanische Gesetzeskirche zu werden und ihr das hohe Gut der inneren Freiheit gegenüber aller engen Gesetzlichkeit erhalten« (Stadelmann). Allerdings liegt eine Tragik darin, daß der Mann, der eben erst den Mißstand gebrandmarkt hatte, daß einer allein einher schwätzet, nun als einzelner wieder die Kanzel besteigen muß. In jenen Märztagen 1522 zeichnen sich die ersten Ansätze zur lutherischen Pastorenkirche ab.

Neuordnung von Gottesdienst und sozialem Leben

Die Erfahrungen der Wittenberger Unruhen haben Luthers reformatorischem Vorgehen in den Jahren bis zum Bauernkrieg den Stempel aufgedrückt: im Bereich des Gottesdienstes, dort, wo es um das Gewissen und die Freiheit des Glaubens geht, wurde Luther vorsichtiger, hemmte er eher die Entwicklung, als daß er sie voran trieb. In Wittenberg wurde die lateinische Liturgie wieder eingeführt, duldete man selbst wieder Privatmessen. Luther kehrte zur Elevation der Hostie zurück. Nur der Kanon missae, das Kernstück der alten Messe, das mit seinen Gebeten den Opfercharakter zum Ausdruck brachte, blieb beseitigt.

In der Reform des Gottesdienstes rissen jetzt andere Städte die Führung an sich. Ab 1522 finden sich, wohl zuerst in Basel und Pforzheim, bald darauf in anderen oberdeutschen Reichsstädten, Gottesdienstordnungen in deutscher Sprache. Thomas Müntzer entwarf 1523 in Allstedt ein »Deutsches Kirchenamt« und eine »Deutsche evangelische Messe«, beachtliche liturgische Leistungen. Derweil gab Luther für Wittenberg wieder eine »Formula Missae et Communionis« (1523) heraus. Nur allmählich ging man in Wittenberg zur deutschen Gottesdienstform über, ohne dabei die hergebrachte lateinische aufzugeben, die Luther um der Jugend willen beibehalten wollte. Den Anfang machte Luthers Ordnung der deutschen Taufe (»Das Taufbüchlein verdeutscht«, 1523). Erst 1526 folgte die »Deutsche Messe«. Sie lehnt sich eng an die bisherige Meßform an, nimmt das Abendmahl – ohne Kanon missae – in den Gottesdienst hinein, stellt aber die Predigt des göttlichen Worts an die erste Stelle. Die Gemeinde wurde durch Gesang beteiligt. Luther selbst schuf für die junge evangelische Gemeinde eine ganze Reihe neuer Choräle. Andere Liederdichter, von Luther dazu ermutigt, folgten ihm nach. Der evangelische Choral bildete bald ein starkes Einheitsband zwischen den Gemeinden.

Radikaler als in Wittenberg fiel die Gottesdienstreform in Oberdeutschland (Straßburg) und der Schweiz aus. Das Vorbild der Messe ließ man vollständig fallen. In Anlehnung an den spätmittelalterlichen Prädikantengottesdienst, eine aus Predigt, Lied und Gebet bestehende gottesdienstliche Nebenform, wurde hier der Gottesdienst einfacher, schmuckloser, ohne große Liturgie. Die Verschiedenheit der Gottesdienstformen empfand niemand als trennend. Unterschiede im Ritus, so wird es das Augsburger Bekenntnis formulieren, heben die Einheit der Kirche nicht auf.

Wurde Luther bei der Gottesdienstreform seit 1522 konservativer, so ist durch die Wittenberger Ereignisse sein Eifer für Reformen im weltlich sozialen Bereich nicht gelähmt worden. In die Jahre 1522–1524 fallen eine ganze Reihe von Schriften, in denen Luther das Reformprogramm der Schrift an den Adel wieder aufnimmt, sich nun nicht mehr an den Kaiser und ein Nationalkonzil wendend, sondern an die reformwilligen Obrigkeiten, an einzelne Städte und Gemeinden oder an die »Ratsherren aller Städte deutschen Landes«.

So entwirft er schon bald eine Reform des Ehe- und Scheidungsrechts, wo nach Fortfall der kanonischen Bestimmungen Neuregelungen nötig waren. Luther kann dabei, ohne die überkommene Geringschätzung des sexuellen Lebens ganz zu überwinden, einen Hymnus auf die Ehe anstimmen, wie ihn das Mittelalter nicht kannte, polemisch gerichtet ebenso gegen das ins Kloster treibende Keuschheitsideal wie gegen die aus der griechischen Antike stammende mittelalterliche Herabsetzung der Frau und der Frauenarbeit (»Vom ehelichen Leben«, 1522).

In der Vorrede zur Leisniger Kastenordnung stellt er den von der kursächsischen Stadt Leisnig geschaffenen »Gemeinen Kasten«, in dem die aus der Säkularisierung des Kirchenguts erworbenen Mittel für gemeinnützige Zwecke gesammelt werden, als ein Muster kommunaler Sozialfürsorge hin, der altprotestantischen Sozialfürsorge damit für mehr als ein Jahrhundert den Weg weisend (»Ordnung eines Gemeinen Kastens«, 1523). Gleichzeitig spricht er den sich aus der bischöflichen Rechtsgewalt befreienden Gemeinden das Recht zu, über die Lehre zu urteilen, Prediger zu berufen und abzusetzen – kongregationalistische Gedanken, die durch die spätere Entwicklung zum Landeskirchentum nicht zum Zuge kommen werden (»Daß eine christliche Versammlung oder Gemeine Recht und Macht habe, alle Lehre zu urteilen«, 1523).

Die Luther zu allen Zeiten beschäftigenden Fragen der Wirtschaftsethik führen zu einem heftigen Angriff auf den Frühkapitalismus, auf die Kapitalgesellschaften der Fugger, die Theorie vom teuren Preis und das Zinsnehmen – Forderungen, in denen Luther ein Stück mit dem reformfreudigen Reichsregiment gegen den Kaiser und die Fugger zusammengeht (»Von Kaufshandlung und Wucher«, 1524).

Ein vom humanistischen Geist befruchtetes Bildungsprogramm

konkretisiert sich in der Schrift »An die Ratsherren aller Städte deutschen Landes, daß sie christliche Schulen aufrichten und halten sollen« (1524). Luthers Warnung, mit der Aufhebung der Klöster nicht die Stätten der Bildung zu verlieren, ist nicht vergeblich gewesen. Ein Großteil der in der Reformationszeit geschaffenen Gelehrtenschulen ist aus früheren Klosterschulen hervorgegangen.

Die Verfolgung evangelisch Gesinnter durch katholische Obrigkeiten, das Verbot der Lutherschen Bibelübersetzung durch Herzog Georg von Sachsen stellten die Frage nach dem Gehorsam des Christen gegenüber der Obrigkeit. Aber auch die grundsätzliche Frage nach dem Recht obrigkeitlicher Gewalt in einer durch das wiederentdeckte Evangelium reformierten Christenheit, die Infragestellung aller Obrigkeit durch die Schwärmer taucht in diesen Jahren auf. In der Schrift »Von weltlicher Obrigkeit, wie weit man ihr Gehorsam schuldig sei« (1523) gibt Luther die Antworten und legt damit die Fundamente der reformatorischen politischen Ethik.

Daß er nicht einen blinden Untertanengehorsam fordert, sagt schon die im Titel liegende Beschränkung, noch deutlicher der Text: »Gott hat unsere Fürsten toll gemacht, daß sie meinen, sie mögen tun und gebieten ihren Untertanen, was sie nur wollen, und die Untertanen auch irren und glauben, sie seien schuldig, dem allen zu folgen.« Das klingt nicht untertanenfromm, und man darf den die Obrigkeit in ihre Grenzen weisenden Zug der politischen Ethik Luthers nicht übersehen, wenn man die andere, meist allein beachtete Seite in Blick nimmt, nach welcher Luther die Obrigkeit aus der kirchlichen Bevormundung löst und als eine unmittelbar von Gott eingesetzte Ordnungsmacht versteht, der sich die Christen in willigem Gehorsam unterordnen müssen. Die Lehre von der Freiheit und Gleichheit aller Getauften, vom allgemeinen Priestertum, wird nun hineingestellt in den Zusammenhang der *Zwei-Reiche-Lehre*. Der Christ lebt nicht nur im Reich Gottes, in dem Christus durch das Evangelium regiert und wo es keine Überordnung des einen über den anderen gibt. Er lebt bis zum Ende aller Tage auch im Reich der Welt, das durch Recht und Gesetz geordnet wird, in dem die Obrigkeit das Schwertamt zur Bestrafung der Bösen führt, in dem es ein Oben und Unten gibt und vor dem Ende aller Tage Freiheit und Gleichheit nicht zu erwarten sind. Unverkennbar wird in der Abgrenzung gegen die »Schwärmer«, die die Welt mit dem Evangelium regieren und alle Obrigkeit abschaffen wollen, von Luther der Obrigkeitsbegriff, die herrschende Gesellschaftsordnung, befestigt. Auch im politischen Bereich wirkt Luther nun konservativ. Aber die neuen Aufgaben, die die Zwei-Reiche-Lehre der weltlichen Obrigkeit zuschiebt durch die Einbeziehung des sozialen, rechtlichen und bildungsmäßigen Lebens in das Reich der Welt, sind ihrerseits doch auch eine Revolution. Der Staat, die ganze Sphäre des weltlichen Rechtes und der irdischen Ordnung, sie verlieren die Decke der Düsternis, die der augustinisch-mittelalterliche Dualismus von Civitas Dei und Civitas terrena über sie gebreitet hatte. Der schwärmerische Affekt gegen das Reich der Welt hatte diese Decke nur noch fester gezogen.

Andreas Bodenstein von Karlstadt

Mit allen großen geschichtlichen Bewegungen teilt die Reformation das Schicksal, daß es mit zunehmendem Wachstum zu Spaltungen kommt, daß Absagen erteilt werden müssen, wenn die Geschlossenheit und die Identität mit den ursprünglichen Zielen bewahrt werden soll. Am Anfang der mancherlei Trennungen innerhalb der reformatorischen Bewegung steht Luthers Bruch mit *Andreas Bodenstein* (ca. 1480–1541), der nach seinem fränkischen Heimatort *Karlstadt* genannt wird.

Doktorvater Luthers, vom theologischen Gegner sich wandelnd zum engsten Verbündeten der frühen Kampfjahre, Mitdisputator gegen Eck in Leipzig, war Karlstadt während der Wartburgzeit zum führenden Mann der Wittenberger Reformation aufgerückt, zum Befürworter puritanischer Reformen geworden. Durch Luthers Eingriff in die Wittenberger Vorgänge desavouiert, durch das kompromißhafte Zurücklenken auf einen evolutionären Weg kirchlicher Reform in seinen Ideen widerlegt, mußte sich Karlstadt zutiefst gekränkt fühlen. Ja noch mehr: Luther erwirkte für Karlstadt Kanzelverbot, Zensur seiner Schriften, brach völlig mit dem Wittenberger Kollegen. Karlstadt suchte nun seinen eigenen Weg. Er wendet sich einer Mystik der Innerlichkeit zu, sagt der Wissenschaft ab und nimmt eine Pfarrstelle weit von Wittenberg weg in Orlamünde an, wo er sein Ideal eines freien christlichen Laienchristentums zu verwirklichen unternimmt. Karlstadt vertauscht den geistlichen Rock mit einem grauen Bauernkittel, läßt sich Nachbar Andres nennen. Er reformiert den Gottesdienst, schafft die Kindertaufe ab, beseitigt Orgel und Bilder. Zeitweilig mit den Zwickauer Propheten und Thomas Müntzer in Verbindung, trennen Karlstadt und seine Orlamünder Gemeinde sich von Müntzers Bestrebungen, die neue Ordnung Gottes gewaltsam herbeizuführen. Es ist der friedliche, später von den Täufern eingeschlagene Weg eines sich abseits der Welt einrichtenden Christentums, den die Orlamünder Gemeinde geht, die sich im Bauernkrieg ruhig verhalten wird.

Luther, wenn er seinen Prinzipien treu bleiben wollte, müßte Karlstadt gewähren lassen. Aber dessen literarische Wirksamkeit wird Wittenberg gefährlich. Bei einem Besuch in Orlamünde (August 1524) merkt Luther, daß die Gemeinde hinter Karlstadt steht. Zum ersten Mal spürt der Mann, dem auf dem Wege nach Worms alle Herzen zuflogen, den Haß der Menge. Luther ist nicht imstande, einen wesentlichen Unterschied zwischen Karlstadt und Müntzer zu erkennen. In beiden sieht er den gleichen Geist des Aufruhrs am Werke. Nicht um der Lehre willen, die im Kampf der Geister entschieden werden muß, aber um der öffentlichen Ordnung des Gemeinwesens willen wirkt Luther auf die Landesverweisung hin. Mit seiner Familie muß Karlstadt nach Süddeutschland fliehen. Später kann er zeitweilig nach Kursachsen zurückkehren, geht dann zu Zwingli und übernimmt schließlich eine Professur in Basel.

In Karlstadt ist Luther diejenige Form des Christentums entgegengetreten, die sich nicht auf das äußere Wort, sondern auf den inneren Geistbesitz verläßt, und die er umso heftiger bekämpft, als sie Ansätze seines zeitweilig der Mystik nahekommenden Denkens einseitig weiterführt. Karlstadt ist der erste, der die reformatorische Kritik am mittelalterlichen Sakramentalismus radikal weiterführt zur Bestreitung der Realpräsenz. Von Luther wird Karlstadt zum »Schwärmer« gestempelt. In seiner großen Schrift »Wider die himmlischen Propheten« (1524/25) vollzieht Luther die Abrechnung mit dem Spiritualismus Karlstadts, stellt den inneren Geisterfahrungen und Visionen des Schwärmertums das Vertrauen auf das äußere Wort der Schrift gegenüber, der spiritualistischen Deutung des Sakraments die reale Gegenwart von Leib und Blut Christi unter den äußeren Gestalten von Brot und Wein. In den späteren Abendmahlsstreitigkeiten wird Luther überall nur den Geist Karlstadts und des Schwärmertums am Werke sehen.

Thomas Müntzer

Während der unruhige Lebensfaden Karlstadts die Linie des öffentlichen Wirkens Luthers von Anfang bis fast zum Ende begleitet, drängt sich das Auftreten *Thomas Müntzers* (ca. 1490–1525) auf die wenigen Jahre zwischen dem Wormser Reichstag und dem Bauernkrieg zusammen.

Der in Stolberg am Harz geborene Sohn eines Handwerksmeisters hatte sich in Leipzig und Frankfurt a. O. theologischen Studien hingegeben, ehe er nach wechselnder Tätigkeit als Weltpriester mit Luther in Berührung kam, spätestens 1519 während der Leipziger Disputation. Die Begegnung mit Luther, der ihm 1520 eine Predigerstelle in Zwickau vermittelte, ist schicksalhaft für Müntzer geworden. Auch wenn sich der Schüler später zum schärfsten theologischen Gegner entwickelt, hat Müntzer doch nie verleugnen können, daß er von Luther ausgegangen ist. Müntzer hat von Luther die Abkehr von der katholischen Werkheiligkeit und vom sakramentalen Gnadenverständnis übernommen, er steht ganz auf der antirömischen Basis, die Luther in seinen Schriften von 1520 errichtet hatte. Den Gedanken der Theologie des Kreuzes hat er in sich aufgenommen, wie Luther gründet er die Gottesbeziehung auf das Wort und den Glauben.

Aber was Müntzer von Luther gelernt hat, fügt sich zusammen mit Gedanken der mittelalterlichen Mystik, vor allem der Leidensmystik Johann Taulers, mit chiliastischen Ideen und mit taboritischen Einflüssen, die er in der Bergarbeiterstadt Zwickau und nach seiner Vertreibung von dort (1521) in Böhmen aufnimmt. Das Wort wird als das innere Wort verstanden, das der Mensch vernimmt, wenn er, sich asketisch von allen weltlichen Banden lösend, in der »Einöde der Trübsal«, in der »Armgeistigkeit« den Durchbruch des Geistes erlebt. Das äußere Wort der Schrift, die Predigt, kann niemandem den Geist vermitteln. Auch wenn der Mensch »hunderttausend Bibeln hätte gefressen«, so wird er nur einen toten, einen »gedichteten« Glauben haben. Glaube ist Geisterfahrung, Erleben der göttlichen Wirkungen in der Seele, wozu auch Träume und Gesichte gehören. Der Glaube hört Gott hier und jetzt unvermittelt zu sich reden. Die Relation von Wort und Glaube, bei Luther eine geschichtliche, auf Bibel und Predigt gegründete Beziehung, hat bei Müntzer Raum nur in der Innerlichkeit, wird in die reine Subjektivität zurückgezogen. Nur wer Gott in der eigenen Seele reden gehört hat, kann die Schrift recht verstehen und auslegen. Und niemand hört Gott, wer nicht zuvor »großes Kreuz und Anfechtung« erlitten hat.

Die Müntzersche Kreuzesmystik bleibt nicht passiv, sie entbindet Kräfte, die heftiger, ungestümer und unmittelbarer als der reformatorische Rechtfertigungsglaube zum Handeln und zur Aktion antreiben. Während Luther in der augustinisch-mittelalterlichen Tradition bleibend den Jüngsten Tag und das Ende der Welt erwartet, lebt bei Müntzer die chiliastische Hoffnung auf ein irdisches Reich Gottes auf. Jetzt ist die Zeit der Ernte, die Zeit der Scheidung zwischen den Erwählten und den Gottlosen. Müntzer weiß sich als Prophet des anbrechenden Reiches, ja als auserlesenes Werkzeug, mit dem Gott die Kämpfe der Endzeit ins Werk setzen will. Von apokalyptischem Fieber gepackt blickt er nach denen, die das Schwert Gideons zur Vertilgung der Gottlosen handhaben sollen. Im kursächsischen Allstedt, wo Müntzer nach vergeblichem Werben um die Böhmen (Prager Manifest 1521) Ostern 1523 eine Pfarrstelle übernimmt, versucht er, die kursächsischen Fürsten für diese Aufgabe zu gewinnen. Luther, der das im Geist begonnene Werk im Fleisch hat enden lassen, soll überspielt werden. Müntzer will sich an die Spitze der radikal verstandenen Reformation setzen (»Fürstenpredigt«, 13. 7. 1524). Aber die kursächsische Obrigkeit, zeitweilig schwankend, hat sich für Luther entschieden. Müntzer muß fliehen, zunächst nach Mühlhausen, wo er in einen städtischen Aufstand verwickelt wird, dann nach Süddeutschland. Erst jetzt, Ende 1524, wird Müntzer durch das Zusammentreffen mit süddeutschen Bauern für die Idee des Bauernaufstandes gewonnen. Er kehrt nach Mühlhausen zurück als ein Herold des Bauernkrieges, dessen Funke im Frühjahr 1525 von Süddeutschland nach Thüringen überspringt. Als »ein Knecht Gottes wider die Gottlosen, gegürtet mit dem Schwert Gideons« will er an der Spitze der Bauernscharen das Kommen des Gottesreiches herbeizwingen. In der unglücklichen Schlacht bei Frankenhausen verhaftet, wird er nach harter Folter hingerichtet. Vor seinem Tod hat er die Niederlage der Bauern damit erklärt, daß »ein jeder seinen Eigennutz mehr gesucht als die Rechtfertigung der Christenheit«. Die sozialen Motive des Bauernkrieges waren ihm bis zuletzt fremd geblieben.

Müntzer ist »nächst Luther der selbständigste und originellste und daher auch der einflußreichste religiöse Denker seiner Zeit« (H. Boehmer). Nicht nur Karlstadt, auch die Täuferbewegung und der

Spiritualismus, kurz der ganze linke Flügel der Reformation, sind ohne den Einfluß seiner Gedanken nicht zu verstehen. Müntzer steht am Anfang einer Traditionslinie, die über den mystischen Spiritualismus bis zum radikalen Pietismus reicht.

Huldreich Zwingli und die Schweizer Reformation

Die von Wittenberg ausgehende Bewegung hatte in den frühen zwanziger Jahren überall die deutschen Grenzen überschritten. In Brüssel gab es 1523 die ersten Blutzeugen der Reformation. Früh ist auch die Schweiz, deren Zugehörigkeit zum Reich bereits gelockert war, durch wandernde Prädikanten von der reformatorischen Predigt erfaßt worden. Hier bildet sich neben Kursachsen das zweite Zentrum der Reformation. Während man überall sonst, auch im Straßburg Bucers, die führende Rolle Wittenbergs als Ursprungsort der Reformation anerkennt, hat ein Mann immer wieder Wert auf die Feststellung gelegt, daß er unabhängig von Luther, ja schon vor ihm, zur Erkenntnis des Evangeliums gekommen ist: der Reformator von Zürich, Huldreich Zwingli.

Huldreich Zwingli (1484–1531), gebürtig in Wildhaus in der ostschweizerischen Landschaft Toggenburg, war bäuerlicher Herkunft, in Wien und Basel theologisch in der via antiqua gebildet, mehr jedoch vom Humanismus geprägt, der im Südwesten des alten Reichsgebiets seine stärksten Bastionen hatte. Als Pfarrer von Glarus lernte Zwingli 1515 in Basel Erasmus kennen, wurde überzeugter Erasmianer, studierte das Neue Testament und die Kirchenväter, folgte Erasmus auch in einem moralisierenden Christentumsverständnis. Hat Zwingli später seine erasmianische Periode ins Reformatorische umgedeutet, so lassen sich doch erst nach seiner Berufung ans Großmünster in Zürich (1519), als er sich dem Studium des wegen seiner Lehre von der Willensunfreiheit von Erasmus nicht sonderlich hochgeschätzten Kirchenvaters Augustin zuwendet, Spuren einer reformatorischen Frömmigkeit erkennen, die die Grenzen des Humanismus überschreitend Gottes Wort als das den Sünder rechtfertigende, allein im Glauben zu ergreifende Gnadenwort versteht. Welchen Einfluß die Schriften Luthers auf Zwinglis reformatorische Entwicklung ausgeübt haben, ist umstritten. Jedenfalls ist Zwingli auf durchaus selbständige Weise zum Reformator geworden, in seinem reformatorischen Selbstbewußtsein weiß er sich als Partner Luthers. Nur zum offenen Angriff auf das römische Papsttum will er durch Luthers Leipziger Disputation ermutigt worden sein.

Anders als der Mönch Luther, der im jahrelangen Ringen um die Gottesfrage zur Erkenntnis des Evangeliums gelangt war, ist der Weltpriester Zwingli von der Peripherie her zum Zentrum des Evangeliums gekommen. Zwingli, zweimal als Feldprediger in Italien, hat die furchtbare Schweizer Niederlage bei Marignano erlebt, er hat das ewige »Reislaufen« der Schweizer Bauernsöhne für ausländischen Sold als ein nationales Unglück früh beklagt. Die Not seines Volkes drückt ihn mehr als die Not seines Seelenheils. Es wird das Kennzeichen der Zürcher Reformation sein, daß sie das Heil nicht des einzelnen, sondern der Gemeinde im Blick hat, daß Glaube und Politik hier nicht so auseinanderfallen wie bei Luther. Zwingli ist auch Schweizer Politiker und Patriot. Der Reformator, der seinem Volk das Evangelium verkündet, hat es auch in der Kriegführung beraten und schließlich in offener Feldschlacht sein Leben geopfert.

Zwinglis Reformationswerk beginnt damit, daß er im Zürcher Großmünster nicht die Perikopen, sondern ganze biblische Bücher auslegt, gegen die allgemeine Sittenverderbnis, das Nichtstun der Mönche, Heiligenverehrung und Fegefeuerglauben, besonders gegen die Praktiken der kirchlichen Zehntabgaben predigt. Von Luther beeindruckt, gibt er 1520 den päpstlichen Ehrensold zurück, Lohn für seine prorömische Haltung im Kampf gegen Frankreich. Aber erst 1522 tritt er mit einer eigenen reformatorischen Schrift hervor: »Von Erkiesen (= Wählen) und Freiheit der Speisen«. Bezeichnend der Anlaß: durch ein Wurstessen, das der Buchdrucker Froschauer für seine Freunde veranstaltete, waren demonstrativ die kirchlichen Fastengebote durchbrochen worden. Zwingli verteidigte, die »Freiheit eines Christenmenschen« auf den konkreten Fall anwendend, das von den Altgläubigen angegriffene Verhalten seiner Zürcher Freunde. Damit kam der Stein ins Rollen. Der Zürcher Rat ließ, nachdem der Unmut der Altgläubigen nicht zu stillen war, in einem öffentlichen Glaubensgespräch die Meinungen aufeinanderprallen. Die erste Zürcher Disputation (29. 1. 1523), der 67 von Zwingli aufgestellte Thesen als Grundlage dienten, entschied über den Fortgang der Reformation. Zwingli, gegen den Konstanzer Bischofsvikar Johann Faber als Sieger hervorgegangen, veröffentlichte die 67 Schlußreden mit ausführlicher Erklärung. Zwinglis »Auslegen und Gründe der Schlußreden« sind sein umfangreichstes

Werk. Sie gelten als erste deutschsprachige evangelische Dogmatik.

Nachdem Zwingli noch im gleichen Jahr auf einer zweiten Zürcher Disputation gegen das Meßopfer und gegen die Bilder gestritten hatte (26.–29. 10. 1523), war der Weg zur Umgestaltung des Zürcher Kirchenwesens frei. Die Klöster wurden aufgehoben, die kirchlichen Pfründen der kommunalen Armenfürsorge zugeschlagen. Nur am Großmünster behielt man das Chorherrenstift bei, organisierte es um zu einem Seminar für Auslegung des Alten Testamentes: die berühmte Zürcher »Prophezei«, aus deren Arbeit die Zürcher Bibel hervorgegangen ist. Nach anfänglichem Zögern, das die Ungestümen unter Zwinglis Anhängern nur schwer ertragen konnten, willigte der Rat auch in die Abschaffung der Messe und der Bilder. Ein schlichter Predigtgottesdienst trat an die Stelle der Messe. Nur viermal im Jahr wurde Abendmahl gefeiert. Im Zusammenwirken zwischen Zwingli und dem Rat ist allmählich das gesamte geistliche und auch das weltliche Leben Zürichs umgestaltet worden. »In Zürich wurde das Reisläufergesetz erlassen, Gold, Silber, Edelgestein, seidene Prachtgewänder abgelegt oder für die Armen verkauft, Gotteslästerungen, Flüche, Saufgelage, Spiel weggeschnitten, Ehebruch und Hurerei verboten, Bordelle geschlossen, der Mutwille des Tanzes bei Tag und Nacht eingeschränkt, der den Weg zur Hölle bahnende Papst und sein Gefolge abgewehrt, die Messe abgeschafft, die Bilder weggenommen, die verführerischen Zeremonien beseitigt, und, das Beste von allem, die Wahrheit unerschrocken aber heilig, treffend doch sittsam, treu doch nicht frech gepredigt, und dies alles nicht sowohl auf Befehl der Geistlichkeit und Obrigkeit, als vielmehr auf Verlangen des Volkes.« So hat Zwingli selbst sein Reformationswerk zusammengefaßt. In puritanischem Eifer hat man in Zürich auch Orgeln und zeitweilig sogar den Gemeindegesang abgeschafft. Ein Teil der Schweizer Kantone folgte Zürich nach. Ein anderer Teil, darunter die Urkantone, hielt um so kräftiger am alten Glauben fest.

Täufer und Spiritualisten

Wie es in Wittenberg zu Spaltungen kommt, so muß auch Zwingli den Erfolg der Zürcher Reformation mit der Abspaltung einiger seiner eifrigsten Anhänger bezahlen. In den Jahren 1523–1525 entsteht in Zürich die bedeutendste Seitenbewegung der Reformationszeit, die abseits der großen Konfessionen bis in die Gegenwart fortlebt: das *Täufertum.*

Man hat das Täufertum zeitweilig auf die Zwickauer Propheten, auf Karlstadt und Müntzer zurückgeführt. Aber die gleiche Selbständigkeit, die Zwingli gegenüber Luther zukommt, scheint auch den Täufern gegenüber jenen abtrünnigen Schülern Luthers eingeräumt werden zu müssen. Kursächsische Einflüsse, vor allem Karlstadts, berühren die Zürcher Täufer früh, sind sicher nicht bedeutungslos, haben aber für die Entstehung des Täufertums keine ausschlaggebende Bedeutung gehabt. Als Zwingli Ende 1523 beim Zürcher Rat die evangelische Abendmahlsfeier nicht sofort durchsetzen kann und sich auf kompromißhaftes Abwarten einläßt, erklärt eine Gruppe seiner Parteigänger, nun müsse ohne die Obrigkeit durchgeführt werden, was aus der Schrift als die rechte Wahrheit erkannt sei. Man hält die Zeit für reif, um die urchristliche Gemeinde, wie sie im Neuen Testament beschrieben ist, wieder ins Leben zu rufen.

Konrad Grebel (ca. 1498–1526) und *Felix Mantz* (ca. 1500–1527), zwei humanistisch gebildete Zürcher Gelehrte, Patriziersohn der eine, der andere Sohn eines Geistlichen, stehen an der Spitze der Bewegung, die nun mit Zwingli bricht. Der Kreis schließt sich im folgenden Jahr enger zusammen. Da sie die Kindertaufe ablehnen, seit Januar 1525 die Wiedertaufe an Erwachsenen vollziehen, erhalten sie bald den Namen Wiedertäufer oder Täufer. Verfolgungen bleiben nicht aus. Zwingli selbst muß seine früheren Freunde bekämpfen. Die Obrigkeiten dulden die Trennung von der kirchlich-bürgerlichen Gemeinde, welche immer noch eine Einheit bildet, nicht. Im Januar 1527 wird Mantz als erster Täufer vom Zürcher Rat zum Tode verurteilt und in der Limmat ertränkt. Damit beginnt die erschütternde Leidensgeschichte der Täufer, an denen sich das Wort von der fortzeugenden Kraft des Märtyrerbluts bewahrheiten soll: nach wenigen Jahren gibt es in und außerhalb der Schweiz vielerorts Täufergemeinden, die Bewegung ist nicht aufzuhalten, breitet sich, nachdem sie im Einflußgebiet Zwinglis unterdrückt werden kann, in Süddeutschland, dem Elsaß und bis nach Tirol und Mähren aus.

Die Erwachsenentaufe, die »Glaubenstaufe«, ist das bekannteste Merkmal der Täufer. Wichtiger sind die zugrunde liegenden Anschauungen: die Täufer versuchen, abgesondert von der Welt, in der Form freier Gemeinden das Urbild der früh-apostolischen Gemeinden nachzubilden, in strenger Bindung an die Bibel und ihre Gebote. Sie kennen keinen Kompromiß mit der Welt, Eid und Kriegsdienst lehnen sie ab, kein Täufer soll ein obrigkeitliches Amt bekleiden. Nicht, daß sie die Welt und die Obrigkeiten dämonisieren. Aber wer nach dem Gesetz der Welt lebt, kann ihrer Meinung nach das Gesetz Christi nicht erfüllen. Nur am Rand der Täuferbewegung taucht die Anerkennung der weltlichen Obrigkeit als eines auch von Christen wahrzunehmenden Amtes auf (Balthasar Hubmaier).

Dieser die reformatorische Zwei-Reiche-Lehre ablehnende Dualismus von Welt und Gemeinde findet sich sowohl bei den von Zürich ausgehenden oberdeutschen Täufern wie bei den anderen großen, in der Folgezeit sich bildenden Täufergruppen, den Hutterischen Brüdern und den Mennoniten. Man vertraut darauf, daß Gott Leute bestellt, die die Welt leiten und für Ruhe und Sicherheit der großen Menge sorgen. Sich selbst weiß man berufen, Gottes Wort ohne Abstriche zu befolgen, die unverfälschte Taufe zu vollziehen und das Abendmahl als Gemeinschaftsmahl in brüderlicher Liebe zu feiern, sich von den Bösen durch den Bann zu trennen und ein durch selbstgewählte Laienprediger geordnetes Gemeindeleben zu führen. Die auf der Kindertaufe gegründete Volkskirche ist für die Täufer ein fauler, dem Evangelium widersprechender und mit dem Verlust der Wahrheit erkaufter Kompromiß mit der Welt. »Es ist viel besser«, so Konrad Grebel, der Begründer des Täufertums, »wenn wenige durch das Wort Gottes recht unterrichtet werden, recht glauben und in rechten Tugenden und Bräuchen wandeln, als wenn viele durch verfälschte Lehren einen falschen und trügerischen Glauben haben.« Die im Mittelalter nie ganz untergegangene Frömmigkeit der Sekten hat in ihren Ausläufern die Täuferbewegung wohl noch erreicht. Und wie die Waldenser die mittelalterliche Kirche, so werden die Täufer das reformatorische Kirchentum als Komplementärbewegung begleiten.

Von den Täufern pflegt man die *Spiritualisten* zu unterscheiden. Aber die Grenzen sind hier fließend, die begriffliche Unterscheidung undeutlich. Man kann die ganze, von der öffentlichen, volkskirchlichen Reformation sich lösende Seitenbewegung spiritualistisch nennen: fast überall wird hier der Geistbesitz über das äußere Wort gestellt. Ein *Hans Denck* (ca. 1500–1527), Rektor der Sebaldusschule in Nürnberg, 1525 aus der Stadt vertrieben, gehört ebenso dem Täufertum an, wie er seiner Theologie nach Spiritualist ist.

Der Arzt *Theophrast Bombast von Hohenheim*, genannt *Paracelsus* (ca. 1494–1541), der Schriftsteller *Sebastian Franck* (1499–1542) und der schlesische Edelmann *Kaspar von Schwenckfeld* (1489 bis 1561) gelten als die Hauptvertreter des Spiritualismus in der Reformationszeit. Am reinsten bei Sebastian Franck führt das Geistprinzip zur Abwertung alles Äußeren, zum Verzicht auf Gemeindebildung, zum Rückzug aus der Welt auf den Raum der Innerlichkeit. Durch reiche literarische Produktivität wird der Verlust an gesellschaftlicher Wirksamkeit wettgemacht. Die Spiritualisten, religiöse Individualisten von reicher Originalität, gründen nicht Gemeinden, sie finden – Vorläufer der modernen Literaten – zerstreute Lesergemeinden. Über den Konfessionen stehend, in der Distanz der »Unparteilichkeit« kann Franck zum Vorläufer des Toleranzgedankens werden. Franck hat in seiner »Türkenchronik« (1531) das spiritualistische Ideal am klarsten auf den Begriff gebracht: »Es sind zu unsern Zeiten drei fürnehmlich Glauben aufgestanden, die großen Anhang haben, als Lutherisch, Zwinglisch, Täuferisch; der viert ist schon auf der Bahn, daß man alle äußerlich Predigt, Ceremoni, Sakrament, Bann, Beruf als unnötig will aus dem Wege räumen, und glatt ein unsichtbar geistlich Kirchen in Ewigkeit des Geistes und Glaubens versammelt unter allen Völkern und allein durchs ewig unsichtbare Wort von Gott ohn einig äußerlich Mittel regiert, will anrichten.« Diesen im Individualismus endenden Weg des Spiritualismus ist Franck zu seiner Zeit allein gegangen. Kaspar von Schwenckfeld, von Luther herkommend und stärker in dessen Nähe bleibend, hat neben den rationalen Spiritualismus Francks einen supranatural-mystischen Spiritualismus gestellt, der eine eigene spiritualistische Abendmahlslehre ausbildete. Nach Luthers Urteil »der dritte Kopf der verderblichen sakramentiererischen Sekte« hat Schwenckfeld, der noch Anfang der zwanziger Jahre für die lutherische Reformation Schlesiens wirkte, durch sein reiches erbauliches und seelsorgerliches Schrifttum vor allem in Schlesien und in Süddeutschland Lesergemeinden gefunden, die durch ihren engen Zusammenhalt sich auszeichnenden »Schwenckfelder«.

Luther und Erasmus

Erasmus von Rotterdam (1469–1536), der ungekrönte König der Humanisten, stand, als Luther mit seinen Ablaßthesen hervortrat, auf dem Gipfel seines Ruhms. Wie würde sich der Mann, auf den alle

Gelehrten schauten und der in seinen Schriften scharfe Kritik an Kirche und Theologie geübt, einer geistigen und sittlichen Reform des Christentums das Wort geredet hatte, zu dem Wittenberger Reformator stellen? Viele Gemeinsamkeiten schienen beide zu verbinden: die Verachtung der geistlosen Scholastik und ihrer Subtilitäten, die Empörung über Mißstände in Klerus und Mönchtum, die Hinwendung zum Studium der Heiligen Schrift in den Ursprachen, der Wille zur Erneuerung der Kirche durch Rückkehr zu ihrem Ursprung. Die Schüler des Erasmus haben es nicht als Bruch empfunden, wenn sie zu Luther überliefen. Nichts erhofften sie sehnlicher als ein Bündnis zwischen beiden. Ulrich von Hutten drängte Erasmus zur Parteinahme für Luther. Doch ebenso umwarben ihn die Theologen Roms. Erasmus hat lange Jahre nicht Partei ergriffen. Den Bann gegen Luther hat er für unklug gehalten. Im Jahre 1521 ging er nach Basel, weil er in Löwen nicht an der Inquisition gegen Luther beteiligt sein wollte. Er hat Rom zur Mäßigung geraten, ebenso Luthers Unmäßigkeit getadelt. In einer Stellung über den Parteien meinte er die größte Autorität zu behalten, der Welt und den Wissenschaften am besten zu dienen.

Luther verdankte dem Humanismus die Kenntnis der biblischen Sprachen, im Kern seiner Theologie war er jedoch von ihm wenig berührt. Schon früh hat er den Gegensatz zu Erasmus erkannt. Im März 1517 schrieb er einem Freund: »An Erasmus verliere ich täglich mehr die Freude... Das Menschliche hat bei ihm ein größeres Gewicht als das Göttliche... Man urteilt anders, wenn man dem Vermögen des Menschen allerhand zutraut, als wenn man nichts weiß außer der Gnade.« In der Heidelberger Disputation von 1518 ist schon der Satz formuliert, an dem sich der Zorn des Humanisten entzündete: »Der freie Wille ist nur ein leerer Begriff (liberum arbitrium res est de solo titulo), und wenn der Mensch tut, was er vermag, so begeht er nur Todsünden.«

Erasmus hat lange gezögert, bis er mit einer Schrift über den freien Willen zum Angriff auf Luther überging (Diatribe de libero arbitrio, 1524). Darin findet sich eine vollständige Absage des Humanisten an die reformatorische Rechtfertigungs- und Gnadenlehre. Luther antwortete im Jahr darauf mit seiner umfangreichen Gegenschrift »Vom geknechteten Willen« (De servo arbitrio, 1525).

Nicht um das psychologische Problem der Willensfreiheit geht es in diesem Streit. Luther gesteht eine solche Freiheit durchaus zu. Es geht um das Verständnis des Menschen vor Gott (coram Deo), um die Frage, was der Mensch vor Gott vermag. Zwei geistige Welten prallen aufeinander. Hier die Welt des christlichen Humanismus, der, an das Gute im Menschen glaubend, die Lehre Christi für den Kern einer die Menschen allmählich zu sittlicher Vollkommenheit und die Völker zu einem friedlichen Zusammenleben führenden Weltanschauung hält. Dort die Welt des reformatorischen Glaubens, der seine Kraft und Gewißheit aus dem Bewußtsein zieht, daß der Mensch nichts vermag vor Gott, daß er Sünder ist und bleibt vor dem, der allein heilig ist. Erasmus, wenn nicht das ganze pädagogische System seines Christentumsverständnisses zusammenfallen soll, kann nicht verzichten auf das Mitwirken des Menschen an seinem Heil. Mit der Freiheit muß ihm die Würde des Menschen dahinfallen. Sein Kampf gegen Luther ist ein Kampf gegen eine Barbarei, die er für schlimmer hält als die der Scholastik. Luther umgekehrt sieht bei Erasmus das gleiche gefährliche Bündnis zwischen der Bibel und der antiken moralistischen Philosophie, das er in der Scholastik bekämpft hatte. Den erasmischen Skeptizismus in der Schriftauslegung, den Zweifel, ob ohne die Hilfe eines kirchlichen Lehramtes die göttlichen Geheimnisse erkannt werden könnten, entlarvt er als unchristlich: der Heilige Geist ist kein Skeptiker. Nimmt man die Gewißheit weg, so hebt man den christlichen Glauben vollständig auf. Luther, erfreut, daß es im Streit mit Erasmus nicht um periphere Fragen wie Ablaß und Fegefeuer geht, läßt sich von keiner Skepsis den Weg abschneiden, um das Heil und das Geschick aller Menschen bis in die Tiefen des göttlichen Willens, bis in die Prädestination zurückzuverfolgen. Er wird später warnen, nach den Geheimnissen der Prädestination zu forschen, und das Luthertum wird den Gehalt von »De servo arbitrio« nicht in sein Bekenntnis aufnehmen. Gegenüber Erasmus scheut Luther vor keiner Konsequenz zurück, auch nicht vor dem Bild vom Menschen als dem Reittier, das entweder von Gott oder dem Teufel geritten wird, nie aber seinen Weg selbst bestimmen kann.

Ritterfehde und Bauernkrieg

Die Furcht vor Aufruhr, vor gewaltsamer Empörung des »gemeinen Mannes«, hat 1521 schon die Verhandlungen des Wormser Reichstages beeinflußt. Luther hatte Grund, von der Wartburg herab eine Mahnung zu schicken, daß Christen sich hüten mögen »vor Aufruhr und Empörung«. In Erfurt brach bald nach Worms ein »Pfaffensturm« los, tagelang wurden die geistlichen Stifte geplündert. Evangelische Prediger waren nicht unschuldig an der Erregung des Volkszornes, der sich über das klerikale Schmarotzertum entlud. Eine nie dagewesene Flut von Flugschriften hat Deutschland in den frühen zwanziger Jahren überschwemmt, geistliche und weltliche Dinge vermischende Umsturzideen unter das Volk gebracht. Unheimlich war die Gärung, weite Schichten ergriff das Gefühl, die Zeit für große Veränderungen sei reif, man stehe am Vorabend revolutionärer Ereignisse.

Die Bauern sind nicht die ersten, die losschlagen. Ein Stand, der zwischen der aufstrebenden Macht der Städte und den sich territorial konsolidierenden Landesfürstentümern auf seinen Burgen funktions- und machtlos wird, greift zuerst nach dem Schwert: das Reichsrittertum. In *Franz von Sickingen* (1481–1523), dem kapitalkräftigen kaiserlichen Kondottiere, ersteht dem Rittertum ein Führer, der dem untergehenden Stand durch die Verbindung mit den Reichsinteressen neuen Glanz zu erwerben sucht. Sickingen, durch Ulrich von Hutten für den nationalen deutschen Humanismus und seine Reformideen gewonnen, will mit der Ritterschaft die Reichsreform durchsetzen, zu der sich Kaiser und Reichsregiment unfähig erwiesen haben. Säkularisierung der Geistlichen Fürstentümer als Hebel zur Reichsreform, das ist das Programm, zu dessen Durchführung er die Ritter zu den Waffen ruft. Doch hat Sickingen die Solidarität seiner Standesgenossen zu hoch, die der Fürsten zu gering eingeschätzt. Der gewaltsame Zugriff auf Kurtrier, das Sickingen zu seinem eigenen, weltlichen Fürstentum umbilden will, scheitert. Der Erzbischof von Trier, mit Pfalz und Hessen verbündet, berennt Sickingen und seine Anhänger auf ihren Burgen. Auf der Feste Landstuhl kämpft Sickingen seinen letzten Kampf (1523). Mit seinem Tod hat die Ritterburg ihre Rolle in der deutschen Geschichte ausgespielt.

Sickingen, durch Hutten früh mit Luthers Schriften bekanntgemacht und auf der Ebernburg den Anhängern der evangelischen Lehre (Bucer, Ökolampad) Zuflucht gewährend, hatte mehrmals versucht, Luther auf seine Seite zu ziehen. Luther lehnte es ab, seine Sache mit der Gewalt zu verbinden. Der Reformator hat auch politisch gesehen klug gehandelt, wenn er sich nicht an Sickingen band.

Ein gutes Jahr nach der Sickingenfehde schlagen die Bauern los. Es gibt eine lange, das ganze 15. Jahrhundert durchziehende

Tradition bäuerlicher Verbündnisse gegen weltliche und geistliche Herrschaften, die hinter dem großen deutschen Bauernkrieg der Jahre 1524/25 steht. Schwärmerische Propheten wie der Pfeifer von Niklashausen, organisierte Bauernbünde wie der »Arme Konrad« und der »Bundschuh« haben das bäuerliche Standesbewußtsein geweckt, das Gefühl für das alte, bäuerliche Recht. Seit der Jahrhundertwende häufen sich, vor allem im Südwesten des Reiches, lokale Bauernerhebungen. Aber noch fehlt der Zusammenhang. Erst die Verquickung bäuerlicher Forderungen mit dem Gedankengut der über ganz Deutschland sich ausbreitenden Reformationsbewegung, erst die durch Buchdruck und Flugschriftenliteratur geschaffene nationale Öffentlichkeit, erst das durch Luthers Auftreten gestärkte Selbstbewußtsein der Nation scheinen der Bewegung den Zusammenhang, den Zug ins Große, gegeben zu haben. Alle Versuche, den Bauernkrieg unmittelbar aus wirtschaftlich-sozialen Ursachen herzuleiten, haben sich als ungenügend erwiesen. Nicht ein verelendetes, sondern ein kräftiges, allerdings in seiner Rechtsstellung bedrohtes Bauerntum hat zu den Waffen gegriffen. Der Bauernkrieg ist »der Kampf eines Standes um seine Rechte« (G. Franz).

Die Bewegung hat im Südwesten des Reiches begonnen, bei den Stühlinger Bauern am Rande des Schwarzwaldes, im Sommer 1524. Im nächsten Frühjahr steht das ganze süddeutsche Gebiet vom Elsaß bis nach Kärnten und Tirol und nördlich bis nach Thüringen im Aufstand. Nur Bayern bleibt verschont, dazu der Norden und Osten des Reiches (einzig in Preußen eine lokale Bauernerhebung). Anfangs scheint noch friedliche Einigung möglich zu sein. Die »Zwölf Artikel der Bauernschaft in Schwaben« vom März 1525, das Programm der sich in einer christlichen Vereinigung zusammenschließenden oberschwäbischen Bauern, sind gemäßigt. Sie fordern freie Pfarrwahl, Erleichterung der bäuerlichen Lasten, Abschaffung der Leibeigenschaft. Obrigkeit und der Gehorsam gegen sie werden nicht angetastet.

Luther nimmt in seiner »Ermahnung zum Frieden auf die zwölf Artikel der Bauernschaft« (April 1525) Stellung. Noch steht er zwischen den Fronten, spricht Fürsten wie Bauern mit gleicher Deutlichkeit ins Gewissen. Gegenüber den Fürsten nimmt er die Artikel als »billig und recht« in Schutz, drängt auf Nachgeben und Zugeständnisse. Den Bauern wirft er vor, daß sie sich »christliche Vereinigung« nennen – »Denn es nicht möglich ist, daß ein so großer Haufe allesamt rechte Christen sein« –, daß sie sich nicht auf menschliches, sondern auf göttliches Recht berufen. Die Verquikkung der bäuerlichen Forderungen mit dem Worte Gottes – daran nimmt Luther den größten Anstoß. Luther stemmt sich dem Versuch entgegen, aus der geistlichen Freiheit eines Christenmenschen den Anspruch politisch-sozialer Freiheit unmittelbar herzuleiten: »Das heißt christliche Freiheit ganz fleischlich machen.« So sucht er in letzter Minute die Sache der Bauern aus der Vermischung mit der reformatorischen Verkündigung herauszuhalten. Nicht um eine »christliche Sache« handele es sich bei den bäuerlichen Forderungen, sondern »um heidnisch oder weltlich Recht und Unrecht«. Darum seine Mahnung an Fürsten und Bauern: »Greift die Sachen an, wie solche Sachen anzugreifen sind. Das ist, mit Recht und nicht mit Gewalt noch mit Streit, auf daß ihr nicht ein unendlich Blutvergießen anrichtet in deutschen Landen.«

Luthers Mahnung kam zu spät. In das kurze Vierteljahr vom April bis Anfang Juli 1525 drängt sich die blutige Phase des Bauernkrieges zusammen. Nach anfänglichen Erfolgen werden die schlechtgeführten Bauernhaufen überall von der überlegenen Disziplin des vom Fugger finanzierten, vom Truchseß von Waldburg kommandierten Bundesheeres niedergeworfen. Die größte Volkserhebung der älteren deutschen Geschichte wird in einem Meer von Blut erstickt. Noch im April 1525, kurz vor seinem Tode, hatte Friedrich der Weise geseufzt: »Will es Gott also haben, so wird es also hinausgehen, daß der gemeine Mann regieren soll!« Wenige Wochen später sind die Landesfürsten überall wieder Herren der Lage. Seite an Seite haben der lutherisch gesinnte Philipp von Hessen und der erzkatholische Georg von Sachsen den thüringischen Aufstand niedergerungen.

Luther hat, auf der Höhe des mitteldeutschen Bauernaufstandes, noch zweimal in Flugschriften das Wort ergriffen, ohne noch irgendwelchen Einfluß auf den hektischen Lauf der Ereignisse nehmen zu können.

In »Wider die räuberischen und mörderischen Rotten der Bauern« spornt er die sächsische Obrigkeit zum härteren Vorgehen gegen die »tollen Hunde« an. Ein letztes Mal solle man die Bauern zum friedlichen Vergleich auffordern, »ob sie es wohl nicht wert sind«. Folgen sie nicht, dann soll das Schwert unbarmherzig wüten: »Steche, schlage, würge hie, wer da kann, bleibst du drüber tod, wohl dir, seligern Tod kannst du nimmermehr überkommen.«

Nur wenige Tage darauf weckte die Kunde vom Friedensschluß

der Bauern in Schwaben noch einmal Luthers Hoffnung, das Äußerste abwenden zu können. Luther gab den »Weingartner Vertrag« zum Druck, im Nachwort die thüringischen Bauern verzweifelt mahnend, es den Oberdeutschen nach zu tun: »Laßt euch herbei zu Frieden und Vertrag.«

Luthers Friedensappell, sein letztes Wort *im* Bauernkrieg, verhallte ungehört. Die grausame Sprache seines vorangehenden Appells an die Fürsten haben schon viele seiner Zeitgenossen, viele seiner eigenen Freunde nicht verstanden. Daß sie nicht momentanem Affekt zuzuschreiben ist, hat Luther nach dem Kampf im »Sendbrief von dem harten Büchlein wider die Bauern« bestätigt. Es war die Zwei-Reiche-Lehre, die Sorge um die Reinheit des Evangeliums wie auch die Sorge um das bedrohte weltliche Amt der Obrigkeit, die ihm die Feder geführt hatte. Nie hat er schärfer reagiert, als wenn das Evangelium, die Sache Christi, zur Begründung politischer, ins Reich der Welt gehörender Forderungen verwandt wurde. Die Grenzen der Zwei-Reiche-Lehre werden an Luthers Verhalten im Bauernkrieg überaus deutlich. Sein von politischem Kalkül gänzlich unberührtes Verhalten hat sich dabei in einem tieferen Sinn als politisch erwiesen. »Es war ein rätselhaft spürsinniges Gefühl in Luther, daß geordnete Regierung in Deutschland nur von den Fürsten her möglich war« (Stadelmann). Die Reformation wäre von den politischen Gewalten mit hinweggefegt worden, wenn Luther den Trennungsstrich nicht so unübersehbar deutlich gezogen hätte. Erkauft war das freilich mit der Unausweichlichkeit eines Bündnisses mit derjenigen Gewalt, die gestärkt und gesichert aus dem Bauernkrieg hervorging. Das Bündnis von reformatorischer Bewegung und fürstlichem Regiment, dem die Zukunft gehören sollte, ist mit dem Blut der aufständischen Bauern besiegelt worden.

IV Fürstenreformation und Landeskirchentum bis zum Augsburger Reichstag 1530

Erste politische Bündnisse

Das Jahr 1525 ist das Krisenjahr der Reformation. Luthers Einflußlosigkeit auf die revoltierenden Bauern, sein literarischer Kampf gegen Schwärmertum und erasmischen Humanismus – all dies machte jede Hoffnung auf eine innere Geschlossenheit der reformatorischen Bewegung zunichte. Gleichzeitig war zutage getreten, welche Sprengkräfte von der neuen Bewegung entbunden wurden. Bei den politischen Gewalten wuchs die Einsicht, daß man die Dinge nicht weiter dem Selbstlauf überlassen durfte, wenn nicht alle äußere Ordnung zugrunde gehen sollte. Im Juli 1525, kurz nach Beendigung des Bauernkrieges, verbündeten sich die altgläubigen Mächte Norddeutschlands (Brandenburg, Kurmainz, Braunschweig-Wolfenbüttel, Sachsen) im *Dessauer Bund,* um die »Wurzel des Aufruhrs«, die lutherische Lehre, gewaltsam auszurotten. Süddeutsche Mächte unter der Führung Bayerns hatten sich schon 1524 in Regensburg zu gegenseitigem Beistand bei der Durchführung des Wormser Edikts verpflichtet. Auf der Gegenseite schlossen im *Torgauer Bund* (1526) die lutherisch gesinnten Landesherren sich zum Schutz des Evangeliums zusammen, an ihrer Spitze Landgraf Philipp von Hessen, der erste sich offen zu Luther bekennende deutsche Fürst, neben ihm der Bruder und Nachfolger Friedrich des Weisen, Kurfürst Johann von Sachsen, dem sein beharrliches Eintreten für die Reformation den Beinamen »der Beständige« geben wird. Dem Torgauer Bund traten bald Braunschweig-Lüneburg, Braunschweig-Grubenhagen, Mecklenburg, Anhalt, Mansfeld und Magdeburg bei – das erste förmliche politische Bündnis evangelischer Reichsfürsten.

Die bei der Niederwerfung der Revolution geeinten Landesherren gingen also in zwei getrennte Lager auseinander, je nach ihrer Stellung zu Luther. Einig waren sich alle, daß jeder Funke des Aufruhrs ausgetreten werden müsse und daß es Sache der Obrigkeit sei, über die Ordnung in Gemeinde, Gottesdienst und Schule zu wachen. Dabei knüpfte man in beiden Lagern an ältere Ansätze landesherrlicher Kirchenhoheit an – der Weg zum Landeskirchentum wurde auf altgläubiger wie auf neugläubiger Seite gleicherweise für notwendig gehalten. Auch die Städte drangen auf Kirchenhoheit.

Der Reichstag von Speyer 1526

Noch immer lag die Entscheidung über die Reformation nicht bei den Partikulargewalten. Kaiser und Reich hatten das letzte Wort zu sprechen. Das Reichsregiment in Nürnberg hatte sich als zu schwach erwiesen für die Durchführung des Wormser Edikts. Aber der Kaiser, jahrelang gefesselt durch den Krieg mit Franz I., bekam nach dem Sieg von Pavia (1525) die Hände endlich frei. Doch noch ehe die Früchte seines Sieges reifen, führte Furcht vor der kaiserlichen Übermacht Papst und Frankreich zu einem neuen Bündnis zusammen (Liga von Cognac 1526). Der zur endgültigen Durchführung des Wormser Edikts nach Speyer einberufene Reichstag sah deshalb die kaiserliche Partei trotz ihrer Mehrheit politisch geschwächt.

So kann in Speyer von den protestantischen Ständen eine Kompromißformel durchgesetzt werden, die das Wormser Edikt faktisch suspendiert. Der Reichstag von Speyer 1526 beschließt, »bis zum angekündigten Konzil solle ein jeder sich halten, wie er das gegen Gott, auch kaiserliche Majestät und das Reich getraue zu verantworten«. Die Formel wird wichtig für die nächsten Jahre. Sie gibt den lutherisch gesinnten Fürsten und Magistraten den Rechtsgrund zur Kirchenreformation.

Die Anfänge des evangelischen Landeskirchentums

Nach dem Speyrer Reichstag von 1526 beginnt planmäßig, was zuvor schon vereinzelt, zuerst in Zürich, dann in einigen oberdeutschen Städten und 1525 im Herzogtum *Preußen*, dem alten Ordensland, durchgeführt wurde: die Organisation eines nach evangelischer Lehre reformierten Kirchentums. Zwei Organisationsmodelle haben sich dabei in den Anfängen gegenübergestanden, zwei grundsätzlich verschiedene Formen kirchlichen Aufbaus: das hessische Modell und das kursächsische. Für die weitere Entwicklung des protestantischen Kirchenwesens Deutschlands ist es von entscheidender Bedeutung gewesen, daß nicht das hessische, auf die Freikirche tendierende Modell sich durchgesetzt hat, sondern das kursächsische, das eine Volkskirche unter dem landesherrlichen Kirchenregiment schafft.

In Hessen berief der rührige Landgraf Philipp noch im Herbst 1526 eine Synode ein, um über die Neuordnung des Kirchenwesens zu beraten. Diese Homberger Synode, ein auf Landesebene verkleinertes Abbild des vielberufenen Nationalkonzils, hat unter dem Einfluß des früheren Franziskaners Franz Lambert von Avignon (1486/87–1530) eine Ordnung entworfen, in der die Gemeinde der Glaubenden von der bürgerlichen Gemeinde deutlich unterschieden war. Der Gemeinde sollen nur die angehören, die sich in freiem Entschluß zu ihr bekennen, und in Reinheit, Zucht und Heiligkeit leben. Die Gemeinde soll ihre eigenen Vorsteher wählen, strenge Kirchenzucht üben. Der Zusammenhang der Einzelgemeinden wird durch eine Generalsynode gewahrt, in die die Gemeinden ihre Vertreter entsenden. Es ist das Modell einer von unter her, von der Gemeinde aufgebauten protestantischen Freikirche, die durch die Homberger Kirchenordnung geschaffen werden soll.

Luther, dem Philipp von Hessen die Homberger Ordnung vorlegte, hat gegen sie votiert, und so ist sie nicht realisiert worden. Nicht, daß Luther dem Gedanken einer Freiwilligkeitskirche ablehnend gegenüberstand. In der Vorrede zur »Deutschen Messe« (1526) hat er zur gleichen Zeit selbst den Plan entwickelt, diejenigen, »so mit Ernst Christen wollen sein«, in besonderen Versammlungen zu vereinen. Zwar habe er die Leute und Personen noch nicht, fürchte auch eine »Rotterei«. Aber wenn sie sich fänden und wenn er dazu gezwungen würde, würde er das Seine gern dazu tun. Luther lehnte das hessische Modell ab, weil man eine Freiwilligkeitskirche nicht durch Ordnungen dekretieren könne. Die Homberger Ordnung war ihm »ein hauffen gesetze«.

In Kursachsen ging man einen anderen Weg, der Luthers Kirchenbegriff, seiner Trennung von geistlichem und weltlichem Regiment eigentlich noch weniger entsprach: den Weg der kirchlichen Organisation von oben her, durch den Landesherren. Die kursächsische Kirchen- und Schulvisitation der Jahre 1526–1530 ist mehr, als der Name verrät. In ihr kommt die Ordnung des gesamten Kirchen- und Schulwesens in einer für die Zukunft grundlegenden Weise unter die Gewalt des Landesherren, der durch von ihm eingesetzte Kommissionen das Land bereisen läßt, durch Edikte für Einheit des Gottesdienstes, der Lehre und des Unterrichts sorgt, später Konsistorien errichtet, die über den anfänglichen Charakter von Ehegerichten hinaus bald zu landesherrlichen Kirchenleitungsbehörden werden. Das gesamte Kirchenwesen wird als ein Departement der Staatsverwaltung angegliedert. Die kursächsische Kirchenvisitation ist richtungweisend für die Organisation des lutherischen Kirchentums in Deutschland geworden. Auch in Hessen ist man ihrem Vorbild schließlich gefolgt. Damit ist eine Entscheidung von großer Tragweite gefallen: es entsteht die nun für Jahrhunderte typische Verfassungsform der deutschen Landeskirchen, das landesherrliche Kirchenregiment.

Luther hat die kursächsische Visitation, von seinem Freunde Nikolaus Hausmann in Zwickau gedrängt, selbst veranlaßt, sie seinem Landesherren als eine Gewissens- und Liebespflicht eingeschärft. Nicht, weil sie zu seinen weltlichen Rechten gehört, trägt Luther dem Kurfürst die Aufsicht über die Kirche an – der mittelalterliche Rechtsbegriff der advocatia ecclesiae (Kirchenvogtei) hat im Denken Luthers keinen Platz. Sondern weil angesichts des Versagens der Bischöfe ein offenbarer Notstand herrscht und nichts ungeordnet in der Kirche geschehen soll, wird der Landesherr als der einzige, der für Ordnung zu sorgen vermag, herbeigerufen. An mehr als eine Übergangslösung hat Luther nicht gedacht. Aber schon die kurfürstlichen Visitationsinstruktionen wissen von einem Ausnahmefall nichts. Sie gehen von der Voraussetzung aus, daß der Kurfürst für das geistliche Wohl seiner Untertanen genauso verantwortlich ist wie für das leibliche. Melanchthon hat diesem Vorgehen die theologische Legitimation gegeben durch die Theorie, daß die Obrigkeit Hüterin beider Tafeln der Gebote sei (custodia utriusque tabulae). So ist aus dem Provisorium bald eine Dauerlösung, aus der Visitation eine Kirchenverfassung erwachsen. Durch die Jahrhunderte hin mit mancherlei Theorien untermauert und in mancherlei Verfassungsform praktiziert, ist das landesherrliche Kirchenregiment erst mit dem Ende der Monarchien dahingefallen.

Bei der Visitation hatte es sich herausgestellt, daß ebenso dringend wie die Ordnung der äußeren kirchlichen Verhältnisse, Kirchenbesitz, Pfarrbesoldung etc. die kirchliche Lehre und Unterweisung einer festen Form bedürftig waren. So hat Luther im Zusammenhang der kursächsischen Visitation seinen »Kleinen Katechismus« geschrieben als eine Summe des christlichen Lebens oder »Laienbibel« für jedermann, dazu den »Großen Katechismus« als Instruktion für die Pfarrherren.

Der Abendmahlsstreit

In Luthers Schrift »Von der Babylonischen Gefangenschaft der Kirche« waren von den sieben katholischen Sakramenten nur zwei beibehalten worden. Daß Taufe und Abendmahl die beiden einzigen Sakramente sind, blieb Gemeingut nahezu aller Zweige der reformatorischen Bewegung. Aber über das Wesen der beiden Sakramente konnte kein Einverständnis erzielt werden. Während sich über das Taufverständnis ein die Kindertaufe ablehnendes Täufertum abspaltet, kommt es über das Verständnis des Abendmahls zur Spaltung zwischen dem lutherischen und dem Schweizer Zweig der Reformation.

Der große Abendmahlsstreit geht noch vor das Krisenjahr 1525 zurück. Karlstadt bestritt 1524 in einer Reihe von Schriften die leibliche Gegenwart Christi im Altarsakrament. Luther antwortete in »Wider die himmlischen Propheten« (1524/25) und hielt der spiritualistischen Verflüchtigung der leiblichen Gegenwart in eine bloße geistige Präsenz mit Emphase den buchstäblichen Sinn der Einsetzungsworte »Das ist mein Leib« entgegen. Die Frage der Realpräsenz hatte zuvor keine große Rolle für Luther gespielt. An den Einsetzungsworten war ihm wichtig, daß Christus ein Testament zur Vergebung der Sünden eingesetzt hatte. Aller Ton lag auf der göttlichen Verheißung, auf dem Wort. Die leibliche Gegenwart im Sakrament war ein versicherndes Zeichen zur Beglaubigung der Verheißung; einen selbständigen Wert hatte sie nicht. Gegenüber Karlstadt, der alles Äußere entwertet und die Gegenwart Christi ganz in die Innerlichkeit zieht, wird Luther nun die reale Gegenwart des Leibes Christi im Sakrament wichtig, steht sie doch im Zusammenhang mit der Gegenwart Christi im äußeren Wort. Es ist also die Auseinandersetzung mit dem Spiritualismus, durch die Luthers Interesse auf die Realpräsenz gelenkt wird. Das wird bedeutsam für die spätere Abendmahlskontroverse. Luther läßt sich nicht davon abbringen, daß der Streit mit Zwingli ein Teil seines Kampfes mit dem Schwärmertum ist.

Zwingli hatte in seinen »67 Schlußreden« von 1523 nur den Opfercharakter der Messe bestritten, die Realpräsenz noch stehen gelassen. Durch den Lehrbrief des niederländischen Humanisten Hoenius wird er zur Auffassung des »est« als »significat«, d. h. zur symbolischen Deutung der Einsetzungsworte geführt. In einem Brief an den Reutlinger Reformator Matthäus Alber tritt er November 1524 erstmals mit dieser Deutung hervor. Sie entsprach dem spiritualistischen Zug seiner Theologie, ihrer scharfen Wendung gegen alles Hereinziehen Gottes in die Sphäre der sinnlichen Kreatur. Insofern stellt Zwinglis Abkehr von der Realpräsenz keinen Bruch in seiner Theologie, eher deren Abrundung dar. In Zürich feierte man seit 1525 das Abendmahl als Gedächtnismahl. Handelndes Subjekt bei der Mahlfeier ist nicht Christus, sondern die Gemeinde.

Der Streit um das Verständnis des Abendmahls schlägt bald weite Kreise. Es gibt eine breite literarische Kampagne in Oberdeutschland, noch ehe Luther das erstemal gegen Zwingli zur Feder gegriffen hat. Nicht um bloße Lehrstreitigkeiten handelt es sich hier. Die Entscheidung für Luther oder Zwingli zog praktische Konsequenzen für die Neugestaltung des Gottesdienstes nach sich. Es ist nicht zufällig, daß die literarische Auseinandersetzung zwischen Luther und Zwingli in die Zeit nach dem Speyrer Reichstagsabschied von 1526 fällt, sich zeitlich mit der Kirchenvisitation deckt. Der Abendmahlsstreit hat nicht nur theologiegeschichtliche, er hat große kirchenpolitische Bedeutung. Wittenberg und Zürich ringen in ihm um den Einfluß auf die Reformation Oberdeutschlands.

In den Jahren 1527 und 1528 haben Luther und Zwingli sich mit einer Serie von Streitschriften bekriegt. Unter ihnen ragt durch Umfang und Gehalt Luthers großes Bekenntnis vom Abendmahl (»Vom Abendmahl Christi, Bekenntnis«, 1528) hervor, sein letztes Wort in diesem Streit. Mit allen Mitteln scholastischer Logik, auch der wieder hervorgeholten Metaphysik, wie sie ihm aus seiner ockhamistischen Schulbildung zu Gebote stand, sucht Luther Zwinglis Hauptargumente aus den Angeln zu heben: den Verweis auf die Stelle Joh. 6,63 »Das Fleisch ist kein nütze« und auf den Artikel von der Himmelfahrt und dem Sitzen zur Rechten Gottes, wodurch Christi leibliche Anwesenheit auf Erden ausgeschlossen sein soll. Luther, wie im Streit mit Erasmus zum äußersten herausgefordert, dringt in letzte Tiefen des Gottesbegriffs vor, zieht den Himmel, alle weltbildhaften Vorstellungen Zwinglis verspottend, tief auf die Erde herab, zeigt, daß der zum Himmel aufgefahrene Christus zugleich auch auf Erden sein kann. Er verknüpft, Zwinglis säuberliche Unterscheidungen zwischen göttlicher und menschlicher Natur verachtend, in einer an den Monophysitismus grenzenden Unbekümmertheit Gottheit und Menschheit so eng, daß er von keinem

Gott wissen will als dem, der Mensch ist. Gegen Zwinglis transzendenten und rein geistigen Gott setzt er den Gott, der »zugleich in einem jeglichen Körnlein ganz und gar und dennoch in allen und über allen und außer allen Kreaturen« ist. Zwinglis Rationalität muß blaß und flach wirken neben der Tiefe der Gedanken Luthers. Dabei steckt doch auch in ihr ein großer, um die Ehre Gottes bemühter Sinn, für den Luther blind gewesen ist und den als Schwärmertum auszugeben er kein Recht gehabt hat.

Die Protestation von Speyer

Daß die Formel von Speyer 1526 immer mehr Fürsten und Städten als Rechtsgrund zur Reformation diente, ließ die altgläubigen Stände die Anstrengungen verdoppeln, den Speyrer Abschied wieder aus der Welt zu schaffen und zur Schärfe des Wormser Edikts zurückzukehren. Auf dem für Frühjahr 1529 nach Speyer einberufenen Reichstag ist das geschehen. Die Abwesenheit des auf Vermittlung bedachten Kaisers hat Erzherzog Ferdinand genutzt, um einen harten Kurs einzuschlagen. Ferdinands Proposition nur gering abmildernd, beschloß der Reichstag die Aufhebung des Speyrer Abschieds von 1526. Er drang auf die Durchführung des Wormser Edikts in Ländern, wo es bisher schon beachtet wurde, untersagte den anderen jede Fortführung der Reformation, gebot die Duldung der Messe auch für die evangelischen Gebiete. Die »Sakramentierer«, d. h. die Anhänger Zwinglis, und die Täufer sollten ausgerottet werden.

Fünf Fürstentümer – Hessen, Kursachsen, Brandenburg-Ansbach, Braunschweig-Lüneburg und Anhalt – dazu vierzehn Reichsstädte, unter ihnen Straßburg, Nürnberg, Ulm und Konstanz, eine kleine Minderheit unter den ungefähr vierhundert Ständen, unterzeichneten darauf eine Protestation, die nach Beendigung des Reichstags feierlich zu den Akten gegeben wurde. Die Protestation von Speyer (19. 4. 1529) ist eine Rechtsverwahrung der evangelischen Stände gegen den Mehrheitsbeschluß des Reichstages. Die Stände protestieren gegen die Aufhebung des einstimmig gefaßten Beschlusses von 1526, sie erklären, daß sie den Majoritätsbeschluß nicht anerkennen, sondern ihn für nichtig halten, und sie begründen ihre Verweigerung damit, daß »in den Sachen, die Gottes Ehre und unserer Seelen Heil und Seligkeit anlangen, ein jeglicher für sich selber vor Gott stehen und Rechenschaft geben muß«. Mit dieser Begründung, die sich ganz dem Geiste Luthers verdankt, bekommt die Protestation den Charakter eines Bekenntnisses. Dieses Bekenntnis, dieses öffentliche Zeugnis für die in Worms verurteilte Sache, hat der reformatorischen Bewegung den Namen »Protestantismus« eingebracht.

Das Marburger Religionsgespräch

Sofort nach Beendigung des Speyrer Reichstages schlossen Hessen, Kursachsen und einige Reichsstädte ein Verteidigungsbündnis. Philipp von Hessen schrieb an Zwingli, jetzt müsse eine Einigung in der Abendmahlsfrage erreicht werden, um ein Bündnis aller von Rom Abgefallenen zustande zu bringen. Es war der Plan des Landgrafen, alle Evangelischen von der Schweiz bis hinauf nach Dänemark in ein großes antihabsburgisches Bündnis zusammenzuführen, in dem man zusammen mit Frankreich dem Kaiser entgegentreten konnte. Mit Zwingli war er sich hierin einig. Schwierigkeiten machte Wittenberg.

Das Marburger Religionsgespräch (1.–4. 10. 1529), zu dem der Landgraf einlud, hat also realen politischen Hintergrund. Allerdings waren Luther alle Bündnisprobleme zweitrangig gegenüber der in der Abendmahlskontroverse aufgeworfenen Wahrheitsfrage. Auch war er tief von dem Bewußtsein durchdrungen, dem Kaiser als der Obrigkeit Gehorsam schuldig zu sein. Er war noch lange nicht bereit, einem gegen den Kaiser gerichteten Bündnis zuzustimmen.

Das Marburger Gespräch hat, mit Ausnahme Karlstadts und der »Schwärmer«, die bedeutendsten Theologen der Reformation vereint gesehen. Neben den Wittenberger und Züricher Theologen waren die Oberdeutschen gekommen, Martin Bucer aus Straßburg, Johannes Brenz aus Schwäbisch-Hall, Andreas Osiander aus Nürnberg. Disputiert haben nur die beiden Wittenberger Luther und Melanchthon und die beiden Schweizer Zwingli und Ökolampad. Luther hatte mit Kreide die Worte »Das ist mein Leib« auf den Tisch geschrieben und ließ sich durch keine rationale Argumentation von der Realpräsenz abbringen: »Schafft mir den Text heraus, so bin ich zufrieden«. Erstaunlich, daß man über weite Strecken doch zu einer die Gemeinsamkeiten betonenden Konkordie kam. Luther hatte die »Schwabacher Artikel« mitgebracht, eine kurz zuvor zur Verständigung unter den Lutherischen verfaßte Bekenntnisschrift. Indem er sie zu einer Konkordie mit den Schweizern umarbeitete, gelang es, in vierzehn Artikeln mit Zwingli zur Übereinstimmung zu kommen. Auch in dem abschließenden fünfzehnten Artikel über das Abendmahl bekannte man in einigen Punkten seine Gemeinsamkeit, so in der Forderung des Laienkelchs, der Ablehnung der Transsubstantiation. Aber in der entscheidenden Frage, »ob der wahre Leib und das Blut Christi leiblich im Brot und Wein sei«, konnte man nur den Dissensus konstatieren, den Willen zu gegenseitiger Liebe bekunden und die Bitte an Gott um rechtes Verständnis aussprechen. Zur Einheit des Bekenntnisses kam man nicht. Martin Bucer, der stets um Vermittlung bedachte Straßburger, mußte sich von Luther sagen lassen: »Ihr habt einen anderen Geist.«

Der Reichstag von Augsburg 1530

Zum Frühjahr 1530 schrieb Karl V. einen Reichstag nach Augsburg aus. Neun Jahre lang war der Kaiser vom Reich ferngehalten worden, gebunden durch den Kampf mit Frankreich, mit dem Papst, mit den Türken. Die Friedensschlüsse von Barcelona und Cambrai, der Abzug der Türken von Wien gaben ihm die Hände frei. Jetzt konnte er aus der Hand des versöhnten Papstes die Kaiserkrone empfangen – in Bologna sieht man ein letztes Mal den Papst einen deutschen Kaiser krönen. Von Italien wandte sich Karl nach Deutschland, um endlich sein großes Ziel, die Wiederherstellung der Glaubenseinheit, herbeizuführen.

Das Ausschreiben des Reichstages war aufgefallen durch seinen milden, versöhnlichen Ton. Vom Wormser Edikt war nichts erwähnt, der Kaiser wollte »eines jeden Gutdünken, Opinion und Meinung« hören. Das klang, als ob das Versprechen des Nationalkonzils eingelöst werden sollte, der Kaiser ein Schiedsrichteramt über den Parteien einnehmen wollte. Die protestantischen Stände richteten deshalb große Hoffnungen auf den Reichstag. Kurfürst Johann von Sachsen ließ die Wittenberger Theologen sofort eine Rechtfertigungsschrift ausarbeiten. Mit diesen die Schwabacher Artikel vom Vorjahr ergänzenden »Torgauer Artikeln« zog Melanchthon nach Augsburg. Ihm wurde die theologische Verhandlungsführung übertragen. Luther, immer noch in der Reichsacht, mußte an der kursächsischen Grenze, auf der Feste Coburg, zurückbleiben.

Der Augsburger Reichstag von 1530 hat für den Protestantismus epochale Bedeutung durch die Übergabe des »Augsburger Bekenntnisses« (Confessio Augustana), der bedeutendsten protestantischen Bekenntnisschrift, die über Jahrhunderte hinweg bis zur Gegenwart das Weltluthertum eint. Melanchthon hat, in freier Anlehnung an die Schwabacher und Torgauer Artikel und unter Berücksichtigung eines von Eck dem Kaiser vorgelegten Katalogs von ketzerischen Sätzen der Protestanten, diese Konfessionsschrift im Mai 1530 in Augsburg entworfen. Die Vorrede des kursächsischen Kanzlers Brück erhob sie in den Rang eines Bekenntnisses der evangelischen Fürsten und Stände. Durch den kursächsischen Kanzler Beyer wurde das Augsburger Bekenntnis am 25. Juni 1530 vor dem Reichstag öffentlich verlesen und übergeben.

Das Augsburger Bekenntnis ist kein Trotzbekenntnis, keine Begründung für eine Absonderung oder Spaltung im Glauben. Im Gegenteil: durchgehend wird die Übereinstimmung mit den Altgläubigen betont. Der ganze Streit gehe nur um einige Mißbräuche. Ausgehend von den altkirchlichen Konzilsbeschlüssen über die Trinität und die Gottmenschheit Christi, wird in den einundzwanzig, den Glauben und die Lehre betreffenden Artikeln die Übereinstimmung mit der Schrift und mit der kirchlichen Tradition herausgestellt. Man betont die Gemeinsamkeit mit den Altgläubigen bis zur Ablehnung der Täufer und der Sakramentierer. Im Artikel 10 ist die Gegenwart von Leib und Blut Christi im Abendmahl in einer Weise behauptet, die der katholischen Auslegung Raum läßt und die zwinglische Deutung ausschließt. Erst in den Artikeln 22–28 kommen die kontroversen Fragen zur Sprache, wird die Abstellung der Mißbräuche (Messe, Kelchentzug, Zölibat, Fastengebote, Mönchsgelübde etc.) gerechtfertigt, nicht ohne die Versicherung, auch in diesen Fragen sich ganz dem Urteil eines Konzils zu unterwerfen. Über das Papsttum fällt kein Wort.

Nach dem Scheitern des Marburger Religionsgespräches konnte das Augsburger Bekenntnis kein gesamtprotestantisches Bekenntnis sein. Die vier oberdeutschen Städte Straßburg, Memmingen, Konstanz und Lindau reichten ein eigenes Bekenntnis, das »Vierstädtebekenntnis« (Tetrapolitana) ein. In letzter Minute hatte auch Zwingli seine »Fidei ratio ad Carolum imperatorem«, ein mannhaftes, die schweizerische Abendmahlslehre noch einmal breit begründendes Bekenntnis nach Augsburg geschickt.

Melanchthon ist sein Entgegenkommen gegenüber den Altgläubigen, sein diplomatisches Formulieren und Taktieren wenig gedankt worden. Luther, der »so leise nicht treten« konnte, nahm das

Augsburger Bekenntnis hin, tadelte aber, daß von Fegefeuer und päpstlichem Primat geschwiegen wurde. Selbst die kursächsischen Politiker wurden unwillig, als Melanchthon nicht aufhörte, in Augsburg weiter zu verhandeln, und fast mit der Konzession von Laienkelch und Priesterehe sich zufrieden geben wollte. Der Kaiser ließ von einer Gruppe altgläubiger Theologen eine Widerlegung des Augsburger Bekenntnisses erstellen, die »Confutatio«. Durch das öffentliche Verlesen der Confutatio hielt er das Augsburger Bekenntnis für widerlegt und verlangte Unterwerfung. Die Evangelischen hielten sich nicht für überwunden. Melanchthon setzte der Confutatio seine »Apologie« entgegen. So war das kaiserliche Schiedsgericht gescheitert. Als die meisten evangelischen Stände abgereist waren, erneuerte der Reichstagsabschied das Wormser Edikt.

Zwinglis Ende

Ein Jahr nach dem Augsburger Reichstag ist Zwingli auf dem Schlachtfeld von Kappel gefallen (11. 10. 1531). Mit seinem Tod und mit dem fast gleichzeitigen des Basler Reformators Ökolampad scheiden mit einem Schlag Luthers Marburger Gesprächsgegner aus dem weiteren Gang der Reformationsgeschichte aus.

Nicht die europäische Koalitionspolitik, an der er mit Philipp von Hessen gearbeitet hatte, sondern der innerschweizerische Kampf zwischen alt- und neugläubigen Kantonen hat Zwinglis Wirken ein Ende gesetzt. Der Zürcher Reformator hatte zuerst eine friedliche Reformation der 13 Schweizer Kantone durch die Predigt des Evangeliums erwartet. Das Bündnis von fünf Kantonen, darunter die drei Urkantone (Schwyz, Uri und Unterwalden) zum Schutz des katholischen Glaubens zerstörte diese Hoffnung. Nun sah Zwingli die kriegerische Auseinandersetzung für unvermeidlich an, trieb selbst zum Angriffskrieg. Der rasch abgebrochene Feldzug vom Sommer 1529 brachte das ersehnte Ziel einer evangelischen Schweiz jedoch nicht (1. Kappeler Landfrieden 1529). Zwingli wurde nicht müde, weiter in Wort und Schrift, in Gutachten für den Zürcher Rat und auch in Predigten von der Kanzel herab, den Kampf für eine evangelische Schweiz und die Bestrafung der Urkantone zu propagieren. Als man nach gründlichen Rüstungen endlich zum Streit auszog, war man der Übermacht doch nicht gewachsen. Zwingli, als Feldprediger die Zürcher Streitmacht im 2. Kappeler Krieg begleitend, fiel in der Schlacht »tapfer kämpfend«, wie es im ältesten Bericht heißt.

Zwinglis Tod macht noch einmal symbolhaft die enge Verflochtenheit von reformatorischem Wirken und politischem Handeln deutlich, die für die Zürcher Reformation charakteristisch ist. Zu einem Kreuzzug war er ausgezogen, ein göttliches Strafgericht wollte Zwingli an den Altgläubigen vollziehen. Er selbst war der Moses, der das Volk in den Kampf schickte, durchdrungen von seiner göttlichen Berufung und voll Eifer, für die Sache Gottes zu streiten. Weitab zeigt ihn sein Tod von Luthers Zwei-Reiche-Lehre, von der Erkenntnis des Wittenbergers, daß für Christi Reich kein Schwert zu brauchen ist. Zwingli hat für einen christlichen Staat, für eine christliche Schweiz gekämpft. Er hat sich ein geordnetes Staatswesen nicht anders als vom Worte Gottes regiert vorstellen können. Nichts lag ihm ferner als Luthers Gedanke, daß der Staat auch bei den Heiden in guten Händen, man auch unter ungläubiger Herrschaft Christ sein könne. Man muß schon bis zu Cromwell gehen, um wieder einen ähnlichen Geist in der Geschichte des Protestantismus zu finden.

Der nach Zwinglis Niederlage und Tod geschlossene 2. Kappeler Landfriede (1531) hat der Ausbreitung der evangelischen Bewegung der Schweiz ein Ende gesetzt. Basel, Bern, Schaffhausen und St. Gallen waren der Reformation zugefallen. Der Landfriede besiegelte die konfessionelle Spaltung, sicherte den konfessionellen Besitzstand in ähnlicher Weise wie später der Augsburger Religionsfriede in Deutschland. Erst das Auftreten Calvins in Genf und der Zusammenschluß Genfs mit der Zürcher Kirche (Consensus Tigurinus 1549) haben der Schweizer Reformation neue Fortschritte gebracht und sie vor der Stagnation bewahrt.

V Reich und Reformation bis zum Augsburger Religonsfrieden 1555

Der Schmalkaldische Bund

Der Ausgang des Augsburger Reichstages zeigte, daß die Protestanten auf Anerkennung ihres Glaubens nicht mehr rechnen durften. Ein gewaltsames Vorgehen des Kaisers gegen die nun offenkundigen Empörer schien eine reine Frage der Zeit. Nachdem es dem Kaiser noch in Augsburg gelungen war, die Wahl seines Bruders Ferdinand zum römischen König zu sichern, war ein politischer Wandel auf absehbare Zeit nicht zu erwarten. Den protestantischen Ständen blieb, wenn sie sich auf Dauer behaupten wollten, nur das Mittel des politischen Zusammenschlusses. So kommt es noch im Dezember 1530 in Schmalkalden, Grenzort der beiden protestantischen Vormächte Hessen und Kursachsen, zu Bündnisverhandlungen zwischen sechs Fürsten und zehn Städten. Im Frühjahr 1531 ist der »Schmalkaldische Bund« perfekt. Außer den Unterzeichnern der Augsburger Konfession, von denen sich nur das kaisertreue Nürnberg fernhielt, sind auch die oberdeutschen Städte mit Straßburg an der Spitze beteiligt. Man verpflichtet sich zur gegenseitigen Waffenhilfe im Verteidigungsfall, will ein Bundesheer aufstellen, auch will man geschlossen gegen die die Reformation aufhaltenden Urteile des kaiserlichen Kammergerichtes vorgehen.

Mit dem Schmalkaldischen Bund wird eine Organisationsform geschaffen, die dem deutschen Protestantismus für anderthalb Jahrzehnte militärischen Schutz und politischen Zusammenhalt gewährt. Im Unterschied zu früheren Bündnissen, vor allem zum Torgauer Bund von 1526, ist der Schmalkaldische Bund ein, wenn auch defensives, Kriegsbündnis mit deutlicher Spitze gegen die kaiserliche Gewalt. Aus den Protestierenden von Speyer ist eine politische Widerstandsbewegung gegen Kaiser und Reich geworden. Luther hat sich nur langsam seine Zustimmung zu diesem Bündnis abringen lassen. Bisher der Meinung, der Kaiser sei der »fürsten herr und oberkeit«, ließ er sich jetzt von den Juristen belehren, daß die kaiserliche Macht nur innerhalb der Schranken der Wahlkapitulation gelte, daß die Territorialherren die primären Obrigkeiten seien, denen ein Recht zum Widerstand gegen den Kaiser zustehe. Es sind die Prinzipien des werdenden Territorialstaates, wie sie besonders von Philipp von Hessen gegen die alte Reichsidee verfochten wurden, die sich im Schmalkaldischen Bund mit dem protestantischen Bekenntnis verbinden. In den nächsten fünfzehn Jahren haben sich die Mehrzahl der zur Reformation übergehenden Reichsstände diesem Bündnis angeschlossen.

Martin Bucer und die Wittenberger Konkordie

Der Schmalkaldische Bund hatte die Zerrissenheit des protestantischen Lagers, die auf dem Augsburger Reichstag durch die Pluralität der Bekenntnisse zutage trat, durch die Aufnahme der Oberdeutschen in das Bündnis notdürftig geheilt. Martin Bucer, Hauptverfasser des Vierstädtebekenntnisses, hatte noch 1530 auf der Coburg Luther von seinen Bedenken gegen die oberdeutsche Abendmahlslehre abbringen können. Nur Zwingli und die Schweizer, die der Landgraf von Hessen gern in das Bündnis aufgenommen hätte, mußten draußen bleiben. Während sich die Wege der Schweizer und der deutschen Reformation seit 1530 weiter voneinander entfernen, werden die zwischen Wittenberg und Zürich in der Mitte stehenden alemannisch-schwäbischen Reichsstädte nun stärker auf die Seite Wittenbergs hinübergezogen.

Es ist das Verdienst *Martin Bucers* (1491–1551), des nach Zwinglis Tod in den Vordergrund der Reformationsgeschichte rückenden Straßburger Reformators, den Ausgleich zwischen Oberdeutschland und Wittenberg herbeigeführt zu haben. Seit der Heidelberger Disputation im Bannkreis Luthers, von seiner humanistischen Bildung her immer wieder Zwingli zuneigend, hatte Bucer wie kein zweiter Theologe den Abendmahlsstreit beklagt und schon früh Mittel zu seiner Überwindung gesucht. In zähem, unermüdlichen Ringen ist es Bucer, einem »Genie der Vermittlung« (Bornkamm), gelungen, die gegensätzlichen Standpunkte im Abendmahlsverständnis anzunähern und den gegenüber allen Kompromissen in Lehrfragen stets mißtrauischen Luther zum Entgegenkommen zu bewegen. Die »Wittenberger Konkordie« von 1536, bei der beide Seiten sich auf Kompromißformeln einigten (unio sacramentalis; manducatio indignorum), hat sein Einigungswerk mit Erfolg gekrönt. Bucer hat damit Oberdeutschland dem Luthertum zugeführt, den Abendmahlsstreit für Deutschland beendet. Die somit errungene lehrmäßige Geschlossenheit des deutschen Protestantismus ging auf Kosten der Schweizer. Unter Zwinglis

Nachfolger Heinrich Bullinger gaben sie ihrer Eigenart in der »Confessio Helvetica« (1536) Ausdruck.

Der Siegeszug des Protestantismus

Die Protestierenden von Speyer waren eine verschwindende Minorität auf dem Reichstag. Auch die Verbündeten von Schmalkalden bilden anfangs eine bescheidene Minderheit im Reich, nur im sächsisch-hessischen Raum territorial konsolidiert.

Der große Durchbruch, der den Protestantismus seiner territorialen Ausdehnung und politischen Machtstellung nach ins Gleichgewicht mit den Altgläubigen bringt, zeitweise sogar ins Übergewicht, vollzieht sich erst in den dreißiger Jahren und dauert bis in die frühen vierziger Jahre fort. Er ist nicht mehr in erster Linie Frucht reformatorischer Predigt. Er ist Folge der mit dem Schmalkaldischen Bund dem Protestantismus zufallenden politischen Macht, die den auf Hilfe im Türkenkrieg angewiesenen Kaiser zum *Nürnberger Anstand* vom Juli 1532, einem bis zu einem bald einzuberufenden Konzil befristeten Religionsfrieden, zwingt.

Den Anfang macht der Übergang *Württembergs* zur Reformation im Jahre 1534. Ein für die zerstreuten oberdeutschen Reichsstädte unschätzbar wertvoller Schritt, durch den im Südwesten des Reiches ein geschlossener protestantischer Raum entsteht. Philipp von Hessen bringt mit französischer Geldhilfe den von Österreich vertriebenen Herzog Ulrich wieder in sein Land zurück, wo nun sofort die Reformation eingeführt wird. Im nördlichen Württemberg durch den aus Marburg zurückkehrenden Erhard Schnepf im lutherischen Sinne, im südlichen, »ob der Steig« gelegenen Oberland durch den Konstanzer Ambrosius Blarer mehr nach straßburgisch-zwinglischer Art. Schließlich setzt sich auch hier, endgültig unter dem aus Schwäbisch Hall geholten *Johannes Brenz* (1499 bis 1570), das Luthertum durch, ohne daß Württemberg die einfache Form des Gottesdienstes, durch die es sich von Wittenberg unterscheidet, aufgibt.

Ebenfalls 1534 tritt in Norddeutschland das Herzogtum Pommern zur Reformation über. Der aus Pommern stammende *Johannes Bugenhagen* (1485–1558), zum engsten Kreis des Reformators gehörend und sein Beichtvater, wurde aus Wittenberg geholt, um eine Kirchenordnung zu erstellen und die Visitation durchzuführen. Bugenhagen, organisatorisch der begabteste unter den Wittenberger

Theologen, hatte schon vorher für die Städte Braunschweig, Hamburg und Lübeck Kirchenordnungen entworfen. Nach der Reformation seiner Heimat hat er noch die Kirchenordnungen für Dänemark (1537), Holstein (1542) und Braunschweig-Wolfenbüttel (1543) verfaßt – man kann ihn den Reformator Norddeutschlands nennen.

Im Jahre 1539 gehen dann die beiden Territorien zur Reformation über, die lange Zeit als Bollwerke der alten Kirche im norddeutschen Raum galten. Der Tod Herzog Georgs von Sachsen, Luthers erbittertstem deutschen Gegner seit der Leipziger Disputation, öffnet das albertinische *Sachsen* der lutherischen Lehre, ohne daß es dadurch zu einer politischen Annäherung zwischen den beiden sächsischen Linien kommt. In *Brandenburg* bekennt sich Kurfürst Joachim II., schon lange der Reformation zuneigend, 1539 öffentlich zur Augsburger Konfession. Bei der brandenburgischen Reformation bleiben die alten Gebräuche und die Liturgie weithin unberührt, ein goldener Mittelweg zwischen Rom und Wittenberg. Andere norddeutsche Gebiete folgen, so daß bis 1543 fast der gesamte norddeutsche Raum, von der polnischen Grenze bis zur Weser, der Reformation zugefallen ist.

Als Hermann von Wied, Erzbischof und Kurfürst von Köln, einer der reformfreudigsten Kirchenfürsten, 1542 ins evangelische Lager übergeht und Martin Bucer zur Durchführung der Reformation beruft, droht auch der rheinische Raum der alten Kirche verloren zu gehen. Aber Karl V. kann im Feldzug gegen Kleve die Kölner Reformation, die schon von innen her Widerstand gefunden hatte, stoppen. Das Rheinland bleibt überwiegend katholisch. Immerhin ist in den zwölf Jahren nach Abschluß des Schmalkaldischen Bundes der größere Teil Deutschlands evangelisch geworden. Mit dem reichen Augsburg ist auch die große Mehrzahl der 1530 noch abseits stehenden Städte zum evangelischen Glauben übergegangen.

Der Ausbreitung der Reformation in Deutschland geht die außerdeutsche Entwicklung parallel. Die stärksten Erfolge errang die lutherische Bewegung, die seit den zwanziger Jahren auch in Polen, in Ungarn und besonders in Siebenbürgen vordrang, im baltisch-skandinavischen Raum. Früh, schon 1521, war reformatorische Predigt nach *Livland* gelangt. Luther kann 1523 bereits ein Schreiben an die Christen zu Riga, Reval und Dorpat richten. Bildersturm, Säkularisierung des Kirchenguts in den großen Städten, die von Johannes Briesmann (1488–1550) geschaffene Kirchendienstordnung von 1529 machen das Deutsch-Ordensland allmählich zu einem lutherischen Gebiet. »Kirche unmittelbar unter dem Wort, stadtobrigkeitliches Kirchenregiment, lutherische Approbation – das sind die Grundzüge der Reformation in den baltischen Städten, wie sie sich etwa 1533 herausgebildet haben« (R. Wittram).

Durchgreifender gestaltete sich die Reformation in dem gleichfalls zum Ritterorden gehörenden *Preußen*. Albrecht von Preußen (1490–1568), Hochmeister des Deutschen Ordens und früh in Verbindung mit Luther, wandelt 1525 das Ordensland in ein weltliches Herzogtum um, in einen lutherischen Musterstaat. Er selbst wirkt mit größter innerer Anteilnahme für Erneuerung des Gottesdienstes, besonders des Gesanges und der Kirchenmusik, tritt selbst als Liederdichter und Verfasser von theologischen Schriften hervor. Starke Ausstrahlungskraft bis nach Polen und Litauen gewinnt die 1544 gegründete Universität Königsberg.

Das Vorbild der Reformation in Preußen hat vermutlich hinübergewirkt nach *Schweden*, wo 1527 der Reichstag von Västerås die Reformation beschließt – der erste Fall, daß ein großer europäischer Staat sich von Rom löst. Allerdings gab es in Schweden nur geringe Vorbereitung durch evangelische Predigt. Reformation bedeutet hier das Ende der Herrschaft des feudalen Episkopats, der in seinen Rechten und in seinem Besitztum von dem aufstrebenden nationalen Königtum stark eingeschränkt wird, ohne doch seine kirchenleitenden Funktionen zu verlieren. Obwohl Staatskirche, üben die in der apostolischen Sukzession verbleibenden Bischöfe weiterhin das Regiment über die Kirche aus, deren Liturgie am stärksten von allen lutherischen Kirchen der römischen verhaftet bleibt. Olaus Petri (1493–1552), Schüler Luthers, ist der hervorragendste Reformator Schwedens. Sein Bruder Laurentius Petri (1499–1573), erster evangelischer Erzbischof, hat die schwedische Kirche näher an das Luthertum herangeführt. Reformator des damals noch schwedischen Finnland wurde Michael Agricola (ca. 1510–1557), ebenfalls ein Schüler Luthers.

Kompliziert gestaltete sich die Durchsetzung der Reformation im Königreich *Dänemark*, das Südschweden, Norwegen und Island mit umfaßte. Schon 1521 rief Christian II. aus Wittenberg Andreas Karlstadt herbei, doch haben die wechselvollen Geschicke der dänischen Krone lange Zeit nur die Duldung reformatorischer Prediger – der bedeutendste von ihnen Hans Tausen (1494–1561) – erlaubt.

Erst 1536 wurde unter Christian III. die Reformation eingeführt. Die Kirchenordnung, verfaßt von Bugenhagen, führte zu einem der deutschen Entwicklung ähnlichen Staatskirchentum, in dem der König als summus episcopus fungiert.

In den dreißiger Jahren hat sich ein anderes großes europäisches Land von Rom gelöst, ohne dabei den Weg zu einer inneren Reformation einzuschlagen: *England*. Der gleiche König Heinrich VIII., der mit einer gegen Luthers Sakramentslehre gerichteten theologischen Streitschrift (»Assertio septem sacramentorum«) dem englischen Königtum den bleibenden Titel des Defensor fidei erwarb, hat aus rein machtpolitischen Motiven, äußerlich bemäntelt durch die päpstliche Verweigerung einer Ehescheidung, die englische Kirche von der päpstlichen Suprematie gelöst. In der vom Parlament bestätigten Suprematsakte von 1534 übertrug er sich selbst alle Vollmachten über die Kirche, nahm den Titel »Oberstes irdisches Haupt der Kirche von England unmittelbar unter Gott« an. In Kultus und Lehre blieb die anglikanische Kirche zunächst katholisch. Neben Anhängern des Papstes wie John Fisher und Thomas More fielen auch Lutheraner der Verfolgung zum Opfer. Der Herausbruch der Kirche Englands aus dem Kranz der romtreuen Landeskirchen bedeutete eine erhebliche Schwächung der Altgläubigen auf dem Kontinent, die zeitweise zusehen mußten, wie Heinrich VIII. mit den Schmalkaldenern verhandelte.

Die Krise der Täuferbewegung

Die Täuferbewegung, in die Wirren des Bauernkrieges nur zu geringem Teil verwickelt, wird mit der Konsolidierung eines evangelischen Landeskirchentums vollständig in den Untergrund gedrängt. Protestantische und katholische Obrigkeiten geben sich in der Verfolgung der Täufer nichts nach. Die Reichstagsabschiede von Speyer 1529 und Augsburg 1530 drohen allen Täufern als Ketzern die Todesstrafe an.

Die Täufer treffen sich auf heimlichen Synoden. Im Februar 1527 kann eine Täufersynode in Schleitheim bei Schaffhausen das älteste Täuferbekenntnis beschließen. Die sieben »Schleitheimer Artikel« enthalten: Ablehnung der Kindertaufe, Bann der hartnäckigen Sünder, Abendmahl als Gemeinschaftsmahl, Absonderung von den Greueln der Welt, eigene Wahl der Hirten und Lehrer, Gewaltlosigkeit und Ablehnung obrigkeitlicher Ämter, Ablehnung des Eides. In allen diesen Artikeln wissen sich die Täufer von der Reformation Luthers und Zwinglis geschieden. Der Verfasser der Schleitheimer Artikel, Michael Sattler, ein ehemaliger Mönch, erleidet kurz danach den Märtyrertod. Fast alle Teilnehmer einer August 1527 in Augsburg gehaltenen Täufersynode (»Märtyrersynode«) fallen der Verfolgung zum Opfer.

Eine Zeitlang hat Straßburg, die dritte Kapitale der Reformation, den Täufern und Spiritualisten Duldung gewährt. Andreas Karlstadt, Hans Denck, Sebastian Franck, Kaspar von Schwenckfeld, Michael Servet, der Tiroler Täuferführer Pilgram Marbeck und viele andere haben in Straßburg in den Jahren nach dem Bauernkrieg Zuflucht gefunden. Schließlich müssen, da ihr Anhang zu groß wird, Martin Bucer und seine Straßburger Kollegen den Magistrat zum Einschreiten drängen: ein Jahrzehnt nach Wittenberg und Zürich hat auch Straßburg die Auseinandersetzung mit dem »Schwärmertum« bestanden, sich für Kindertaufe und für die Staatskirche entschieden. Die Täufer werden aus der Stadt verwiesen.

In Straßburg hat man 1533 einen Täufer ins Gefängnis gesetzt, dessen Ideen die Täuferbewegung in ihre größte Krise gestürzt haben: *Melchior Hofmann* (ca. 1500–1543). Ein Kürschner aus Schwäbisch-Hall, ursprünglich lutherischer Laienprediger, dann für das Täufertum gewonnen, hatte er in Ostfriesland und in den Niederlanden unter den einfachen Volksmassen durch seine phantastische Schriftauslegung und die Erweckung chiliastischer Reichshoffnungen die Gemüter aufgeregt, zugleich die Endzeitgemeinde, die neue »Bundesgemeine« gesammelt. Daß der von ihm für das Jahr 1533 erwartete Hereinbruch des Gottesreiches, um dessentwillen er sich nach Straßburg als in das neue Jerusalem begab, nicht eintraf, hat den chiliastischen Enthusiasmus seiner Anhänger nicht gedämpft. Nur wandte sich die Hoffnung auf das neue Jerusalem jetzt von Straßburg weg auf das westfälische Münster. Dort hatte der einflußreiche Prediger *Bernhard Rothmann* (ca. 1495–1535), der nach Einführung der Reformation täuferischen Einflüssen zufiel, die Stadt dem Täufertum geöffnet.

Seit dem Sommer 1533 strömten die Anhänger Hofmanns, die »Melchioriten«, aus den Niederlanden nach Münster. Sie überfremden die einheimische Bewegung, im kommenden Jahr gelingt ihnen die Wahl eines täuferischen Rates. Der Haarlemer Bäcker Jan Mathis organisiert als Prophet das Münsterische Wiedertäuferreich, will alle »Gottlosen« umbringen. Nach seinem Tod wird er abgelöst von dem Schneidergesellen Jan Bockelsen aus Leiden, der sich zum König von Zion ausrufen läßt, Gütergemeinschaft und Vielweiberei einführt und die inzwischen von dem Bischof von Münster belagerte Stadt mit einer Mischung von religiöser Hysterie, zügelloser Ausschweifung und harter Grausamkeit regiert und gefügig hält. Nach vierzehnmonatiger Belagerung wird die Stadt schließlich vom Bischof von Münster erobert. Alt- und neugläubige Reichsfürsten hatten ihn unterstützt. Schon längst sah man die Wiedertäufer als gemeinsame Feinde an. Die Vergeltung war so hart wie das Schreckensregiment. Die Leichname der hingerichteten Täuferführer wurden in einem Käfig am Turm der Lambertikirche zur Schau ausgestellt.

Das kurzlebige Wiedertäuferreich von Münster hat der Täuferbewegung einen Schlag versetzt, von dem sie sich nur schwer erholen konnte. Auf katholischer wie auf protestantischer Seite genügte künftig der Hinweis auf die münsterischen Greuel, um das Volk vor der täuferischen Predigt zu warnen. Die niederländisch-norddeutsche Täuferbewegung hat sich nur durch einen rigorosen Trennungsstrich gegenüber dem gewalttätigen Chiliasmus und durch die Rückkehr zu den ursprünglichen Idealen der Täufer den Weg in die Zukunft öffnen können. Es ist das Verdienst des Friesen *Menno Simons* (1496–1561), dies getan zu haben und damit das niederländisch-norddeutsche Täufertum auf die Bahn einer sich von der Welt absondernden Gemeinschaftsfrömmigkeit geführt zu haben (»Mennoniten«). Die beiden großen oberdeutschen Täufergruppen, die »Schweizer Brüder« und die »Hutterischen Brüder« hatten diese Bahn nie verlassen.

Konzilspläne

Am 2. Juni 1536 schrieb Papst Paul III. ein Konzil nach Mantua aus. Der Kaiser und die Partei der Altgläubigen im Reich atmeten auf. Der Widerstand Roms gegenüber den Konzilsplänen schien endlich aufgegeben. Nun lag es an den Protestanten, über ihre Stellung zur Einberufung des höchsten kirchlichen Organs ins klare zu kommen.

Die Mehrheit der protestantischen Stände, voran der Kurfürst von Sachsen, lehnte dieses Konzil ab. Man dürfe die Einladung zu einem vom Papst einberufenen und nicht auf deutschem Boden stattfindenden Konzil gar nicht annehmen. Ginge man hin, wäre der Papst als oberster Richter anerkannt. Man sei im voraus an seinen Schiedsspruch gebunden, ein späterer Protest sei zwecklos. Die Theologen des Schmalkaldischen Bundes, auch Luther, argumentierten vorsichtiger. Obwohl auch sie das Konzil nicht als das gewünschte anerkannten, meinten sie doch, daß man hingehen müsse, um Rechenschaft vom eigenen Glauben abzugeben. Heftig widerrieten sie, durch ein nationales Gegenkonzil ein Schisma hervorzurufen. Auf der Bundesversammlung in Schmalkalden Februar 1537 wurde die Konzilsfrage eingehend beraten. Dabei setzte sich der Kurfürst von Sachsen gegenüber den Theologen durch. Als der päpstliche Legat die Einladungsbulle übergeben wollte, ließ sie der Kurfürst unberührt auf dem Tisch liegen, »die größte Demütigung, die einem päpstlichen Gesandten diesseits der Alpen je zuteil geworden ist« (Jedin).

Für die Schmalkaldener Beratungen hatte Luther auf Wunsch seines Kurfürsten ein Gutachten verfaßt, welches absteckte, worüber man mit Rom diskutieren könne und worüber nicht. Luthers »Schmalkaldische Artikel« nehmen eine Dreiteilung in der Lehre vor. Sie erklären das Dogma von der Trinität und die im Apostolischen Glaubensbekenntnis enthaltene Lehre von der Person Christi als auf beiden Seiten anerkannt und außerhalb jeder Kontroverse. Über eine lange Reihe von Artikeln, darunter die Artikel von den Sakramenten, könne man mit gelehrten Leuten diskutieren. Nicht diskutieren könne man über vier Hauptstücke, nämlich über den reformatorischen Hauptartikel von der Rechtfertigung allein aus Glauben, sodann über die Artikel von der Messe, von Stiften und Klöstern, schließlich vom göttlichen Recht des Papsttums. Hier könne man nicht weichen oder nachgeben, auch hätten die Protestanten hierin kein Entgegenkommen zu erwarten.

Die »Schmalkaldischen Artikel« sind ein Bekenntnis, das den konfessionellen Gegensatz zu Rom, den das Augsburgische Bekenntnis weitmöglichst zu verdecken gesucht hatte, in voller, unüberbrückbarer Schärfe herausstellt. Der friedfertige Melanchthon vermochte ihre offizielle Annahme in Schmalkalden zu verhindern. Statt dessen wurde das Augsburgische Bekenntnis bekräftigt und durch Melanchthons Traktat »Von der Gewalt und Oberkeit des Papstes« die fühlbarste Lücke dieses Bekenntnisses geschlossen.

Die Schmalkaldischen Artikel wurden kurz darauf von Luther mit verschärfenden Zusätzen zum Druck gebracht. Sie sind erst in nachreformatorischer Zeit durch Aufnahme in das Konkordienbuch (vgl. unten S. 103) als offizielle Bekenntnisschrift anerkannt worden.

Die Ära der Religionsgespräche

Daß das fünfmal verschobene Konzil nicht zustande kam, lag nicht am Widerstreben der Protestanten, sondern an der Weigerung Franz I. von Frankreich, auch an dem mangelnden Nachdruck, mit dem der Papst die Konzilspläne betrieb. Luther fand indes Zeit, sich literarisch mit der Papst- und Konzilsfrage zu beschäftigen. In der Schrift »Von den Konziliis und Kirchen« (1539) führt er die ausgereifte theologische Auseinandersetzung mit dem katholischen Kirchenbegriff und zeigt, wie ein evangelisches, sich unter die Autorität der Heiligen Schrift stellendes und auf jedes Richteramt über den Glauben verzichtendes Konzil beschaffen sein müsse. Die Hoffnung auf ein solches Konzil hatte er freilich längst aufgegeben.

Das Ausbleiben des Konzils nötigte den Kaiser, in der Religionspolitik eigene Initiativen zu ergreifen. Angewiesen auf protestantische Unterstützung im Türkenkrieg, hatte er den Protestanten im *Frankfurter Anstand* 1539 neuerlich einen befristeten Religionsfrieden gewährt. Dabei hatten die seit dem Nürnberger Religionsfrieden von 1532 errungenen Fortschritte der Protestanten anerkannt werden müssen. Noch einmal versuchte Karl V., die religiöse Einheit des Reiches wiederherzustellen, jetzt durch das Mittel des Religionsgespräches.

Auf den Religionsgesprächen von Hagenau (1540), Worms (1540/41) und Regensburg (1541) haben in kaiserlichem Auftrage protestantische und altgläubige Theologen nach Einigungsformeln gesucht. In Hagenau noch erfolglos, konnten in Worms Melanchthon und Eck sich über die Erbsündenlehre verständigen. Ein Vergleich über eine Reihe von Lehrartikeln, das »Wormser Buch«, kam zustande. Noch weiter ging die Einigung auf dem Regensburger Reichstag, wo der Kaiser selbst eine Kommission zur Herstellung eines Religionsvergleichs einsetzte, der Melanchthon, Bucer und der Hesse Pistorius auf protestantischer, Eck, Pflug und Gropper auf katholischer Seite angehörten. Im »Regensburger Buch« kam man ein gutes Stück zu übereinstimmenden Formulierungen, sogar im Artikel von der Rechtfertigung. Aber als man an den Artikel von der Messe geriet, bildete die Transsubstantiationslehre ein unübersteigbares Hindernis. Bei Beichte und Absolution blieb man ebenfalls stecken. Vor allem beim Artikel von der Kirche, der die päpstliche Autorität mit einschloß, mißlang jede Übereinkunft. Schließlich war klar, daß der kaiserliche Unionsversuch gescheitert war. Die erreichte Einigung in dem Rechtfertigungsartikel ist nachträglich sowohl von Rom als auch von Luther verworfen worden.

Der Schmalkaldische Krieg

Das Scheitern der Religionsgespräche ließ die gewaltsame Lösung der Religionsfrage wieder in den Vordergrund rücken. Seit der glücklichen Beendigung seines Feldzuges gegen Kleve 1543 wartete Karl V. nur noch den günstigsten Moment ab, um gegen die Schmalkaldener loszuschlagen und mit dem Schwert zu erreichen, was mit Verhandlungen nicht zu erlangen war.

Die Dinge im Reich liefen trotz weiterer Ausbreitung der reformatorischen Bewegung, vor allem im Nordwesten des Reiches und in der Pfalz, für die kaiserlichen Pläne nicht ungünstig. Landgraf Philipp von Hessen wurde durch das Bekanntwerden seiner 1540 geschlossenen Doppelehe, zu der Luther in einem geheimen Beichtrat seine Zustimmung gegeben hatte, in der Öffentlichkeit kompromittiert und zur Annäherung an den Kaiser gezwungen, hatte er doch gegen das geltende Reichsrecht verstoßen. Um die kaiserliche Gnade zu erkaufen, verhinderte Philipp ein Eingreifen des Schmalkaldischen Bundes im Feldzug gegen den Herzog von Kleve und sicherte so den kaiserlichen Sieg.

Eine weitere Schwächung der Protestanten gelang dem Kaiser durch das Herauslösen Moritz' von Sachsen aus dem Schmalkaldischen Bund. Den alten, wegen der Schutzherrschaft über die Bistümer Naumburg und Meißen gerade wieder frisch aufgebrochenen Gegensatz zwischen dem albertinischen und dem ernestinischen Sachsen ausnutzend, zog Karl V. 1546 Moritz von Sachsen durch das Versprechen der Kurwürde auf seine Seite. Auch der Papst unterstützte den Kaiser mit Geld und Soldaten zum Krieg gegen die Protestanten. Als diese auf dem Reichstag von Augsburg 1546 nach dem Grund der kaiserlichen Rüstungen fragten, erhielten sie die Antwort, der Kaiser müsse gegen »ungehorsame Fürsten« einschreiten.

Der Schmalkaldische Krieg (1546–47) ist vom Kaiser unter dem Vorwand eröffnet worden, Sachsen und Hessen wegen Landfriedensbruch zu bestrafen. Tatsächlich war er ein Religionskrieg. Sofort rief auch der Papst zu einem Kreuzzug wider die Ketzer auf. Die Protestanten, auf den Krieg nicht unvorbereitet, konnten anfänglich den kaiserlichen Vorstoß in Süddeutschland abfangen. Der Einfall Moritz' von Sachsen in die Lande seines kurfürstlichen Vetters zwang Johann Friedrich jedoch zur Rückkehr. Gegen den nachfolgenden Kaiser unterlag der sächsische Kurfürst in der Schlacht bei Mühlberg auf der Lochauer Heide (24. 4. 1547). In der »Wittenberger Kapitulation« unterwarf sich Johann Friedrich, verlor die Kurwürde an Moritz, sagte aber seinem Glauben nicht ab. Luther selbst war im Vorjahre auf einer Reise in Eisleben, wo er einen Erbstreit im Mansfelder Grafenhause schlichtete, gestorben (18. 2. 1546). Der Kaiser, in Wittenberg einziehend, ließ die Gebeine des Ketzers unberührt. Endlich schien er dem Ziel seines Lebens nahe gekommen zu sein.

Das Interim

Der Unterwerfung der Protestanten sollte nach den gemeinsamen Plänen des Kaisers und des Papstes der erzwungene Besuch des Konzils folgen. Seit 1545 tagte es in Trient. Aber der Papst, von den militärischen Erfolgen Karls beeindruckt, ließ aus Furcht vor einem zu starken kaiserlichen Einfluß im Frühjahr 1547 das Konzil nach Bologna, aus dem Reichsgebiet in den Kirchenstaat, verlegen. Der Kaiser protestierte gegen die Translation, verlangte die Rückkehr nach Trient. Er erreichte nur, daß der Papst die Bologneser Verhandlungen suspendierte. Wieder einmal war der Konzilsplan gescheitert.

Ein letztes Mal nahm der Kaiser die Regelung der Religionsfrage in eigene Hand. Er tat es mit einem rigorosen Eingriff in die kirchlichen Dinge. Auf dem Reichstag von Augsburg wurde 1548 den Protestanten eine kaiserliche Erklärung »wie es der Religion halber im Heiligen Reich bis zum Austrag des gemeinen Concilii gehalten werden soll« auferlegt. Dieses *Augsburger Interim*, ein Werk katholischer Theologen, an dem als einziger Protestant der brandenburgische Hofprediger Johann Agricola mitgearbeitet hatte, konzedierte den Protestanten lediglich das Abendmahl unter beiderlei Gestalt und die Priesterehe, beides bis zur Entscheidung des Konzils. Im übrigen schrieb es ein katholisches, nur in Äußerlichkeiten den Protestanten entgegenkommendes Glaubensbekenntnis vor, sowie die Beachtung der katholischen Zeremonien und Gebräuche. Man hat von einer kaiserlichen Zwischenreligion gesprochen, die den Protestanten auferlegt wurde. Praktisch bedeutete das Interim den Versuch der Rekatholisierung der evangelisch gewordenen Gebiete.

In Süddeutschland besaß der Kaiser die Macht, um das Interim durchzuführen. Die Städte unterwarfen sich. Die reichsstädtischen Reformatoren – Bucer in Straßburg, Johann Brenz in Schwäbisch-Hall, Ambrosius Blarer in Konstanz – flohen ins Exil, nach England oder in die Schweiz. In Württemberg wurde allen evangelischen Predigern gegen eine Abfindung der Dienst gekündigt. Auch die Stadt Nürnberg verlor ihre lutherischen Prediger. Nicht immer fand sich ausreichender Ersatz. So wurden in Württemberg im nächsten Jahr viele Prediger wieder als Lehrer und Katecheten eingestellt.

Nördlich des Mains war der Widerstand stärker. Die Stände nahmen das Interim nicht an. Melanchthon, nach Luthers Tod der maßgebende Theologe des Luthertums, erklärte, nur Zugeständnisse in den »Adiaphora« (= Mitteldinge) machen zu können, also bei Zeremonien und Riten, nicht jedoch in den Hauptartikeln christlicher Lehre. Das in diesem Sinn von Melanchthon entworfene *Leipziger Interim* stieß jedoch im lutherischen Lager selbst auf heftigen Widerstand. *Matthias Flacius* (1520–1575), Schüler Luthers und Professor in Wittenberg, ging nun nach Magdeburg, um dort mit Nikolaus von Amsdorf und einer Reihe von Lutherschülern den kompromißlosen Kampf gegen jede Form einer Interimslösung zu führen. »In der Situation des Bekennens gibt es keine Mitteldinge«; unter dieser Devise wurde ebenso der theologische Streit mit Melanchthon geführt (Adiaphoristischer Streit 1548–52) wie der politische Widerstand gegen den Kaiser organisiert. Dadurch, daß im Kampf gegen das Interim die gemeinsame Front lutherischer Theologen zerbrach, schwanden freilich die Chancen des Protestantismus zu überleben.

Die Fürstenverschwörung unter Moritz von Sachsen

In der dunkelsten Stunde der deutschen Reformation ist der junge Moritz von Sachsen zum Retter des Protestantismus geworden. Verbündeter des Kaisers im Schmalkaldischen Krieg, deshalb bei seinen evangelischen Glaubensgenossen als »Judas von Meißen«

verrufen, war Moritz durch die Nichteinhaltung kaiserlicher Zusagen und die schmachvolle Gefangenschaft Philipps von Hessen, seines Schwiegervaters, tiefgekränkt. Jetzt machte er sich zum Anstifter einer Verschwörung der um ihre Libertät besorgten, die Einführung eines streng monarchischen kaiserlichen Regiments fürchtenden deutschen Fürsten. Während er nach außen als Beauftragter des Kaisers die Reichsacht an Magdeburg vollstreckte, spann er insgeheim Bündnisfäden mit Frankreich. Im Frühjahr 1552 überrumpelte Moritz durch eine militärische Blitzaktion den in Innsbruck weilenden Kaiser. Nur mit Mühe vermochte er nach Villach zu fliehen.

Im *Paussauer Vertrag* 1552 konnten die Protestanten den Wandel der Lage ausnutzen und die vor dem Schmalkaldischen Krieg bestehende Rechtssituation wiederherstellen. Das Interim wurde aufgehoben. Auf einem Reichstag sollte ein unbefristeter Religionsfrieden beschlossen werden. Karl mußte erkennen, daß der im Religionskrieg errungene Erfolg ihm wieder entglitten war. Allerdings war auch die protestantische Fürstenpartei nicht stark genug, um ein Übergewicht zu halten. Als Moritz von Sachsen 1553 im Kampfe fiel, war dem Protestantismus die einzige politische Führergestalt entrissen.

Der Augsburger Religionsfriede 1555

Auf dem Augsburger Reichstag von 1555, vom Kaiser einberufen, aber ohne seine Anwesenheit von König Ferdinand geleitet, ist die Konsequenz aus der politischen und religiösen Pattsituation gezogen worden: bis zur Wiederkehr der Glaubenseinheit wird ein unbefristeter, immerwährender Frieden zwischen den beiden streitenden Religionsparteien geschlossen. Der Augsburger Religionsfriede besiegelt die konfessionelle Spaltung. Er gewährt den Anhängern des Augsburgischen Bekenntnisses die Religionsfreiheit und bestimmt, daß niemand wegen seiner Zugehörigkeit zum Augsburger Bekenntnis oder zur »Alten Religion« mit Krieg überzogen werden dürfe.

Für die Anhänger anderer Bekenntnisse als des Augsburgischen galt der Religionsfriede nicht. Der ganze linke Flügel der Reformation, Täufertum, Antitrinitarier, dazu die Zwinglianer – sie alle blieben außerhalb des Friedensschlusses, wurden im Reich weiterhin nicht geduldet.

Aber auch die Angehörigen der beiden anerkannten »Religionen« besaßen nicht alle die gleichen Freiheitsrechte. Volle Religionsfreiheit ohne rechtliche Benachteiligung war nur für die Landesherren und die reichsunmittelbare Ritterschaft gewährt, nicht für die Untertanen. Die Landesherren erhielten das Jus reformandi, demzufolge jeder Fürst für sein Gebiet den Religionsstand bestimmen, sich frei zwischen den beiden im Reich anerkannten Religionen entscheiden konnte. Die Untertanen hatten ihm darin zu folgen. Das ist der später mit der Formel »cuius regio, eius religio« bezeichnete Grundsatz, der die religiöse Geschlossenheit der Einzelterritorien gewährleistet. Von allgemeiner Religionsfreiheit weit entfernt, war er doch ein erheblicher Schritt in diese Richtung, denn er hob das alte Ketzerrecht auf und gab andersgläubigen Untertanen das Recht, ohne Schaden an Ehre und Gut mit Weib und Kind auszuwandern (*jus emigrandi*).

Eine Ausnahme des landesherrlichen Jus reformandi machte die Bestimmung über die geistlichen Fürstentümer. Das von König Ferdinand gegen protestantischen Protest in den Friedensschluß eingefügte *Reservatum ecclesiasticum* (= Geistlicher Vorbehalt) setzte fest, daß ein geistlicher Reichsfürst durch Konfessionswechsel sein kirchliches Amt und seine als Reichslehen empfangenen weltlichen Herrschaftsrechte verlor. Durch Übertritt zum Augsburgischen Bekenntnis wurde er also Privatperson. Der vom Vordringen der Reformation bedrohte Restbestand der geistlichen Fürstentümer sollte durch diese Regelung festgeschrieben werden.

Die protestantische Gegenforderung, in den geistlichen Fürstentümern den Ritterschaften, Städten und Gemeinden die Religionsfreiheit zu gewähren, wurde in den Religionsfrieden nicht aufgenommen, von Ferdinand jedoch in einer persönlichen Erklärung *(Declaratio Ferdinandea)* bewilligt. Damit war immerhin eine Ausnahme vom Prinzip der konfessionellen Einheitlichkeit jedes Territoriums gemacht. Eine weitere Ausnahme lag in der Bestimmung, daß in den Reichsstädten, in denen Bekenner beider Konfessionen lebten, beiden die Religionsfreiheit gewährt werden solle. Wieweit die Reichsstädte das Jus reformandi besaßen, blieb unentschieden.

Der am 25. 9. 1555 unterzeichnete Reichstagsabschied, der den Religionsfrieden enthielt, erging im Namen des abwesenden Kaisers, der jede zum Nachteil der katholischen Religion gereichende Einigung von vornherein abgelehnt hatte. Karl V., nun vom endgültigen Scheitern seiner Religionspolitik überzeugt, legte seine Ämter nieder und verzichtete 1556 auch auf die Kaiserkrone. Er zog sich in die Einsamkeit von San Yuste in Spanien zurück, wo er 1558 starb. Das höchste Ziel seines Lebens, das Reich auf der Grundlage der Religion seiner Väter wieder zu einen, hatte er verfehlt. Der Augsburger Religionsfriede löste die religiöse Einheit des Deutschen Reiches endgültig auf. Es begann das konfessionelle Zeitalter.

ZWEITER ABSCHNITT: DAS KONFESSIONELLE ZEITALTER

Der Augsburger Religionsfriede von 1555 hat das jahrzehntelange, zuletzt in den offenen Religionskrieg übergehende Ringen um die Anerkennung der Reformation beendet. Im Bündnis mit der fürstlich-ständischen Gewalt hatte sich der Protestantismus gegenüber dem als Schutzherr der alten Kirche und als Garant der religiösen Reichseinheit auftretenden Kaiser behaupten können. Während außerhalb der Reichsgrenzen die reformatorische Bewegung weiterhin um ihre Existenz kämpfen muß, in Westeuropa die Ära der Religionskriege eben erst beginnt, steht das Deutsche Reich in der Mitte des 16. Jahrhunderts am Anfang der längsten Friedensperiode seiner Geschichte. Diese Friedensperiode wird erst beendet, als der Brand der westeuropäischen Religionskriege nach Deutschland übergreift und im Dreißigjährigen Krieg (1618–1648) noch einmal die Existenz des deutschen Protestantismus auf dem Spiele steht. In dieser zweiten Bedrohung reicht die Macht deutscher Fürsten nicht mehr aus. Nur das Eingreifen des skandinavischen Luthertums, der Zug Gustav Adolfs, hat den deutschen Protestantismus vor dem Untergang gerettet.

Der Augsburger Religionsfriede kannte nur zwei Konfessionen oder, wie es im Reichstagsabschied hieß, zwei »Religionen« im Reich: Die Altgläubigen und die Augsburger Konfessionsverwandten. Unter den Schutz des Augsburger Bekenntnisses stellten sich neben den Lutherischen aber auch die Reformierten. Sie beriefen sich auf die von Melanchthon 1540 abgeänderte Form des Augsburger Bekenntnisses (Variata), die der Eigenart der reformierten Abendmahlslehre Raum gewährte. Während es also nach Reichsrecht nur zwei Konfessionen gab, bildeten sich in der Wirklichkeit drei nebeneinander stehende Konfessionen heraus. Dabei war nicht nur der rechtliche Status der Reformierten ungesichert, auch ihre Abgrenzung gegenüber dem Luthertum war anfangs noch undeutlich. Erst allmählich haben sie sich zur eigenständigen Konfessionsgemeinschaft, zu einer reformierten Kirche, konsolidiert. Der Westfälische Friede 1648 hat dann ausdrücklich die Reformierten in den Religionsfrieden aufgenommen.

Das gesamte religiöse Leben, ja überhaupt das öffentliche geistige Leben in den Ländern und Städten des Deutschen Reiches ist seit der Mitte des 16. Jahrhunderts von den drei christlichen Konfessionen beherrscht und geprägt. Im konfessionellen Zeitalter ist niemandem als den drei christlichen Konfessionen das Recht zum öffentlichen Gottesdienst und die Verbreitung von Ideen durch Wort und Schrift gewährt, »Lutherisch, päpstlich und kalvinisch, diese Glauben alle drei / sind vorhanden«, so dichtet Mitte des 17. Jahrhunderts Friedrich von Logau. Wenn er fortfährt: »doch ist Zweifel, wo das Christentum denn sei«, so drückt er Gefühle aus, von denen nur kleine Randgruppen in den konfessionellen Kirchentümern bewegt worden sind. Die gesamte täuferische Bewegung ist in den Untergrund gedrängt, in weiten deutschen Landstrichen vollständig ausgelöscht worden. In Ostfriesland, am Niederrhein, in den norddeutschen Küstenstädten haben sich Täufergemeinden behaupten können. In Schlesien und bis ins 17. Jahrhundert auch in Württemberg hielten sich in kleinen Gruppen die Schwenckfelder. Nach dem Dreißigjährigen Krieg sind noch einmal von der Schweiz her größere Gruppen von Täufern in den Südwesten des Reiches, ins Elsaß und in die Pfalz, vorgedrungen. Im öffentlichen Leben Deutschlands spielt während des konfessionellen Zeitalters der linke Flügel der Reformation keine Rolle mehr.

Gefährlicher als die Reste des Täufertums wurden für die großen Konfessionen die radikalen Strömungen des mystischen Spiritualismus. Da der mystische Spiritualismus keinen eigenen Lehrtypus ausbildete, konnte er sich innerhalb aller Konfessionen entwickeln. Besondere Anfälligkeit zeigte das orthodoxe Luthertum. *Valentin Weigel* (1533–1588), lutherischer Pfarrer in Zschopau, und der Görlitzer Schuhmacher *Jakob Böhme* (1575–1624) haben in ihren anfangs meist nur handschriftlich verbreiteten, in kleinen Zirkeln gelesenen Schriften eine Mystik gebildet, die ihre Verwurzelung im Luthertum nicht verleugnete, gleichwohl sich zum Standpunkt eines überkonfessionellen Christentums erhob und damit an der inneren Zersetzung des konfessionellen Zeitalters mitwirkte. Während des Dreißigjährigen Krieges haben Repräsentanten des mystischen Spiritualismus wie *Christian Hoburg* (1607–1675) und *Joachim Betke* (1601–1663), literarisch von Holland aus, die Streitsucht der großen Konfessionen für die Kriegsgreuel verantwortlich gemacht.

Nur ganz geringe Verbreitung fand in Deutschland der Sozinianismus. Diese antitrinitarische Bewegung, benannt nach *Fausto Sozzini* (1539–1604), dem Neubegründer der antitrinitarischen Religionsgemeinschaft in Polen, hat in Deutschland nur einmal für kurze Zeit Fuß gefaßt, in der Gestalt des Arztes und Philosophen *Ernst Soner* (1572–1612) an der nürnbergischen Universität Altdorf. Um so erstaunlicher ist die Unruhe, die sozinianisches Schrifttum in der Theologie der großen christlichen Konfessionen hervorgerufen hat. Lutherische und reformierte Theologen haben im konfessionellen Zeitalter die sozinianischen Irrlehren, die anfangs von Polen, im späten 17. Jahrhundert von Holland nach Deutschland drangen, ausführlicher Widerlegung für nötig befunden, der sozinianischen Dogmenkritik den Damm einer riesigen antisozinianischen Literatur entgegengestellt.

I Das Luthertum

Innerlutherische Lehrstreitigkeiten und Konkordienformel

Das einigende Band zwischen den verschiedenen lutherischen Kirchentümern, zudem die Grundlage der reichsrechtlichen Anerkennung im Religionsfrieden, war das Augsburger Bekenntnis von 1530. Ursprünglich verfaßt, um die Übereinstimmung der reformatorischen Lehre mit der echten katholischen Tradition zu erweisen, war das Augsburger Bekenntnis nicht geeignet, auf Dauer die Eigenart des Luthertums gegenüber römischem Katholizismus und Calvinismus zu sichern. Schon gar nicht konnten die nach Luthers Tod aufbrechenden innerlutherischen Lehrstreitigkeiten vom Augsburger Bekenntnis her geschlichtet werden.

In den Jahrzehnten nach Luthers Tod bietet das deutsche Luthertum das Bild innerer Zerrissenheit. Vor allem der lange verdeckte Gegensatz zwischen der Theologie des Reformators und der humanistisch gefärbten Theologie Philipp Melanchthons brach jetzt voll auf. Die Schüler Melanchthons (»Philippisten«) gerieten an mehr als einem Punkt mit den genuinen Lutherschülern (»Gnesiolutheranern«) in Streit. Ging es zuerst um die von Melanchthon im Leipziger Interim (vgl. oben S. 94) eingeräumten Zugeständnisse an die katholische Kultpraxis (*Adiaphoristischer Streit* 1548–1552), so entbrannte der Kampf bald um Probleme der reformatorischen Rechtfertigungslehre. Im *Majoristischen Streit* 1552–1558 verrannte man sich in die Alternative, die guten Werke entweder als notwendig zur Seligkeit (so der Philippist Georg Major) oder als schädlich zur Seligkeit zu behaupten (so der Gnesiolutheraner Nikolaus von Amsdorf). Dann wieder – im *Synergistischen Streit* 1556–1560 – war die alte Frage der Willensfreiheit und der Mitwirkung des Menschen in der Rechtfertigung zwischen Philippisten und Gnesiolutheranern strittig.

Philippisten und Gnesiolutheraner standen hingegen in einer Reihe im Kampf gegen die Sonderanschauungen des Andreas Osiander (seit 1549 in Königsberg), der die Rechtfertigung als wesentliche Einwohnung der Gerechtigkeit Christi in den Gläubigen verstand, damit die von Melanchthon ausgebildete forensische Rechtfertigungslehre bekämpfte, nach der die Rechtfertigung in der Zurechnung der Gerechtigkeit Christi besteht (*Osiandrischer Streit* 1550–1566).

In diese innerlutherischen Lehrgegensätze hineinverwickelt war die unterschiedliche Haltung, die man gegenüber dem nach Deutschland vordringenden Calvinismus einnahm. Während die in Kursachsen zeitweilig herrschenden Philippisten mit dem Calvinismus sympathisierten und zu Kompromissen in der Abendmahlsfrage bereit waren (Kursächsischer Kryptocalvinismus), löste der lutherische Pfarrer Joachim Westphal eine heftige Kontroverse über die Abendmahlsfrage aus, den *zweiten Abendmahlsstreit* (1552–1562), in welchem kein Geringerer als Calvin mit Westphal die Klingen kreuzte.

Nimmt man die mit der Abendmahlsfrage eng verbundenen christologischen Streitigkeiten hinzu (Streit um die Ubiquitätslehre, Streit um die Höllenfahrt Christi), so steht dem sich in Trient erneuernden Katholizismus und dem seit der Jahrhundertmitte im Vordringen befindlichen Calvinismus ein Luthertum gegenüber, das sich in innerem Zwiespalt zerfleischt, immer unfähiger wird, als einheitliche Kraft aufzutreten.

In dem Maße, in dem die selbstmörderische Entwicklung der innerlutherischen Streitigkeiten zutage trat, wuchs im lutherischen Lager der Einfluß einer Mittelpartei, die nach lehrmäßiger Einigung suchte. Ohne eine neue, schärfer akzentuierte Lehrgrundlage, ohne eine klare Orientierung, wie sie das Tridentinum für den römischen Katholizismus und Calvins Institutio für den Calvinismus boten, war sie nicht zu erreichen. Der württembergische Theologe *Jakob Andreä* (1528–1590) ist der rührigste gewesen unter den lutherischen Theologen, die im Auftrag der Landesfürsten und Reichsstädte nach jahrelangen Verhandlungen und immer neu formulierten Konkordien schließlich dasjenige Bekenntnis zustande gebracht haben, das von der großen Mehrzahl der lutherischen Landes- und Stadtkirchen akzeptiert wurde und mit dem die innerlutherischen Streitigkeiten ihr vorläufiges Ende fanden: die Konkordienformel von 1577.

Die Konkordienformel versteht sich als »Wiederholung und Erklärung etlicher Artikel Augsburgischer Confession«. Als Schiedsrichter in den innerlutherischen Lehrstreitigkeiten geht sie einen maßvollen Mittelweg. Extreme Positionen der Gnesiolutheraner, wie die Behauptung des Matthias Flacius von der Erbsünde als Substanz des Menschen, werden ebenso ausgeschlossen wie die philippistischen Anschauungen vom Mitwirken des menschlichen Willens am Heil und von der Notwendigkeit guter Werke. Die Abgrenzung gegen die Philippisten ist härter und deutlicher als gegen die Gnesiolutheraner. Mit Bedacht wird immer wieder Luther selbst zitiert. Doch ist man Melanchthon nicht losgeworden. In der Bekräftigung des forensischen Charakters der Rechtfertigung gegen die Gerechtmachungslehre des Andreas Osiander feiert Melanchthon seinen stillen Triumph.

Auf weite Sicht folgenreicher als die innere Flurbereinigung sind die Abgrenzungen, die die Konkordienformel nach außen trifft. Neben die im Augsburger Bekenntnis schon deutliche Absage an die Täufer und neben die nicht mehr fragliche, theologisch nur klarer formulierte Absage an den römischen Katholizismus tritt jetzt die ebenso deutliche Abgrenzung gegenüber dem Calvinismus. Es ist der Artikel vom Abendmahl, in dem das Luthertum seine Mittelstellung zwischen Katholizismus und Calvinismus genau markiert. Verworfen wird nach der einen Seite jene schon von Luther namhaft gemachte römische Trias: Kelchentzug, Transsubstantiationslehre, Meßopfer. Der Ton liegt aber jetzt auf der Verwerfung jeder bloß geistigen oder zeichenhaften Abendmahlsauffassung. Die Lehre von der Gegenwart von Leib und Blut Christi im Abendmahl wird lutherisches Dogma. Damit wird der Trennungsstrich gegenüber dem Calvinismus definitiv.

Ebenfalls in der Lehre von der Gnadenwahl (Prädestination) werden die calvinistischen Anschauungen von der doppelten Prädestination verworfen. Die Konkordienformel lehrt, auch hier mehr Melanchthon als Luther folgend, die allgemeine Gnade (gratia universalis), die sich allen Menschen zuwendet und nur am Unglauben ihre Begrenzung findet.

Die Konkordienformel hat eine einigende Lehrgrundlage geschaffen, indem sie den innerlutherischen Gegensätzen die Spitze abbrach, die Grenzen nach außen dafür um so deutlicher absteckte. Im Jahre 1580, zum fünfzigjährigen Jubiläum der Augsburger Konfession, erscheint das Konkordienbuch, eine Sammlung von Bekenntnisschriften, die in allen lutherischen Gebieten nächst der Heiligen Schrift als Richtschnur der Theologie, der Predigt und der katechetischen Unterweisung Geltung haben sollen. Das Konkordienbuch enthält: 1. die drei altkirchlichen ökumenischen Bekenntnisse Apostolikum, Nicaeno-Konstantinopolitanum und Athanasianum; 2. das Augsburger Bekenntnis samt Melanchthons Apologie des Augsburger Bekenntnisses; 3. Luthers Schmalkaldische Artikel; 4. Melanchthons Traktat von der Gewalt und Obrigkeit des

Papstes; 5. Luthers Kleinen und Großen Katechismus; 6. die Konkordienformel.

Das Konkordienbuch ist von der Mehrzahl der lutherischen Gebiete Deutschlands angenommen worden. Von ihm sind verdrängt worden, wenn auch nicht vollständig, die älteren Corpora doctrinae, Lehrschriftensammlungen, mit denen in der Zeit der Lehrstreitigkeiten die lutherischen Territorialkirchen ihre eigenen Lehrtraditionen zu normieren begonnen hatten. Eine Minderheit lutherischer Kirchen, darunter Holstein, Pommern, Braunschweig-Wolfenbüttel, Nürnberg, hat die Konkordienformel nicht angenommen, sich damit den Weg für eine freiere, weniger konfessionell bestimmte Lehrentwicklung freigehalten.

Die altlutherische Orthodoxie

Mit der Annahme des Konkordienbuches konnte der innerlutherische Kampf um die reine Lehre als beendet gelten. Nun hätte eine neue Phase in der Geschichte des Luthertums beginnen können, in der der Eifer um die Orthodoxie von dem praktischen Interesse am frommen Leben und an der kirchlichen Reform zurückgedrängt wurde. Tatsächlich taucht seit ungefähr 1600 eine Frömmigkeits- und Reformbewegung im Luthertum auf, welche die Reformation der Lehre für abgeschlossen hält und durch die Reformation des Lebens ergänzen und vollenden will. Diese an den Namen Johann Arndt geknüpfte Bewegung bleibt jedoch bis zum Aufkommen des Pietismus eine Unterströmung im Luthertum. Das Gesamtbild wird weiterhin beherrscht von der Sorge um die Reinerhaltung der Lehre, vom Kampf um die Orthodoxie. Das Konkordienbuch ist nicht der Abschluß, es ist die Eingangspforte zur klassischen Periode der lutherischen Orthodoxie.

Daß das Luthertum bis weit ins 17. Jahrhundert hinein eine Periode der Orthodoxie durchlebt, ist ein Schicksal, das es mit den anderen aus der Reformation hervorgegangenen großen Konfessionen teilt. Jede der drei Konfessionen, Luthertum, Calvinismus und römischer Katholizismus, tritt mit dem Anspruch auf, im alleinigen Besitz der christlichen Wahrheit zu sein. Jede Konfession entwickelt eine gelehrte Theologie, der die Aufgabe obliegt, diesen Wahrheitsanspruch zu rechtfertigen, das eigene Dogma darzustellen und zu begründen und die Positionen der konfessionellen Gegner zu entkräften und zu widerlegen. Dogmatik und Polemik werden im konfessionellen Zeitalter zu theologischen Hauptdisziplinen, denen Schriftauslegung und Kirchengeschichte sich unterzuordnen haben. Bei dem Straßburger orthodoxen Lutheraner *Johann Conrad Dannhauer* (1603–1666) wird die polemische Struktur konfessioneller Theologie überaus sinnfällig. Das dogmatische Lehrgebäude seiner »Christlichen Wegweisheit« (Hodosophia christiana, 1649) hat Dannhauer umflankt mit zwei polemischen Seitenbauten, einer »Päpstlichen Wegtorheit« und einer »Calvinischen Wegtorheit« (Hodomoria Spiritus Papaei, 1653; Hodomoria Spiritus Calviniani, 1654). Beide polemischen Entwürfe übertreffen mit ihren 6000 Seiten die tausendseitige Dogmatik um ein Vielfaches.

Die Situation fortdauernder äußerer Bedrohtheit ist nur der eine Grund für das Fortbestehen des Luthertums als Orthodoxie. Daneben tritt ein zweiter, innerer Grund. Es war eine Eigentümlichkeit der Theologie Luthers gewesen, daß in ihr wie nie zuvor in der Kirchengeschichte das lautere Wort Gottes, die reine Lehre, in den Mittelpunkt trat, unvermischt von allem menschlichen Zusatz, frei von aller Verquickung mit Zeremonien und frommem Leben. Während die spätmittelalterlichen Reformer und ihnen folgend der ganze linke Flügel der Reformation die göttliche Lehre erst im Vollzug des frommen Lebens sich realisieren sahen, während auch Zwingli und Calvin unter dem Einfluß des humanistischen Lebensbegriffs stets die enge Zusammengehörigkeit von Lehre und Leben, Rechtgläubigkeit und Frömmigkeit betonten, konnte Luther in großartiger, aber auch mißverständlicher Einseitigkeit gerade den Unterschied von Lehre und Leben betonen und die Lehre als die Hauptsache des Christentums herausstellen. »Mit der Lehre gilts nicht Scherzens, die muß reine und recht bleiben; aber mit dem Leben halten wirs nicht so streng.« »Das Leben kund man lassen böse sein. Aber die Lehre und Gottes Wort verdammen, das kann und soll auch niemand leiden.« Von solchen Sätzen führt ein gerader Weg zur lutherischen Orthodoxie, die sich für den Primat der Lehre vor dem Leben jedenfalls zu Recht auf Luther berufen hat.

Die theologische Arbeit der lutherischen Orthodoxie steht somit in ungebrochener Kontinuität zur reformatorischen Theologie. Philipp Melanchthon, der Luthers theologische Erkenntnisse in die behältlichen Formen einer schulmäßigen protestantischen Lehrwissenschaft umgoß, kann als der Vater der lutherischen Orthodoxie gelten. Melanchthons Loci theologici (vgl. oben S. 36), seit 1535 zu einer umfassenden Darstellung der christlichen Lehre erweitert, sind die erste protestantische Dogmatik. Sie finden während der Frühorthodoxie ihre bedeutendste Fortsetzung in den Loci theologici des *Martin Chemnitz* (1522–1586). In der Phase der Hochorthodoxie gipfelt die theologische Arbeit des Luthertums in den monumentalen Loci theologici des Jenenser Theologen *Johann Gerhard* (1582–1637).

Gerhards Loci theologici, erschienen 1610–1625, lassen neben der Kontinuität deutlich auch Eigenart und Differenz der lutherischen Orthodoxie gegenüber der Reformation hervortreten. Der auffälligste Unterschied liegt in dem neuen Bündnis der lutherischen Theologie mit der aristotelischen Metaphysik. Luther hatte die Verderbnis der mittelalterlichen Scholastik auf die Vermischung von Theologie und aristotelischer Metaphysik zurückgeführt, den »Heiden Aristoteles« aus der christlichen Theologie vertreiben wollen. Melanchthon konnte bei der Reorganisation des protestantischen Bildungswesen auf Aristoteles nicht verzichten, behielt aber Luthers Verdikt über die Metaphysik bei. Gegen Ende des 16. Jahrhunderts erwacht auf den lutherischen Universitäten von neuem das Interesse an der aristotelischen Metaphysik, bald befruchtet von der mit der Gegenreformation nach Deutschland dringenden spanischen Metaphysik eines Francisco Suarez (1548 bis 1617) sowie dem Neuaristotelismus des italienischen Spätrenaissancephilosophen Giacomo Zabarella (1533–1589). Kurz nach 1600 bietet die lutherische Orthodoxie das Bild einer fast enthusiastischen Begeisterung für die neue philosophische Grundwissenschaft, die der Theologie nicht nur exakte Begriffe liefert, sondern den Weg zu den Sachen selbst zeigt. Wer die Logik und Metaphysik beherrsche, könne im Augenblick die Bibel verstehen, lehrt in Helmstedt Cornelius Martini (1568–1621). Auf Luther sich berufende Aristotelesgegner wie *Daniel Hoffmann* (1538–1611), ein Anhänger der antiaristotelischen Philosophie des reformierten Franzosen Petrus Ramus, werden bald zum Schweigen gebracht (Hoffmannscher Streit 1598 ff).

Die Rezeption der aristotelischen Metaphysik führt die lutherische Theologie in die Bahnen der Scholastik zurück. Die voluminösen orthodoxen Dogmatiken, die »Systeme« eines *Abraham Calov* (1612–1686), *Johann Andreas Quenstedt* (1617–1688) und *David Hollaz* (1648–1713), die die herkömmliche Ordnung der theologischen Loci aufgeben und nach der analytischen Methode des Aristoteles den dogmatischen Stoff auf das ewige Seelenheil hin ausrichten, bilden ein protestantisches Gegenstück zu den großen Summen der mittelalterlichen Scholastik. Die aristotelische Metaphysik und ihre Begrifflichkeit verschafft der lutherischen Theologie eine gemeinsame Basis mit der römisch-katholischen, auch mit dem größeren Teil der calvinistischen Theologie; noch einmal kommt es zu einer gemeinsamen wissenschaftlichen Sprache europäischer Theologie.

Aber die Metaphysik bindet die theologische Vorstellungswelt an das veraltete aristotelisch-ptolemäische Weltbild. Vor allem macht der am Dinghaften orientierte Wirklichkeitsbegriff der Metaphysik blind für die neue, von der Reformation bereits ans Licht gezogene Dimension der Geschichte. In der ersten Generation nach Luther hatte Matthias Flacius mit seinen »Magdeburger Zenturien« (erschienen 1559–1574) noch einen verheißungsvollen Entwurf der Kirchengeschichte vorgelegt, der dogmatisches und geschichtliches Denken miteinander verband. Flacius findet damit im Luthertum keine Fortsetzung. Das metaphysische Denken der Orthodoxie ist zutiefst ungeschichtlich. Am deutlichsten wird das in der Ausformung jenes Lehrstückes, das den Hauptertrag der lutherischen Orthodoxie bildet und die zweite große Eigenart gegenüber der Reformation deutlich macht, an der orthodoxen Lehre von der Heiligen Schrift.

Das Luthertum hat erst spät, später als der tridentinische Katholizismus und als der Calvinismus, eine Schriftlehre entwickelt. Bei Luther, bei Melanchthon, auch noch in den theologischen Lehrbüchern des späten 16. Jahrhunderts sucht man eine ausgeführte Lehre von der Heiligen Schrift vergebens. Innerhalb der lutherischen Bekenntnisschriften ist es erst die Konkordienformel von 1577, die in Abwehr einer zu hohen Einschätzung der Tradition Rang und Geltung der Heiligen Schrift bestimmt, sie als »einige (= einzige) Regel und Richtschnur, nach welcher zugleich alle Lehren und Lehrer geurteilt werden sollen« definiert.

Die lutherische Orthodoxie des 17. Jahrhunderts geht über diese Bestimmungen noch einen entscheidenden Schritt hinaus. Dieser Schritt besteht darin, daß auf die Heilige Schrift die aristotelische Kategorie des wissenschaftlichen »Prinzips« angewandt wird. Alle Eigenschaften, die nach Aristoteles dem »Prinzip« einer Wissenschaft zukommen, sollen auch der Heiligen Schrift zukommen. Ein Prinzip ist ein Erstes und Unteilbares, es ist wahr, jeder Kritik entnommen, es trägt seine Beglaubigung in sich selbst, ist widerspruchslos und keines Beweises bedürftig. Indem Johann Gerhard diese Eigenschaften der Heiligen Schrift zuschreibt, entsteht die orthodoxe Lehre vom *Schriftprinzip*. Sie erfährt ihre Abrundung durch die Theorie der Verbalinspiration, der wörtlichen Eingebung des Bibeltextes durch den Heiligen Geist. Bis auf die Inspiration der hebräischen Vokalzeichen wird die Inspirationstheorie ausgedehnt.

Bibelkritik, Zweifel an der Echtheit biblischer Schriften, wie sie noch Luther unbefangen äußern konnte, gelten nun als grundstürzend, stehen unter schärfstem theologischen Verdikt. Historische Schriftforschung kann sich innerhalb dieses theologischen Systemansatzes nicht entfalten. Auch die Unterscheidungen und Abstufungen, die die Reformation zwischen den einzelnen biblischen Büchern getroffen hatte, werden verwischt und im Fortgang der Orthodoxie vergessen. Die Heilige Schrift wird zu einem vom Himmel gefallenen, in jeder einzelnen Aussage untrüglichen Offenbarungsbuch. Oberster Grundsatz der Theologie lautet jetzt: »Alles, was die Heilige Schrift sagt, ist untrüglich wahr« (Quenstedt).

Das Schriftprinzip ist das verwundbarste, deshalb am sorgfältigsten ausgebaute Lehrstück der Orthodoxie. Im Zeitalter der Aufklärung ist von der historischen Bibelwissenschaft hier die Axt an das System der Orthodoxie gelegt worden.

Der Synkretistische Streit

Neben der Orthodoxie der Konkordienformel konnte sich im Luthertum eine freiere Nebenströmung behaupten, die, das humanistische Erbe Melanchthons verwaltend, sich mehr den wissenschaftlichen Studien als der konfessionellen Polemik widmete. Zentrum dieser Sonderart lutherischer Theologie wurde im 17. Jahrhundert die Universität Helmstedt. In der Gestalt des Helmstedter Theologen *Georg Calixt* (1586–1656) ist der streng lutherischen Orthodoxie ein Widerpart erstanden, der ihren Absolutheitsanspruch leugnete und mit seiner Theologie den beachtlichen, wenn auch gescheiterten Versuch unternahm, die konfessionellen Schranken zu durchbrechen und einen Weg zur Wiedergewinnung der Kircheneinheit zu bahnen.

Calixt ist unter dem Eindruck der Greuel des Dreißigjährigen Krieges mit seinen Plänen zur Wiedervereinigung der christlichen

Hauptkonfessionen hervorgetreten. Sein Grundgedanke war einfach: so zerstritten die Konfessionen in vielen Lehrpunkten sind, so einig sind sich doch alle im Bekenntnis zu denjenigen Wahrheiten, die im apostolischen Glaubensbekenntnis enthalten und in den kirchlichen Lehrentscheidungen der ersten fünf Jahrhunderte gültig interpretiert worden sind (Consensus quinquesaecularis). Nach Calixt sind die fundamentalen christlichen Wahrheiten im Apostolikum vollständig enthalten. Das, worüber gegenwärtig zwischen den Konfessionen der Streit geht, gehört nicht zum Fundament der Kirche. Alle drei christlichen Hauptkonfessionen, die sich uneingeschränkt zum apostolischen Symbol und den altkirchlichen Lehrentscheidungen bekennen, ruhen also auf dem gleichen, noch intakten gesamtkirchlichen Fundament. Nach Calixt ist es nun eine Forderung der Liebe und der Vernunft, die im gemeinsamen Fundament bereits bestehende gesamtkirchliche Einheit aus einer unsichtbaren zu einer sichtbaren zu machen. Man solle vom konfessionellen Haß und Hader lassen und durch Religionsgespräche die Wiedervereinigung vorbereiten. Auf dem Religionsgespräch in Thorn 1645 hat Calixt tatkräftig für seine Ideen gewirkt. Als ihn die Lutheraner aus ihrer Fraktion ausschlossen, hat er sich den Reformierten als Ratgeber zur Verfügung gestellt. Dies gab den äußeren Anstoß zu dem jahrzehntelangen »Synkretistischen Streit«.

Der Restriktion des kirchlichen Fundaments auf den frühkatholischen Standpunkt des Apostolikums hat sich das Luthertum mit Vehemenz widersetzt. Kein orthodoxer Theologe konnte zugeben, daß, wie es Calixt aus seiner am Ideal der alten Kirche orientierten Sicht erschien, in der Reformation des 16. Jahrhunderts nur um Nebenlehren gestritten worden war, die das Fundament der Kirche nicht berührten. In dem mit großer Erbitterung geführten Synkretistischen Streit haben die kursächsischen Fakultäten Wittenberg und Leipzig versucht, in einer neuen lutherischen Bekenntnisschrift die synkretistische Häresie zu verdammen (Consensus repetitus fidei vere Lutheranae, 1655). Der Plan scheiterte am Zögern der theologischen Fakultät von Jena. Calixt und seine Schule konnten sich behaupten, wenngleich ihren Unionsideen kein Erfolg beschieden war.

Der kirchengeschichtliche Ertrag des Synkretistischen Streites ist die Herausbildung des Begriffs der »lutherischen Kirche«. Im Widerstand gegen Calixt hat sich das orthodoxe Luthertum endgültig zur Existenz als partikulare lutherische Kirche entschieden.

Frömmigkeits- und Reformbewegungen im orthodoxen Luthertum

Unter der rauhen Schale eines um seinen konfessionellen Wahrheitsanspruch kämpfenden Luthertums pulsierte ein reiches und tiefempfundenes geistiges Leben. Das Zeitalter der Orthodoxie ist das klassische Zeitalter der geistlichen Dichtung, die auch in den anderen Konfessionen, nirgendwo aber so reich wie im Luthertum blüht. In dem Liederdichter *Paul Gerhardt* (1607–1676) kommt die lutherische geistliche Dichtung zu ihrem in die Dimension der Zeitlosigkeit reichenden Höhepunkt. Der größte protestantische Liederdichter ist zugleich anschauliches Beispiel für jene enge Verbindung von Orthodoxie und tiefempfundener Frömmigkeit, die das 17. Jahrhundert kennzeichnet. Gerhardt hat sein Berliner Pfarramt verloren, weil er sich dem kurfürstlichen Verbot der Kanzelpolemik gegen Andersgläubige nicht fügen wollte. Er hat weder die römischen Katholiken noch die Calvinisten für Christen ansehen können.

Eine ähnliche Blüte wie die geistliche Dichtung erlebt die Kirchenmusik. Da der lutherische Gottesdienst an der Form der Messe festhielt, konnte sich, anders als im nüchternen Calvinismus, im Luthertum ein reiches musikalisches Leben entfalten. Der Bogen spannt sich von *Heinrich Schütz* (1585–1672), Hofkapellmeister in Dresden, zum Leipziger Thomaskantor *Johann Sebastian Bach* (1685–1750), dem »größten deutschen Musiker« (Albert Schweitzer), in dessen Werk die protestantische Kirchenmusik, ja die Kirchenmusik überhaupt ihre abschließende Vollendung erfährt.

Sind die deutschen Texte der Motetten von Heinrich Schütz ganz der Lutherschen Bibelübersetzung entnommen, so verraten die den Kantaten und Passionen Johann Sebastian Bachs unterlegten geistlichen Dichtungen den Einfluß einer Frömmigkeitstradition, die nicht reformatorischen Ursprungs ist. Seit ungefähr 1600 setzt sich neben der philosophisch geprägten Theologensprache eine eigene Frömmigkeitssprache im Luthertum durch, die hinter die Reformation zurück auf Vorbilder der mittelalterlichen Mystik greift. Sie ist im orthodoxen Luthertum durch eine reiche Erbauungsliteratur verbreitet worden, unter der das Schrifttum von Johann Arndt hervorragt.

Johann Arndt (1555–1621), in seinen letzten Lebensjahren Generalsuperintendent des Fürstentums Lüneburg, hat mit seinen »Vier Büchern vom wahren Christentum« (1605/1610) und mit seinem »Paradiesgärtlein« (1612) eine schier unglaubliche Verbreitung gefunden. Die in Hunderten von Auflagen nachgedruckten Erbauungs- und Gebetbücher Arndts haben den Einfluß Luthers im 17. und 18. Jahrhundert weithin überdeckt. Orthodoxe Theologen haben es in der Mitte des 17. Jahrhunderts für nötig gehalten, von der Kanzel herab die lutherischen Christen zu mahnen, über dem Lesen der Schriften Arndts nicht das Bibellesen zu vergessen.

Arndts Erbauungsschrifttum trägt der gegenüber der Reformation veränderten religiösen Zeitsituation Rechnung. Die reformatorische Botschaft von der Rechtfertigung aus Glauben traf in die Situation des spätmittelalterlichen Menschen, der von Schuld gequält in guten Werken, in Wallfahrten und Ablaß das Heil seiner Seele suchte. Die religiöse Situation, in die hinein die Rechtfertigung aus Glauben als eine befreiende Botschaft erklang, war aber durch eben diese Botschaft verwandelt, ja aufgehoben worden. Jetzt lernte es schon das kleine Kind, daß Gott ein gnädiger Gott ist, der die Sünde vergibt und nichts fordert als den Glauben. Luthers Schriften, die in der Frühzeit der Reformation Deutschland überschwemmten, haben schon in der zweiten und dritten nachreformatorischen Generation kaum noch breite Leserschichten gefunden. Das religiöse Interesse fragte nun über die Rechtfertigung hinaus nach dem, was danach kommt, was dem Glauben folgt. Von der Rechtfertigung legte sich das Gewicht auf die Heiligung und die Wiedergeburt, auf das fromme Leben. Dieses religiöse Interesse wird durch das Schrifttum Arndts befriedigt, der sich ausgesprochenermaßen an solche wendet, »welche Christum schon durch den Glauben erkannt haben«.

Obgleich Arndt sein Schrifttum als Ergänzung zum Rechtfertigungsglauben verstanden hat, nicht als dessen Kritik, unterläuft ihm eine folgenschwere Umbildung des reformatorischen Glaubens. Arndts Frömmigkeit ist eine Frömmigkeit der Innerlichkeit. Während Luther im Kleinen Katechismus darum bittet, das Reich Gottes möge *zu* uns kommen, redet Arndt stets von dem Reich, das *in* uns aufgerichtet wird. Im Anschluß an die von Arndt weitläufig ausgeschriebenen Predigten Johann Taulers wird der »große inwendige Schatz eines erleuchteten Menschen« angepriesen, wird gezeigt, wie ein Mensch »in Gott gezogen« werden soll und »wie sich das höchste ewige Gut in einem Augenblick in unserer Seele ereignet«. Die Rechtfertigung wird nicht verdrängt, aber sie wird überboten durch die nähere Vereinigung der Seele mit Gott, durch die

Unio mystica. Mit Arndt beginnt eine Renaissance der Mystik im Luthertum. Neben der deutschen Mystik Johann Taulers und der spiritualistischen Mystik Valentin Weigels hat Arndt in seinen Büchern auch die romanische Mystik einer Angela da Foligno den lutherischen Christen zugänglich gemacht. In seinem »Paradiesgärtlein« hat er die erotische Jesusmystik eines Bernhard von Clairvaux zu einem Muster lutherischer Gebetssprache erhoben.

Im Effekt führt die Arndtsche Innerlichkeit keineswegs zur Passivität und zum Quietismus. Arndts Absicht geht ganz auf das wahre, tätige Christentum. Er will vom toten Buchstaben befreien und zum lebendigen Glauben, zur christlichen Praxis führen. Tatsächlich geht von Johann Arndt und nicht von seinem die lutherischen Formeln rezitierenden orthodoxen Gegner Lukas Osiander in Tübingen eine große, auf praktisches Christentum gerichtete Reformbewegung aus. *Johann Amos Comenius* (1592–1670), der mährische Brüderbischof und bedeutendste Reformpädagoge der frühen Neuzeit, hat sich unter die Schüler Arndts gerechnet. Der Schwabe *Johann Valentin Andreä* (1586–1654), der ideenreichste und publizistisch rührigste unter den Reformern der lutherischen Kirche im Zeitalter der Orthodoxie, dankte den Schriften Arndts seine Erweckung »zur wahren Praxis und einem tätigen Glauben«. Andreäs »Christianopolis« (1619), der erste utopische Sozialroman im lutherischen Deutschland, ist Johann Arndt gewidmet. In ihm wird das Bild einer idealen christlichen Gesellschaftsordnung entworfen, auf kommunistischer Grundlage, wie das im Gefolge des platonischen Idealstaats in den Renaissanceutopien üblich war. Von der Utopie ist Andreä zur sozialreformerischen Praxis weitergeschritten. Das 1621 von Andreä im württembergischen Calw gegründete Färber-Stift, eine Stiftung der durch Tuchfärberei reich gewordenen Calwer Bürger für die Armen, zählt zu den ältesten Sozialeinrichtungen des frühbürgerlichen Zeitalters. Die calvinistische Kirchenzucht, die Andreä in Genf kennenlernte, hat er nach dem Dreißigjährigen Krieg in die württembergische Kirche eingeführt. Doch scheiterte der Versuch, da sich der Adel der Sittenaufsicht entzog. Über die faulen lutherischen Prediger klagend, deren Ideal »kurze Predigten und lange Bratwürste« seien, erkannte Andreä doch immer mehr das neue Papsttum des landesherrlichen Kirchenregiments als stärkstes Hemmnis jeder Besserung (»Apap proditus«, 1631).

Neben und nach Andreä haben eine Vielzahl lutherischer Theologen in allen Teilen Deutschlands für kirchliche Reformen gekämpft. Unter ihnen ragen hervor *Johann Saubert* (1592–1646) und *Johann Michael Dilherr* (1604–1669) in Nürnberg, *Johann Schmidt* (1594–1658) in Straßburg, *Johann Balthasar Schupp* (1610–1661) in Hamburg. Die Grenze zum Pietismus erreicht die Reformbewegung der lutherischen Orthodoxie in dem Rostocker Pfarrer *Theophil Großgebauer* (1627–1661) und seiner »Wächterstimme aus dem verwüsteten Zion« (1660), einer stark von puritanischen Idealen erfüllten Anklageschrift gegen das bestehende Kirchentum.

Die reformatorische Bewegung hatte sich in einem Spannungsfeld ausgebreitet, dessen beide Pole das Wittenberg Luthers und das Zürich Zwinglis bildeten. Seit den 40er Jahren tritt ein drittes Zentrum der Reformation hinzu, dessen Ausstrahlungskraft die von Zürich ausgehenden Impulse bald überdeckt und das seit der Jahrhundertmitte auch Wittenberg den Rang als Hauptzentrum der reformatorischen Bewegung streitig macht: Das Genf Johannes Calvins.

Calvin

Johannes Calvin (Jean Cauvin), 1509 zu Noyon in der Picardie geboren, hatte Rechtswissenschaft studiert und in Paris zu dem mit der Reformation sympathisierenden Humanistenkreis um Faber Stapulensis gehört, ehe er nach einer »plötzlichen Bekehrung« bewußt und offen auf die Seite der Reformation trat. Von der Protestantenverfolgung unter Franz I. ins Schweizer Exil verdrängt, ließ er 1536 in Basel seinen »Unterricht in der christlichen Religion« (Christianae religionis Institutio) erscheinen, einen an Luthers Kleinen Katechismus angelehnten Abriß der reformatorischen Lehre, mit dem er sich auf einen Schlag als einer der glänzendsten theologischen Köpfe der reformatorischen Bewegung erwies. Die Institutio ist Calvins Lebensbuch geworden. Neben der lateinischen Fassung bald auch französisch erschienen, ist sie in immer erneuten Auflagen von Calvin zu einer umfassenden, systematischen Gesamtdarstellung des reformatorischen Glaubens ausgebaut worden. Wenn irgendein Werk reformatorischer Theologie das Prädikat des Klassischen verdient, so die Institutio Calvins.

Im Sommer 1536 von Wilhelm Farel in Genf als Mitgehilfe am Reformationswerk festgehalten, blieb Calvins erstes Wirken als Lehrer, Prediger und bald auch Organisator eines neuen Kirchenwesens ohne Erfolg. Wieder aus Genf vertrieben, leitete Calvin seit 1538 die französische Flüchtlingsgemeinde in Straßburg, stand in enger Berührung mit dem Straßburger Reformator Bucer und lernte durch Teilnahme an den Religionsgesprächen von Hagenau, Worms und Regensburg die deutschen kirchlichen Verhältnisse, persönlich auch Philipp Melanchthon kennen.

Mit dem zweiten Ruf nach Genf 1541 beginnt die entscheidende

Phase in Calvins reformatorischer Wirksamkeit. Seine Rückkehr hatte Calvin von der Annahme einer von ihm auszuarbeitenden Kirchenordnung abhängig gemacht. Obwohl vom Rat nicht unerheblich verändert, läßt die Genfer Kirchenordnung Calvins (Ordonnances ecclésiastiques, 1541) die Eigenart von Calvins reformatorischem Wollen deutlich erkennen. Auch für ihn baut sich die Kirche auf die Verkündigung des göttlichen Wortes und die Verwaltung der Sakramente auf. Für Calvin ist aber die Kirche nicht nur die Gemeinde der das Wort Hörenden, sie ist wesentlich die Gemeinde der Gehorchenden. Die von Luther ins zweite Glied abgeschobenen Fragen der Gemeindeordnung werden von Calvin mit gleicher Dringlichkeit behandelt wie Fragen der Lehre. Neben den Dienst der Verkündigung tritt die kirchliche Zucht, die Aufsicht innerhalb der Gemeinde über das den göttlichen Geboten entsprechende Leben ihrer Glieder und die Bestrafung des Ungehorsams. Calvin schreibt, im Rückgriff auf das Neue Testament und beeinflußt wohl von der Straßburger Kirchenordnung, für die christliche Gemeinde die vier Ämter der Prediger, der Lehrer, der Ältesten und der Diakone vor. Die kirchliche Zucht ist den Ältesten, den Presbytern, übertragen. Damit fällt dem Laienelement eine aktive und verantwortliche Rolle bei der Leitung der Gemeinde zu. Es ist die Eigentümlichkeit der Genfer Kirche, und es wird die Eigentümlichkeit aller calvinistischen Kirchenbildungen sein, daß in viel stärkerem Maße als in dem zur Pastorenkirche tendierenden Luthertum das kirchliche Leben auf der Aktivität von Laien beruht.

Calvin hat für die Durchsetzung seines Gemeindeideals einen fünfzehnjährigen aufreibenden Kampf innerhalb des Genfer Stadtstaates führen müssen. Erst mit der Verurteilung des Antitrinitariers Michael Servet im Jahre 1553, die von ihm gefordert wurde und für die er ein Gutachten Melanchthons beibringen konnte, hat sich Calvin endgültig gegen die ihm feindlich gesonnene Genfer Bürgerpartei durchgesetzt. Jetzt konnte er sich ungestört der Förderung der gesamtprotestantischen Reformationsbewegung widmen. Bis zuletzt unermüdlich tätig in Verkündigung, theologischem Unterricht und literarischer Produktion, durch einen ausgedehnten Briefwechsel mit vielen Ländern verbunden, ist Calvin 1564 in Genf gestorben.

In seiner Theologie ist Calvin nicht eigentlich schöpferisch gewesen. Er ist der Mann der zweiten reformatorischen Generation, der größte Schüler Luthers, dem er seine entscheidenden theologischen

Erkenntnisse verdankt, dem er zeitlebens theologisch näher geblieben ist als dem Zürcher Reformator. Aber als Luther-Schüler ist Calvin zugleich der Theologe gewesen, der wie keiner sonst, Luthers Weggefährten Melanchthon eingeschlossen, den Reformator verstanden und von seinem reformatorischen Ansatz her ein selbständiges und einheitliches theologisches System zu entwerfen vermocht hat. Dabei hat Calvin – wie man es nimmt, über Luther hinausgehend oder hinter ihm zurückbleibend – jene theologischen Besonderheiten entwickelt, die der calvinistischen Theologie eine von der lutherischen Theologie abweichende Färbung geben. Zunächst der biblizistische Ansatz. Calvin hat die Freiheit, mit der Luther zwischen Wort Gottes und Heiliger Schrift unterscheiden konnte, nicht wiederzuerringen vermocht, sondern aufgegeben zugunsten eines Gehorsams gegenüber der Schrift, der jedes Bibelwort als offenbartes Gotteswort annimmt. Die Bibel als Ganzes bewahrheitet sich nach Calvin dem Glaubenden durch das innere Zeugnis des Heiligen Geistes (testimonium spiritus sancti internum). Jedes Annehmen der Bibel auf äußere, kirchliche Autorität hin ist damit ausgeschlossen. Zugleich ist doch jenem lehrgesetzlichen Bibelverständnis die Tür geöffnet, das in der calvinistischen Orthodoxie, später auch in der lutherischen, zur Herrschaft kommt und den Protestantismus in die Nähe einer Buchreligion geführt hat.

Eine zweite Eigentümlichkeit der Theologie Calvins ist die strenge Fassung der Prädestinationslehre. Calvin hat den Zusammenhang von Rechtfertigung und Erwählung von Luther übernommen. Während Luther aber die Prädestinationslehre je länger je mehr zurückschob, tritt sie in den späteren Auflagen der Institutio immer stärker in den Vordergrund. Systematische Konsequenz hat Calvin dabei bis zur Lehre von der doppelten Prädestination (praedestinatio gemina) geführt, der ewigen Vorherbestimmung eines Teils der Menschheit zum Heil, des anderen zum Verderben. Im konfessionellen Zeitalter ist die Prädestinationslehre zum theologischen Hauptstreitpunkt zwischen Calvinismus und Luthertum geworden, hinter den der Gegensatz in der Abendmahlslehre, wo Calvin sich dem Luthertum näherte und eine geistige Gegenwart Christi lehrte, zeitweilig zurücktrat. Der »Syllogismus practicus«, das Gewahrwerden der göttlichen Erwählung an den Früchten des Glaubensgehorsams, hat bei Calvin noch keine selbständige, Gewißheit gebende Bedeutung; keinesfalls wird dadurch die Erwählungsgewißheit begründet, die für Calvin immer Glaubensgewißheit bleibt. Erst im späteren Calvinismus des 17. Jahrhunderts findet sich die populäre Anschauung, daß ein Christ an dem über seiner Berufstätigkeit liegenden Segen, dem Erfolg der Berufsarbeit, der göttlichen Erwählung gewiß werden könnte.

Durch die 1559 gegründete Akademie ist Genf zu einer Pflanzschule geworden, aus der Generationen von Theologen hervorgingen, die die calvinische Lehre nach Schottland, in die Niederlande und in die osteuropäischen Länder, ja bis in die Neue Welt getragen haben. Nachfolger Calvins in der Leitung der Genfer Kirche und Akademie wurde *Theodor Beza* (1519–1605). Indem er die Prädestinationslehre aus ihrem Zusammenhang mit der Rechtfertigung löste und sie in die mit den Mitteln der aristotelischen Logik und Metaphysik bearbeitete Gotteslehre stellte, wurde Beza zum Vater der reformierten Orthodoxie.

Der westeuropäische Calvinismus und sein Einfluß auf Deutschland

Anders als das Luthertum, das als organisiertes Kirchentum fast überall mit Hilfe der Obrigkeit, durch Anordnung der Fürsten und Magistrate, eingeführt wurde, hat sich der westeuropäische Calvinismus von unten her, im harten, martyriumsreichen Kampf gegen katholische Obrigkeiten durchsetzen müssen. Der calvinistische Prädestinationsglaube, weit entfernt eine quietistische Schicksalsergebenheit zu begünstigen, hat ungeahnte Energien, zuweilen einen fanatischen Kampfeseifer freigesetzt. Dabei ist Calvins Warnung vor dem gewaltsamen Widerstand der Unberufenen gegen die Obrigkeit bald vergessen worden. Die bewaffnete »Résistance« wurde zum Kennzeichen des Calvinismus.

An der Spitze steht die reformatorische Bewegung in *Frankreich*. Die Geschichte des französischen Protestantismus ist die leidvolle Geschichte der Hugenotten (das Wort vermutlich vom schweizerischen »Eidgenossen« stammend). Auf der Nationalsynode von 1559 haben sich die französischen Protestanten, zu dieser Zeit ein Sechstel der Gesamtbevölkerung zählend, ein gemeinsames Bekenntnis (Confessio Gallicana) und eine eigene Kirchenordnung gegeben. Dieser ersten Grundsteinlegung einer reformierten Nationalkirche folgt die Zeit schärfster Bekämpfung in den acht Hugenottenkriegen von 1562 bis 1598. Die Verfolgung gipfelt in der blutigen Bartholomäusnacht 1572, findet ihr Ende im Edikt von Nantes 1598, in dem Heinrich IV. seinen ehemaligen Glaubensgenossen

»für ewige Zeiten« die Glaubensfreiheit verspricht. Den Hugenotten wird in ihren Gebieten der öffentliche Gottesdienst, das Errichten von Schulen und Universitäten erlaubt, religiöse Toleranz und weitgehende bürgerliche Parität zugestanden. Eine erstaunliche Blüte erlebt die theologische und historische Wissenschaft an den reformierten Akademien Saumur, Montauban und Sedan, die im 17. Jahrhundert auch von deutschen Lutheranern aufgesucht werden. Trotz der allmählichen Einschränkung der protestantischen Freiheiten unter Richelieu bleibt der Calvinismus bis in die zweite Hälfte des 17. Jahrhunderts eine geistig und politisch bedeutende Macht.

Erst die gewaltsame Rekatholisierungspolitik Ludwigs XIV. führt zu einer spürbaren Dezimierung. Die von ganz Europa als Schande empfundene Revokationsakte von 1685, der Widerruf des Ediktes von Nantes, besiegelt das Schicksal der Hugenotten. Einem Teil gelingt die Auswanderung nach den Niederlanden, Nordamerika, vor allem nach Deutschland. Der brandenburgische Kurfürst Friedrich Wilhelm lädt durch das Edikt von Potsdam (1685) die Glaubensflüchtlinge ein, in seinem Land zu siedeln. Zu Tausenden strömen die »Réfugiés« nach Brandenburg-Preußen, mit ihrem handwerklichen Können und ihrem Gewerbefleiß für den wirtschaftlich aufstrebenden brandenburgischen Staat ein unschätzbarer Gewinn. Um 1700 ist jeder dritte Einwohner Berlins Franzose. Im kulturellen und wissenschaftlichen Leben Preußens spielen die Hugenotten bald eine starke Rolle. Der sich gegen alte ständische Rechte durchsetzende brandenburgisch-preußische Absolutismus findet in den Hugenotten seine stärksten Stützen für Militär und Beamtenschaft.

Die in Frankreich verbleibenden Hugenotten, soweit nicht gewaltsam rekatholisiert, gehen in den Untergrund. Von 1702–1711 entbrennt in den Cevennen der von Paris nur mühsam gewonnene Camisardenkrieg. Erst die Jahre vor der Revolution bringen den Hugenotten die Toleranz (Toleranzedikt für Nichtkatholiken 1787), die Revolution dann die volle bürgerliche Gleichstellung und Religionsfreiheit. Der Calvinismus, jetzt nur noch eine kleine Minderheit bildend, bleibt durch seine wirtschaftliche und geistige Kraft weiterhin von nicht unbeträchtlichem Einfluß auf das öffentliche Leben Frankreichs.

Anders als in Frankreich hat sich in den *Niederlanden* der Calvinismus auf Dauer durchsetzen und die katholische Kirche aus der Position der Staatskirche verdrängen können. Dieser Sieg ist die

Frucht des niederländischen Befreiungskampfes von 1566–1609, dem der bekenntnismäßig durch die »Confessio Belgica« (1561) geeinte, mit den von der spanischen Herrschaft sich emanzipierenden politischen Mächten verbundene niederländische Calvinismus die religiöse Unterstützung und Weihe gegeben hat. Als niederländische Staatskirche hat der Calvinismus nicht einfach den alten Platz der katholischen Kirche eingenommen, sondern nur die Stellung einer öffentlich privilegierten, das Volksleben allerdings beherrschenden Religion erhalten. Neben dem Calvinismus besaßen die Lutheraner, die Mennoniten und andere protestantische Gruppen Religionsfreiheit, teilweise wurden auch die Katholiken toleriert. Die calvinistischen Niederlande sind im konfessionellen Zeitalter das erste europäische Land, in dem weitgehende Religionsfreiheit herrscht. Hier finden die Außenseiter und Sektierer, Spiritualisten und Täufer, die in England, Frankreich und Deutschland von den Staatskirchen verfolgt werden, einen Zufluchtsort und die Freiheit zur öffentlichen Verbreitung ihrer Ideen. Auch die frühen Aufklärer, Descartes, Spinoza, Pierre Bayle, haben in den Niederlanden eine Heimstatt gefunden.

Auf der Synode von Dordrecht 1618/19, der ersten und einzigen übernationalen Synode des älteren Calvinismus, ist die Ketzerei des *Jacob Arminius* (1560–1609) und seiner Anhänger, der Remonstranten, verdammt worden und die Prädestinationslehre zum verbindlichen calvinistischen Dogma erhoben worden. Seit Dordrecht bilden die Niederlande mit ihren vielen neugegründeten Universitäten (Leiden 1575, Franeker 1585, Groningen 1612, Utrecht 1636, Harderwijk 1648) das Hauptgebiet der calvinistischen Theologie. »Nirgends ist je auf so kleinem Raum so viel für die theologische Bildung getan worden wie damals in den Vereinigten Provinzen« (Alexander Schweizer). Der bedeutendste Kopf der niederländischen Orthodoxie, *Gisbert Voetius* (1589–1676) in Utrecht, war zugleich der Führer einer das Volksleben unter die calvinistische Zucht zwingenden Reformpartei. Weit über den niederländischen Raum hinaus wirkte der in Bremen geborene *Johannes Coccejus* (1603–1669), Professor in Leiden. Mit seiner Föderaltheologie, einer sich an der Folge der göttlichen Bundesschlüsse (= Foedera), dem alttestamentlichen Werkbund und dem neutestamentlichen Gnadenbund, orientierenden Dogmatik, hat er die starren Schemata der orthodoxen Scholastik durch eine heilsgeschichtlich-biblische Methode ersetzt, damit allen neueren heilsgeschichtlichen Entwürfen, besonders in der deutschen pietistischen Theologie, den Weg gewiesen.

Neben Frankreich und den Niederlanden hat sich im 16. Jahrhundert eine dritte nationale calvinistische Kirche in *Schottland* gebildet. Der schottische Reformator John Knox (1505–1572), der in Genf unmittelbarer Schüler Calvins gewesen war, verlieh ihr in der Confessio Scotica (1560) ihren streng calvinistischen Charakter.

In *England* bildete sich seit ungefähr 1550 die calvinistisches Gedankengut aufnehmende Bewegung des *Puritanismus*, die die unter Heinrich VIII. von Rom losgelöste anglikanische Kirche von den katholischen Formen des Kultus und der Kirchenverfassung reinigen und dem Muster der reformierten Festlandskirchen angleichen wollte.

Der Puritanismus stellte das gesamte Leben unter die Gebote der Heiligen Schrift, folgerte etwa aus dem alttestamentlichen Sabbatgebot Regeln für strengste Sonntagsheiligung. Der Gehorsam gegenüber der Schrift trieb puritanische Gruppen zur Separation von der englischen Bischofskirche. Sie wanderten in die Niederlande aus, von wo die Pilgerväter 1620 nach Nordamerika segelten.

Mit der englischen Revolution 1640–1660 kam es zum Sieg des Puritanismus über die anglikanische Bischofskirche. Jedoch spaltete sich der Puritanismus in die presbyterianische und die kongregationalistische Richtung. In der Lehre durch die Westminster-Confession (1646) geeint, die in der Folgezeit die verbreitetste Bekenntnisschrift des Calvinismus wurde, waren Presbyterianer und Kongregationalisten uneins im Verständnis der Kirchenverfassung. Während die Presbyterianer an Calvins Gleichsetzung von kirchlicher und bürgerlicher Gemeinde festhielten und die episkopale Staatskirche durch ein presbyterial-synodales Kirchenregiment ersetzen wollten, schritten die Kongregationalisten weiter zur Forderung der Trennung von Staat und Kirche. Sie verfochten die Unabhängigkeit der Einzelgemeinde, welche sie als Bund der Erwählten verstanden und für die sie jede übergeordnete Leitungsinstanz ablehnten. Kongregationalistisch waren auch die *Baptisten*, die sich wegen ihrer von der calvinistischen Tradition abweichenden Ablehnung der Kindertaufe als eigene Denomination formierten.

In der Zeit der Restauration der Stuarts (seit 1660) und der Wiedereinführung der anglikanischen Episkopalkirche (1662) harten Verfolgungen ausgesetzt, erhielten nach der Glorious Revolution (1688) die Dissenters durch die Toleranzakte von 1689 das

Recht der öffentlichen Religionsausübung, wenn auch noch nicht den Zutritt zu höheren staatlichen Ämtern.

In die englische Religionsfreiheit, die Katholiken und Unitarier ausschloß, wurden auch die *Quäker* aufgenommen, die einzige aus den chiliastischen Wirren der Revolutionszeit hervorgegangene dauerhafte spiritualistische Gemeinschaftsbildung. Gegründet von George Fox (1624–1691), lehnten die Quäker alle liturgischen Formen und kirchlichen Ämter ab, erlaubten in ihren Versammlungen jedem vom »inneren Licht« Ergriffenen das Predigen. Sie verweigerten Eid und Kriegsdienst, legten Wert auf praktische Frömmigkeit und entwickelten bahnbrechende sozialreformerische Aktivitäten (Gleichberechtigung der Frau, Gefängnisreform, später Sklavenbefreiung).

Im Unterschied zum festländischen Protestantismus hat der englische Puritanismus eine Orthodoxie nicht hervorgebracht. Die von England auf die deutsche Kirchengeschichte strömenden Einflüsse sind regelmäßig solche, die zur Unterhöhlung des konfessionell-orthodoxen Bewußtseins beitragen. Das gilt für den Bereich der Kirchenpolitik, wo seit 1630 der rührige presbyterianische, zeitweilig anglikanische Theologe *John Dury* (Johann Duraeus 1596–1680) ein halbes Jahrhundert lang auf Reisen in Deutschland und Skandinavien für den konfessionellen Frieden agiert und die kirchliche Einigung betrieben hat, bevollmächtigt von einer größeren Zahl englischer Theologen und Kirchenführer, zeitweilig von Cromwell. Obwohl nirgendwo über Vorverhandlungen hinauskommend, hat die unermüdliche literarische und kirchenpolitische Aktivität dieses angelsächsischen Pragmatikers den vom Konfessionshader verkrusteten Boden Deutschlands nicht unerheblich aufgelockert.

Breitere und folgenreichere Einflüsse übte die puritanische Erbauungsliteratur aus, die in Übersetzungen zuerst in calvinistischen Gebieten nachgedruckt, nach 1630 in »gereinigten« Ausgaben auch in die lutherische Kirche eindringt. *Lewis Baylys* »Practice of Piety«, eines der verbreitetsten puritanischen Erbauungsbücher, wurde von lutherischen Christen neben Arndts »Wahrem Christentum« gelesen, ergänzte die Arndtsche Mystik durch praktische Vorschläge zur Frömmigkeitsübung. In der zweiten Hälfte des 17. Jahrhunderts dringt durch eine Massenübersetzung englischer Erbauungsliteratur (Richard Baxter, Daniel Dyke u. a.) das puritanische Frömmigkeitsideal in den deutschen Protestantismus. England wird zu einer Hauptwurzel des den Konfessionalismus ablösenden deutschen Pietismus. Auch quäkerische Einflüsse haben zeitweilig die konfessionellen Kirchentümer beunruhigt.

Der deutsche Calvinismus

Anders als in der Weite der westeuropäischen Nationalstaaten hat sich der Calvinismus im Deutschen Reich nur in den begrenzten Räumen einzelner Territorien und Städte ausbreiten können. Doch entspricht in der zweiten Hälfte des 16. Jahrhunderts der westeuropäischen Expansion des Calvinismus auch ein Vordringen im Deutschen Reich. An der Spitze steht die Pfalz, die 1560 unter Kurfürst Friedrich III. calvinistisch wird, in der Heidelberger Universität ihr geistiges Zentrum hat. Dazu kommt 1577/78 Nassau-Dillenburg, dessen 1584 gegründete Hohe Schule Herborn im konfessionellen Zeitalter mit Genf und den niederländischen Universitäten konkurriert. Calvinistisch wurde eine beträchtliche Zahl kleinerer Grafschaften und Herrschaften vor allem im westdeutschen und nordwestdeutschen Gebiet, dichter zusammengedrängt an der niederländischen Grenze im Rheinland und in Westfalen. Schon früh war das Gebiet um Emden dem Calvinismus zugefallen. Im mitteldeutschen Raum wurde Anhalt reformiert. Zum reformierten Glauben trat schließlich 1613 das brandenburgische Herrscherhaus der Hohenzollern über, deren Staat nach dem Dreißigjährigen Krieg zur bedeutendsten protestantischen Macht des Reiches aufstieg. Johann Sigismund von Brandenburg verzichtete jedoch bei seinem Religionswechsel auf das Recht, die Religion seiner Untertanen zu bestimmen. So war der Calvinismus in Brandenburg-Preußen, abgesehen von den westdeutschen Gebietsteilen, auf die obere Führungs- und Beamtenschicht beschränkt, während die breite Masse der Bevölkerung lutherisch blieb.

Der Calvinismus mußte sich bei seiner Ausbreitung in Deutschland dem als Reichsgesetz geltenden Augsburger Religionsfrieden unterstellen, der für die Anhänger des Augsburgischen Bekenntnisses galt. Eigene Bekenntnisse, wie sie der westeuropäische Calvinismus überall bildete, konnten hier nicht entstehen. Der deutsche Calvinismus hat Kirchenordnungen hervorgebracht, von denen die Kirchenordnung der Kurpfalz (1563) den »Heidelberger Katechismus« enthält. Er hat in der deutschen reformierten Kirche fast den Rang einer Bekenntnisschrift eingenommen, sein Verbreitungsgebiet reicht weit über die deutschen Grenzen hinaus. Im Auftrag des Kurfürsten von der Pfalz als ein Unionskatechismus zwischen Lutheranern und Reformierten in Auftrag gegeben, bringt der Heidelberger Katechismus die Lehre Calvins nur in abgeschwächter Form. Die strenge Prädestinationslehre ist nicht enthalten. Die Entscheidungen der Synode von Dordrecht sind auch von den reformierten deutschen Landeskirchen nicht rezipiert worden. So ergibt sich in Deutschland eine vom westeuropäischen unterschiedene, dem Luthertum angenäherte Form des Calvinismus. Nur in den nordwestdeutschen, den Niederlanden benachbarten Gebieten hat die strenge reformierte Orthodoxie Fuß gefaßt.

Im deutschen Calvinismus fehlt im Unterschied zum westeuropäischen auch die synodale Kirchenverfassung. Nicht durch eine Synode, sondern durch den Kurfürsten ist die kurpfälzische Kirchenordnung erlassen, ist in Nassau und Anhalt der Calvinismus eingeführt worden. Auch in Deutschland gerät der Calvinismus unter das landesherrliche Kirchenregiment, nicht selten werden die Obrigkeitsrechte des Landesherrn von reformierten Theologen weiter gespannt als von den lutherischen. Nur am Niederrhein, in Jülich-Kleve-Berg, in der Grafschaft Mark und in Ostfriesland konnte sich eine vom landesherrlichen Kirchenregiment freie presbyterial-synodale Kirchenverfassung ausbilden. Von hier sind im 19. Jahrhundert die Anstöße zur Einführung der Synodalordnung in die deutschen evangelischen Landeskirchen ausgegangen.

Katholische Reform

Vor dem Ansturm der Reformation war das Gebäude der romtreuen deutschen Bischofskirche wie ein Kartenhaus zusammengebrochen. Angesichts der geistigen Ohnmacht und Mittelmäßigkeit der gegen Wittenberg und Zürich kämpfenden Theologen bestand wenig Hoffnung, daß der römische Katholizismus in absehbarer Zeit noch einmal als eine ebenbürtige Kraft dem deutschen Protestantismus gegenübertreten, ihn gar auf den Rückmarsch zwingen würde. Daß dies in der zweiten Hälfte des 16. Jahrhunderts nun doch geschehen ist, daß der jahrzehntelang an der kurialen Spitze wie an der deutschen kirchlichen Basis gleicherweise gelähmte und entkräftete römische Katholizismus in verjüngter und gekräftigter Gestalt in die Arena der deutschen Kirchengeschichte zurückkehren konnte, ist allein jenem tiefgehenden Regenerationsprozeß zu verdanken, der von den intakten Kirchengebieten des Weltkatholizismus, vor allem von dem so gut wie nicht von der Reformation erfaßten Spanien ausgegangen ist, und für den sich der Begriff der »katholischen Reform« eingebürgert hat. Die aus den romanischen Ländern, neben Spanien auch aus Italien kommende Bewegung einer katholischen Reform ist im Spätmittelalter verwurzelt. Sie führte in der ersten Hälfte des 16. Jahrhunderts zu einer breitangelegten Erneuerung des Ordenslebens, einerseits zur Reform der bestehenden Orden, vor allem der Bettelorden, andererseits zur Neugründung von Orden und Bruderschaften. In Spanien kam es in der Schule von Salamanca zu einer Erneuerung der scholastischen Theologie. Die katholische Reform hat seit der Mitte des 16. Jahrhunderts auch das päpstliche Rom erfaßt, die Ära der Renaissancepäpste beendet und eine Reihe von tatkräftigen Reformpäpsten hervorgebracht. Ihren Höhepunkt hat die katholische Reform erreicht auf dem *Konzil von Trient* (1545–1563). Dieses von spanischen und italienischen Theologen beherrschte Konzil, auf dem deutsche Theologen kaum eine Rolle spielten, ist in der katholischen Kirchengeschichte der Wendepunkt vom Mittelalter zur Neuzeit, es ist auch der Wendepunkt in der Geschichte der katholischen Kirche Deutschlands.

Das Konzil von Trient

Der Ruf nach dem Konzil, von den deutschen Ständen und vom Kaiser erhoben, war der Ruf nach einem Reformkonzil gewesen, nach der von dem höchsten Gremium der Gesamtkirche zu vollziehenden Reformation der Kirche an Haupt und Gliedern. Als das von Paul III. nach langem päpstlichen Zögern einberufene Konzil 1545 endlich zusammentrat, war man sich an der päpstlichen Kurie einig, daß nicht die Reform, sondern die Verdammung der protestantischen Häresie und die Feststellung des katholischen Dogmas Hauptaufgabe des Konzils sein müßte. Die kirchliche Reform, vom Kaiser immer wieder in den Vordergrund gerückt, ließ sich allerdings nicht umgehen. Es hat in Trient einen heftigen Streit zwischen der päpstlichen und der kaiserlichen Partei gegeben, was mit Vorrang behandelt werden sollte, das Dogma oder die Kirchenreform. Der Streit endete mit einem Kompromiß, demzufolge Dogma und Reform parallel behandelt wurden. Die Beschlüsse des Tridentiner Konzils zerfallen in Dekrete zur kirchlichen Lehre (Decreta de fide) und in Dekrete zur Reform des kirchlichen Lebens (Decreta de reformatione).

Bei der Formulierung der Lehrdekrete stand das Konzil vor der großen Aufgabe, gegenüber der protestantischen Häresie die katholische Lehre erst einmal festzustellen. Der Hauptstoß der reformatorischen Theologie richtete sich ja keineswegs gegen das bestehende Dogma. Dogma der Kirche – das war das trinitarische und christologische Dogma, wie es die alte Kirche in Nicäa und Chalcedon formuliert hatte. Hierüber gab es mit Wittenberg, Zürich und Genf keinen Streit. Die Spitze der reformatorischen Theologie richtete sich gegen jahrhundertalte Meinungen und Gebräuche, gegen theologische und kirchliche Traditionen, von denen innerhalb der scholastischen Theologie recht unterschiedliche Schulmeinungen bestanden und über die von der mittelalterlichen Kirche allermeist noch keine verbindlichen Lehrentscheidungen gefallen waren.

Eine Schlüsselstellung nahm dabei die Rechtfertigungslehre ein. Erst von Luther zum Herzstück der christlichen Theologie erhoben, mußte das Tridentinum der reformatorischen Rechtfertigungslehre eine katholische Rechtfertigungslehre erst einmal entgegenstellen. Dies ist im Rechtfertigungsdekret vom 6. 1. 1547 geschehen. Die tridentinische Rechtfertigungslehre fällt so aus, daß von ihr nicht nur die reformatorische Lehre von der Rechtfertigung allein aus dem Glauben verdammt wird, verdammt wird auch die nominalistische Lehre von der Fähigkeit des Menschen, sich durch gute Werke die Rechtfertigungsgnade verdienen zu können. Luther wird also mit einem Teil seiner spätscholastischen Gegner zugleich verurteilt. Die tridentinische Rechtfertigungslehre lenkt zu Thomas von Aquin zurück und geht zwischen den Extremen der Glaubensgerechtigkeit und der Werkgerechtigkeit einen Mittelweg. Allein die Gnade ist es, der die Rechtfertigung zugeschrieben wird – das ist seit Trient auch katholisches Dogma. Der freie Wille des Menschen vermag die Gnade nicht zu verdienen. Aber wenn es auch kein Verdienen der Rechtfertigung (meritum de congruo) gibt, so gibt es doch Verdienste des Gerechtfertigten (meritum de condigno), gute Werke, durch die der in den Gnadenstand gesetzte, seinen freien Willen gebrauchende Mensch sich größere Gnaden bei Gott erwerben kann. Die Mitwirkung des Menschen an seinem Heil bleibt also erhalten, das »sola fide« der Reformation muß von daher zur Häresie werden. So verschiebt sich der konfessionelle Gegensatz im Rechtfertigungsverständnis an eine andere Stelle. Für die praktische Frömmigkeit der katholischen Kirche ist gerade das Festhalten des Tridentinums am Verdienstgedanken wichtig gewesen.

Das Konzil hat außer dem »sola fide« auch das »sola scriptura« der Reformation verdammt. Es hat neben die Heilige Schrift die Tradition gestellt, die von den Aposteln herrührende außerbiblische kirchliche Überlieferung, die mit gleicher Gesinnung der Ehrfurcht (pari pietatis affectu ac reverentia) angenommen werden soll. Die Bibel, deren kanonischer Umfang (einschließlich der Apokryphen) jetzt verbindlich festgelegt wird, ist authentisch nur in der lateinischen Version der Vulgata. Über die rechte Auslegung von Schrift und Tradition wacht das kirchliche Lehramt der Bischöfe und des Papstes. So wird dem revolutionär gegen die bestehende Kirche sich richtenden reformatorischen Schriftprinzip die katholische Trias »Schrift – Tradition – kirchliches Lehramt« gegenübergestellt.

In einer langen Reihe von Dekreten sind weiterhin die Lehre von der Erbsünde, vom Fegefeuer, vor allem die sieben Sakramente (Taufe, Firmung, Buße, Eucharistie, Ehe, Priesterweihe, Letzte Ölung) dogmatisch definiert worden. Quantitativ liegt hier, bei den Sakramentsdekreten, die Hauptarbeit des Konzils. Gegenüber dem Ansturm der reformatorischen Worttheologie hat sich der römische Katholizismus in Trient auf der Grundlage der sieben Sakramente reorganisiert. Nicht beantwortet wurde in Trient die Frage der päpstlichen Gewalt und des Kirchenbegriffes.

Die zweite große Aufgabe des Konzils wurde in den Dekreten zur Reform des kirchlichen Lebens gelöst. Die Reform des Hauptes der Kirche, die längst geforderte Kurienreform, kam nicht zustande. In den Reformdekreten von Trient bleibt die Reform des Papsttums ausgeklammert. Der Kern des Tridentiner Reformwerkes liegt in der Reform des geistlichen Standes. Das Konzil hat im Verfall der bischöflichen Gewalt die Hauptursache für das kirchliche Verderben gesehen und hier den Hebel der Reform angesetzt. Den Bischöfen wird strenge Aufsicht über ihre Diözesen zur Pflicht gemacht, ihnen wird die Residenzpflicht, d. h. der Aufenthalt am Bischofssitz vorgeschrieben, sie werden zum Abhalten von Synoden und Visitationen verpflichtet, müssen sich um den Priesternachwuchs kümmern und dafür in ihren Diözesen theologische Seminare einrichten. Die im Spätmittelalter durch Exemtionen und Appellationen geminderte kirchliche Rechtsgewalt der Bischöfe wird wiederhergestellt. Der Ablaß für Geld wird abgeschafft. Eine Kirchenreform von oben, ein Gegenstück zu der bei der Gemeinde einsetzenden Reform der Kirche in Genf. Das Trienter Konzil schafft geradezu einen neuen Bischofstyp, an die Stelle des verweltlichten Kirchenfürsten setzt es den allein um das Wohl der Kirche besorgten Hirten. In seiner Mitte besaß es den Mann, der das tridentinische Bischofsideal mit Fleisch und Blut erfüllt hat: Karl Borromäus (1538–1584) hat als Erzbischof von Mailand mustergültig die Konzilsbeschlüsse ausgeführt. 1610 heiliggesprochen, ist der heilige Borromäus in der katholischen Kirche der nächsten Jahrhunderte als der rechte, weil dem Papst und dem Konzil gehorsame Reformator verehrt worden.

Die Beschlüsse des Konzils wurden dem Papst zur Bestätigung vorgelegt. Sie wären weithin Papier geblieben, wenn nicht ein reformfreudiges Papsttum nach Abschluß des Konzils mit Nachdruck und großer Strenge die Verbreitung und Durchführung der Dekrete betrieben hätte. Rom hat im Anschluß an das Konzil eine Reihe weiterer für die katholische Kirche wichtiger Reformmaßnahmen durchgeführt. Es gab die Professio fidei Tridentinae heraus, ein von jedem kirchlichen Amtsträger zu leistendes Bekenntnis, das den Gehorsam gegenüber dem Papst einschloß (1564), weiter ein Verzeichnis der verbotenen Bücher (Index librorum prohibitorum,

1564), den Catechismus Romanus (1566), ein verbessertes Brevier (1568) und ein den katholischen Gottesdienst vereinheitlichendes Meßbuch (Missale Romanum, 1570). Eine Kardinalskongregation für die authentische Interpretation der Konzilsbeschlüsse wurde eingesetzt. Unter Gregor XIII. (1572–1585) bekamen die päpstlichen Nuntien den Auftrag, in ihrem Amtsbereich die Durchführung der Tridentiner Dekrete zu überwachen. So hat erst das Papsttum dem Tridentinum zu seiner tiefgreifenden kirchlichen Wirksamkeit verholfen.

Die Gegenreformation in Deutschland

Das tridentinische Reformwerk war geeignet, den zerfallenen Bau der Kirche wieder aufzurichten, dem vom Protestantismus noch nicht oder nur teilweise befallenen Restkatholizismus innere Geschlossenheit, Klarheit und Sicherheit in der Lehre, in der Verfassung und in der Kirchendisziplin zu geben. Von der tridentinischen Reform her wäre aber kaum die Gegenreformation, eine offensive Bewegung zur Wiedergewinnung des verlorenen Terrains, in Gang gekommen, wenn nicht inmitten der katholischen Reform eine Kampftruppe bereitgestanden hätte, die in bedingungslosem Gehorsam gegenüber dem Papst und den Konzilsbeschlüssen die Vernichtung der protestantischen Häresie auf ihre Fahnen geschrieben hatte: die Mitglieder der Gesellschaft Jesu, die Jesuiten. Wie im Mittelalter schon einmal Rom vor den Ketzerbewegungen gerettet worden war durch die neu gegründeten Bettelorden, so ist auch diesmal die Ordensbewegung der stärkste Rückhalt der römischen Macht. Die Geschichte der Gegenreformation ist zu einem großen Teil identisch mit der Geschichte der Jesuiten.

Der Jesuitenorden ist gegründet von *Ignatius von Loyola* (1491–1556), einem aus baskischen Adelsgeschlecht entstammenden, nach einer Kriegsverwundung zur asketischen Frömmigkeit bekehrten ehemaligen spanischen Offizier. Zusammen mit sechs Freunden hatte Ignatius 1534 sich auf dem Montmartre bei Paris zu einer am Heil der menschlichen Seele arbeitenden asketischen Bruderschaft verschworen, die 1540 unter dem Namen »Gesellschaft Jesu« (Societas Jesu) päpstlich bestätigt wurde. Der streng zentralistisch geleitete Orden verlangte neben den Gelübden der Armut und Keuschheit den Gehorsam gegenüber dem Papst, dem ohne alles Zögern und ohne alle Widerrede zu folgen ist. Ursprünglich nicht als Kampftruppe der Gegenreformation gegründet, sondern ein Orden zur inneren Erneuerung der Kirche und zur Mission unter den Heiden, wurde der Jesuitenorden sehr bald zum Hauptinstrument Roms bei der Bekämpfung des Protestantismus.

In Deutschland hat sich der Jesuitenorden seit der Mitte des 16. Jahrhunderts schnell verbreitet. Den von *Petrus Canisius* (1521 bis 1597), dem ersten deutschen Jesuiten, gegründeten Jesuitenkollegien in Wien (1552) und Ingolstadt (1556) folgten bald weitere Kollegien in München (1559), Trier (1560) und Dillingen (1563). Die Aktivität der Jesuiten war für die Kirche um so wertvoller, als das tridentinische Reformwerk von den deutschen Bischöfen sehr nachlässig durchgeführt wurde. Bischöfliche Synoden, Visitationen und die Einrichtung von Priesterseminaren (erstes Priesterseminar Eichstätt 1564) blieben bis 1600 eine Seltenheit. Eine Ausnahme bildete die gegenüber Rom sehr selbständige Reform der Diözese Würzburg durch den Bischof *Julius Echter von Mespelbrunn* (1545–1619). In den durch eine gründliche philosophische und theologische Ausbildung hindurchgegangenen Jesuiten besaß die katholische Kirche Deutschlands wieder eine den protestantischen Theologen ebenbürtige, nicht selten überlegene geistige Elite. Von hohem Niveau und weiter Ausstrahlungskraft waren die jesuitischen Gymnasien und Kollegien, in die nicht nur Zöglinge für den eigenen Nachwuchs, sondern auch die Söhne der oberen Schichten, des Adels und Bürgertums, aufgenommen wurden, um eine gründliche Schulung in allen Wissenschaften, dabei eine feste Grundlage in der tridentinischen Lehre zu bekommen. Die Jesuiten bürgerten in Deutschland die »Exercitia spiritualia« ein, die von Ignatius entworfenen geistlichen Übungen, die die Seele auf dem Wege strenger Selbstbeobachtung und mit Hilfe von die religiöse Phantasie erregenden Meditationen zur Ausscheidung aller unordentlichen Affekte, zur Abtötung des eigenen Willens und zu einem innerlich bejahten, unbedingten Gehorsam gegenüber Gott und der Kirche bildeten. Der von den Exerzitien geweckten bildhaften Phantasie entsprach die bilderreiche Pracht des Barock, der von den Jesuiten als Kirchbaustil nach Deutschland gebracht wurde. Der »Jesuitenstil« führte der Nüchternheit des protestantischen Kultus den Reichtum und die Überlegenheit des römischen Katholizismus vor Augen. In der theologischen Wissenschaft gingen die Jesuiten aus der Verteidigung zum Angriff über. Robert Bellarmin (1542–1621) warf den Protestanten vor, ihr Schriftprinzip nicht ohne die kirchliche Tradition behaupten zu können, da sie ja ohne die kirchliche Tradition gar nicht von der Autorität der Bibel wüßten. Damit bestimmte er für lange Zeit die Thematik der Kontroverstheologie. Neben den Jesuiten taten sich die in der Volkspredigt rührigen Kapuziner hervor.

Die Erfolge der Gegenreformation innerhalb des Reichsgebietes bestanden in der Eindämmung der reformatorischen Bewegung, die nach 1570 kaum noch Boden gewinnen konnte, vor allem aber in der Vernichtung des Protestantismus in den gemischten, von der Reformation unterwanderten, aber meist noch katholisch regierten Territorien und Städten. Vormächte der Gegenreformation wurden das wittelsbachische Bayern und, ihm nachfolgend, das habsburgische Österreich, wo sich evangelische Predigt mit der Opposition der Stände gegen den fürstlichen Absolutismus verband. In Bayern hat Herzog Albrecht V. sofort nach Beendigung des Trienter Konzils mit der Durchführung der Konzilsbeschlüsse begonnen und den in Adel und Bürgertum eingedrungenen Protestantismus mehr mit Hilfe der Jesuiten als der bischöflichen Gewalt systematisch ausgerottet.

Unter den Bedingungen des Augsburger Religionsfriedens vollzog sich die Gegenreformation innerhalb des Reichsgebietes überall nach ungefähr dem gleichen Muster. »Man säubert die Beamtenschaft und die städtischen Räte und Zünfte von den evangelischen Elementen, verlangt von den Beamten, Lehrern und allen Graduierten den Eid auf das Tridentinum, verjagt die evangelischen Prediger und Lehrer allmählich oder auf einmal, läßt in den Kirchen nur noch Priester zu, zieht die evangelischen Bücher ein, verbietet nicht nur allen evangelischen Gottesdienst im Land, sondern auch das »Auslaufen«, d. h. den Besuch auswärtiger Kirchen und Schulen, läßt dann die Pfarreien eine nach der andern visitieren, sucht die Evangelischen durch Zwangsmaßregeln aller Art oder Geld- und Gefängnisstrafen den kirchlichen Ordnungen zu unterwerfen und weist schließlich die, die sich nicht fügen wollen, aus dem Land, läßt sie aber nur gegen eine starke Nachsteuer ziehen, d. h. man nimmt ihnen vorher noch einen guten Teil ihrer Habe ab« (Karl Müller). So ist Bayern schon um 1575 wieder ein rein katholisches Land geworden. Die Gegenreformation siegte weiter in den evangelisch unterwanderten süd- und westdeutschen Gebieten, vor allem den geistlichen Territorien. Fulda und das Eichsfeld wurden zuerst vom Protestantismus gesäubert, dann folgten das Bistum

Würzburg und das Kurbistum Köln, dessen Erzbischof 1582 protestantisch wurde, aber den Bischofsstuhl verlor. Auch in den westfälischen Hochstiften drang die Gegenreformation vor, doch gelang ihr erst im beginnenden 17. Jahrhundert der volle Sieg. Am Niederrhein, wo das Gebiet des Herzogs von Jülich jahrzehntelang ein Nebenschauplatz des niederländischen Freiheitskampfes wurde, sorgte die spanische Besatzung für die Unterdrückung des Protestantismus, ohne doch die »Gemeinden unter dem Kreuz« ganz ausrotten zu können.

Größeren Widerstand fand die Gegenreformation in Österreich, wo der Protestantismus am landsässigen Adel seinen Rückhalt fand, aber auch in breite bürgerliche und bäuerliche Schichten eingedrungen war. Angewiesen auf protestantische Unterstützung im Türkenkrieg haben die Habsburger den Protestantismus bis ins 17. Jahrhundert hinein Gewissensfreiheit, den adligen Ständen sogar das Exercitium religionis gewähren müssen. So kam die Redensart auf »Der Türk ist der Lutherischen Glück«. In Innerösterreich (Steiermark, Kärnten, Krain) ist unter Erzherzog Ferdinand, dem nachmaligen Kaiser, um 1600 der protestantische Glaube vollständig ausgetilgt worden, in Ober- und Niederösterreich, in Böhmen wie auch in Ungarn konnten weit ins 17. Jahrhundert hinein ständisches Prinzip und evangelischer Glaube sich behaupten. Erst der Dreißigjährige Krieg hat für Österreich die Rekatholisierung und den Sieg der Gegenreformation gebracht. Der Westfälische Friede gewährte nur dem Adel die Toleranz. Daneben konnte sich ein »Geheimprotestantismus« in Österreich nur mühsam erhalten.

Das Ziel der Gegenreformation, die Vernichtung der protestantischen Häresie und die Wiederherstellung der abendländischen Kircheneinheit, ist nicht erreicht worden. Nur außerhalb des Reichsfriedens, wo die Gegenreformation häufig blutige Züge trug, konnte auf nationaler Ebene die religiöse Einheit wiederhergestellt werden. Polen, ein von Luthertum, Calvinismus, von den Böhmischen Brüdern und den Sozinianern stark durchsetztes Land, ist im 17. Jahrhundert von den Jesuiten wieder vollständig zum römischen Katholizismus zurückgeführt worden. Auch in Frankreich konnte im Bund mit der Krone der Protestantismus vernichtet und die Alleingeltung der katholischen Religion zurückerrungen werden (vgl. oben Seite 118).

Für Deutschland wird mit dem Westfälischen Frieden von 1648 endgültig klar, daß die Kircheneinheit verloren ist. Das bedeutete nicht das Ende der Gegenreformation. Noch mitten im 18. Jahrhundert läßt der Erzbischof von Salzburg Zehntausende seiner lutherischen Untertanen aus dem Lande weisen (1731–32).

DRITTER ABSCHNITT: DAS ZEITALTER DES PIETISMUS UND DER AUFKLÄRUNG

Die gut anderthalb Jahrhunderte zwischen dem Westfälischen Friedensschluß (1648) und dem Untergang des alten Reiches (1806) bilden eine eigene Periode in der deutschen Kirchengeschichte. Diese Periode steht unter der Signatur des im 17. Jahrhundert beginnenden Prozesses der Verselbständigung des politischen und geistigen Lebens gegenüber den Mächten der konfessionellen Kirchentümer und ihrer theologischen Traditionen. Hierbei handelt es sich um einen gesamteuropäischen Prozeß, der nach seiner staatlich-politischen Seite Ausdruck des fürstlichen Absolutismus, nach seiner geistigen Seite Folge der Aufklärung ist.

Mit dem Dreißigjährigen Krieg ist für Deutschland zum letztenmal ein Religionskrieg zu Ende gegangen. Was die Schlußphase des Krieges erbrachte, das Zerbröckeln der konfessionellen Fronten, das Zurücktreten der konfessionellen Gegensätze hinter die Forderungen und Interessen rein säkularer Machtpolitik, das setzt sich im Zeitalter des auf dem europäischen Kontinent im 17. Jahrhundert überall erfolgreichen fürstlichen Absolutismus immer stärker fort. Zwar bleiben die deutschen Territorialstaaten konfessionell geprägte Staaten. Auf dem immerwährenden Reichstag von Regensburg (1663–1806) stehen bis zum Untergang des alten Reiches die im Corpus Evangelicorum verbündeten evangelischen Stände den im Corpus Catholicorum geeinten katholischen gegenüber. Aber die regierenden Herrscherhäuser haben sich doch gegenüber dem konfessionellen Kirchenwesen ihrer Staaten absolut gesetzt. War es 1613 noch eine Ausnahme, daß der lutherische Konfessionsstand in Brandenburg-Preußen durch den Übertritt von Kurfürst Johann Sigismund zum Calvinismus unberührt blieb, so ist es 1697 schon die Regel, daß durch die Konversion Augusts des Starken zum römischen Katholizismus der lutherische Charakter der Kirche Kursachsens nicht verändert wird. Das landesherrliche Jus reformandi, das nach dem Augsburger Religionsfrieden den Konfessionsstand der deutschen Territorien ein Jahrhundert hindurch in Fluß gehalten hatte, ist, durch die Bestimmung des Westfälischen Friedens erheblich eingeschränkt, in der Folge kaum noch zur Geltung gekommen. Die Lava der aus Reformation und Gegenreformation fließenden konfessionellen Bewegungen ist in der Mitte des 17. Jahrhunderts zu festen konfessionellen Kirchenkörpern erstarrt. Deren Einbau in den modernen Staat wird zur Hauptaufgabe fürstlicher Kirchenpolitik.

Die Linien der Kirchengeschichte und der allgemeinen politischen Geschichte treten nun deutlicher auseinander. Kriege, Reichstage, fürstlicher Religionswechsel, im 16. Jahrhundert jeweils Höhepunkte auch der Kirchengeschichte, bleiben nun für die Kirchengeschichte von geringem Belang. Trotzdem wirken die großen politischen Kräfteverschiebungen mittelbar erheblich in die Kirchengeschichte hinein. Deutschland, schon am Vorabend des Dreißigjährigen Krieges durch Konfessionsstreit und territoriale Zersplitterung geschwächt, wird durch die langjährigen Kriegswirren wirtschaftlich und geistig erheblich zurückgeworfen hinter die von den Religionskriegen viel weniger erschöpften westeuropäischen Nationen, von denen Frankreich und die Niederlande im 17. Jahrhundert die Blüte ihrer nationalen Kultur erleben. Es wird generationenlanger, zäher Arbeit bedürfen, ehe die deutsche Nation sich im Leben der europäischen Völker wieder den ebenbürtigen Platz zurückerobern kann, den sie im 16. Jahrhundert besessen hat. Dabei zeigt sich eine auffällige Ungleichmäßigkeit zwischen der Entwicklung der protestantischen Konfessionen und dem römischen Katholizismus.

Der römische Katholizismus scheint seine Energien im gegenreformatorischen Kampf verbraucht zu haben. In Deutschland fällt er hinter den Protestantismus immer deutlicher zurück, hat geringen Anteil am Entstehen einer deutschen Nationalkultur, wie sie im 18. Jahrhundert fast völlig aus protestantischen Wurzeln heranwächst. Der Niedergang des Papsttums, das nach der Blüte des nachtridentinischen Reformpapsttums seit der Mitte des 17. Jahrhunderts wieder zur Bedeutungslosigkeit absinkt, schwächt auch den deutschen, nach Rom orientierten Katholizismus erheblich. Während die von Rom unabhängigere gallikanische Kirche Frankreichs eben jetzt eine reiche religiöse und wissenschaftliche Blütezeit erlebt, finden sich im deutschen Katholizismus wenig Spuren neuen Lebens. Für ein Jahrhundert schließt sich der deutsche Katholizismus von den neueren geistigen Strömungen ab.

Dagegen bieten die protestantischen Konfessionen ein anderes Bild. Hier strömen aus den im 17. Jahrhundert zu Weltmächten aufstrebenden protestantischen Seemächten Holland und England wissenschaftliche und religiöse Einflüsse ungehindert ein. In der Aufnahme westeuropäischen Geistesgutes und seiner Verschmelzung mit dem eigenen reformatorischen Erbe bilden sich die beiden großen Bewegungen, die die Herrschaft des konfessionellen Geistes und der orthodoxen Scholastik brechen und eine neue Phase der Kirchengeschichte heraufführen: der Pietismus und die Aufklärung. Wenngleich es Pietismus und Aufklärung auch im deutschen Katholizismus gegeben hat, so bleiben diese Strömungen an geschichtlicher Bedeutung und Folgewirkung doch weit hinter den protestantischen Bewegungen zurück.

I Der Pietismus

Philipp Jakob Spener und die Anfänge des Pietismus

Die um 1670 im deutschen Protestantismus aufbrechende Bewegung des *Pietismus* war eine Bewegung für radikale Erneuerung von Frömmigkeit und Kirche. In dem halben Jahrhundert zwischen 1690 und 1740 auf den Gipfelpunkt kommend, hat der Pietismus tiefgehende Spuren in allen Bereichen kirchlichen Lebens, von der Theologie über die gottesdienstlichen Formen bis zur Gestaltung individueller Frömmigkeit, hinterlassen. Er hat das konfessionelle Zeitalter beendet und die Herrschaft der Orthodoxie abgelöst. Auch nachdem Mitte des 18. Jahrhunderts die Aufklärung seinen Einfluß zurückdrängte, hat der Pietismus sich innerhalb der Kirche als eine starke Strömung gehalten. Im 19. Jahrhundert hat er in der Erweckungsbewegung und in der Gemeinschaftsbewegung seine Renaissancen erlebt.

Der deutsche Pietismus wurzelt in der von Johann Arndt herkommenden Frömmigkeits- und Reformbewegung, aber auch in den verzweigten, unterirdischen Strömungen des mystischen Spiritualismus, die sich nach dem Dreißigjährigen Krieg wieder mächtiger regten. Zugleich gehört er in den Zusammenhang einer gesamteuropäischen Frömmigkeitsbewegung, der im 17. Jahrhundert der angelsächsische Puritanismus, der niederländische Präzisismus, in Frankreich der Jansenismus und Quietismus, schließlich wohl auch der jüdische Chassidismus Osteuropas zuzuzählen sind.

Philipp Jakob Spener (1635–1705), der Begründer des lutherischen Pietismus, nimmt in seinem eigenen Entwicklungsgang geradezu paradigmatisch die Einflüsse auf, die für die Entstehung des Pietismus wichtig geworden sind. Geboren in Rappoltsweiler im Elsaß, wuchs Spener mit Johann Arndts »Wahrem Christentum« und mit puritanischen Erbauungsbüchern auf. Das Studium der Geschichte an der Straßburger Universität brachte ihn mit dem Geist des Späthumanismus in Berührung. In dem Straßburger Kirchenpräsidenten Johann Schmidt gewann er einen Hauptvertreter der lutherischen Reformbewegung zum väterlichen Freund, der Rechtgläubigkeit nicht nur mit der Frömmigkeit Arndts, sondern auch mit den Idealen des Puritanismus zu vereinigen wußte. Nach dem Studium der Theologie an der orthodox-lutherischen Fakultät in Straßburg kam Spener auf einer Studienreise in Genf unter den

Einfluß Jean de Labadies, der wenige Jahre darauf die pietistische Bewegung in den Niederlanden auslöste (vgl. unten S. 150). Die Lektüre von Theophil Großgebauers puritanisch beeinflußter Reformschrift »Wächterstimme aus dem verwüsteten Zion« öffnete ihm die Augen über die Verderbnis der Volkskirche, in welcher zwar häufig gepredigt, aber »so wenig zur wahren Bekehrung und Gottseligkeit« ausgerichtet werde.

Nach kurzer Lehrtätigkeit an der Straßburger Universität wurde der Einunddreißigjährige als Senior der lutherischen Pfarrerschaft in die freie Reichsstadt Frankfurt am Main berufen. Die zwanzigjährige Frankfurter Zeit (1666–1686) ist Speners wichtigste Lebensperiode. Langjähriges Studium der Schriften Luthers überzeugte ihn vom Abstand zwischen den ursprünglichen Absichten der Reformation und dem, was in orthodoxer Scholastik und obrigkeitlich reglementierter Volkskirche daraus geworden war. So wird Luther der Kronzeuge für die pietistischen Bestrebungen neben Johann Arndt.

Speners auf das »wahre Christentum«, auf den »wahren lebendigen Glauben«, gegen den »toten, eingebildeten Glauben« drängende Predigt führte 1669 zu einer Scheidung zwischen der Mehrheit der Frankfurter Kirchgängerchristen und einer Minderheit von Frommen. Die Gruppe der Frommen traf sich seit 1670 außerhalb des öffentlichen Gottesdienstes zur privaten Erbauung im Spenerschen Pfarrhaus. Dieses bald »Collegium pietatis« genannte Konventikel fand innerhalb und außerhalb Frankfurts zahlreiche Nachahmung. Die Ausbreitung des Konventikelwesens wurde zum äußeren Kennzeichen der pietistischen Bewegung. Spener deckte die von der Orthodoxie bald angegriffenen Konventikel durch den Hinweis auf Luthers Vorrede zur deutschen Messe von 1526 und ihren Vorschlag der besonderen Sammlung der ernsten Christen.

Im Frühjahr 1675 veröffentlichte Spener als Vorwort zu einer Neuausgabe der Postille Johann Arndts ein Kirchenreformprogramm, das noch im selben Jahr unter dem Titel »Pia Desideria oder herzliches Verlangen nach gottgefälliger Besserung der wahren evangelischen Kirche« separat gedruckt wurde. Spener konstatiert die innere Zerrüttung der evangelischen Kirche in allen drei Ständen, dem Obrigkeitsstand, dem Predigerstand und dem Laienstand. Die Ursache des Verderbens sieht er im Mangel am wahren, lebendigen Glauben. Ein Sechs-Punkte-Programm soll Besserung bringen. Als Hauptmittel der Reform schlägt Spener vor, »das

Wort Gottes reichlicher unter uns zu bringen«. Durch mehr Bibellektüre, vor allem durch das gemeinsame Gespräch über die Bibel in Erbauungsversammlungen soll die Heilige Schrift als die einzige Quelle aller Besserung kräftiger zur Wirksamkeit gebracht werden. Die übrigen Reformvorschläge ordnen sich diesem Hauptvorschlag, der den Pietismus zu einer Bibelbewegung macht, unter: Aktivierung des allgemeinen Priestertums aller Gläubigen, Schwerpunktverlagerung von der Theorie auf die Praxis des Christentums, Einschränkung der konfessionellen Polemik, Reform des Theologiestudiums im Sinne der Praxis Pietatis und schließlich Abzweckung der Predigten auf die Erbauung und Förderung des »inneren Menschen«. Spener hält die Besserung der Kirche nicht nur für möglich – er glaubt fest daran. Denn Gott hat in der Bibel seiner Kirche noch eine herrliche Zukunft verheißen. Die Zeichen für die Erfüllung dieser Verheißung sind da. So ist eng mit dem Reformprogramm verbunden die »Hoffnung besserer Zeiten«, Speners vom Chiliasmus beeinflußte Eschatologie.

Die Pia Desideria fanden Widerhall bis in die Reihen der orthodoxen Theologie. Sie wurden zur Programmschrift des Pietismus. In den meisten Reformvorschlägen knüpfte Spener an die von Johann Arndt ausgehende Frömmigkeits- und Reformbewegung an. Der Zug zur Verinnerlichung des Glaubens, zum individuellen Erleben, die Blickrichtung von der Rechtfertigung auf die »neue Kreatur« und die Früchte der Wiedergeburt, war dem orthodoxen Luthertum längst eingestiftet. Einen neuen Frömmigkeitstyp hat Spener nicht geschaffen. Aber Spener verzichtet darauf, wie vor ihm die Reformer der Orthodoxie frommes Leben auf der ganzen Breite der Volkskirche erwecken zu wollen. Dazu nötige Maßnahmen des landesherrlichen Kirchenregiments hat er nicht vorgeschlagen. Das Hauptmittel, von dem die Orthodoxie alle Besserung erwartet, die allgemeine Kirchenzucht, taucht in seinem Reformprogramm nicht auf. Nicht durch die Besserung der Unfrommen, sondern durch die Förderung der Frommen will Spener die Kirche reformieren. Alles hängt für ihn an der Bildung von Freiwilligkeitskreisen innerhalb der Volkskirche. Der Vorschlag, neben den öffentlichen, volkskirchlichen Gottesdiensten besondere Veranstaltungen zur Förderung der Frommen einzurichten, ist epochemachend geworden. Spener hat hierfür die Formel von der »ecclesiola in ecclesia« (Kirchlein in der Kirche) geprägt. Die darin steckende Resignation gegenüber der Hoffnung auf Besserung der gesamten Volkskirche wird aufgewogen durch die chiliastische Zukunftshoffnung, die den Konventikeln einen Platz in Gottes Heilsplan zuweist, in ihnen die Avantgarde für das anbrechende Gottesreich erblickt. Weltflüchtigen Neigungen wehrte Spener durch die Betonung des »tätigen Christentums«. Das von den pietistischen Frankfurter Kreisen ins Leben gerufene Frankfurter Armen- und Waisenhaus wurde richtungweisend für die soziale Aktivität des Pietismus.

Im Jahre 1686 als Oberhofprediger nach Dresden berufen, blieb Spener auf dieser höchsten geistlichen Stelle des protestantischen Deutschlands der erhoffte Einfluß versagt. Die an der Universität Leipzig sich bildende pietistische Bewegung um August Hermann Francke konnte er gegen die Angriffe der Orthodoxie nicht schützen. Spener folgte 1691 dem Ruf als Konsistorialrat und Propst an St. Nikolai nach Berlin. Unter dem Protektorat des auf Union und Toleranz ausgerichteten brandenburgisch-preußischen Staates gelang es Spener, der von der Orthodoxie überall hart bekämpften pietistischen Bewegung in Preußen Rückhalt zu gewähren. Seine pietistischen Freunde und Schüler wußte er in Schlüsselstellungen des kirchlichen und akademischen Lebens zu bringen. Der weitgehend pietistische Charakter der 1695 gegründeten preußischen Universität Halle ist seinem Einfluß zu verdanken. In den seit 1690 ausbrechenden Streitigkeiten zwischen Orthodoxie und Pietismus erwies sich Spener als überlegener Wortführer der neuen Bewegung. Durch einen riesigen Briefwechsel war er mit allen Zweigen der pietistischen Bewegung verbunden. Seine umfangreichen Predigtbände, seine Katechismuserklärungen, seine theologischen und erbaulichen Gelegenheitsschriften, in denen er das pietistische Drängen auf Wiedergeburt und Bekehrung mit der orthodoxen Rechtfertigungslehre und der Lehre von der Taufwiedergeburt in Einklang zu bringen wußte, erfuhren zahlreiche Auflagen. Als ein wahrer Patriarch des Pietismus starb Spener 1705 in Berlin, nachdem er sich ein Ansehen erworben hatte, wie es seit Luther kein zweiter Theologe in der evangelischen Kirche besaß.

Der separatistische Pietismus

Spener hatte mit dem pietistischen Reformprogramm eine gerade in frommen Kreisen der evangelischen Kirche weitverbreitete radikale Strömung abzufangen versucht, die unter dem Einfluß mystisch-spiritualistischer und puritanischer Literatur zur Separation von der verderbten, als »Babel« denunzierten Volkskirche tendierte. Doch gelang die Verkirchlichung dieser Strömung nicht vollständig. Von dem kirchlichen Pietismus hat sich schon während Speners Frankfurter Jahre eine kirchenkritische Richtung abgespalten: der radikale oder der separatistische Pietismus. Zahlenmäßig gering, gehen von dem radikalen Pietismus doch erhebliche Wirkungen auf Kirchen- und Geistesgeschichte aus.

Urheber der separatistischen Bewegung im lutherischen Pietismus ist der Frankfurter Jurist *Johann Jakob Schütz* (1640–1690). Schütz, mit Spener eng befreundet, hatte diesen 1670 zur Gründung des Frankfurter Collegium Pietatis veranlaßt. Jahrelang war Schütz neben Spener die führende Gestalt des Frankfurter Pietismus, für den er durch erbauliche Schriften und Liederdichtung warb. Fast kann man Schütz den zweiten Begründer des Pietismus nennen. Seine Verbindung mit mystisch-spiritualistischen Kreisen, vor allem aber mit der reformiert-pietistischen Separatistengemeinde Labadies (s. unten S. 150) entfremdete ihn immer mehr der lutherischen Volkskirche. Schütz enthielt sich des Abendmahlsbesuchs, kritisierte die lutherische Rechtfertigungslehre, die er durch die mystisch-spiritualistische Lehre von der Wiedergeburt ersetzte. Seine Anhänger hielten eigene Konventikel. Schütz nahm Verbindung zu den Quäkern auf. Als William Penn zur Besiedelung des Quäkerstaates Pennsylvanien aufforderte, gründete Schütz mit seinen Freunden die Frankfurter Kompanie, die ausgedehnten pennsylvanischen Landbesitz erwarb. Man plante den Auszug aus Babel.

Zu dem Kreis um Schütz gehörte der auch mit Spener befreundete *Franz Daniel Pastorius* (1651–1720), der 1683 als Agent der Frankfurter Kompanie nach Pennsylvanien auswanderte und Germantown bei Philadelphia, die erste deutsche Siedlung auf nordamerikanischem Boden, gründete. Eine von Pastorius 1688 verfaßte Resolution gegen die Praxis des Sklavenhaltens wurde von den höheren Instanzen der Quäker damals noch unterdrückt. Sie genießt den Ruhm, der erste Protest gegen die Sklaverei in der Geschichte Nordamerikas zu sein.

Aus dem frühen Frankfurter Pietismus ist hervorgegangen das durch sein vielgelesenes Schrifttum einflußreiche Ehepaar Petersen. *Johann Wilhelm Petersen* (1649–1727), durch Schütz auf die chiliastische Zukunftshoffnung gebracht, hat in zahlreichen Schriften die Lehre vom Tausendjährigen Reich verbreitet und sie unter dem Einfluß der englischen Böhme-Schülerin Jane Leade zur Lehre von der Allversöhnung (Apokatastasis panton) weitergebildet. Mit seiner Allversöhnungslehre fand er in der frühaufklärerischen Bewegung, vor allem bei Leibniz, Beifall, er hat darüber hinaus in breiten protestantischen Kreisen Eindruck gemacht und den Ernst der altprotestantischen Gerichtserwartung unterhöhlt. Auch im kirchlichen Pietismus hat Petersen viele, oft heimliche Anhänger gefunden. Mit seiner visionär veranlagten Ehefrau *Johanna Eleonora geb. von Merlau* (1644–1724) leugnete Petersen die Einmaligkeit der Offenbarung und lehrte eine fortlaufende Offenbarung durch innere Kundgebungen und Gesichte. Die Visionen der Rosamunde Juliane von Asseburg, eine Mischung von erotischer Heilandsliebe und chiliastischer Apokalyptik, wurden durch Petersens Schriften als göttliche Offenbarungen bekanntgemacht.

Der bedeutendste Kopf des radikalen Pietismus war *Gottfried Arnold* (1666–1714). In der Wittenberger Studienzeit von der lutherischen Orthodoxie abgestoßen, schloß sich der junge Arnold früh an Spener an, der ihn aber nicht auf einem kirchlichen Standpunkt zu halten vermochte. Die mystisch-spiritualistische Frömmigkeit und Kirchenkritik zog ihn in seinen Bann. Arnold schlug den Weg ins kirchliche Amt aus, verzichtete asketisch auf die Ehe. Mit »Babels Grablied« stimmte der dichterisch Hochbegabte der lutherischen Volkskirche den Totengesang an. Eine Gießener Geschichtsprofessur legte Arnold nach einem Jahr wieder nieder aus »Ekel vor dem hochtrabenden ruhmsüchtigen Vernunft-Wesen des Academischen Lebens«. Von der verderbten kirchlichen Gegenwart sich abkehrend, verherrlichte er in einer Reihe von Schriften die Urchristenheit (»Die erste Liebe, d. i. wahre Abbildung der ersten Christen nach ihrem lebendigen Glauben und heiligen Leben«, 1696). Weites Aufsehen erregte Arnolds »Unpartheiische Kirchen- und Ketzerhistorie«, erschienen 1699/1700, eine voluminöse, auf jahrelangen Quellenstudien beruhende Darstellung der gesamten Kirchengeschichte bis zum Jahre 1688. Dies Werk machte ihn weit über die Kreise des Pietismus bekannt, es wurde das einflußreichste literarische Werk des deutschen Pietismus.

Die Eigenart der Arnoldschen Kirchengeschichtsanschauung liegt nicht schon in der radikalen Anwendung der »Verfallsidee«, mit der die gesamte Kirchengeschichte als Abfall von der Vollkommenheit des Urchristentums gezeichnet wurde. Mit der »Verfallsidee« hatten in der Nachfolge Luthers auch schon die Magdeburger Zenturien des Matthias Flacius, das große kirchenhistorische Werk der Frühorthodoxie, gearbeitet. Neu war, daß Arnold den konfessionellen Standpunkt verließ, daß er von der Warte einer mystisch-spiritualistischen »Unparteilichkeit« alle Konfessionskirchen gleichermaßen in den Sog des Verfalls hineingerissen sah. Arnolds Unparteilichkeit ist nicht mit dem modernen Ideal wertfreier historischer Objektivität gleichzusetzen. Von der Schwarzweiß-Malerei älterer Geschichtsschreibung hat er sich nicht gelöst. Aber der Maßstab seines Urteils ist nicht mehr von einer konfessionellen Partei und ihrer Lehre hergenommen. Arnold fällt sein Urteil allein vom individuellen, frommen Leben her. Die großen Lehrer der Kirche, auch Luther, dieser vor allem in seinen späteren Jahren, müssen sich harte Kritik gefallen lassen. Auch die Ketzer, in deren vorurteilsloser Darstellung eine erhebliche historische Leistung Arnolds liegt, werden am Maßstab des frommen Lebens gemessen. Dabei tauscht Arnold keineswegs alle Ketzerhüte in Doktorhüte um – Arius und Pelagius, die Hauptketzer der alten Kirchengeschichte, kommen wegen ihrer Streitsucht sehr schlecht weg. Es sind die von der Welt abgezogenen, ein heiliges Leben führenden Mystiker, denen seine offene Liebe gilt. So bleibt Arnold nicht im bloßen Widerspruch gegen die konfessionalistische Geschichtsbetrachtung stecken. Er hat die Geschichtsschreibung auf eine neue Ebene, auf einen den Menschen, das individuelle Leben in den Mittelpunkt stellenden Standort gehoben. Das moderne, geschichtliche Denken sieht in Arnold einen entscheidenden Bahnbrecher. Durch Goethe, der sein Bild von der Geschichte des Christentums aus der Kirchen- und Ketzerhistorie schöpfte, sind Arnolds Ideen zu weiter Wirkung auf die Bildungswelt der deutschen Klassik gelangt.

Gottfried Arnold hat in späteren Jahren seinen Frieden mit der Kirche gemacht, hat den Weg in die Ehe und ins Pfarramt gefunden. Eine Reihe radikaler Pietisten ist auf dem von ihm gebahnten Wege weitergeschritten. Der Arnold-Schüler *Johann Konrad Dippel* (1673–1734), ein auch naturwissenschaftlich hochbegabter Mann (Erfinder des Berliner Blau), hat die kirchenkritische Unparteilichkeit Arnolds bis zum konsequenten Individualismus weitergebildet, sich am Ende seines Lebens auch mit dem separatistischen Pietismus überworfen und einer individualistischen Privatfrömmigkeit gelebt. In zahlreichen Schriften das orthodoxe wie das pietistische Christentum angreifend, war Dippel der erste, der theologische Fragen ohne allen gelehrten Ballast im journalistischen Stil erörterte. Dies hat ihm einen Ehrenplatz in der Geschichte der deutschen Publizistik vor Lessing eingetragen. Theologiegeschichtlich folgenreich war sein Angriff auf die kirchliche Lehre vom Versöhnungstod Christi. Dippel kannte nur den inneren Christus und bestritt jede Heilsbedeutung des historischen Jesus. Hand in Hand damit ging die Leugnung aller Autorität in Staat und Kirche, die Verwerfung der vom kirchlichen Pietismus unangetastet gelassenen Ständeordnung (»Christenstadt auf Erden ohne gewöhnlichen Lehr-, Wehr- und Nährstand«, 1700).

Andere Wege als der Literat Dippel ging der von Petersen und Arnold für den radikalen Pietismus gewonnene *Ernst Christoph Hochmann von Hochenau* (1670–1721). Seine Bedeutung liegt nicht in einem literarischen Werk, sondern in einer unermüdlichen, über weite deutsche Landschaften sich erstreckenden erwecklichen Predigttätigkeit. Hochmann brachte mit seiner zum Auszug aus Babel aufrufenden und den Anbruch des Tausendjährigen Reiches verkündigenden Predigt einen vielerorts, vor allem in Hessen, der Pfalz und am Niederrhein vorhandenen latenten Separatismus zum offenen Ausbruch. Verfolgung durch die gegenüber allen Formen von Separatismus stets härter als die kirchlichen Gremien reagierende weltliche Obrigkeit trug Hochmann, der dreißigmal verhaftet wurde, ohne Widerstreben. Feste Gemeinden gründete er nicht. Seine Parole lautete »ich finde am besten, alle Secten zu verlassen und Jesu allein anhangen«. Hochmann, eine Art Quäker auf deutschem Boden, lehnte Eid und Todesstrafe ab, kämpfte für einen toleranten Staat und eine christliche Gesellschaft. Vermittelt durch seinen Schüler Alexander Mack, den Begründer der German Baptists in Nordamerika, leben Hochmanns Impulse in der Church of the Brethren bis ins 20. Jahrhundert weiter.

Dagegen waren von kurzer Lebensdauer die kommuneartigen Gemeinschaftsbildungen des radikalen Separatismus, deren bekannteste die Buttlarsche Rotte ist. *Eva von Buttlar* (1670–1717), eine ihrem ungeliebten Gatten entlaufene exaltierte junge Frau, teilte mit dem radikalen Pietismus den Glauben an das nahe Tausendjährige Reich und die Notwendigkeit des völligen Ausgangs aus Babel. Mit ihren Anhängern in Gütergemeinschaft lebend, dehnte Eva von Buttlar den Kommunismus auch auf das sexuelle Gebiet aus. Ihre Anhänger mußten durch leiblichen Eingang in sie als den Teich Bethesda die mystische Einigung mit Christus vollziehen. Aus Hessen vertrieben, hat die Buttlarsche Rotte in Westfalen und im Wittgensteinschen eine Zeitlang ihr Wesen getrieben, bis nach dem Abflauen der ekstatischen Erregung ihre Mitglieder sich ins bürgerliche Leben zurückzogen.

August Hermann Francke und der hallische Pietismus

Der Mann, der auf den Spuren Speners bleibend den entscheidenden Durchbruch des Pietismus im protestantischen Kirchentum bewirkt und zugleich den praktischen Beweis seiner Überlegenheit über die Orthodoxie erbracht hat, ist *August Hermann Francke* (1663–1727). Prediger und Seelsorger, Theologe und Pädagoge, dazu ein Organisator großen Ausmaßes, hat der energische und tatkräftige Francke durch sein mehr als drei Jahrzehnte währendes Wirken in Halle an der Saale die geschichtlich bedeutendste Form des Pietismus hervorgebracht: den hallischen Pietismus.

Francke, in Lübeck geboren und aus einer thüringischen Juristenfamilie stammend, war in der arndtschen Frömmigkeitsrichtung erzogen. Seit seiner Leipziger Studienzeit stand er in enger Verbindung mit Spener. Während eines Studienaufenthaltes in Lüneburg 1687 erlebte Francke nach tagelangen inneren Kämpfen eine plötzliche, sein ganzes Leben bestimmende Bekehrung. Sie machte ihn zugleich der Existenz Gottes und seiner eigenen Wiedergeburt gewiß: »Wie man eine Hand umwendet, so waren alle meine Zweifel hinweg.« Die plötzliche, datierbare und einmalige Bekehrung – Spener noch fremd – ist durch Francke in den Pietismus gekommen. Vermutlich angelsächsischen Einflüssen entspringend und literarisch zuerst durch Theophil Großgebauer an das deutsche Luthertum vermittelt, wird das Bekehrungserlebnis in der Form des »hallischen Bußkampfes« zu einem Hauptkennzeichen des von Francke geprägten pietistischen Frömmigkeitstyps.

Nach Verfolgungen durch die lutherische Orthodoxie in Leipzig, wo er mit Freunden ein Collegium philobiblicum gegründet hatte, und ähnlichen Verfolgungen in Erfurt wurde Francke durch Speners Vermittlung in ein akademisches Lehramt an die preußische Universität Halle und in ein Pfarramt in die Vorstadt Glaucha berufen. Dort gründete er, um der Verwahrlosung der Jugend zu steuern, mit geringen Mitteln 1695 eine Armenschule und ein Waisenhaus. Aus kleinen Anfängen wuchs das hallische Waisenhaus, dem sich im Laufe der Jahre eine Reihe pädagogischer Anstalten sowie Wirtschafts- und Handelsunternehmen angliederten, zu einem riesigen, im protestantischen Deutschland einzigartigen Anstaltskomplex heran, einer Schulstadt, in der das Waisenhaus, das dem Unternehmen den Namen gab, schließlich nur noch einen knapp fünf Prozent der Personenzahl ausmachenden Annex bildete. Francke, theologischer Professor und Anstaltsleiter in einer Person, konnte sich durch die Vermittlung adliger Gönner die Sympathien und den Schutz des Kurfürsten und späteren Königs erwerben. Ohne den Rückhalt am Hof hätte er seine Anstalten gegen vielfache Anfeindungen durch Orthodoxie und Ständetum nicht behaupten und ständig vergrößern können. Dem preußischen Staat wiederum war der hallische Pietismus ein willkommener Bundesgenosse im Kampf gegen das mit der Orthodoxie verbündete Ständetum.

Die vom hallischen Pietismus ausgehenden Wirkungen sind überaus vielfältig. An der Spitze steht die Durchführung der von Spener geforderten Reform des Theologiestudiums an der theologischen Fakultät in Halle, an der Francke und seine pietistischen Freunde *Joachim Justus Breithaupt* (1658–1732) und *Paul Anton* (1661–1730), später auch der streitbare *Joachim Lange* (1670 bis 1744) lehrten. Allen überflüssigen Wissensballast abwerfend, an die Stelle von aristotelischer Philosophie und konfessioneller Polemik die philologische Ausbildung in den biblischen Grundsprachen und die Exegese in den Mittelpunkt rückend, war der hallische Studienbetrieb in seiner Ausrichtung auf Frömmigkeit und Praxis des Predigtamtes den am alten Gelehrtenideal festhaltenden orthodoxen Fakultäten bald hoch überlegen. Sehr schnell war Halle die frequentierteste theologische Fakultät, zu der die Theologiestudenten aus allen Teilen Deutschlands, auch aus dem außerdeutschen Luthertum strömten. Durch Beteiligung der Studenten an Unterricht und pädagogischer Betreuung der Zöglinge seiner Anstalten verband Francke das Theologiestudium unmittelbar mit der Praxis. Heuchelei und Verkrampfung blieben nicht aus, wo Frömmigkeit höher bewertet wurde als wissenschaftliche Bildung. Aber zunächst überzeugte das hallische Bildungsideal durch die Leistungen seiner Adepten. Der preußische Staat schrieb für jeden Pfarrer und Lehrer ein Studium in Halle vor. Erst nach Franckes Tod traten die

Schwächen eines rein von der Praxis her entworfenen Studienbetriebs deutlich ans Licht, meldeten sich die verdrängten theoretischen Probleme.

Der Erneuerung des Pfarrerstandes durch Reform des Theologiestudiums gingen die Pläne zu Erneuerung der übrigen Stände, des Regierstandes und des bürgerlichen Standes, zur Seite. Franckes Schulsystem ist in die herrschende und von ihm respektierte Dreiständeordnung eingepaßt, es kennt sowohl Adelsschulen (Paedagogium regium) als Bürgerschulen. Frömmigkeit und Tüchtigkeit sind die Ausbildungsziele der hallischen Pädagogik. Die Praxis pietatis verbindet sich unmittelbar mit der beruflichen Praxis. Francke führte den Realienunterricht in seinen Schulen ein. Denn ein Christ soll sein »zu allem guten Werk geschickt und ausgerüstet, auf daß also die Welt sehen möchte, daß keine nützlicheren Leute mögen erfunden werden, als diejenigen, die Christo Jesu angehören«. So wird vom hallischen Pietismus ein erheblicher sozialer und wirtschaftlicher Aktivismus entbunden. Ein großer Teil des preußischen Beamtenstandes und Offizierskorps ist durch Franckes Schulen gegangen.

Das Ziel, das August Hermann Francke mit seiner Hallenser Schulstadt vorschwebte, tritt erst mit dem Plan seines »Seminarium universale« voll ans Licht. Aus diesem Seminar sollten jährlich Hunderte von pietistisch erzogenen Kräften ausgesandt werden, um »eine reale Verbesserung in allen Ständen in und außerhalb Deutschlands, ja in Europa und in allen Teilen der Welt« ins Werk zu setzen. Die hallischen Anstalten, in deren Wachstum Francke das unmittelbare Wirken Gottes erblickte, sollten so zum Zentrum eines die ganze Welt umspannenden Reformwerks werden. »Weltverwandlung durch Menschenverwandlung«, auf diese Formel lassen sich Franckes Reformziele bringen (Martin Schmidt).

Auch wenn Franckes universale Pläne scheiterten, griffen die von Halle ausgehenden Impulse doch weit über den Raum des deutschen Protestantismus hinaus. Francke stand durch eine riesenhafte Korrespondenz mit Freunden in allen Weltteilen in Verbindung, besonders mit den Deutschen in Nordamerika, Rußland, dem Baltikum, Südosteuropa. Tochtergründungen von Schulen und Waisenhäusern fanden sich in vielen Ländern der Erde. Zusammen mit dem Freiherrn *Carl Hildebrand von Canstein* (1667–1719) gründete Francke die erste deutsche Bibelanstalt, die durch Anwendung des Stereotypdruckes Bibeln ständig nachdrucken und in billigen Auflagen unter das Volk bringen konnte (Cansteinsche Bibelanstalt 1710). Als der Dänenkönig Friedrich IV. 1706 die in Halle ausgebildeten Theologen *Bartholomäus Ziegenbalg* (1682–1719) und *Heinrich Plütschau* (1677–1746) als Missionare nach Indien schickte, machte Francke die Heidenmission zu einem Adoptivkind seiner Anstalten. Die dänisch-hallische Mission wurde das erste Institut der äußeren Mission in der Geschichte des deutschen Protestantismus. Aus der hallischen Diasporaarbeit erwuchs weiter die Fürsorge für ein geordnetes kirchliches Leben unter den lutherischen Deutschen in Nordamerika. Der 1742 von Halle ausgesandte *Heinrich Melchior Mühlenberg* (1711–1787) sammelte mit Hilfe nachgesandter Mitarbeiter in geduldiger Arbeit die Lutheraner und wurde zum Begründer der ersten deutschen lutherischen Kirchenorganisation Nordamerikas. Doch mußten die ökumenischen Aktivitäten im Laufe der Zeit zurücktreten, da immer mehr auf die Schultern Halles die Sorge für Kirche und Schulen Preußens gelegt wurden. Es wurde das Schicksal des hallischen Pietismus und schnitt ihm schließlich die Lebensfäden ab, daß er sich völlig in die Organisation des aufstrebenden preußischen Staates hineinziehen lassen mußte. Mit der Ausrichtung seiner Erziehung auf Gottesfurcht und Pflichterfüllung wurde der hallische Pietismus eine Art »preußischer Staatsreligion« (C. Hinrichs).

Der württembergische Pietismus

Die pietistische Bewegung hat sich um die Wende des 17. zum 18. Jahrhundert in fast allen deutschen Ländern ausgebreitet. Es war ein Ausnahmefall, daß in Hannover der Pietismus durch harte Gesetzgebung auf Dauer unterdrückt wurde, hier konnten nur versprengte pietistische Gruppen fortexistieren. Selbst in Kursachsen, der Hochburg der antipietistischen Spätorthodoxie, wo Valentin Ernst Loescher (1673–1749), der letzte große Repräsentant der Orthodoxie, einen maßvollen Kampf gegen die neue Frömmigkeitsrichtung führte, setzte sich der Pietismus durch. Kein Territorium aber ist so umfassend vom Pietismus durchdrungen und so dauerhaft von ihm geprägt worden wie Württemberg.

In dem Land, das Johann Valentin Andreä nach dem Dreißigjährigen Krieg durch die Erneuerung der Kirchenzucht hatte bessern wollen, hatten die Pia Desideria ein weites Echo gefunden. Vielerorts entstanden die von Spener vorgeschlagenen Erbauungsversammlungen. Anfänglich bekämpft, wurden die pietistischen Konventikel durch das staatliche Pietistenreskript von 1743 offiziell anerkannt und als ordentliches Verfassungsinstitut in das kirchliche Leben eingegliedert. Die württembergische Kirche hat seitdem ihre pietistische Prägung nie ganz verloren.

Im Unterschied zum hallisch-preußischen Pietismus hat der württembergische Pietismus stärkere sozialreformerische Impulse nicht freigesetzt. Die originalen Köpfe des württembergischen Pietismus, die »Schwabenväter«, liegen nicht auf der Linie des zupackenden Organisators Francke. Hier schlägt der besinnliche, zur Spekulation neigende schwäbische Stammescharakter durch. Einflüsse der Mystik, die Theosophie Jakob Böhmes, chiliastische Spekulationen sind in Württemberg williger aufgenommen worden als die Erbauungsbücher des Puritanismus.

Die bedeutendste Gestalt des württembergischen Pietismus war *Johann Albrecht Bengel* (1687–1752), Präzeptor an der Klosterschule Denkendorf, zuletzt Konsistorialrat in Stuttgart. Bengel ist der erste pietistische Theologe, der sich den Problemen gestellt hat, die sich durch die Fortschritte der westeuropäischen Bibelwissenschaft auf dem Gebiet der neutestamentlichen Textforschung ergaben. Ohne am Inspirationsdogma irre zu werden, hat er durch die Ordnung des neutestamentlichen Handschriftenbestandes die Textforschung auf solide Füße gestellt. Bengels Griechisches Neues Testament von 1734 ist die erste textkritische Ausgabe der deutschen theologischen Wissenschaft. Sie hebt die neutestamentliche Textforschung weit über den in England erreichten Stand hinaus. Das Recht auf rein wissenschaftliche Bibelarbeit hat Bengel gegen die Kritik des hallischen Pietismus erkämpfen müssen: »Können diese Männer die Lebensbächlein hin und wieder zerteilen und fruchtbarlich verbreiten«, so Bengels Replik auf den hallischen Vorwurf der Zeitvergeudung, »so sehe ich hingegen nach den Brunnenstuben.«

Aus der Beschäftigung mit der Bibel stammt auch jene umstrittene Entdeckung, die Bengel zur Autorität im württembergischen Pietismus und weit darüber hinaus hat werden lassen. Es ist die Berechnung des Zeitpunktes, zu dem Christus wiederkommen wird, um das Tausendjährige Reich auf Erden zu errichten. Bengel hat, pietistischem Schriftverständnis entsprechend, die Bibel als die Offenbarung des gesamten göttlichen Heilsplanes angesehen. Aus der Johannesoffenbarung hat er das Jahr 1836 als Datum der

Wiederkunft Christi errechnet. Gegenüber glühender chiliastischer Naherwartung im frühen Pietismus bedeutete das ein Hinausschieben des Endes. Und verglichen mit der sich auf Visionen berufenden chiliastischen Propaganda des Ehepaares Petersen war Bengels Enthüllung des endzeitlichen Geheimnisses durch eine fast wissenschaftliche Nüchternheit ausgezeichnet. »Sollte das Jahr 1836 ohne merkliche Änderung verstreichen, so wäre freilich ein Hauptfehler in meinem System und man müßte eine Überlegung anstellen, wo er stecke.« Gerade Bengels Nüchternheit hat ihm zu seinem großen und langanhaltenden Ansehen im Pietismus verholfen. Seine vielgelesene Schriftauslegung (»Gnomon Novi Testamenti«, 1742) hat die Flamme der Enderwartung in den Kreisen des Pietismus wachgehalten. Im 19. Jahrhundert ist von hier aus das apokalyptische Fieber chiliastischer Gruppen und Sekten ausgebrochen.

Neben Bengel ragt *Friedrich Christoph Oetinger* (1702–1782) als der originellste und tiefsinnigste unter den Schwabenvätern hervor. Schüler Bengels, württembergischer Pfarrer und Prälat, ist er der Philosoph des Pietismus geworden. Nachdem Arndt und Spener den Akzent von der Lehre auf das Leben gelegt hatten, hat Oetinger das »Leben« zum Urbegriff erhoben, aus dem alle Lehre hergeleitet wird (Theologia ex idea vitae deducta, 1765). Im Lebensbegriff ist der Gegensatz zwischen geistigem und materiellem Sein aufgehoben. »Theologie und Chemie sind bei mir ein Ding«, heißt es bei Oetinger, der von der Theosophie eines Jakob Böhme und Swedenborg beeinflußt die Auseinandersetzung mit dem von Descartes bestimmten Rationalismus führt. Gott soll nicht in einer geistigen Transzendenz, sondern tief in den Dingen dieser Welt erkannt werden (»Leiblichkeit ist das Ende der Werke Gottes«). Oetinger hat literarisch und von der schwäbischen Dorfkanzel herab die westeuropäische Aufklärung bekämpft, aber auch die Leibnizsche Philosophie kritisiert, weil sie ihren Gottesbegriff aus der Vernunft, nicht aus der Bibel schöpfte. Dem Spenerschen Ideal einer aus der Bibel erhobenen Philosophie, einer »philosophia sacra«, kommt Oetinger am nächsten. Starke Anregungen sind von ihm auf die Philosophie des deutschen Idealismus, vor allem auf Schelling, ausgegangen.

Der niederrheinische Pietismus

Der niederrheinische Pietismus nimmt in der pietistischen Bewegung Deutschlands eine Sonderstellung ein. Er ist reformierten Gepräges, trotz vieler Beziehungen zum Spenerschen Pietismus von diesem unabhängig. Seine Wurzeln liegen in den mit dem niederrheinisch reformierten Gebiet stets eng verbundenen Niederlanden.

In den Niederlanden hat *Jean de Labadie* (1610–1674), ein aus Frankreich stammender Exjesuit, der 1650 zum reformierten Glauben übergetreten war, die Bewegung des Pietismus ausgelöst. Labadie, nach einer aufsehenerregenden Predigttätigkeit in Genf von der niederländischen Reformpartei um Gisbert Voetius nach dem seeländischen Middelburg geholt, rief in Predigten und Schriften zu einer Reform der Kirche nach dem Muster des Urchristentums auf. Sein auf Trennung der erwählten Kinder Gottes von den Kindern der Welt zielender Frömmigkeitseifer führte dazu, daß sich seine Anhänger in besonderen Versammlungen verbanden. Dadurch kam Labadie mit dem niederländischen Volkskirchentum in Konflikt. Er wurde aus der reformierten Kirche ausgeschlossen, sammelte daraufhin eine Personalgemeinde in Amsterdam, wo man in kommunistischer Gütergemeinschaft lebte. Eine Reihe vornehmer Männer und Frauen, darunter die wegen ihrer Gelehrsamkeit in ganz Europa berühmte *Anna Maria van Schurman* (1607 bis 1678), schlossen sich Labadie an. Aus Amsterdam vertrieben, gelangte die labadistische Separatistengemeinde 1670 nach Herford in Westfalen, wo sie unter dem Schutz der Äbtissin Elisabeth von der Pfalz, einer Freundin der Schurman, eine rege Propagandatätigkeit entfaltete. Durch Reichskammergerichtsbeschluß aus Herford vertrieben, siedelten die Labadisten 1672 in die Freistadt Altona über, später zogen sie nach Wiewert in Friesland. Das in einem reichen Schrifttum von Labadie und seinen Anhängern vertretene Ideengut, das zum Auszug aus Babel und zur Absonderung der Frommen von der Welt aufrief, wirkte weit in den Raum der deutschen reformierten, teilweise auch der lutherischen Kirche hinein. Die vielerorts unter labadistischem Einfluß entstehenden Konventikel konnten von den reformierten Synoden nur mühsam kontrolliert werden.

Der Begründer des kirchlichen Pietismus in der deutschen reformierten Kirche ist *Theodor Undereyck* (1635–1693). Als Pfarrer in Mülheim/Ruhr, später in Bremen wirkend, hat Undereyck – früher noch als Spener – die ersten kirchlichen Konventikel in die reformierte Kirche eingeführt. Von seinen Schülern wurde *Joachim Neander* (1650–1680) bekannt als Liederdichter. *Friedrich Adolf Lampe* (1683–1729) prägte als Katechet und Seelsorger den Bremer und den niederrheinischen Pietismus.

Die bedeutendste Gestalt des deutschen reformierten Pietismus ist *Gerhard Tersteegen* (geb. 1697 in Moers, gest. 1769 in Mülheim/Ruhr). Von Beruf Bandwirker und durch nächtliche Lektüre theologisch gebildet, hat Tersteegen durch seine Ansprachen in pietistischen Konventikeln, durch seinen ausgedehnten seelsorgerlichen Briefwechsel, durch seine Liederdichtung und sein reiches erbauliches Schrifttum eine einzigartige Wirkung ausgeübt. Zu dem in asketischer Ehelosigkeit und zeitweilig als Einsiedler lebenden Tersteegen kamen Menschen von weither gezogen, um seinen Rat als »Seelenführer« einzuholen. Tersteegen ist Mystiker, aber seine Mystik bleibt auf biblischem Grund. Sein Hauptwerk »Auserlesene Lebensbeschreibungen heiliger Seelen« (3 Bände 1733–1753) machte mit dem Gedankengut der romanischen, quietistischen Mystik bekannt. Die Gedichtsammlung »Geistliches Blumengärtlein« erlebte zahllose Auflagen. In seinen »Gedanken über die Werke des Philosophen von Sanssouci« kritisierte er in ruhiger Gelassenheit die aufklärerische Haltung seines Landesherren Friedrich II. Tersteegen wurde der Hauptrepräsentant und Führer der sogenannten »Stillen im Lande«, jener pietistischen Frommen, die in Distanz zur Welt, aber auch zur verfaßten Kirche einer mystisch-quietistischen Frömmigkeit lebten.

Zinzendorf und die Brüdergemeine

Die einzige dauerhafte Sonderkirchenbildung, die der deutsche Pietismus hervorgebracht hat, ist die Herrnhuter Brüdergemeine. Ihr Begründer war eine der eigenartigsten Gestalten der gesamten Kirchengeschichte, ein Mann, den man den größten religiösen Genius des Protestantismus nach Martin Luther genannt hat: der Graf von Zinzendorf.

Nikolaus Ludwig Reichsgraf von Zinzendorf und Pottendorf (1700–1760) entstammte einem wegen seines protestantischen Glaubens emigrierten niederösterreichischen Adelsgeschlecht. Als Sohn eines sächsischen Ministers war er in Dresden geboren und unter dem Einfluß seiner frommen Großmutter im Spenerschen

Geiste erzogen worden. Zögling des hallischen Pädagogiums, kam Zinzendorf früh mit August Hermann Francke in enge Berührung, empfing tiefe Eindrücke vor allem von den missionarischen Unternehmungen der hallischen Anstalten. Schon als Schüler begann er Gemeinschaften, philadelphische Sozietäten zum Dienst an Jesus zu gründen (Senfkornorden). In die vorgeprägten Formen der hallischen Schule ließ sich sein originaler Geist nicht zwängen. Gegen den Bekehrungspietismus, den hallischen Bußkampf, ist Zinzendorf zeitlebens skeptisch geblieben, wie er auch den durchschnittlichen pietistischen Chiliasmus, der ihm zuerst in den Schriften Petersens begegnete, später in der Gestalt des württembergischen Pietisten Bengel entgegentrat, nicht übernahm. Auch in die festen Fronten von Orthodoxie und Pietismus wollte sich Zinzendorf nicht einreihen lassen. Dem nach seiner Hallenser Zeit an der orthodoxen Universität Wittenberg das Jurastudium aufnehmenden neunzehnjährigen Zinzendorf gelang es, den Pietisten Francke und den orthodoxen Loescher, die Repräsentanten der beiden verfeindeten Kirchenparteien, zu einem Versöhnungsgespräch an einen Tisch zu bringen (Merseburger Religionsgespräch 1719).

Die übliche akademische Studienreise brachte Zinzendorf nach Paris, wo er die geistigen Strömungen Frankreichs, Jansenismus und Aufklärung, kennenlernt. Enge Freundschaft schließt er mit dem jansenistisch gesonnenen Kardinal Noailles, Erzbischof von Paris. Gemeinsam versenkten sich beide »in das unergründlich tiefe Meer des Leidens und Verdienstes Jesu«. Zinzendorf erkennt, daß die konfessionellen Differenzen nicht bis zum »Herzen« reichen. Ihm öffnet sich das Verständnis der Religion als »Herzensreligion«. Vom Gedanken der »Herzensreligion« her erklären sich Zinzendorfs erstaunliche Sympathien für die westeuropäische Aufklärung. Er ist der erste deutsche Lutheraner, der die Schriften der radikalen Aufklärer mit Lust und Zustimmung gelesen hat. Nächst der Bibel will er in keinem Buch lieber gelesen haben als in Pierre Bayles »Dictionnaire historique et critique«, dem Standardwerk der Frühaufklärung. Zinzendorf wendet sich vollständig ab von der in der akademischen Theologie und Philosophie Deutschlands üblichen Abwehr des aufklärerischen Atheismus durch die natürliche Theologie. Philosophische Gottesbeweise, vernünftige Demonstration der Existenz Gottes interessieren ihn nicht. Ja noch mehr, Zinzendorf hält jeden Versuch, mit der Vernunft zu Gott zu gelangen, für schädlich. Nicht der Gottesglaube, sondern der Atheismus entspreche der natürlichen Anlage der menschlichen Vernunft von der Schöpfung der Welt her. Herz und Verstand, die Tiefe religiösen Gefühls und die Höhe rationalen Begreifens werden von Zinzendorf so radikal getrennt, daß jeder Streit zwischen beiden, aber auch jeder Versuch der Vermischung und Vermittlung unsinnig wird. »Wer Gott im Kopfe weiß, der wird ein Atheist.«

Die Kehrseite der Ablehnung aller vernünftigen Gotteserkenntnis ist die Hinwendung des Herzens zur Offenbarung, zur geschichtlichen Offenbarung Gottes in Jesus Christus als dem einzigen, ausschließlichen Weg zu Gott. »Ohne Jesus wäre ich Atheist.« Zinzendorfs Theologie ist innerhalb der protestantischen Tradition in einzigartiger Weise christologisch, ja christozentrisch orientiert. Die gesamte Theologie scheint in der Christologie aufzugehen. Zinzendorf hat sich im Laufe seiner theologischen Entwicklung immer mehr an Luthers Theologie des Kreuzes orientiert. Der Mann am Kreuz und sein stellvertretendes Strafleiden, letzteres von Zinzendorf gegen alle aufklärerische und radikal-pietistische Kritik festgehalten, steht im Mittelpunkt seines Denkens, seiner Lieder und erbaulichen Reden.

Diese eigenartige, vom durchschnittlichen pietistischen Heiligungsstreben ebenso wie von der orthodoxen Lehrhaftigkeit sich entfernende Frömmigkeit hat Zinzendorf nicht für sich allein entwickelt. Ausbildung und Fortentwicklung von Zinzendorfs Denken sind eng verknüpft mit den religiösen Gemeinschaftsgründungen, die nach den philadelphischen Sozietäten seiner Studienjahre und den Erbauungsversammlungen aus der Zeit im Dresdner Staatsdienst ihre feste Gestalt finden in der Herrnhuter Brüdergemeine.

Von der Gegenreformation versprengten Gruppen mährischer Glaubensflüchtlinge, Abkömmlinge der alten aus der hussitischen Bewegung hervorgegangenen Böhmisch-Mährischen Brüderunität, hatte Zinzendorf auf dem Gebiet seines Gutes Berthelsdorf in der Oberlausitz Wohnrecht gewährt. Dort gründeten sie unter Führung des Deutsch-Mähren *Christian David* (1691–1751) die Siedlung Herrnhut (1722). Während Zinzendorf im juristischen Staatsdienst in Dresden stand, wuchs die Herrnhuter Gemeinde schnell, nahm aber radikale, kirchenkritische Züge an und widersetzte sich allen Versuchen der Inkorporation in die lutherische Landeskirche. Die Gefahr einer separatistischen Sektenbildung auf eigenem Grund und Boden bewog Zinzendorf, um Urlaub einzukommen, um sich ganz den Herrnhuter Ansiedlern zu widmen. Seiner hinreißenden Beredsamkeit und Überzeugungskraft gelang, was dem lutherischen Pfarrer in Berthelsdorf nicht gelungen war. Die Gefahr der Separation wurde gebannt. Zinzendorf vermochte es, die Herrnhuter in die lutherische Pfarrei Berthelsdorf zu inkorporieren und die Brüder zum Besuch des volkskirchlichen Gottesdienstes zu verpflichten. Gleichzeitig kam Zinzendorf ihrem Selbständigkeitsstreben entgegen. Durch die Gründung der »Erneuerten Brüderunität« (1727) gab er den Brüdern das stolze Gefühl, ihre alte, von der Gegenreformation zertretene Glaubensgemeinschaft neu begründet zu haben. Er sicherte ihnen eigene Verfassungsformen zu, stellte das Ältestenamt wieder her und gab ihnen mit Sing- und Feierstunden eigene Formen gemeinsamer Erbauung. Von nun an bis zu seinem Tod lebte Zinzendorf nur noch der Brüdergemeine.

Das nach 1727 in Herrnhut aufbrechende religiöse Leben ist in der Geschichte der evangelischen Frömmigkeit einzigartig. Warteten andere pietistische Gruppen auf den wiederkommenden Herrn, so wußte man sich in Herrnhut bereits mit dem Heiland in unmittelbarem persönlichen Kontakt verbunden. Die Gemeinde, nach Geschlecht und Familienstand in »Chöre«, diese wiederum in die kleinen Gemeinschaften der »Banden« und »Klassen« geteilt, entwickelte ein religiöses Gemeinleben, das seinen Ausdruck in vielfältigen Formen: in religiöser Dichtung und erbaulicher Literatur, in neuen Gottesdienstformen und neuen seelsorgerlichen Praktiken fand. In den abendlichen Gemeindeversammlungen entstand der Brauch, Losungen für den kommenden Tag auszugeben, später für ein ganzes Jahr gedruckt als Losungen der Herrnhuter Brüdergemeine.

Am erstaunlichsten ist das in Herrnhut erwachende Missionsbewußtsein. Die Herrnhuter Mission ist die erste spontane Missionsbewegung im deutschen Protestantismus. Zum ersten Male in der neueren Missionsgeschichte tritt die sendende Gemeinde als Trägerin der Mission auf. Durch das Los, das unter den Brüdern als Gottesurteil in Geltung stand, entschied die Gemeinde über Person und Ort der Missionstätigkeit. Die beiden ersten Brüdergemeinmissionare Leonhard Dober und David Nitschmann wurden 1732 nach Westindien ausgesandt, ein Jahr darauf ging Christian David nach Grönland. Unter schweren Opfern an Menschenleben haben die Brüdergemeinmissionare in vielen Weltteilen dauerhafte Missionsgebiete gegründet. Während die dänisch-hallische Mission, auf das dänische Kolonialgebiet in Indien beschränkt, im ganzen 18. Jahrhundert 60 Missionare besaß, waren bis zu Zinzendorfs Tod 226 Brüdermissionare in alle Weltteile ausgesandt.

Neben die äußere Mission tritt eine Art innere Missionstätigkeit, unter der die Erweckungsreisen Zinzendorfs besonders hervorragen. Zinzendorf ließ 1734 vor einer theologischen Kommission seine Orthodoxie prüfen und sich in Tübingen in den theologischen Kandidatenstand aufnehmen, um das Odium eines nichtlegitimierten Laienpredigers loszuwerden. Er hat – meist zu mehreren Malen – Deutschland von Süd bis Nord und Ost bis West, die Schweiz, die Niederlande, England, Dänemark, die baltischen Länder, Rußland, Nordamerika und Westindien bereist. Frucht dieser Wanderschaft sind eine Reihe deutscher und ausländischer Tochtergründungen nach dem Muster Herrnhuts, dazu eine große Zahl von Freundeskreisen der Brüdergemeine an Fürsten- und Adelshöfen, sowie im Bürgertum der großen Städte.

Zinzendorfs ursprünglicher Gedanke, die Brüdergemeine eine ecclesiola in ecclesia im Spenerschen Sinne, also eine Lebenszelle innerhalb der Landeskirche werden zu lassen, schlug fehl. Zu stark war der Selbständigkeitsdrang der mit dem Grafen durchaus nicht immer einigen Brüder. In Preußen ließen die Brüder während Zinzendorfs Amerikareise 1742 die Brüderunität als besondere Religionsgemeinschaft anerkennen. Auch in England wurden sie eine selbständige Religionsgesellschaft. Wenigstens in Sachsen gelang Zinzendorf, der nach jahrelangem Aufenthaltsverbot 1747 das Land wieder betreten durfte, die Anerkennung als Augsburger Konfessionsverwandte mit eigenem Religionsexerzitium innerhalb der Landeskirche.

Zinzendorf, in dessen westdeutschen Gemeinden eine große Zahl reformierter Christen aufgenommen wurde, wahrte den Zusammenhang mit den großen Kirchen durch seine »Tropentheorie«. Die verschiedenen Konfessionen sah er als unterschiedliche Erziehungsformen (»Tropen«) an, die Gott zur Ausbreitung des Christentums gebraucht. Die zur Brüdergemeine kommenden lutherischen und reformierten Christen gaben ihre konfessionelle Eigenart, ihren Tropus, nicht auf; sie blieben auch in der Gemeine lutherischen und reformierten Bekenntnisses. So umfaßte die Brüdergemeine schließlich den mährischen, den lutherischen und den reformierten Tropus.

Die Wirkungen Zinzendorfs und der Herrnhuter Frömmigkeit

auf Kirche und Gesellschaft im 18. Jahrhundert sind überraschend vielfältig. Religiöse Extravaganzen, der bis zur Geschmacklosigkeit gehende Kult mit dem Bruder Lämmlein und der Seitenhöhle Christi, vor allem in der enthusiastischen Periode der »Sichtungszeit« (1743–1750), haben der Ausstrahlungskraft der Brüdergemeine keinen Abtrag getan. Mitten im Strom der Aufklärung bildete die Brüdergemeine eine Insel, auf der viele von der kalten Verständigkeit der Aufklärung abgestoßene Geister Zuflucht fanden. Lessing, Goethe, Herder haben mit Hochachtung von der Brüdergemeine gesprochen, auf die beiden letzteren hat Zinzendorfsche Frömmigkeit tief eingewirkt.

II Die Aufklärung

Im 17. Jahrhundert bildet sich in einer Reihe europäischer Länder eine geistige Bewegung, die von den konfessionellen Kirchentümern und ihrem autoritativen Wahrheitsanspruch sich abwendend die Ideen der Toleranz, der Freiheit und der autonomen Vernunft auf ihre Fahnen schreibt. Ausgehend von der Philosophie, schwillt sie im 18. Jahrhundert zu einer alle Lebensgebiete durchdringenden Macht an, die das geistige Gesicht Europas prägt und in der Französischen Revolution zum Sieg über die traditionellen Mächte von Thron und Altar gelangt. Mit einem um die Mitte des 18. Jahrhunderts aufkommenden Wort wird diese Bewegung die »Aufklärung« genannt.

Die westeuropäische Aufklärung

Die geistigen Wurzeln der europäischen Aufklärung reichen, sieht man von der ersten Aufklärung der antik-griechischen Philosophie ab, in die kritischen Strömungen des mittelalterlichen Denkens, vor allem aber in die Renaissance des 15. und 16. Jahrhunderts zurück. Entstehungsgebiet der Aufklärung sind die modernen westeuropäischen Nationalstaaten: die Niederlande, England, Frankreich.

In den Niederlanden, die sich in jahrzehntelangem Freiheitskampf gegen die spanisch-katholische Herrschaft die Freiheiten einer bürgerlich-aristokratischen Verfassung errungen haben und als erstes europäisches Land eine weitgehende Religionsfreiheit gewähren, finden die Ideen der Aufklärung in den Schichten des freien, wohlhabenden Bürgertums breiten Widerhall. Hier bildet eine Schule der Franzose *René Descartes* (1596–1650), der das Denken von der Bindung an die Tradition und Autorität befreit, der durch das Prinzip des Zweifels und des klaren und deutlichen Erkennens (clare et distincte percipere) eine neue, der autonomen Vernunft entsprechende Methode in die Philosophie einführt. Mit Descartes endet das Zeitalter, in dem die Philosophie sich bescheidet, Magd der Theologie zu sein. Es beginnt das Zeitalter der natürlich-vernünftigen Weltentwürfe, das Zeitalter der großen philosophischen Systeme. Descartes, der jeden Zusammenstoß mit der Kirche meidend sich auf die philosophische Sphäre beschränkte, wird sofort überboten von dem aus dem Judentum stammenden *Benedictus de*

Spinoza (1632–1677), der den cartesianischen Dualismus von Geist und Materie in ein System des Pantheismus umbildet (deus sive natura), darüber hinaus die Bibel zum Gegenstand rein vernünftiger, voraussetzungsloser Erklärung macht. Spinozas »Theologisch-politischer Traktat« (1670), eine Streitschrift für Toleranz und Glaubensfreiheit, läßt die Bibel nur noch als Geschichtsbuch des Volkes Israel gelten, leugnet die biblischen Wunder und nimmt in scharfsinniger literarischer Analyse ein gut Teil der Erkenntnisse der späteren historischen Bibelkritik vorweg. Als der Spinoza-Schüler *Ludwig Meyer* (1629–1681) die Philosophie zur alleinigen Auslegungsinstanz der Bibel erhebt (Philosophia sacrae scripturae interpres, 1666), muß die niederländisch-reformierte Theologie den Kampf mit der rationalistischen Schriftauslegung aufnehmen zu einer Zeit, in der Deutschland von aufklärerischen Einflüssen noch nahezu unberührt ist.

Der Strom der Aufklärung wendet sich von den Niederlanden nach England, wo nach dem maßvollen *John Locke* (1632–1704), der die Offenbarung mit der Vernunft harmonisiert (The Reasonableness of Christianity, 1695), um 1700 die Bewegung des Deismus entsteht. An einem allgemeinen Gottesglauben festhaltend, wendet sich der Deismus weniger gegen die Autorität von Kirche und Dogma, deren Macht durch die Toleranzakte von 1689 in England bereits geschwächt ist, als gegen die von allen Denominationen gemeinsam festgehaltene Autorität der Bibel als Urkunde einer übernatürlichen, im Glauben anzunehmenden Offenbarung. *John Toland* (1670–1722) hat mit seiner Schrift »Christianity not mysterious« (1696) das Programm des Deismus formuliert: das Christentum enthält nichts Geheimnisvolles, nichts, was gegen oder über die Vernunft geht. Positiv gewendet: das Christentum ist mit dem Vernunftglauben, mit der »natürlichen Religion« identisch. *Matthew Tindal* (1657–1733) geht konsequent weiter zur Sachkritik an der Bibel, zur Kritik vor allem an dem der Vernunft anstößigen Alten Testament (Christianity as old as the creation, 1730). *Anthony Collins* (1676–1729) brachte den Begriff des »Freidenkers« in Umlauf (Discourse of Free-thinking, 1713).

Die deistische Bibelkritik hat eine Sturmflut von Gegenschriften hervorgerufen. Dem Deismus trat der Antideismus gegenüber. Spezielle Streitpunkte bildeten der biblische Kanonsbegriff, die biblischen Wunder und der Weissagungsbeweis. Anders als später in Frankreich setzte sich die deistische Aufklärung in England nicht durch. Der Antideismus behielt die Oberhand, konnte es aber nur, weil er, nicht an ein starres Inspirationsdogma gebunden wie die festländischen Orthodoxien, wesentliche Einsichten in die Geschichtlichkeit der Bibel aufnahm. Deistische und antideistische Literatur haben erhebliche wissenschaftliche Fortschritte auf dem Feld der historischen Bibelwissenschaft gebracht. So konnte in Deutschland während des 18. Jahrhunderts das Bekanntwerden mit der antideistischen Literatur geradezu zur Entwicklung einer freieren, vom orthodoxen Schriftprinzip wegführenden historischen Theologie beitragen (vgl. unten S. 166).

Ihren Höhepunkt und ihre radikalste Ausprägung erfuhr die Aufklärung im 18. Jahrhundert in Frankreich. Vorbereitet durch die skeptischen Strömungen der Renaissancephilosophie und um 1700 in der Gestalt des nach Holland geflüchteten hugenottischen Philosophieprofessors *Pierre Bayle* (1647–1706) zur offenen Kritik an kirchlicher Autorität und Dogmenglauben fortschreitend, ist die französische Aufklärung in ihr akutes Stadium getreten erst durch die Einwirkung angelsächsischer Einflüsse. *Voltaire* (1694–1778), Schriftsteller und Philosoph, der geistvollste und einflußreichste Kopf der französischen Aufklärung, hat nach seinen englischen Exilsjahren die Franzosen mit den politischen Zuständen der englischen Demokratie, der religiösen Toleranz und dem Gedankengut der englischen Philosophie bekanntgemacht (»Philosophische Briefe über die Engländer«, 1734). Die von Voltaire popularisierten Ideen des englischen Deismus fanden in dem von der katholischen Kirche beherrschten Frankreich einen sehr viel aufnahmebereiteren Boden als im protestantischen England. Die französische Aufklärung entwickelte sich in breiten Schichten des Bürgertums zu einer Kampfbewegung gegen die katholische Kirche. Deren Intoleranz legte Voltaire bei seinem Eintreten für den unschuldig verurteilten Hugenotten Jean Calas bloß (»Sur la tolérance«, 1763). Voltaires Parole »écrasez l'infâme« (= rottet die Verruchte aus) wurde zum Kampfruf, der in der Französischen Revolution seine Erfüllung fand.

Während Voltaire bei allem Spott über Christentum und Kirche an einem vernünftigen Gottesglauben festhielt, gingen aus dem Kreis der »Enzyklopädisten«, der Mitarbeiter der von Diderot und d'Alembert herausgegebenen »Encyclopédie« (35 Bände, 1751–1772 bzw. 1780), einzelne zum Materialismus und Atheismus über. Der deutschstämmige Baron *Dietrich von Holbach* (1723 bis

1789) erklärte die Religion zur größten Feindin der natürlichen Moral. Das Glück der Menschheit hänge am Atheismus. Sein »Système de la nature« (1770) galt als Bibel des Materialismus.

Jean Jacques Rousseau (1712–1778), aus dem calvinistischen Genf stammend, hielt an Religion und Gottesglauben fest, gründete aber gegen den aufklärerischen Rationalismus den Gottes- und Unsterblichkeitsglauben nicht auf die Verstandeserkenntnis, sondern auf das unverdorbene natürliche *Gefühl*. Mit der Anschauung, daß der Mensch von Natur gut sei, nur äußere Einflüsse der menschlichen Gesellschaft ihn böse machten, stand Rousseau im Widerspruch zur christlichen Erbsündenlehre. Mit seiner Kritik am Glauben an den unbedingten Fortschritt der menschlichen Zivilisation stellte er sich andererseits in Gegensatz zur Aufklärung. Rousseau hat mit seiner Pädagogik und Gesellschaftslehre tiefgehenden Einfluß auf Deutschland ausgeübt. Dagegen fand Voltaires Religionsspott in Deutschland keine Resonanz. Holbachs Materialismus wurde im Kreis um den jungen Goethe als »Quintessenz der Greisenhaftigkeit« verlacht.

Leibniz und die deutsche Aufklärungsphilosophie

Die Aufklärung ist in Deutschland fast gleichzeitig mit dem Pietismus angebrochen. Um das Jahr 1670, während Spener in Frankfurt das erste pietistische Konventikel gründet, entwirft im nahen Mainz der junge *Gottfried Wilhelm Leibniz* (1646–1716) in seinen genialen Frühschriften die Grundlinien des Systems der deutschen Aufklärungsphilosophie. Leibniz, der »Vater der deutschen Aufklärung«, und Spener, der Vater des Pietismus, sind in diesen Jahren in enger Freundschaft verbunden. Beide treffen sich in der Abkehr von der Streitsucht der Orthodoxie und der aristotelischen Scholastik, sie suchen gemeinsam nach neuen tragfähigen Grundlagen für einen geistigen Wiederaufbau in Deutschland, sind überzeugt von der Notwendigkeit der Auseinandersetzung mit dem im westeuropäischen Denken vordringenden Mechanismus und Atheismus. Kurze Zeit konnte es aussehen, als ob, wie einst bei Luther und Melanchthon, eine neue Verbindung von Theologie und Philosophie entstand. Eine anonym verbreitete Widerlegung des Atheismus aus der Feder von Leibniz konnte in der Öffentlichkeit für ein Werk Speners gehalten werden (Confessio naturae contra atheistas, 1669). Doch mit Leibniz' Weggang nach Paris trennen sich die Wege des Philosophen und des Theologen. Spener wendet sich von der Weltweisheit ab, um die Gottlosigkeit (impietas) durch die Gottseligkeit (pietas) zu überwinden. Leibniz' umfassender Geist sucht die Fülle der in der neuen westeuropäischen Philosophie, im neuen Rechtsdenken und in der modernen Naturwissenschaft aufbrechenden Erkenntnisse in sich aufzunehmen, der Devise von Bacon vertrauend, Wissenschaft, oberflächlich gekostet, führe von Gott weg, aber die aus der Tiefe geschöpfte Wissenschaft führe zu Gott zurück. Es ist der rationalistische, der Vernunft vertrauende Zug, der Leibniz vom Pietismus trennt, ihn der westeuropäischen Aufklärung annähert. Als Begründer einer vom Pietismus schon im rationalen Ansatz unterschiedenen geistigen Bewegung, hat Leibniz durch die Grundlegung einer am Gottesbegriff festhaltenden idealistischen Weltansicht die deutsche Aufklärung im ganzen doch in größerer Nähe zum Pietismus gehalten als zum Sensualismus und Mechanismus der westeuropäischen Aufklärung.

Von Leibniz, dem letzten universalen Geist der abendländischen Wissenschaft, gehen Anstöße zur Umgestaltung nahezu aller Wissenschaften aus. Für Theologie und Kirche wichtig geworden ist die prinzipielle Neubestimmung des Verhältnisses von Philosophie und Theologie, sowie die philosophische Begründung einer idealistischen Metaphysik und Weltansicht.

Leibniz hat die Philosophie restlos aus dem im Altprotestantismus herrschenden, auch vom Pietismus nicht gekündigten Verhältnis der Dienstbarkeit gegenüber der Theologie befreit. Die in der westeuropäischen Aufklärung erfochtene Unabhängigkeit der Philosophie gegenüber Theologie und Kirche hat Leibniz in das deutsche Geistesleben eingebürgert. Er ist damit zum Urheber einer selbständigen deutschen Philosophie geworden. Aber die aus der Bevormundung durch die Theologie befreite Philosophie nimmt bei Leibniz nicht wie bei Spinoza eine offenbarungsfeindliche Haltung ein. Nicht der Gegensatz von Vernunft und Offenbarung, sondern die Harmonie zwischen beiden ist die Grundvoraussetzung seines Denkens. Schon der junge Leibniz hat das Trinitätsdogma gegen sozinianische Kritik durch neuartige Denkmodelle zu verteidigen unternommen (Defensio trinitatis per nova reperta logica, 1670). Und noch den älteren Leibniz findet man mit der Widerlegung der radikalen englischen Bibelkritik beschäftigt (Anmerkungen zu Tolands Christentum ohne Geheimnis, 1701). Wunderglaube und kirchliches Dogma werden von Leibniz nicht kritisiert. Vielmehr beansprucht seine Philosophie, ihre Denkmöglichkeit und Vernünftigkeit nachzuweisen. Ein Bündnis zwischen Philosophie und Theologie wird geschlossen. Dieses auf der Idee der Harmonie von Offenbarung und Vernunft beruhende Bündnis wird die Eigenart der deutschen gegenüber der westeuropäischen Aufklärung ausmachen. Es ist die Folge der Leibnizschen Philosophie, wenn später Hegel, die Differenz zur westlichen Aufklärung ins Auge fassend, konstatieren kann: »In Deutschland war die Aufklärung auf seiten der Theologie.«

Das Leibnizsche Bündnis macht aus der früheren Magd der Theologie nicht nur eine gleichberechtigte Partnerin. Der Philosoph, der den Vertrag schließt, bestimmt auch die Regeln des Vertrages. Insgeheim ist die Philosophie bereits die Herrin, denn sie weist der natürlichen und der geoffenbarten Theologie ihren Platz zu durch die Unterscheidung von Vernunftwahrheiten (verités de raison) und Tatsachenwahrheiten (verités de faît). Existenz Gottes und Unsterblichkeit der Seele – diese Wahrheiten der natürlichen Theologie vermag die Philosophie als denknotwendige Vernunftwahrheiten zu erweisen. Die deutsche Aufklärungsphilosophie wird hier, bis Kant das Gebäude der alten Metaphysik zertrümmert, auf den Spuren von Leibniz bleiben. Aber auch die Tatsachenwahrheiten der Offenbarungstheologie, die biblischen Wunderberichte etwa, bleiben nicht außerhalb der Sphäre vernünftigen Begreifens. Die Tatsachenwahrheiten unterliegen dem Satz vom zureichenden Grund als Probierstein ihrer Richtigkeit. Leibniz, der den mechanischen Kausalzusammenhang der Natur anerkennt, weiß auch, daß der Naturzusammenhang nicht aus sich besteht, sondern von Gott getragen wird, und daß eine höhere Ordnung eine niedere aufheben und außer Kraft setzen kann. So lehrt er, daß da, wo ein zureichender Grund vorliegt, Gott den Naturzusammenhang aufheben und Wunder tun kann. Zwischen unkritischer Wundergläubigkeit und radikaler Wunderkritik findet er einen Mittelweg, auf dem der Wunderglaube vernünftig einsichtig wird. Hat er für diese Lösung auf Dauer ebensowenig Anhänger gefunden wie für seine zwischen dem Atomismus der modernen Naturwissenschaft und den aristotelischen substantialen Formen vermittelnden Monadologie, so hat die zugrunde liegende idealistische Weltansicht ihre erste Form doch überlebt. Das Axiom der Harmonie von Vernunft und Glaube hat im deutschen Denken des 18. Jahrhunderts weitergewirkt. Noch die Philosophie des deutschen Idealismus geht hier ganz in den Bahnen von Leibniz.

Das Drängen nach Vermittlung und Überwindung der Gegensätze hat Leibniz auch auf das Feld der Kirchenpolitik geführt. Schon früh hat er Pläne zur Wiedervereinigung der christlichen Konfessionen entworfen. Zusammen mit dem Calixt-Schüler *Gerard Molanus* (1633–1722), den römisch-katholischen Bischöfen Bossuet und Spinola, sowie dem reformierten Berliner Hofprediger *Daniel Ernst Jablonsky* (1660–1741) hat Leibniz die intensivsten Reunionsverhandlungen seit der Reformation betrieben. Sie scheiterten an der römisch-katholischen Bedingung, das Tridentinum anzunehmen. Den daraufhin von Leibniz und Jablonsky betriebenen, vom reformierten preußischen Herrscherhaus begünstigten Unionsplänen zwischen Lutheranern und Reformierten verweigerte Spener die Zustimmung.

Auch die Weltmissionspläne von Leibniz blieben auf dem Papier stehen. Über Pläne zur Chinamission verhandelte er mit August Hermann Francke. Doch konnte zwischen seiner aufklärerisch konzipierten Kulturmission und der pietistischen Glaubensmission keine dauerhafte Brücke geschlagen werden. Der Verfasser der »Theodizee« (1710), der, die Tatsache des Bösen relativierend, diese Welt für die beste aller Welten hielt, und der pietistische Prediger von Buße und Gnade blieben trotz der Gemeinsamkeit im Entwerfen weltumspannender Projekte durch eine Kluft getrennt.

Leibniz wurde im deutschen Denken der große Anreger und der Bahnbrecher einer optimistischen idealistischen Weltansicht, mit deren Aufkommen das christliche Sündenbewußtsein verblassen mußte. Eine eigene philosophische Schule hat er nicht gegründet. An der preußischen Reformuniversität Halle a. S. war von Anfang an neben der pietistischen Schule auch die Aufklärung vertreten. Doch fand sie in dem Juristen und Philosophen *Christian Thomasius* (1655–1728) einen hinter dem leibnizschen Vernunftoptimismus zurückbleibenden Vertreter, der seine erzieherische philosophische Tätigkeit darauf beschränkte, »aus Bestien Menschen zu machen«, die Aufgabe, aus Menschen Christen zu bilden, den Theologen überließ. Thomasius, der in Leipzig mit August Hermann Francke in gemeinsamer Front gegen Orthodoxie und aristotelische Scholastik gestanden hatte, hat sich Verdienste um die Bekämpfung des im 17. Jahrhundert grassierenden Hexenwahns erworben. Mit seinem rein diesseitig orientierten Erziehungsideal mußte er mit dem hallischen Pietismus in Konflikt geraten.

Zum vollständigen Bruch zwischen Aufklärung und Pietismus kam es erst im Kampf um die Wolffsche Philosophie. *Christian Wolff* (1679–1754), seit 1707 Professor in Halle, hat in seinen metaphysischen, ethischen und politischen Schriften ein formal sehr stark von der Scholastik bestimmtes, in den Grundzügen doch auf den Schultern von Leibniz stehendes vernünftiges System von Gott, Mensch und Welt vorgelegt, mit dem er großen Einfluß auf die deutsche Bildungswelt ausübte und unter der akademischen Jugend bald zum gefeiertsten philosophischen Lehrer aufstieg. Wolffs Hallenser Rektoratsrede von 1721 über die Ethik der Chinesen, ein Preislied auf die Vernunft, führte zum offenen Streit mit August Hermann Francke und der theologischen Fakultät, die in seinem akademischen Lehrerfolg eine Gefährdung des hallischen Reformwerkes erblickten. An der Vertreibung Wolffs aus Halle durch eine Kabinettsorder Friedrich Wilhelms I. waren die Hallenser Theologen durch ihre fortgesetzte Denunziation nicht unschuldig. Doch blieb die Vertreibung Wolffs ein Pyrrhussieg. Wolff erreichte in Marburg den Zenit seines Ruhms. Es bedurfte nicht seiner Rückkehr nach Halle (1740), um den Sieg der Aufklärung im deutschen Geistesleben zu dokumentieren.

Die deutsche Aufklärungstheologie

Der Kampf gegen autoritäres Kirchentum und Dogmenzwang ist in Deutschland nicht von der Aufklärung begonnen worden. Es war der Pietismus, der, in jahrzehntelange Streitigkeiten mit der Orthodoxie verwickelt, die Bekenntnisbindung gelockert, die Freiheit individueller Glaubensüberzeugung erstritten, den Geist des konfessionellen Zeitalters überwunden hat. Nicht nur vom radikalen Pietismus, auch vom kirchlichen Pietismus und seiner theologische Wissenschaft und kirchliches Leben durchdringenden Reformarbeit läuft eine durchgehende Linie zur Aufklärung.

Allerdings hatte der Pietismus fast überall festgehalten am altprotestantischen Schriftprinzip und an der dieses stützenden Verbalinspirationstheorie. Ja, der Pietismus hatte seinen Kampf gegen die konfessionellen Kirchentümer von der Bibel her geführt und dabei die altprotestantische Inspirationstheorie nach Entzug ihrer aristotelischen Denkvoraussetzungen in noch schärferer Form weitergeführt. Hier, in der Lehre von der Heiligen Schrift, lag der kritische Punkt, an dem es innerhalb der Aufklärungstheologie zur Krise und zum Bruch mit der kirchlich-pietistischen Tradition kommen mußte. Die innere Dramatik der deutschen Aufklärungstheologie liegt in der Entwicklung der Lehre von der Heiligen Schrift.

Die Übergangstheologie

Die erste Phase der deutschen Aufklärungstheologie ist die in der ersten Hälfte des 18. Jahrhunderts blühende »Übergangstheologie«. Sie zeigt noch keinen Bruch mit der dogmatischen Überlieferung, sondern erstrebt behutsame Fortführung des Überkommenen und dessen Angleichung an die veränderten Zeitverhältnisse. *Johann Franz Buddeus* (1667–1729) in Halle hat in der Auseinandersetzung mit dem westeuropäischen Atheismus den Akzent vorsichtig von der geoffenbarten Theologie auf die natürliche Theologie verlagert. Der vielseitig gelehrte Tübinger Kanzler *Christoph Matthäus Pfaff* (1686–1760) hat die konfessionell-dogmatischen Lehrgegensätze durch seinen Begriff der »Lehrart« relativiert, wie er sich auch kirchenpolitisch für die Unionsbestrebungen zwischen Lutheranern und Reformierten einsetzte. Standen Buddeus und Pfaff dem Pietismus nahe, so kommt der gelehrte, als Kanzelredner berühmte *Johann Lorenz von Mosheim* (1693–1755), Professor in Helmstedt und Göttingen, aus der Tradition Georg Calixts. Mosheim hat die pragmatische, alles Geschehen nach Ursache und Wirkung verknüpfende Methode in die historische Theologie eingeführt. Ein erheblicher, freilich durch innere Entleerung erkaufter wissenschaftlicher Fortschritt über Gottfried Arnold hinaus. Er ist damit zum Vater der neueren Kirchengeschichtswissenschaft geworden.

Eine besondere Stellung nimmt der aus dem hallischen Pietismus kommende Übergangstheologe *Siegmund Jakob Baumgarten* (1706–1757) ein. Baumgarten, seit 1734 Professor in Halle a. S., hat die theologische Arbeit an der größten preußischen Universität vor der pietistisch-praktizistischen Ausdörrung bewahrt, indem er den Ertrag der neueren deutschen Aufklärungsphilosophie für die wissenschaftliche Theologie fruchtbar gemacht hat. Baumgarten ist Hauptrepräsentant des theologischen Wolffianismus. Er hat die von Christian Wolff ausgebildete wissenschaftliche Methode, die Demonstrationsmethode, in die Dogmatik eingeführt und diese damit im strengen Sinn zur Wissenschaft erheben wollen. Während zu Beginn des Jahrhunderts eine vom orthodoxen Intellektualismus abgestoßene theologische Jugend den Hörsaal August Hermann Franckes füllte, verlangte zu Baumgartens Zeit eine neue, des pietistischen Praxisbezugs überdrüssige Generation nach Sauberkeit des Denkens und nach theologischer Reflexion. Baumgartens Theologie erfüllt dieses Verlangen. Sie macht am überlieferten protestantischen Lehrsystem keine Abstriche, gibt es aber auch nicht autoritativ weiter, sondern demonstriert, auf der Linie der Leibniz-Wolffschen Harmonie von Offenbarung und Vernunft bleibend, die »Erweislichkeit« und Vernünftigkeit des protestantischen Lehrsystems. Daß es einen Gott gibt, daß dieser Gott sich offenbart haben muß und daß die Bibel alle Bedingungen erfüllt, die an den Begriff der göttlichen Offenbarung vernünftigerweise gestellt werden müssen – das alles kann der Theologe mit rationalen Gründen einsichtig machen. Auch das orthodoxe Schriftprinzip mit seiner Verbalinspirationstheorie wird für vernünftig erklärt. Allerdings hat Baumgarten, indem er mit den Bänden seiner »Nachrichten von einer hallischen Bibliothek« (1748–1751) und »Nachrichten von merkwürdigen Büchern« (1752–1758) die deutsche Öffentlichkeit mit dem deistischen und antideistischen Gedankengut vertraut gemacht hat, selbst das Arsenal angelegt, aus dem die folgende Generation die Waffen zum Kampf gegen das altprotestantische Lehrsystem holen konnte.

Johann Salomo Semler und die Neologie

In der zweiten Phase der deutschen Aufklärungstheologie, der Neologie (= neue Lehre), verblaßt der Gedanke der Harmonie von Vernunft und Offenbarung. In den Vordergrund tritt die Kritik der Vernunft an der Offenbarungsüberlieferung. Es ist ein Schüler Baumgartens gewesen, der das Gerüst der wolffschen Methode abtragend durch unbefangene Anwendung historischer Kritik den Bau des überlieferten dogmatischen Systems hat einstürzen lassen: der Begründer einer historisch-kritischen Schriftforschung, *Johann Salomo Semler* (1725–1791).

Semler, wie Baumgarten aus dem hallischen Pietismus stammend und seit 1753 Professor in Halle, hat noch in seiner Doktordissertation das Komma Johanneum (1. Joh. 5,7 f), das die kirchliche Dreieinigkeitslehre ins Neue Testament einträgt, gegen die englische Bibelkritik als echt verteidigt. Sehr bald hat er die Unmöglichkeit einer Abstützung des altprotestantischen Schriftprinzips durch vernünftige historische Beweisführung erkannt und, wie im Spezialfall seiner Dissertation, so auf der ganzen Breite der Bibelauslegung den von der kritischen westeuropäischen Bibelwissenschaft errungenen Erkenntnissen den Eingang in die Theologie gewährt. Die schwer erkämpfte Einsicht in den Unterschied zwischen Theologie und Religion, zwischen der rational zu betreibenden und immer nur zu relativen, wandelbaren Ergebnissen gelangenden theologischen Wissenschaft einerseits, dem auf unwandelbaren Grund stehenden religiösen Glauben andererseits, hat Semler vom Bann der altprotestantischen Lehrtradition gelöst und die Freiheit zu vernünftiger und kritischer Neubearbeitung der theologischen Überlieferung vermittelt. Semlers »Abhandlung von freier Untersuchung des Kanon« (1771–1775) vollzieht den Bruch mit dem altprotestantischen Schriftprinzip und seiner Inspirationslehre. Sie bildet den entscheidenden Markstein zwischen der altprotestantischen und der neuprotestantischen Bibelwissenschaft.

Die Bibel wird von Semler als historisch gewachsene Sammlung der in der christlichen Kirche öffentlich anerkannten Schriften begriffen, nicht mehr als ein quasi vom Himmel gefallenes Offenbarungsbuch. Rückhaltlos wird anerkannt, daß im Prozeß der Überlieferung der biblischen Schriften Zusätze aufgetaucht sind, Fehler sich eingeschlichen haben, durch die das Axiom der Irrtumslosigkeit aufgegeben werden muß. Semler erkennt auch die zeitgeschichtliche Bedingtheit der biblischen Sprache und Vorstellungswelt (von ihm nach älteren Vorbildern mit der Akkommodationstheorie erklärt, d. h. mit einer Anpassung an das Fassungsvermögen der Zeitgenossen). Er zerstört jeden Versuch, den Christen auf ein Fürwahrhalten aller zwischen den beiden Deckeln des Bibelbuches stehenden Aussagen und Berichte zu verpflichten. Die altprotestantische Gleichsetzung von Bibel und Wort Gottes wird aufgelöst.

Doch will die Freigabe der Bibel an die kritische historische Forschung nicht als Preisgabe der Offenbarung verstanden sein. Semler zerbricht die Gleichsetzung von Bibel und Wort Gottes nur, um das reine Wort Gottes, das er als geistig-moralische Belehrung des Menschen über den Weg zum Heil versteht, wieder zur Geltung zu bringen. »Das Wort Gottes ist freilich außer und über aller Kritik«, heißt es bei dem Bahnbrecher der historischen Bibelkritik, der sich für seine Unterscheidung von Bibel und Wort Gottes auf die ursprünglichen Absichten der Reformation, ausdrücklich auf Luther selbst, berufen hat. »Gesetzt also, Joh. 8, die ganze Historie von der Ehebrecherin fällt weg, wie sie in vielen Abschriften fehlt

... so fehlt ein Stück in der sogenannten scriptura sacra, aber es fehlt gar nichts von dem Worte Gottes, welches unveränderlich ist und bleibt.«

Daß diese Bibelkritik nicht aus einer destruktiven, sondern einer positiven, im Grunde konservativen Haltung erwuchs, trat klar heraus in Semlers späteren Jahren, in denen die Fronten wechselten und er den Kampf nicht mehr mit der pietistisch-orthodoxen Theologie, sondern mit den radikalen Strömungen der deutschen Aufklärungstheologie zu führen hatte. Semler ist in den Auseinandersetzungen mit Karl Friedrich Bahrdt (s. unten S. 174) und mit dem Wolfenbütteler Ungenannten (s. unten S. 170) als ein Hüter und Bewahrer der protestantischen Lehrüberlieferung aufgetreten, die er reformieren und weiterentwickeln, aber nicht über Bord werfen wollte. Schließlich hat Semler sogar das Wöllnersche Religionsedikt, das die Geistlichen in ihren öffentlichen Äußerungen an die symbolischen Bücher ihrer Konfessionen band, verteidigt. Der Mann, der nach seinem »Versuch einer freiern theologischen Lehrart« (1777) als Begründer einer liberalen Theologie im deutschen Protestantismus gilt, konnte gleichzeitig die Formel von der »kirchlichen Theologie« prägen, die Notwendigkeit des Hineingebundenseins jeder theologischen Arbeit in die bestehende Kirchengemeinschaft gegen allen rationalistischen Individualismus betonen. Mit seiner Unterscheidung zwischen öffentlicher und privater Religion, zwischen normativer Kirchenlehre und freier Religionsgesinnung des nur an die eigentlichen Religionswahrheiten gebundenen Individuums hat Semler die Spannungen zwischen den divergierenden Tendenzen seiner theologischen Arbeit freilich nicht gelöst, sondern nur eine Formel gefunden für die ausweglose Situation liberalen Christentums im staatskirchlich verfaßten System der Spätaufklärung. Es ist Schleiermacher gewesen, der, sonst auf Semlers Schultern stehend, gerade hier zur Einheit des Religionsbegriffs zurückgefunden hat.

Semler hat auf der ganzen Breite der theologischen Arbeit erreicht, was Johann Albrecht Bengel auf dem Feld der neutestamentlichen Textforschung getan hat: er hat den Anschluß der deutschen theologischen Wissenschaft an den westeuropäischen Entwicklungsstand hergestellt. Welcher Vorsprung hier aufzuholen war, erkennt man an der beträchtlichen Zahl älterer, westeuropäischer Autoren, die Semler in deutschen Übersetzungen herausgebracht und damit in Deutschland erst breiter bekannt gemacht hat (Balthasar Bekker, Ludwig Meyer, Richard Simon u. a.). Zugleich hat Semlers Einschmelzung der meist von Außenseitern errungenen textkritischen und kanongeschichtlichen Erkenntnisse in eine kirchlich orientierte, die Pfarrerschaft ausbildende Theologie den Boden bereitet für jene breite Aufnahme historischen Denkens gegenüber Bibel und Kirchengeschichte, durch die sich im 19. Jahrhundert der deutsche Protestantismus vor den angelsächsischen Kirchentümern auszeichnet.

Semler, dessen theologisches Werk sich in Hunderten von Einzelarbeiten zersplitterte, hat keine feste theologische Richtung gegründet. Eine Reihe seiner Kollegen innerhalb der Neologie, oft von ihm angeregt, haben zuweilen eine kritischere Haltung gegenüber der kirchlichen Lehrüberlieferung eingenommen. *Johann Gottlieb Toellner* (1724–1774) erregte Aufsehen, als er die Lehre vom tätigen Gehorsam Christi kritisierte, das kirchliche Dogma von der Trinität und von der Gottmenschheit Christi zwar nicht leugnete, aber doch zur Seite setzte (Der tätige Gehorsam Jesu Christi, 1768; Theologische Untersuchungen, 1772–74). *Johann Joachim Spalding* (1714–1804), als Propst und Konsistorialrat führender Kirchenmann in der preußischen Hauptstadt und von weitreichendem Einfluß auf das kirchliche Leben, forderte in seiner »Nutzbarkeit des Predigtamtes und deren Beförderung« (1772) die Beschränkung der kirchlichen Verkündigung auf die praktisch-moralischen Wahrheiten des Christentums unter Zurücksetzung des Dogmas. *Wilhelm Abraham Teller* (1734–1804), dem sein die herkömmlichen Bahnen verlassendes »Lehrbuch des christlichen Glaubens« (1764) die Feindschaft der Orthodoxie zuzog und der seine Helmstedter Professur zugunsten eines Kirchenamtes im aufgeklärten Berlin aufgab, suchte in seinem vielfach aufgelegten »Wörterbuch des Neuen Testaments« (1772) die Religion Jesu von der orientalisch-jüdischen Vorstellungswelt zu sondern, um sie so seinen aufgeklärten Zeitgenossen nahezubringen. Diese Neologen, so sehr sie sich an der westeuropäischen Aufklärungsliteratur gebildet haben, bleiben auf kirchlichem Boden. Sie suchen das kirchliche Leben, die Predigt, die gottesdienstliche Liturgie, die Gesangbücher zu reformieren und den veränderten Zeit- und Bildungsverhältnissen anzugleichen.

Lessing und der Fragmentenstreit

Hegels Wort, die Aufklärung sei in Deutschland auf seiten der Theologie gewesen, trifft das sich auf den deutschen Universitäten des 18. Jahrhunderts bietende Bild in seinen großen und beherrschenden Zügen. Es hat seine Grenzen an den auch in Deutschland entbrennenden Streitigkeiten zwischen Aufklärung und Theologie, deren Höhepunkt der von Lessing hervorgerufene Fragmentenstreit ist.

Gotthold Ephraim Lessing (1729–1781), der klarste, weitblickendste, durch seine Dichtung und Schriftstellerei einflußreichste Kopf der deutschen Aufklärung, veröffentlichte in den Jahren 1774–78 eine Reihe von »Fragmenten eines Ungenannten«, die mit ihrem radikalen Angriff auf den biblischen Offenbarungsglauben einen Sturm der Entrüstung in der deutschen Öffentlichkeit und eine breite literarische Kontroverse hervorriefen. Bei den Wolfenbütteler Fragmenten, die Lessing als aus dem Besitz der Wolfenbütteler Bibliothek stammend ausgab, handelte es sich um Auszüge, die Lessing aus einer umfangreichen »Apologie oder Schutzschrift für die vernünftigen Verehrer Gottes« ausgewählt hatte, deren Verfasser der Hamburger Gymnasialprofessor *Hermann Samuel Reimarus* (1694–1768) war. Reimarus, zu Lebzeiten ein ehrsamer, die kirchlichen Sitten achtender Hamburger Bürger, war Anhänger des Deismus gewesen und beschäftigt mit der Grundlegung einer den Offenbarungsanspruch des Christentums ablehnenden rein natürlichen Vernunftreligion. Seine die Widersprüche zwischen den evangelischen Berichten scharfsinnig aufdeckenden Untersuchungen führten die Entstehung des Christentums auf einen Betrug der Jünger zurück, die den Leichnam des mit seinen irdisch-messianischen Hoffnungen gescheiterten Jesus gestohlen und durch die erfundene Behauptung seiner Auferstehung einen überirdischen, auf ein unpolitisches Jenseits gerichteten Christusglauben begründet hätten. So mißglückt diese Herleitung des Christentums aus einem Jüngerbetrug auch immer war – Lessing teilte diese Verständnislosigkeit gegenüber dem Ursprung des Christentums nicht – Reimarus hatte doch die Unterschiede zwischen der Predigt Jesu und der nachösterlichen Verkündigung der ersten christlichen Gemeinde erstmals und zugleich so schlüssig erfaßt, daß sein Werk noch in neuerer Zeit »die großartigste Leistung in der Leben-Jesu-Forschung überhaupt« genannt worden ist (Albert Schweitzer).

Durch die Veröffentlichung der Wolfenbütteler Fragmente war nicht nur die orthodoxe protestantische Theologie herausgefordert, deren Wortführer der Hamburger Hauptpastor Goeze von Lessing in eine ermüdende literarische Fehde hineingezogen wurde. Auch die Neologie meldete sich zu Wort in der Gestalt von Johann Salomo Semler. Dessen »Beantwortung der Fragmente eines Ungenannten« (1779) deckte zwar die Schwächen des Reimarus auf, beendete den Streit aber eher durch das Ansehen ihres Autors als durch wirkliche Widerlegung. Weder Reimarus noch seine theologischen Gegner besaßen die Einsicht in den vorliterarischen Überlieferungsprozeß der evangelischen Berichte, den die historische Bibelwissenschaft erst im 19. und 20. Jahrhundert aufgedeckt hat. Die fatale, von Reimarus aufgestellte Alternative gegenüber den biblischen Berichten: entweder Tatsache oder Betrug, konnte von der Theologie des 18. Jahrhunderts nicht wirklich überwunden werden.

Lessing, der, ohne sich mit den Meinungen des Reimarus zu identifizieren, das Feuer des Kampfes ständig schürte, hat sein Bekenntnis zu einer, die positiven Religionen hinter sich lassenden, aufgeklärten Religion der Liebe und der Vernunft in »Nathan der Weise« niedergelegt. In der Parabel von den drei Ringen wird jeder der drei Religionen, der christlichen, der jüdischen und der islamischen, der absolute Wahrheitsanspruch bestritten. Aber alle drei Religionen haben die Chance, Weg, Durchgangsstufe zur Religion der Vernunft zu sein, die nach Lessing die Religion der Zukunft sein wird. In der »Erziehung des Menschengeschlechts« (1780) hat Lessing den Weg von der positiv-geoffenbarten Religion zur Vernunftreligion als einen in der göttlichen Erziehungsabsicht liegenden Emanzipationsprozeß dargestellt. Wieweit sich Lessing von dem traditionell christlichen, aber auch vom durchschnittlichen aufklärerischen Gottesglauben gelöst hat, zeigt sein letztes Gespräch mit Friedrich Heinrich Jacobi, in dem er den persönlichen Gottesbegriff ablehnend sich zum Pantheismus eines Spinoza bekannt haben soll.

Kant

Die unbestechliche, allein nach Wahrheit fragende Stimme Lessings bleibt im Chor der deutschen Aufklärung eine Einzelstimme. In der wissenschaftlichen wie populären Literatur und in dem im 18. Jahrhundert üppig blühenden Zeitschriftenwesen dominiert der

Eudämonismus, das Streben nach Glückseligkeit, eine Weltfrömmigkeit, die ihre religiös-metaphysische Fundamentierung in den von der Offenbarung unabhängigen allgemeinen Vernunftwahrheiten Gott, Freiheit und Unsterblichkeit findet. Die deutsche Aufklärungsphilosophie, seit Leibniz sich als Sachwalter eines vernünftigen, wissenschaftlich begründeten Gottesglaubens verstehend, überschritt unbedenklich die Grenzen der sinnlichen Erfahrung, erwies auf dem Wege rationaler Argumentation Wahrheit und Wirklichkeit von Gott, Freiheit und Unsterblichkeit und errichtete so das Gebäude einer Wissenschaft vom Übersinnlichen: die Metaphysik. Die von der mittelalterlichen Scholastik ausgebildeten Gottesbeweise, von der reformatorischen Theologie einst abgewertet, standen wieder hoch im Kurs. Neben dem älteren ontologischen und dem kosmologischen Beweis war im 18. Jahrhundert der physico-theologische Gottesbeweis sehr beliebt, der aus der Schönheit, Ordnung und Zweckmäßigkeit der Natur auf einen planenden, ordnenden und Zwecke setzenden göttlichen Verstand schloß, etwa aus der Betrachtung der Schnecken und Muscheln einen Beweis für die Existenz Gottes gewann. Die metaphysische Verankerung der deutschen Aufklärung in der Trias Gott, Freiheit und Unsterblichkeit gerät in den 80er Jahren des 18. Jahrhundert in eine Krise. Die Krise wird hervorgerufen durch die kritische Philosophie des Königsberger Philosophen *Immanuel Kant* (1724–1804).

Kants kritisches Hauptwerk die »Kritik der reinen Vernunft« erschien 1781. Durch den englischen Skeptiker Hume aus dem »dogmatischen Schlummer« geweckt, räumt Kant mit der traditionellen Metaphysik, mit der rationalen Theologie der deutschen Aufklärung rücksichtslos auf. Vermittels einer subtilen Prüfung des menschlichen Erkenntnisvermögens und des Aufweises seiner apriorischen, alle Erfahrung ermöglichenden Strukturen kommt er zu dem Ergebnis, daß alle menschliche Verstandeserkenntnis tiefhineingebunden ist in die Anschauungsformen von Raum und Zeit, nur sinnlich-endliche Erfahrung sein kann, zur Erkenntnis der Transzendenz gar nicht imstande ist. Kant mißt das Feld aus, innerhalb dessen unserem Verstand sichere und gegründete Erkenntnis möglich ist – das ist der Bereich der Natur, der sich unseren Sinnen zeigenden Erscheinungswelt. Das Sein der Dinge an sich, jenseits von Raum und Zeit, bleibt dem endlichen Erkennen des Menschen entzogen. Es ist auch nicht möglich, auf dem Wege der Schlußfolgerung die Welt der Erscheinungen zu übersteigen. Die

»Transzendentale Dialektik«, der theologiegeschichtlich wichtigste Teil der Kritik der reinen Vernunft, zeigt, wie die Vernunft, wenn sie die Grenzen der Erfahrungswelt überschreitet, sich notwendig in unlösbare Widersprüche verwickelt. Kant widerlegt die gesamte rationale Metaphysik der Leibniz-Wolffschen Schulphilosophie, liefert eine bis ins einzelne gehende Kritik der überlieferten Gottesbeweise, der Beweise für die menschliche Freiheit und für die Unsterblichkeit der Seele. Gott, Freiheit und Unsterblichkeit, diesen Grundideen der Aufklärung wird der Ausweis wissenschaftlicher Begründbarkeit entzogen. Soweit die destruktive Seite der Philosophie Kants. Sie hat ihm von seinem Zeitgenossen Moses Mendelssohn den Beinamen der »Alleszermalmer« eingetragen.

Die Niederreißung der vernünftigen Metaphysik der deutschen Aufklärung ist jedoch nur die eine Seite des Kantschen Denkens. Kants zweites Hauptwerk, die »Kritik der praktischen Vernunft« (1788), zeigt, daß Gott, Freiheit und Unsterblichkeit nur aus dem Bereich der theoretischen Vernunft, der rational demonstrierbaren Wissenschaft verwiesen worden sind, daß ihnen aber auf dem Feld der praktischen Vernunft, in der Moral, eine neue Gewißheit gegeben werden kann: eine moralische Gewißheit, die sich jedem moralisch handelnden Menschen unabweisbar aufdringt. Gott, Freiheit und Unsterblichkeit sind keine Wahrheiten, die sich in indikativischen Aussagen vergewissern lassen, es sind Wahrheiten, die sich nur imperativisch erfahren lassen. In der Erfahrung des Kategorischen Imperativs, des unbedingten Sollens, im Ruf des Gewissens also, erfährt sich der Mensch als ein der Kausalität des Naturzusammenhanges entnommenes, zur Freiheit bestimmtes Wesen. Die Freiheit, objektiv nicht demonstrierbar, ist nach Kant eine notwendige Annahme der praktischen Vernunft, ein Postulat der Vernunft. Aus dem Postulat der Freiheit ergeben sich als weitere Postulate die Unsterblichkeit und die Gottesidee. Die Unsterblichkeit, weil die vom Kategorischen Imperativ geforderte moralische Vollkommenheit nur in einem unendlichen Progressus, also in der Unsterblichkeit, erreicht werden kann. Die Gottesidee, weil es einen Garanten der Erreichbarkeit dieser Vollkommenheit geben muß, Gott, den Kant auch einen moralischen Weltherrscher nennt. Die metaphysischen Hauptideen der Aufklärung, ihrer Selbstverständlichkeit als wissenschaftliche Erkenntnisse beraubt, haben somit im Bereich der praktischen Vernunft, in der Moral, eine neue, sichere Heimstatt gefunden.

Supranaturalismus und Rationalismus

An dem philosophischen Werk von Kant konnte seit Ende des 18. Jahrhunderts kein Theologe vorbeigehen. Zwei theologische Schulen haben sich unmittelbar an Kant angeschlossen: der Supranaturalismus und der Rationalismus. Der *Supranaturalismus*, vertreten etwa in Tübingen durch *Gottlob Christian Storr* (1746–1805), suchte aus Kants Beschränkung der Vernunfterkenntnis auf den Bereich der Natur Kapital für eine übernatürliche Offenbarungstheologie zu schlagen, einen Freiraum für die übernatürlichen (= supranaturalen) Offenbarungswahrheiten zu schaffen. Eine Vermischung von modern kritischer Philosophie mit dogmatischem Konservativismus, die keine Zukunft besaß.

Der *Rationalismus* dagegen, stärker bei den Intentionen Kants und seines religionsphilosophischen Spätwerks »Die Religion innerhalb der Grenzen der bloßen Vernunft« (1793) bleibend, bestritt die Notwendigkeit einer übernatürlichen Offenbarung. Er erhob die Vernunft zur alleingültigen kritischen Instanz gegenüber der kirchlichen Lehrüberlieferung und ließ nur das als wahr gelten, was sich vor dem Richterstuhl der Vernunft als einsichtig und moralisch nützlich erwies. Dieser Rationalismus, gegen Ende des 18. Jahrhunderts in der protestantischen Theologie Deutschlands weit verbreitet, hat die Grenzen zu einem jede Offenbarung leugnenden Naturalismus, dem eigentlichen Gegenpol des Supranaturalismus, allermeist nicht überschritten. Eine Gestalt wie *Karl Friedrich Bahrdt* (1741–1792), das Enfant terrible der deutschen Aufklärungstheologie, der sich vom orthodoxen Theologen zum platten Naturalisten entwickelte und als Freimaurer und Gastwirt endete, bleibt ein Ausnahmefall. Doch hat der Rationalismus, der übrigens einen hervorragenden Repräsentanten nicht hervorgebracht hat, den christlichen Glauben im Gefolge Kants in einseitiger Weise auf die Moral reduziert. Alle lobenswerten Bemühungen der Rationalisten um bessere Volkserziehung, um Belehrung des Volks über Gesundheit, Ackerbau und Viehzucht von der Kanzel herab, alle Versuche, die Sphäre der Privatreligion zum Politischen hin aufzusprengen (vgl. Johann Zacharias Hahn: »Politische Predigten«, 1797), können doch nicht verbergen, daß dem Rationalismus zusehends die moralische Wahrheit zur Hauptsache, das Christentum zur Nebensache und zufälligen Hülle geworden ist.

Einer der großen Kritiker der deutschen Aufklärung, Johann

Gottfried Herder, hat schon 1774 in seinen Provinzialblättern an Prediger die Alternative aufgestellt, entweder Prediger der göttlichen Offenbarung oder bestallter Sittenprediger zu sein – aber nicht beides zugleich. Die Bibel sei kein Lehrbuch der Moral; wenn man schon moralischen Tugendunterricht für nötig halte »dann solle man doch lieber direkt Stücke von Sokrates, Pensées der Voltaireepiktete und ihrer Schüler nehmen« als die Bibel und Worte Jesu. Dies war gegen Spalding, den großen Predigtlehrer der Neologie gerichtet. Spalding muß nun aber selbst in der letzten Auflage seiner »Nutzbarkeit des Predigtamtes« (1791) gegen die von ihm gerufenen Geister angehen und den Verfassern der modisch gewordenen ökonomischen und politischen Predigten zu erinnern geben, daß ihr Zweck »auf eine andere Art schicklicher als von der Kanzel erreicht werden könnte«.

Kein Wunder, daß unter den Gebildeten der Nation, deren Moral das Gewand der Religion nicht nötig hatte, gegen Ende des Jahrhunderts nur wenige noch Achtung vor Christentum und Kirche zeigen. Hatte Lessing in den 70er Jahren die Theologie noch der Gegnerschaft für wert gehalten, so schenkt um 1800 in den Zentren der deutschen Bildung kaum noch jemand den Vorgängen in Theologie und Kirche Beachtung. Es ist die ernsteste Krise seiner Geschichte, in die das Christentum am Ende des 18. Jahrhunderts in Deutschland geraten ist.

Protestantisches Staatskirchentum

Seit der Reformation standen die protestantischen deutschen Landeskirchen unter dem landesherrlichen Kirchenregiment. Die Beauftragung der weltlichen Obrigkeit mit der Leitung und Fürsorge der Kirche, von Luther ursprünglich nur als ein Provisorium ins Auge gefaßt (»Notbischöfe«), hatte sich bald als ein Definitivum erwiesen. Die Kirchenjuristen des 17. Jahrhunderts begründeten es mit der Theorie des *Episkopalismus*, nach der mit dem Passauer Vertrag von 1552 und dem Augsburger Religionsfrieden die früheren bischöflichen Rechte von den Landesherren übernommen worden seien. Der Landesherr war jetzt weltliche Obrigkeit und summus episcopus zugleich. Bei der Ausübung der bischöflichen Gewalt beanspruchte er allerdings nicht die innere Kirchengewalt: Predigt, Sakramentsverwaltung und Schlüsselgewalt, welche dem Predigerstand zufiel. Nur die äußere, kirchenregimentliche Gewalt wurde von ihm gebraucht: Verwaltung des Kirchenguts, Anstellung der Geistlichen, Erlaß von Kirchenordnungen etc.

Daß der Landesherr neben seinen weltlichen Obrigkeitsrechten auch noch die Bischofsgewalt besaß, war eine den Verhältnissen des patriarchalischen, konfessionell geschlossenen altprotestantischen Ständestaates entsprechende Theorie. Mit dem Vordringen des Absolutismus und der aufklärerischen Toleranzidee wurde sie unbrauchbar. Seit dem späten 17. Jahrhundert setzt sich die Theorie des *Territorialismus* durch. Nach dem Territorialsystem ist die landesherrliche Kirchengewalt nicht mehr eine neben der Staatsgewalt, mit ihr nur äußerlich-historisch verknüpfte Gewalt, sondern sie wird als Bestandteil der Staatsgewalt angesehen, ist Ausfluß der Staatshoheit. Jetzt ist der Fürst als Landesherr auch Herr der Kirche. So wie der absolute Souverän auf seinem Territorium die Rechtshoheit besitzt und oberster Richter ist, so hat er auch die Religionshoheit inne und ist oberster Herr des in seinem Gebiet etablierten Kirchenwesens. Die Theorie des Territorialismus legitimierte die allmähliche Eingliederung des Kirchenwesens in den Apparat der Staatsverwaltung, die sich unter Abstoßung älterer kirchlicher Selbstverwaltungsformen seit dem Dreißigjährigen Krieg in den meisten deutschen Ländern vollzogen und erst jetzt ein wirkliches Staatskirchentum hervorgebracht hat. Vor allem aber konnte sie begründen, daß und warum ein Fürst, z. B. der über ein mehrheitlich lutherisches Territorium regierende calvinistische Kurfürst von Brandenburg, gleichzeitig die Kirchengewalt über verschiedene konfessionelle Kirchentümer ausüben konnte.

Eine erhebliche theoretische, freilich kaum eine praktische Einschränkung erfuhr der Territorialismus durch die von Christoph Matthäus Pfaff entwickelte Theorie des *Kollegialismus,* nach dem die Kirche als Verein verstanden wird, der seine ihm naturrechtlich zustehenden Vereinsrechte (iura collegialia) von sich aus auf den Staat übertragen hat.

Das protestantische Staatskirchentum hat seine reinste Verkörperung im Preußen des 18. Jahrhunderts gefunden. In den preußischen Kernprovinzen wurde die Kirche vollständig entmündigt und zu einer Dienerin der Staatsmacht degradiert. *Friedrich Wilhelm I.* (1713–1740), ein Mann von echter persönlicher Frömmigkeit, erklärte es für einen Vorzug der protestantischen Länder vor den katholischen, daß sie ihre Geistlichen besser im Zaume halten könnten. Beim Papsttum hätten die Pfaffen alles zu sagen, in seinem Lande war er dafür, daß man die Prediger »kurzhalten müsse«. Selbständig führte er das von seinen Vorgängern betriebene Projekt einer Union der protestantischen Bekenntnisse weiter. Unbeeindruckt vom Widerspruch der Theologen ordnete er in Berlin Simultangottesdienste für Lutheraner und Reformierte an. Seinem Nachfolger schärfte er in der Regierungsinstruktion ein, darauf achten zu lassen, daß in keiner Predigt etwas gegen die landesherrliche Autorität gesagt werde; »sofern ein Prediger direkte oder indirekte was gegen die Regierungsart predigen sollte«, solle er kassiert werden.

Friedrich II., der Große, (1740–1786) hielt sich mit direkten Eingriffen in das Kirchenregiment zurück und verfolgte die Unionspolitik nicht weiter. In der Kirche sah er aber überhaupt nur noch ein Instrument der Staatswohlfahrt. Die Prediger wurden immer mehr als Staatsbeamte in Anspruch genommen. Sie mußten Maulbeerbäume pflanzen, den Kartoffelanbau einführen und von der Kanzel herab die polizeilichen Verordnungen verkündigen. Das aus friderizianischem Geist verfaßte Preußische Allgemeine Landrecht von 1794 unterstellt Kirchen und Religionsgesellschaften vollständig der Aufsicht des Staates. Es löst jede über die Einzelgemeinde hinausgehende kirchliche Organisation auf. Von den Bestimmungen des Landrechtes über die Rechten und Pflichten der Kirchen ist geurteilt worden, sie vermittelten den Eindruck einer »völligen Aufsaugung der evangelischen Kirche, wie der Religionsgesellschaften überhaupt, durch den Staat« (Erich Foerster). Dieser Verstaatlichung der Kirche stehen andererseits weitgehende Erleichterungen hinsichtlich Toleranz und Glaubensfreiheit gegenüber. Das Landrecht hebt den staatlichen Religionszwang (cuius regio, eius religio) endgültig auf. Es bestimmt, daß keine Religionsgemeinschaft ihren Mitgliedern wider ihre Überzeugung Glaubensgesetze aufdrängen und niemand wegen vom allgemeinen Glaubensbekenntnis abweichender Meinungen von den Versammlungen der Gemeinde ausgeschlossen werden darf.

Die innere Widersprüchlichkeit eines völlige Glaubensfreiheit gewährenden Staatskirchentums kommt an den Tag im »Wöllnerschen Religionsedikt« von 1788. In diesem Edikt ist nach dem Tode des Aufklärers auf dem preußischen Thron unter seinem Nachfolger *Friedrich Wilhelm II.* (1786–1797) versucht worden, dem in die evangelische Kirche eindringenden Rationalismus einen Damm entgegenzubauen. Das von dem preußischen Minister Wöllner verfaßte Edikt engt die Glaubensfreiheit der Prediger auf die Überzeugungsfreiheit ein und bindet alle öffentliche Lehre streng und bei Androhung von Strafen an die Norm der Bekenntnisse. Das Wöllnersche Religionsedikt ist nur wenige Jahre angewandt worden. Es scheiterte an vielfachem Widerstand. Kirchengeschichtlich von geringer Wirkung, zeigt es wie kaum ein anderes Dokument die vollständige Abhängigkeit vom Staat, in die die Kirche geraten war. Selbständige Organe einer evangelischen Kirche, die zur Selbstkorrektur rationalistischer Auswüchse hätten schreiten können, waren überhaupt nicht mehr vorhanden. Ein von *Friedrich Wilhelm III.* (1797–1840) an der Wende zum neuen Jahrhundert angefordertes theologisches Gutachten über die Verbesserung der Kirchenverfassung geht von der Feststellung aus, »daß die protestantische Kirche unsers Landes keine Kirche in der Erscheinung und Wirklichkeit, kein organisches Ganzes, sondern nur ein Zweig der Staatsverwaltung, ein fast rein polizeiliches, höchstens ein ethisches Institut sei«. Das ist die Situation, in der Schleiermacher den Ruf nach der Trennung von Kirche und Staat erhebt. Von hier aus wird der Kampf um eine eigene Kirchenverfassung zu einem der großen Themen der deutschen Kirchengeschichte des 19. Jahrhunderts.

Josephinismus und Febronianismus

Aufklärung und absolutistisches Staatskirchentum sind nicht auf den Bereich des protestantischen Deutschlands beschränkt geblieben. Auch in den katholischen weltlichen Territorien und geistlichen Fürstentümern, am stärksten in den rheinischen Erzbistümern und im Bistum Würzburg, hat die Aufklärung ihren Einzug gehalten. Selten in der Form eines gegen Dogma und kirchliche Autorität sich auflehnenden radikalen Rationalismus. Der seine Bonner Professur verlassende Franziskaner *Eulogius Schneider* (1756 bis 1794), der Jakobiner wurde und schließlich in Paris auf dem Schafott endete, bleibt eine Randfigur. Katholische Aufklärung vollzog sich meist in der Weise eines gemäßigten Reformkatholizismus, der gegen das Übermaß von Heiligenverehrung und Wundergläubigkeit kämpfte, sich für die Beteiligung der Laien an der Messe und für einen volksnahen Katechismus einsetzte. Die auf Druck der politischen Mächte erfolgte päpstliche Auflösung des Jesuitenordens (1773) öffnete an den katholischen Universitäten und Gymnasien einer freieren, den scholastischen Formalismus abstreifenden Lehrmethode die Tür. Davon profitierte die Moraltheologie. Von den Wegen der alten jesuitischen Kasuistik abgehend, nahm sie die menschliche Person und die psychologischen Bedingungen sittlichen Handelns erstmals in den Blick, ließ sich dabei von den protestantischen Tugendlehren befruchten, der Gefahr des Eudämonismus nicht immer entgehend.

In den katholischen weltlichen Territorien hat sich während des 18. Jahrhunderts das gleiche absolutistische Staatskirchentum durchgesetzt wie in den protestantischen Ländern, teilweise sogar noch in schärferer Form. *Maria Theresia* (1740–1780), deren katholische Frömmigkeit von dem Religionsspott Friedrich II. weit abstach, hat doch bereits das auf den Grundsätzen des Vernunftrechtes aufbauende Staatskirchensystem geschaffen, das von ihrem Sohn und Nachfolger *Joseph II.* (1780–1790), dem Bewunderer des Preußenkönigs, zu harten Eingriffen in den Bestand des kirchlichen Lebens benutzt worden ist. Im *Josephinismus* wird die Kirche vollständig in das System des aufgeklärten Wohlfahrtstaates eingeordnet. Joseph II. verfügte die Aufhebung aller beschaulichen Orden, eine weitgehende Klostersäkularisation, wobei aus Klöstern Schulen und Krankenhäuser wurden. Er verbot das Studium am Collegium Germanicum in Rom und reformierte selbständig den theologischen Studiengang der Priester nach aufklärerischen Ideen. Ohne Rücksprache mit dem Papst traf er eine den Landesgrenzen entsprechenden Neuregelung der Bistümer. Durch Kürzung der kirchlichen Feiertage, durch Anordnungen zum Entfernen alles barocken Gepränges aus Kirchbau und Gottesdienst, durch das Verbot von Wallfahrten und Prozessionen suchte er die katholische Frömmigkeit in Richtung auf einen aufgeklärten Moralglauben zu reformieren. Pius VI. reiste 1782 vergeblich nach Wien, um Joseph II. von seinem nationalkirchlichen Reformwerk abzuhalten. Durch das 1781 erlassene Toleranzedikt erhielten die Protestanten in Österreich bürgerliche Gleichberechtigung und das – wenn auch beschränkte – Gottesdienstrecht.

Die für Rom gefährlichste Bewegung der deutschen katholischen Aufklärung kam indes nicht aus den weltlichen, sondern den geistlichen Territorien. Hier lebten, beeinflußt von den gallikanischen Ideen des französischen Klerus, aber auch an alte reichskirchliche Traditionen anknüpfend, im 18. Jahrhundert die vom Papsttum seit dem Mittelalter bekämpften Ideen des Episkopalismus wieder auf. Das Signal gab ein 1763 unter dem Pseudonym Justinus Febronius erscheinendes Werk »De statu ecclesiae et legitima potestate Romani Pontificis«, dessen Verfasser der Trierer Weihbischof *Johann Nikolaus von Hontheim* (1701–1790) war. Febronius drückte den päpstlichen Primat auf einen Ehrenvorrang des Bischofs von Rom herunter, bestritt jedes Hineinreichen einer päpstlichen Rechtsgewalt in die bischöfliche Jurisdiktion. Unfehlbar sei nicht der Papst, sondern die Versammlung derer, die in der Nachfolge der Apostel stehen, d. h. das Konzil der Bischöfe. Letztes Ziel des Febronius war die Unabhängigkeit einer nationalen deutschen Kirche von Rom. Im Hintergrund spielte auch der aus den Reunionsverhandlungen des 17. Jahrhunderts stammende Gedanke einer nur so möglichen Wiedervereinigung mit den Protestanten eine Rolle.

Der *Febronianismus* fand in den geistlichen Fürstentümern weiten Anhang, weniger in den Staatskirchentümern. Die rheinischen Erzbischöfe stellten in den Koblenzer Gravamina von 1769 die bischöflichen Forderungen gegenüber Rom zusammen. Unter kaiserlichem Schutz sollte die deutsche Kirche ihre angestammte Freiheit wiedererhalten. Auch die Abschaffung der ständigen Abgaben an Rom (Annaten, Taxen, Palliengelder) wurde gefordert. Die Aktion verlief ergebnislos. Ebenso ergebnislos war der Emser Kongreß von 1786, auf dem sich die drei rheinischen Erzbischöfe und der Erzbischof von Salzburg auf zweiundzwanzig Artikel eines reichskirchlichen Reformprogramms und auf eine Kampfansage gegen die in die Diözesen hineinregierenden päpstlichen Nuntien einigten. Die Emser Punktation (1786) blieb eine Kriegserklärung auf dem Papier. Als es zum Kampf kommen sollte, fehlte die notwendige Unterstützung der katholischen weltlichen Fürstentümer. Aber auch Differenzen unter den Bischöfen selbst ließen die antipäpstliche Front wieder auseinanderbrechen. Die Ideen des Febronianismus, das Wunschbild einer deutschen Nationalkirche, sind jedoch bis ins 19. Jahrhundert hinein lebendig geblieben. Noch auf dem Wiener Kongreß hat der Febronianismus eine Rolle gespielt. Und das Schreckgespenst der deutschen Nationalkirche ist bei späteren Verhandlungen Roms mit den deutschen Regierungen immer wieder neu aufgetaucht.

VIERTER ABSCHNITT: DAS 19. JAHRHUNDERT BIS ZUM 1. WELTKRIEG

Die Wende vom 18. zum 19. Jahrhundert hat in der neueren Kirchengeschichte Deutschlands wie keine andere Zeit Epoche gemacht, das Wort im ursprünglichen Sinne verstanden als Haltepunkt, als entscheidende Wende, in der Altes zerbricht und Neues gebaut wird. Das gilt für die Geschichte der verfaßten Kirchentümer, die aus ihren jahrhundertealten, im Augsburger Religionsfrieden gelegten Fundamenten gelöst und im modernen paritätischen Territorialstaat auf neue, bis ins 20. Jahrhundert tragende Grundlagen umgestellt werden. Das gilt noch mehr für die Geschichte des christlichen Lebens und Denkens. Am Ende des alten Jahrhunderts verflacht und ermattet, erfahren Frömmigkeit und Theologie zu Beginn des 19. Jahrhunderts, im Zeitalter des Idealismus und der Romantik, eine erstaunliche Wiederbelebung und Erneuerung. Was in jener Umbruchszeit, in der Generation zwischen 1790 und 1820, gedacht, gehandelt, entschieden, aber auch versäumt worden ist, bestimmt den Lauf der Kirchengeschichte bis weit ins 20. Jahrhundert hinein.

Die kräftigsten Anstöße zu diesem Umbruch kommen nicht, wie in der Reformation, von innen her, aus der Entwicklung der Kirche selbst. Sie kommen von außen, vom Sieg der Aufklärung im westlichen Nachbarland. Das gewaltige Erdbeben der Französischen Revolution hatte mit der feudalen Gesellschaftsstruktur auch den Bau der gallikanischen Staatskirche zum Einsturz gebracht. Zum erstenmal auf dem europäischen Kontinent war die traditionelle Einheit von Staat und Kirche zerbrochen. Zwar blieb der Herd dieses Bebens auf Frankreich beschränkt. Aber die Erschütterungen pflanzten sich fort und waren mächtig genug, um in Deutschland auch ohne Revolution das überlieferte Staatskirchensystem zum Wanken zu bringen. Das linksrheinische Gebiet bis Köln und Mainz, von den Revolutionsheeren für Frankreich erobert, bekam an den Errungenschaften der Revolution, an der Säkularisation des Kirchengutes und der Religionsfreiheit, unmittelbar Anteil. Rechts des Rheins wirkten umstürzend die Regelungen, durch die die deutschen Fürsten für ihre linksrheinischen Verluste entschädigt wurden. Der Reichsdeputationshauptschluß von Regensburg (1803) löscht mit einem Federstrich das jahrtausendalte Institut der geistlichen Fürstentümer aus. Er übertrug den Fürsten die Landeshoheit über die früheren geistlichen Territorien, teilte ihnen den reichen weltlichen Vermögensbesitz der Kirche zu. Nur der Pfarrgemeindebesitz blieb der Kirche erhalten. Aber Bistümer, Stifte, Klöster, die kirchlichen Universitäten – all dies gelangt mit der Säkularisation der Jahre nach 1803 zur Disposition der Landesherren. Eine Revolution von oben, die der alten, immer noch ehrwürdigen, durch ihren Territorialbesitz in Europa einzigartig dastehenden Reichskirche ein Ende bereitet.

Traf die Säkularisation unmittelbar und am schwersten das katholische Kirchentum, so war von den Veränderungen doch auch die protestantische Kirche betroffen. Weniger durch die auch hier vorgenommene Einziehung des Kirchengutes, als durch die veränderte öffentlich-rechtliche Stellung der Kirchen im Staat, die sich aus den Gebietsveränderungen des napoleonischen Zeitalters ergab. In den meisten deutschen Ländern, die jetzt ihre bis ins 20. Jahrhundert gültigen Grenzen bekamen, waren ehemals protestantische und katholische Territorien miteinander verschmolzen. Toleranz und Parität, im 18. Jahrhundert noch von den größeren Territorien Preußen und Österreich praktizierte Ausnahmen, wurden jetzt überall staatspolitische Notwendigkeit. Der Reichsdeputationshauptschluß erlaubte es den Landesherren ausdrücklich, andere Religionsverwandte zu dulden und ihnen den vollen Genuß bürgerlicher Rechte zu gestatten. Damit überschritt das Reich erstmals das Stadium des Westfälischen Friedensschlusses. Als das Reich in den Stürmen des Jahres 1806 unterging, fiel der Westfälische Friede endgültig dahin. Er war zuletzt nur noch ein Stück Papier gewesen.

Der Zerfall des alten Staatskirchensystems geht zusammen mit einem folgenschweren Umbruch im geistigen Leben Deutschlands. Wohl lebt um 1800 noch überall der Geist der Aufklärung, der Geist Friedrich II. von Preußen und Joseph II. von Österreich, die in der Kirche eine Institution zur Pflege der Moral und Staatsgesinnung sahen und mit der Säkularisation von Kirchen und Klöstern schon längst einen Anfang gemacht hatten. Aber mit der Vormachtstellung der Aufklärung ist es um 1800 zu Ende. Schon die Dichtung der deutschen Klassik, das Weimar Goethes und Schillers, hatte sich von der Aufklärung abgewandt; doch war es hier nicht zu einer Annäherung an Christentum und Kirche gekommen, eher zu weiterer Entfernung. Um 1800 entstehen jedoch im deutschen Geistesleben zwei Bewegungen, bei denen die Abkehr von der Aufklärung zusammentrifft mit einer erneuten und vertieften Zuwendung zum christlichen Glauben: Romantik und deutscher Idealismus. Beide haben zu einer Wiederbegegnung mit den voraufklärerischen Traditionen des Christentums und zu einer selbständigen und vertieften Aneignung derselben geführt, die auf die gesamte deutsche Kirchengeschichte, die protestantische wie die katholische, von großem Einfluß gewesen ist. Bei dem genialen, früh verstorbenen Friedrich von Hardenberg, genannt Novalis (1772–1801), bricht am reinsten, noch ganz unberührt von allen restaurativen Zügen der Spätromantik, der Geist zu den verschütteten Quellen des christlichen Glaubens durch. Von dem gleichen Geist der Frühromantik wie Novalis ist auch geprägt der Mann, dessen Name in der Kirchen- und Theologiegeschichte dieser Zeit an die erste Stelle gehört und dem nicht zu Unrecht der Titel eines Kirchenvaters des 19. Jahrhunderts zuteil geworden ist: Friedrich Schleiermacher.

I Friedrich Schleiermacher

Die religiöse Situation um 1800

Der deutsche Protestantismus bietet an der Wende zum 19. Jahrhundert ein trostloses Bild. Henrik Steffens, im Jahr 1799 ins Zentrum der deutschen Aufklärung nach Berlin kommend, muß feststellen: »Die Kirchen waren leer, und verdienten es zu sein; die Theater waren gedrängt voll, und mit Recht.« Ein preußisches Hofrescript von 1802 konstatiert den vollständigen Verfall der Religiosität; von den gottesdienstlichen Handlungen seien die Konfirmation und die Taufe die einzigen, die noch in allgemeiner Geltung ständen. Der größte protestantische Kanzelredner der Zeit, Christoph Friedrich von Ammon, klagt an der Schwelle des neuen Jahrhunderts von der Kanzel herab: »Nicht genug, daß die Tempel verlassen stehen; nicht genug, daß die gottesdienstlichen Gebräuche und Handlungen mehr als jemals an der allgemeinen Teilnahme verloren haben; nicht genug endlich, daß der kirchliche Gemeingeist der Christen beinahe ganz entschwunden ist: auch der Glaube an die wesentlichsten Wahrheiten der Religion hat für unendlich viele seine Gewißheit und Stärke verloren, Zweifelsucht und Gleichgültigkeit sind häufig an seine Stelle getreten, der Gedanke an Gott und eine künftige Welt ist ganzen Familien und Gesellschaften fremd geworden.« Zwar bietet sich nicht überall das gleiche trostlose Bild. Der Freiherr vom Stein kann im katholischen Münsterland mehr Frömmigkeit und mehr äußere Achtung für die Religion beobachten als anderwärts. Auch in einzelnen protestantischen Landstrichen hat sich traditionelle Kirchlichkeit gehalten. Aber in den mittleren und größeren Städten überwiegen die Klagen über den Verfall der Religion. Eine Berliner Zeitung wagt die Prophezeiung, in zwanzig Jahren werde der christliche Glaube in Deutschland völlig erloschen sein. Das ist die Situation, in der der dreißigjährige Berliner Prediger Friedrich Schleiermacher mit einem Buch hervortritt »Über die Religion. Reden an die Gebildeten unter ihren Verächtern« (1799). »In das Hilferufen der meisten über den Untergang der Religion stimme ich nicht ein«, heißt es auf den ersten Seiten dieser Schrift, die eine Wiedergeburt der Religion ankündigt und mit der Prophezeiung endet, das Christentum werde »noch eine lange Geschichte haben trotz allem, was man sagt von seinem baldigen oder schon erfolgten Untergange.«

Schleiermachers Werdegang

Friedrich Daniel Ernst Schleiermacher (1768–1834), Sohn eines reformierten preußischen Feldpredigers in Breslau, war in seiner Jugend durch die pädagogischen Anstalten der Herrnhuter Brüdergemeine Niesky und Barby gegangen. Die vom Moralismus und Rationalismus der Aufklärung sich fernhaltende warmherzig-mystische Jesusfrömmigkeit Herrnhuts hat ihn lebenslang tief geprägt. Glaubenszweifel, ein Irrewerden am überlieferten Christusdogma, die bedrückende Enge der Gemeine rissen ihn aus der Bahn eines angehenden herrnhutischen Predigers heraus. In der freien Luft der Universität Halle hat Schleiermacher das Gedankengut der Aufklärung in sich eingesogen, hat sich tief in die Philosophie Kants eingearbeitet, sich dessen Destruktion der alten theologischen Metaphysik vollständig zu eigen gemacht. Doch Kants Neubegründung der Metaphysik in der Moral gibt ihm keine Gewißheit. Schleiermacher gerät in die Bahnen des Skeptizismus; Gott und Unsterblichkeit entschwinden seinem zweifelnden Auge. In der Kandidatenzeit, vor allem als Hauslehrer in Schlobitten/Ostpreußen in der Geselligkeit des gräflichen Hauses Dohna, ist ihm allmählich die Freude am Predigtamt zugewachsen. Nicht eine plötzliche Bekehrung, sondern eine allmähliche Entwicklung führt ihn zum Glauben zurück. Eine letzte religiöse Geborgenheit war ihm unter allen Stürmen des Zweifels immer geblieben.

Seit 1796 in Berlin, wo er als Krankenhauspfarrer an der Charité tätig ist, wird Schleiermacher in die Welt der für die Entstehung der Romantik so wichtigen Berliner Salons hineingezogen. Enge Freundschaft verbindet ihn mit Friedrich Schlegel, dem Haupt der neuen literarischen Bewegung. Schleiermachers erste Schriften atmen den Geist der Romantik; sie sind voll von Drang zum Unendlichen und zur Ausbildung der eigenen Individualität, romantische Gegenkräfte nicht nur gegen die Aufklärung, sondern auch gegen die Ordnungswelt der Klassik und der Philosophie Kants. Die Sprache der »Reden über die Religion« wird von der älteren theologischen Generation als »empörend revolutionär« empfunden. Für die Jüngeren bahnt sie einen neuen Weg, der zur Überwindung des 18. Jahrhunderts und zu einem neuen Verständnis von Religion und Kirche führt.

Das neue Verständnis der Religion

Wie das neue Glaubensverständnis der Reformation in einem Zweifrontenkampf gegen Werkfrömmigkeit und scholastische Theologie durchbrach, so erkämpft Schleiermacher sein neues Religionsverständnis im Angriff auf die beiden herrschenden Auffassungen der Religion: den moralischen und den metaphysischen Religionsbegriff. Die Identifizierung der Religion mit Moral und Metaphysik sieht er als Quelle alles Verderbens an. Kant und seine Nachfolger, die die Religion als moralische Gesinnung, als »Erkenntnis aller Pflichten als göttlicher Gebote« begriffen, werden von Schleiermacher ebenso attackiert wie die Anhänger der alten Metaphysik und modernen Transzendentalphilosophie, die in der Religion die Erkenntnis letzter Weltursachen und ewiger Wahrheiten, ein Wissen der tiefsten Seinsgründe, erblicken. Vermischt und verwechselt mit Metaphysik und Moral, Wissenschaft und Praxis, Denken und Handeln, ist das wahre Wesen der Religion in Vergessenheit geraten. »Darum ist es Zeit, die Sache einmal beim andern Ende zu ergreifen und mit dem schneidenden Gegensatz anzuheben, in welchem sich die Religion gegen Moral und Metaphysik befindet.«

Die Formel, in der sich Schleiermachers neues Religionsverständnis ausdrückt, ist eine polemische Formel: »Ihr (der Religion) Wesen ist weder Denken noch Handeln, sondern Anschauung und Gefühl.« Religion ist »Anschauung des Universums«, »Sinn und Geschmack fürs Unendliche«. Damit wird der Religion ihre Eigenart und Eigenständigkeit zurückgegeben. Im Gefühl wird ihr eine eigene Provinz im Reich des Geistes erstritten: eine Unabhängigkeitserklärung der Religion gegenüber Wissenschaft und Praxis. Als solche Unabhängigkeitserklärung haben Schleiermachers »Reden« ihre Wirkung ausgeübt, mehr als durch die konkrete Neubestimmung der Religion, von der Schleiermacher selbst in seine reife Theologie nur den Gefühlsbegriff, das »schlechthinnige Abhängigkeitsgefühl«, übernommen hat. Der Gefühlsbegriff ist weder als psychologische Kategorie noch subjektivistisch mißzuverstehen. Schleiermacher hat sich später dahingehend präzisiert, daß seine Rede vom frommen Gefühl »die ursprüngliche Aussage ist über ein unmittelbares Existenzialverhältnis«.

Wenn es sich bei Religion um ein Anschauen und Gefühl des Unendlichen handelt, so kann Religion nicht gelehrt, sie kann nur erregt und erweckt, die religiöse Anlage nur ausgebildet und entwickelt werden. *Bildung zur Religion* – das ist die neue Devise, die sich zu der hergebrachten protestantischen Auffassung, Religion komme durch Lehre, komme von außen an den Menschen, in Gegensatz stellt. Tatsächlich bedeutet Schleiermachers Religionsbegriff eine Abkehr von der reformatorischen, im 18. Jahrhundert zum Doktrinarismus verflachten und schon von Herder und Fichte bekämpften Anschauung, daß christlicher Glaube auf Lehre beruhe. Ja es scheint, als wolle der reformierte Prediger Schleiermacher sich ausdrücklich von den reformatorischen Anfängen seiner eigenen Konfession lossagen, wenn er »Unterricht« in der Religion ein »abgeschmacktes und sinnleeres Wort« nennt.

Der Überwindung des lehrhaften Religionsverständnisses tritt zur Seite die Überwindung der aufklärerischen Anschauung von der Privatreligion. »Ist die Religion einmal, so muß sie notwendig auch gesellig sein.« Religion des einzelnen, ebenso die natürliche Religion der Aufklärung – das sind blutleere Abstraktionen. Religion drängt zur Mitteilung, sucht die Gemeinschaft wechselseitigen Gebens und Nehmens, erscheint immer als geschichtliche, als positive Religion. Ein priesterliches Volk, wo jeder Priester und jeder Laie ist, jeder seine individuellen Anschauungen und Gefühle darstellt und sich von den Darstellungen der anderen erregen und bereichern läßt – das ist das von Schleiermacher erschaute Idealbild der Religion. Gegenwärtiges Kirchentum verdeckt das wahre Wesen der Kirche. Hauptschuld trägt die Verbindung der Kirche mit dem Staat. Der Staat korrumpiert die religiöse Gemeinschaft, wenn er sie als öffentliche Korporation konstituiert und privilegiert, sie mit wesensfremden Aufgaben wie der Erziehung und der Führung der Bevölkerungslisten beschwert. »Hinweg also mit jeder solchen Verbindung zwischen Kirche und Staat – das bleibt mein catonischer Ratsspruch bis ans Ende.« Mit der Wiedergewinnung des Begriffs der Kirche als religiöser Gemeinschaft verbindet sich die Devise von der Trennung von Staat und Kirche.

Nicht unberührt läßt das neue Verständnis der Religion die Stützen des aufklärerischen Religionsbegriffs, die Ideen von Gott und Unsterblichkeit. Von Kant aus der Metaphysik ins Reich der Moral gesetzt, werden sie nicht einfach ins Gefühl umgepflanzt. Die Ideen von Gott und Unsterblichkeit verlieren ihre Bedeutung. »In der Religion steht die Idee von Gott nicht so hoch als ihr meint, auch gab es unter wahrhaft religiösen Menschen nie Eiferer,

Enthusiasten oder Schwärmer für das Dasein Gottes; mit großer Gelassenheit haben sie das, was man Atheismus nennt, neben sich gesehen, und es hat immer etwas gegeben, was ihnen irreligiöser schien als dieses.« Der durchschnittliche Unsterblichkeitsglaube wird geradezu als irreligiös denunziert. »Die Unsterblichkeit darf kein Wunsch sein, wenn sie nicht erst eine Aufgabe gewesen ist, die ihr gelöst habt. Mitten in der Endlichkeit Eins werden mit dem Unendlichen und ewig sein in einem Augenblick, das ist die Unsterblichkeit der Religion.« Andere Begriffe als Gott und Unsterblichkeit sollen in der Religion in den Vordergrund treten: Wunder, Eingebungen, Offenbarungen, übernatürliche Empfindungen.

Die Entthronung der aufklärerischen Gottesidee trägt dazu bei, daß die Gestalt Christi in neuer Weise wichtig wird. Nicht mehr, wie im 18. Jahrhundert, der große Lehrer der Religion und aus dem Konkurrenzverhältnis zu Sokrates befreit, wird Christus zum Mittler, der zwischen dem Unendlichen und dem Endlichen vermittelt. In den »Reden« skizzenhaft angelegt, gewinnt die Christologie in Schleiermachers reifer Theologie eine zentrale Stellung. Die romantisch definierte Zentralanschauung des Christentums, das Widerstreben des Endlichen gegen das Unendliche und die den Widerspruch aufhebende göttliche Vermittlung, traditionell formuliert als der Gegensatz von Sünde und Gnade, von Erlösungsbedürftigkeit und Erlösung, gibt Christus seine religiöse Eigenart und Einzigartigkeit zurück. So kann schließlich von Schleiermacher das Christentum als die höchste Form menschlicher Frömmigkeit bezeichnet werden, in der »alles bezogen wird auf die durch Jesum von Nazareth vollbrachte Erlösung.«

Die Erneuerung der Theologie

Während seiner ersten akademischen Lehrtätigkeit in Halle (1804–1806) hat sich Schleiermacher von einem übersteigerten romantischen Ästhetizismus gelöst. Unter dem Eindruck der napoleonischen Bedrohung erwachte in ihm der preußisch-deutsche Patriot. Wie viele seiner Zeitgenossen hat er die Wendung vom Weltbürgertum zum Nationalstaat mitvollzogen, ohne doch je der Versuchung zur religiösen Verabsolutierung der Nation erlegen zu sein. Während der Kriegswirren kehrte Schleiermacher endgültig nach Berlin zurück. Er stieß zum Kreis der preußischen Reformer um den Freiherrn vom Stein, weckte durch seine Predigten Patriotismus und Widerstandsmut der Berliner Bevölkerung. Als Mitarbeiter Wilhelm von Humboldts nahm er entscheidenden Anteil an der Planung und Gründung der Berliner Universität (1810). Schleiermacher, mit Humboldt für die korporative Selbständigkeit der Universität kämpfend, hat sich mit Entschiedenheit für die Errichtung einer eigenen theologischen Fakultät eingesetzt. Nach dem Zusammenbruch des alten Bildungssystems und angesichts des desolaten Zustandes der wissenschaftlichen Theologie war das keine Selbstverständlichkeit. Fichte, erster Rektor der Berliner Universität, hatte das Existenzrecht einer eigenen theologischen Fakultät an der modernen Universität bestritten, die Auflösung des theologischen Stoffes in eine innerhalb der philosophischen Fakultät zu betreibende Religionswissenschaft gefordert. Hätte Fichte sich durchgesetzt, wären Berlin und wohl auch die preußischen Neugründungen Breslau (1811) und Bonn (1818) ohne theologische Fakultäten geblieben. Das preußische Vorbild hätte ansteckend gewirkt, und der im 19. Jahrhundert immer wieder laut werdende Ruf nach Abschaffung der theologischen Fakultäten hätte sicherlich weiteres Gehör gefunden, wenn er sich neben dem französischen auch auf das preußische Beispiel hätte berufen können.

Nicht nur durch seinen praktischen Einsatz, sondern noch mehr durch die theoretische Neubegründung der Theologie als Wissenschaft ist Schleiermacher der Vater der modernen deutschen Universitätstheologie geworden. Der Unabhängigkeitserklärung der Religion folgt die Proklamation der Selbständigkeit der Theologie. Sie liegt vor in Schleiermachers »Kurze Darstellung des theologischen Studiums« von 1811. »Eine Programmschrift erster Ordnung, voll neuer epochemachender, revolutionärer Ideen« (H. Scholz).

Schleiermacher will nicht die Restauration der alten Theologie. Vorbehaltlos erkennt er die Philosophie als neue Herrin im Reich der Wissenschaften an. Einen Platz an der Universität darf die Theologie nur beanspruchen, wenn sie ihre Wurzeln tief in den Boden der modernen Wissenschaft senkt. Mußte zuvor der schneidende Gegensatz der Religion gegenüber Wissenschaft und Moral betont werden, so wird jetzt die Theologie tief in das Spannungsfeld von Wissenschaft und Praxis hineingezogen. Die Theologie beansprucht nicht, ein notwendiger Bestandteil des wissenschaftlichen Organismus zu sein. Sie ist nicht reine, sondern positive Wissenschaft. Wie Medizin und Jurisprudenz wird sie allein um eines praktischen Zweckes willen betrieben. Wissenschaftliche Theologie ist nötig um der »Kirchenleitung« willen, das Wort im weitesten, an keine Institution gebundenen Sinn verstanden. Schleiermacher prägt die Formel, Theologie sei »der Inbegriff derjenigen wissenschaftlichen Kenntnisse und Kunstregeln, ohne deren Besitz und Gebrauch eine zusammenstimmende Leitung der christlichen Kirche, d. h. ein christliches Kirchenregiment, nicht möglich ist« (Kurze Darstellung § 5). Eine rein funktionale Definition der Theologie, vom alten Begriff einer übernatürlich geoffenbarten Heilslehre durch Welten geschieden.

Dreifach gliedert sich die Organisation der theologischen Wissenschaft, vergleichbar Wurzel, Stamm und Krone eines Baumes. Die philosophische Theologie als die Wurzel hält die Verbindung zur reinen Wissenschaft, liefert klare und deutliche Begriffe, weist dem theologischen Stoff seinen Ort im Reich des Geistes an. Die historische Theologie, der Stamm der theologischen Wissenschaft, hat Vergangenheit und Gegenwart des Christentums zum Gegenstand, umfaßt ebenso die biblischen Fächer und die Kirchengeschichte wie die Systematik als Kenntnis des gegenwärtigen Zustandes der Kirche in Lehre und Leben. Schließlich die praktische Theologie, die Krone, erarbeitet die Regeln, nach denen die Aufgaben der Kirchenleitung in der weiteren Form des Kirchenregiments und der engeren ortsgemeindlichen Form des Kirchendienstes gelöst werden müssen.

Man hat von der Kurzen Darstellung gesagt, daß sie von allem, was Schleiermacher geschrieben hat, als das größte Kunst- und Meisterwerk zu gelten habe. Hier ist erstmals in Klarheit und Vollständigkeit die Idee der modernen theologischen Wissenschaft entwickelt worden.

Schleiermachers Glaubenslehre

In der Restaurationszeit nach den Freiheitskriegen, in der der preußische Staat die reformerisch-liberalen Kräfte zurückdrängte, hat Schleiermacher an äußerem Einfluß verloren. Politische Verdächtigungen sind ihm nicht erspart geblieben. Vor Verfolgung und Amtsenthebung, denen sein Schwager Ernst Moritz Arndt zum Opfer fiel, rettete ihn nur sein hohes Ansehen. Als Prediger an der Dreifaltigkeitskirche, als Professor an der Universität und als Mitglied der Akademie der Wissenschaften hat Schleiermacher gleichwohl in den zweieinhalb Jahrzehnten seiner letzten Berliner Zeit eine breite persönliche und literarische Wirksamkeit ausgeübt. Sein theologisches Schaffen, in weitem Maße der Ethik zugewandt und die Bahnen für einen die natürlichen Ordnungen von Familie, Gesellschaft und Staat durchdringenden Kulturprotestantismus öffnend, findet seine Krönung in einer Dogmatik: »Der christliche Glaube nach den Grundsätzen der evangelischen Kirche im Zusammenhange dargestellt« (1821/22, umgearbeitete 2. Auflage 1830/31).

Schleiermacher hat für seine Dogmatik den älteren, von Spener stammenden Namen »Glaubenslehre« aufgenommen, ihn aber im Sinne seines Religionsbegriffes umgebildet. Die Glaubenslehre führt nicht zum Glauben hin, sondern kommt vom Glauben her. Sie ist nicht Darstellung des Dogmas, sondern Darstellung des frommen Bewußtseins in wissenschaftlicher Form. »Christliche Glaubenssätze sind Auffassungen der christlich frommen Gemütszustände, in der Rede dargestellt.« In die Geschichte der christlichen Dogmatik führt Schleiermacher damit – eine methodische Revolution – den anthropologischen Ansatz, den Ansatz bei der religiösen Erfahrung ein. Schleiermachers Theologie ist Bewußtseinstheologie. Die herkömmliche, bei der Gotteslehre beginnende und über Schöpfung, Sünde und Erlösung zu den letzten Dingen führende dogmatische Ordnung ist aufgegeben. An ihre Stelle tritt die Entfaltung des frommen Bewußtseins, das durch den Gegensatz von Sünden- und Gnadenbewußtsein geprägt ist. Da alle christliche Frömmigkeit auf die erlösende Tätigkeit Christi bezogen ist, bekommt die Christologie in diesem System einer Bewußtseinstheologie eine zentrale Stellung. Der johanneische Spruch »Das Wort ward Fleisch und wohnte unter uns und wir sahen seine Herrlichkeit« soll nach Schleiermacher als Grundtext der ganzen Dogmatik gelten.

Schleiermacher will durch seinen anthropologischen Ansatz gewährleisten, daß die christliche Frömmigkeit einen wissenschaftlichen Ausdruck findet, der sie nicht in Konflikt bringt mit den Ergebnissen der modernen Wissenschaft. Die Spannungen zwischen dem traditionellen Schöpfungsbegriff und der neuzeitlichen Naturwissenschaft, zwischen der überlieferten Lehre vom biblischen Kanon und der historisch-kritischen Schriftforschung, hat Schleiermacher nicht bagatellisiert. Eine Durchsicht und schmerzhafte Neugestaltung der christlichen Lehre hält er für unumgänglich. Aber Schleiermacher ist zutiefst davon durchdrungen, daß der Streit zwischen Glaube und Wissenschaft ein »unnützer Streit« ist. Dem christlichen Glauben geht nichts Wesentliches verloren, wenn er veraltete Außenwerke und Bastionen aufgibt und sich auf die wesentliche Grundtatsache, auf die durch Christus erweckte Frömmigkeit, beschränkt. Nicht mehr in der Aufklärung, sondern in einer wiedererstandenen Orthodoxie, die sich dem Geist der modernen Wissenschaft verschließt, hat Schleiermacher in seinen späteren Jahren die größte Gefahr gesehen. »Soll der Knoten der Geschichte so auseinander gehn; das Christentum mit der Barbarei, und die Wissenschaft mit dem Unglauben?« Mit solchen Besorgnissen ist Schleiermacher in der Restaurationszeit für viele in die Nähe der einst bekämpften Aufklärung zurückgefallen. In Wirklichkeit hatte er das berechtigte Erbe der Aufklärung nie verleugnet.

II Der deutsche Idealismus

Schleiermachers kirchliche und akademische Wirksamkeit fällt in die Periode des deutschen Idealismus, in die Zeit der großen philosophischen Entwürfe eines Johann Gottlieb Fichte, Friedrich Wilhelm Joseph Schelling, Georg Wilhelm Friedrich Hegel. Ein Menschenalter hindurch beansprucht die idealistische Philosophie, Führerin im geistigen Leben der Nation zu sein. Sie nimmt den Platz einer Königin der Wissenschaften ein, den früher die Theologie innehatte, den ihr im weiteren Verlauf des 19. Jahrhunderts dann die empirischen Naturwissenschaften bestreiten werden. Berlin, die Hauptstadt Preußens, ist seit Fichtes Weggang von Jena (1799) das Zentrum des deutschen Idealismus, wird es endgültig, als Hegel 1818 die Nachfolge Fichtes antritt. Mit Hegels Tod 1831 ist die Uhr des Idealismus abgelaufen. Das Scheitern des alten, 1841 nach Berlin berufenen Schelling markiert am deutlichsten den tiefen Bruch im deutschen Geistesleben, der sich nach Hegels Tod vollzogen hat.

Der Idealismus setzt die mit Leibniz begonnene Richtung des deutschen philosophischen Denkens fort, die in Aufnahme der neueren naturwissenschaftlichen Erkenntnisse, aber in deutlicher Abgrenzung vom westeuropäischen Empirismus und Mechanismus nach einer geistig fundierten Weltansicht strebt. Die deutschen Idealisten kommen von Kants Transzendentalphilosophie her. Doch die Ketten der Endlichkeit, an die Kant die menschliche Erkenntnis gelegt hatte, werden von ihnen abgestreift. Die Freilegung der Vernunft als einer schöpferischen, durch kein »Ding an sich« begrenzten Kraft, durchgeführt in Fichtes »Wissenschaftslehre« (1794), ist der Ausgangspunkt des Idealismus. Von ihm her wird in immer neuen Ansätzen eine von der Vernunft, vom Geist, von der Idee, nicht von der Materie, vom toten Stoff bestimmte Weltansicht erarbeitet. Dabei bleibt folgenreich, daß die drei Hauptvertreter des Idealismus ursprünglich evangelische Theologen waren – die beiden Schwaben Schelling und Hegel kommen aus der Pflanzstätte der württembergischen Kirche, dem Tübinger Stift. Wenn sie alle in den Jahren der beginnenden denkerischen Selbständigkeit sich von der Theologie abgewandt haben, so ist doch keiner von ihnen in der Negation zur Theologie stecken geblieben. Sie haben das theologische Erbe in die Philosophie eingebracht, ja sie haben ihre eigene Philosophie dezidiert als christliche Philosophie verstanden. Leibniz' Axiom von der Harmonie von Vernunft und Offenbarung, Philosophie und Theologie, wird nun überboten durch die Parole von der Identität beider. Philosophie ist Gottesdienst, heißt es bei Hegel. Die christentumsfreundliche Tendenz der deutschen Philosophie erreicht ihre äußerste Möglichkeit, ihren höchsten Gipfel.

Johann Gottlieb Fichte (1762–1814) schien es in seinen Anfängen, in der von der Wissenschaftslehre bestimmten Phase einer »Ich-Philosophie«, eher auf den Gegensatz, als auf die Synthese von Christentum und Philosophie anzulegen. Kritik am traditionellen personalen Gottesbegriff verwickelte ihn in den Atheismusstreit (1798–99). Mit Recht konnte Fichte den Atheismusverdacht von sich weisen; aber sein Begriff einer »moralischen Weltordnung« stand dem christlichen Gottesbegriff doch nur so nahe, wie der von ihm erlebte plötzliche Durchbruch zur eigenen philosophischen Grundanschauung eine Bekehrung im christlichen Sinne genannt werden könnte. Fichtes Philosophie hat jedoch in der Zeit der napoleonischen Erniedrigung, in der »Anweisung zum seligen Leben« (1806) und den »Reden an die deutsche Nation« (1808), eine positive Entwicklung zum Christentum durchgemacht. In Fichtes später Religionsphilosophie nimmt Jesus eine zentrale Stellung ein. In Jesus ist erstmals in der Geschichte der Menschheit das Bewußtsein durchgebrochen, daß der Mensch nicht nur ein Stück Natur, sondern Geist, daß er Gott zugehörig, Gottes Sohn ist. Jesus ist für Fichte nicht mehr der Tugendlehrer, zu dem ihn die Aufklärung gemacht hatte, er ist Bringer des Himmelreiches, des Reiches der Freiheit und der Gottessohnschaft.

Die Bedeutung der Person Jesu bleibt jedoch für Fichte eine rein geschichtliche, keine unmittelbar religiöse. Jesus ist der erste aller Gottessöhne, jeder Mensch soll wie er sein naturhaft-sinnliches Dasein durch eine Wiedergeburt überwinden und zur Gottessohnschaft gelangen. Indem Fichte die neutestamentlichen Aussagen vom Himmelreich und der Wiedergeburt für die idealistische Philosophie entdeckt, macht er zugleich Front gegen diejenige Seite der Bibel, nach der das Christsein auf den Glauben an Christus gegründet wird. Der Apostel Paulus mit seiner Lehre von der Heilsbedeutung des Versöhnungstodes Christi wird ihm der Verderber des Christentums, der Begründer des »Christianismus«, wie Fichte abschätzig das kirchliche Christentum nennt. Paulus trägt nach Fichte Schuld an dem Abfall des Christentums von der ursprünglichen

Freiheit in die Gesetzlichkeit des Judentums. Alle Pauluskritik des 19. Jahrhunderts, am deutlichsten diejenige von Paul de Lagarde (1827–1891), alle Versuche, hinter das dogmatische Christentum zurückzukehren zur undogmatischen Religion Jesu sind von Fichte abhängig. Fichte konnte seine Philosophie mit dem Christentum nur so identifizieren, daß er – den Schwärmern und radikalen Mystikern ähnlich – das konkrete, kirchlich-geschichtliche Christentum übersprang.

Georg Wilhelm Friedrich Hegel (1770–1831), der nach seinem weltgeschichtlichen Einfluß bedeutendste der deutschen Idealisten, hat die Identifizierung von Philosophie und Christentum in weit stärkerem und überzeugenderem Maße durchgeführt. Hegels Philosophie ist Geschichtsphilosophie. Die Geschichte ist nichts Äußeres, hinter der in ewiger Zeitlosigkeit das wahre Wesen der Dinge liegt. Geschichte gehört zum Sein der Dinge selbst, das Sein ist geschichtlich. Geschichte, idealistisch als Geistesgeschichte begriffen, wird zu einer einzigen großen Entwicklung, in der der Geist zu sich selbst kommt. In der Geistesgeschichte nimmt das Christentum als Religion des Geistes eine entscheidende Stellung ein. Die Offenbarung des göttlichen Geistes in Christus ist die »Angel, um die sich alles dreht«. Das Idealbild eines wahren Christentums, das Fichte dem wirklichen Christentum entgegenhielt, braucht Hegel nicht. Da alles Wirkliche vernünftig ist, kann Hegel das Christentum gerade in seiner geschichtlich-kirchlichen Gestalt und in seiner dogmatischen Lehrbildung akzeptieren. Nicht nur der Apostel Paulus wird philosophisch rehabilitiert, auch die altkirchliche Lehrentwicklung mit den Dogmen von der Trinität und Gottmenschheit – hierin war Schelling vorangegangen – wird als tiefe Wahrheit erkannt. Der spekulative Idealismus wird zum großen Wiederentdecker des christlichen Dogmas, das freilich aus der Form der religiösen »Vorstellung« in die Form des reinen »Begriffs« erhoben wird. Hegel hat seiner spekulativen Philosophie die »Wiederherstellung der vom Verstande (= Aufklärung) auf ein Minimum reduzierten Kirchenlehre« nachgerühmt. Mit Verachtung sah er auf die zeitgenössische Theologie herab, in der »die wichtigen Lehren von der Dreieinigkeit, von der Auferstehung des Leibes, die Wunder im Alten und Neuen Testament als gleichgültig vernachlässigt worden sind und ihre Wichtigkeit verloren haben«. Eine imponierende Restauration des Dogmas, ja mehr noch: ein Durchstoßen zu verschütteten, auch von Schleiermacher nicht erreichten Wahrheiten des christlichen Glaubens. In einer Zeit, in der die Christologie zur Darstellung des Lebens Jesu verflacht, stellt Hegel Tod und Auferstehung Christi in den Mittelpunkt des christlichen Glaubens.

Die Identifikation der idealistischen Philosophie mit den Inhalten der christlichen Tradition macht auch vor der konfessionellen Frage nicht halt. Hegel hat sich nicht nur als Protestant, sondern dezidiert als lutherischer Christ verstanden: »Ich bin ein Lutheraner und durch Philosophie ebenso ganz im Luthertum befestigt« (an Tholuck, 1826). In einer Zeit, in der die konfessionellen Gegensätze antiquiert und gleichgültig geworden waren, hat er Luthers Entscheidung in der Abendmahlskontroverse verteidigt. Die lutherische Abendmahlslehre enthält für Hegel die allein *geistige* Vorstellung von der Gegenwart Gottes, die katholische Transsubstantiationslehre ist in einer *ungeistigen*, äußerlichen Vorstellung, die reformierte Lehre in einer *geistlosen* Erinnerung stecken geblieben. Auch die lutherische Christologie mit ihrer Lehre von der vollkommenen Gemeinschaft der göttlichen und der menschlichen Natur Christi konnte Hegel in sein Denken aufnehmen, nicht freilich die reformatorische Rechtfertigungslehre.

Hegels idealistische Religionsphilosophie ist genannt worden »der höchste Hymnus auf das Christentum, der je in der Welt der Wissenschaft angestimmt wurde« (W. Elert). Reiche Wirkungen gehen von hier auf die theologische Arbeit des 19. Jahrhunderts aus: auf die Dogmatik hat Hegels Rehabilitierung von Lehre und Dogma im gleichen Maße stimulierend gewirkt, wie für die historische Theologie der Entwicklungsbegriff neue Einsichten eröffnete. Problematisch blieb, daß es ein Standpunkt über dem Christentum, eine Art neue Gnosis war, von dem aus Hegel Vernunft und Glauben versöhnt hatte. Der christliche Glaube erschien als eine notwendige, aber auch notwendig zu übersteigende Stufe zum absoluten Wissen. Hegels Philosophie hat man einen Januskopf genannt. Nicht die der christlichen Tradition zugewandte, sondern die auf Überwindung der religiösen Vorstellung durch den philosophischen Begriff schauende Seite der Hegelschen Philosophie hat geschichtlich die größte Folgewirkung gehabt. Mit dem Hegelschüler Ludwig Feuerbach (1804–1872) und seinem religionskritischen Hauptwerk »Das Wesen des Christentums« (1841) folgte der Umschlag des Idealismus in den Materialismus und Atheismus.

III Die Erweckungsbewegung

Wesen und Ursprung der Erweckung

In den ersten Jahrzehnten des 19. Jahrhunderts wird der deutsche Protestantismus von einer religiösen Erneuerungsbewegung erfaßt, der Erweckung. Im Unterschied zu den unmittelbar nur die höheren Stände erreichenden Bildungsmächten der Romantik und des Idealismus hat die Erweckung in die breiten Schichten des Kirchenvolks hineingewirkt. Sie hat zu einer erstaunlichen Neubelebung der Frömmigkeit und zu neuen Formen kirchlichen Lebens geführt. Die letzte große Frömmigkeitsbewegung der Neuzeit hat man sie genannt.

Die Erweckung ist nicht auf den deutschen Raum beschränkt gewesen. Das lutherische Skandinavien hat in der ersten Hälfte des 19. Jahrhunderts ebenfalls eine Erweckung erlebt. Im kontinentalen westeuropäischen Calvinismus hat der von Genf ausgehende »Réveil« ungefähr gleichzeitig zu einer religiösen Erneuerung des Protestantismus der Schweiz, Frankreichs und der Niederlande geführt. Beide Bewegungen, die Erweckung und der westeuropäische »Réveil«, stehen wiederum in Zusammenhang mit der großen Erweckungswelle, die im 18. Jahrhundert England und Nordamerika erfaßt hat.

Die deutsche Erweckung ist eine vielgestaltige, religiös und organisatorisch wenig einheitliche und fast nur durch den Gegensatz gegen den aufklärerischen Rationalismus auf einen gemeinsamen Nenner zu bringende Bewegung. Sie hat nicht einen bestimmten Ausgangspunkt, sondern viele; ein festes und dauerndes Zentrum hat sie nie gewonnen. Es fehlt die überragende Gestalt, an der man sich, wie im Methodismus an John Wesley (1703–1791), das Wesen der Bewegung klarmachen kann. Dabei hat es der Erweckung an originalen Köpfen nicht gemangelt. Aber einen Namen, der in einem Atemzug mit Schleiermacher und Hegel genannt werden könnte, hat sie nicht vorzuweisen.

So uneinheitlich und schwer überschaubar die Erweckung im ganzen ist, so vielfältig sind die Wurzeln, aus denen sie erwuchs. Nicht wenige der frühen Erweckten haben, wie der Kieler Propst Claus Harms und der Berliner Kirchenhistoriker August Neander, von Schleiermachers »Reden« die entscheidenden Anstöße empfangen. Noch lange ist in der Erweckung die Erinnerung lebendig geblieben, »daß er (Schleiermacher) es gewesen, welcher das neue Leben der Kirche herbeigeführt und lange allein getragen hat« (O. K. Krabbe). Aber der Satz von Claus Harms »Der mich zeugte, hatte kein Brot für mich« ist symptomatisch für eine in der Erweckung überall zu beobachtende allmähliche Abwendung von dem bedeutendsten Theologen der Zeit. Auf der Höhe ihrer Macht hat es die Erweckung nicht verschmäht, Schleiermacher neben den Aufklärern zu ihren Gegnern zu zählen.

Schon in der Frühzeit laufen viele Fäden von der evangelikalen Bewegung Englands nach Deutschland. Mancherlei Anregung und Förderung kommt von dort, vor allem für Missionsarbeit und Bibelverbreitung. Es liegt nahe und ist auch versucht worden, die deutsche Erweckung aus der angelsächsischen herzuleiten. Doch zu tief liegen ihre Wurzeln im Boden der deutschen Kirchengeschichte. Wohl das breiteste Wurzelgeflecht stammt aus dem alten Pietismus des 18. Jahrhunderts. In Württemberg und am Niederrhein war der Pietismus in breiten Volksschichten lebendig geblieben. Hier hat die Erweckung an das pietistische Erbe angeknüpft, ist gleichsam die Erneuerung und organische Fortbildung des Pietismus geworden. Der aus dem reformierten Pietismus des Siegerlandes stammende Augenarzt *Heinrich Jung-Stilling* (1740–1817), volkstümlicher Erbauungsschriftsteller und Patriarch der frühen Erweckung, verkörpert am deutlichsten den Zusammenhang mit dem älteren Pietismus.

Dort, wo der Pietismus nicht bodenständig geworden war, hat die von Basel ausgehende »Deutsche Christentumsgesellschaft« viel zur Sammlung der zerstreuten Frommen getan. Die Christentumsgesellschaft, gegründet 1780 von *Johann August Urlsperger* (1728–1806) zur Verteidigung der christlichen Wahrheit gegenüber Deismus und Rationalismus, wird heute zunehmend als eine Hauptwurzel der Erweckung erkannt. Zu ihren Mitgliedern zählten neben Jung-Stilling auch der rührige elsässische Pfarrer *Johann Friedrich Oberlin* (1740–1826) und der Zürcher Prediger und Schriftsteller *Johann Caspar Lavater* (1741–1801). Durch Reisesekretäre, Korrespondenten und Traktatschrifttum hat die Gesellschaft die über Deutschland verstreuten alten pietistischen Kreise am Leben gehalten, die Keimzellen, aus denen im 19. Jahrhundert neues Leben sich bilden konnte. Ähnliche Bedeutung kommt der Herrnhuter Brüdergemeine und der ausgedehnten Tätigkeit ihrer Diaspora-Prediger zu. Nicht gering war die Zahl derer, die in der warmherzigen Frömmigkeit der Brüdergemeine Zuflucht vor der kalten Verständigkeit der Aufklärung gesucht hatten. Die kirchengeschichtliche Bedeutung der Frömmigkeit Herrnhuts, die den jungen Goethe in ihren Bann zog und von der Schleiermacher und Novalis ausgehen, kommt jetzt, an der Schwelle zum 19. Jahrhundert, voll ans Licht.

Neben dem pietistischen Erbe fließen auch die anderen, im 18. Jahrhundert gegenüber der Aufklärung kritischen Strömungen in die Erweckung ein. Johann Gottfried Herder hat mit seinem Individualitätsbegriff Einfluß gehabt. Vor allem aber Herders Lehrer *Johann Georg Hamann* (1730–1788), der große Kritiker des aufklärerischen Vernunftbegriffs, kommt in der Erweckung erstmals zu größerer Wirkung. Bei Hamann fanden die Erweckten schärfere Waffen für den Kampf gegen den Rationalismus, als sie Schleiermacher und der Idealismus bereitstellten: einen biblischen Offenbarungsglauben, der auf jede Stützung durch die menschliche Vernunft verzichtete und auch den Vorwurf der Widervernünftigkeit nicht scheute; die zentrale Stellung der Sünden- und Rechtfertigungslehre, deren Wahrheit individuell in der Befreiung von Sündenmacht und Schuld erfahren wird; schließlich die Hochschätzung der Schriften Luthers. In dem Maße, in dem sich die Erweckung ihrer Eigenart und ihres Gegensatzes zu den geistigen Mächten der Zeit bewußt wurde, ist ihr der Rückhalt an Luther wichtig geworden. Die »Weisheit Luthers« (1816 u. ö.), eine Auswahl aus Luthers Schriften, ergänzt durch Worte Hamanns, war in den zwanziger Jahren eines der meistgelesenen Bücher in Erweckungskreisen. In Erlangen, Zentrum der bayerischen Erweckung, erscheint seit 1826 wieder eine große Luther-Ausgabe (Erlanger Ausgabe). Daneben haben die Schriften der alten Mystiker gewirkt, Johann Tauler und Jakob Böhme voran. *Matthias Claudius* (1740–1815), der Wandsbecker Bote und Wegbereiter der norddeutschen Erweckung, hat lange Jahre auf die Übersetzung der Schriften des quietistischen Mystikers Fénelon (1651–1715) verwandt. Auch der visionär veranlagte Emanuel Swedenborg (1688–1772) ist in Erweckungskreisen viel gelesen worden.

Die Erweckung zerfällt, sieht man von der ins späte 18. Jahrhundert fallenden Vorbereitungszeit ab, in drei Phasen. Zunächst in eine frühe Phase, die von der Jahrhundertwende bis zum Ausgang der Befreiungskriege reicht. Für diese Frühzeit, die Zeit Jung-Stillings, ist kennzeichnend der weite geistige und ökumenische Horizont. Weder sind die Grenzen zu Romantik und Idealismus, noch die zur katholischen Kirche fest abgesteckt. Man fragt nicht, ob einer lutherisch, reformiert oder katholisch ist, sondern ob er den lebendigen Christusglauben hat. Religiöse und nationale Erweckung fließen ineinander. Sorge um die Orthodoxie ist noch nicht erwacht, das kirchliche Bewußtsein ist schwach.

Die anderthalb Jahrzehnte zwischen Wiener Kongreß und Juli-Revolution (1815–1830) bilden die zweite Phase. Sie ist die Blütezeit der Erweckung. Aus der Enge kleiner Zirkel ausbrechend, schwillt die Erweckung zu einer mächtigen, teilweise ganze Landschaften erregenden Volksbewegung an. In Berlin und Erlangen, in Stuttgart und im Wuppertal besteigen eine immer größere Zahl erweckter Prediger die Kanzeln. Die Bewegung bringt eine reiche Buch- und Traktatliteratur hervor, findet in Bibel- und Missionsgesellschaften feste organistorische Formen. Die Abgrenzung zur katholischen Kirche tritt jetzt klar hervor, auch die zu Hegel und zu Schleiermacher.

Die dritte Phase nach 1830 zeigt ein Erlahmen des erwecklichen Schwunges, doch breitet sich die Bewegung ständig weiter aus, wird zu einer kirchlichen Partei, die mit dem Rationalismus um die Herrschaft in der Kirche ringt. Auffällig die Entwicklung zu einem strengen Konfessionalismus, den die Mehrzahl der Erweckten jetzt einschlägt. Als 1848 die liberale bürgerliche Revolution ausbricht, ist das Feuer der Erweckung verloschen. Doch nicht wenige der durch die Erweckung geprägten Männer gelangen in der Reaktionszeit zu Amt und Einfluß in der Kirche. Es ist die zweite Jahrhunderthälfte, in der die kirchenpolitischen Früchte der Erweckung reifen.

Die Hauptzentren der Erweckung

Nahezu jede Landschaft im rechtsrheinischen Deutschland ist in größerem oder geringerem Maße von der Erweckung erfaßt worden. Ausnahmen sind Oldenburg und – bis zur Jahrhundertmitte – Hessen. Von der Allgäuer katholischen Erweckung, von der manche Verbindung zu evangelischen Kreisen läuft und aus der der später evangelisch werdende *Johannes Evangelista Goßner* (1773–1858) kommt, spannt sich der Bogen bis zur lutherischen Erweckungsbewegung Schleswig-Holsteins und zur Erweckung in Hamburg und Bremen. Von der badischen Erweckung, deren Führer der ehemals katholische Pfarrer *Aloys Henhöfer* (1789–1862) ist, reicht sie bis zur ostpreußischen und schlesischen Erweckung. Kleinere Gebiete wie das Minden-Ravensberger Land sind von der Erweckung nahezu vollständig, größere wie Thüringen und Sachsen nur in kleineren Kreisen erfaßt worden. In Bremen nahm die Erweckung nach dem Tod von *Gottfried Menken* (1768–1831) einen bewußt reformierten, in Hannover einen ebenso betont lutherischen Charakter an. Vier Hauptzentren heben sich aus der Masse der Erweckungszentren heraus: die bayerisch-fränkische, die märkisch-pommersche, die württembergische und die niederrheinische Erweckung. Von ihnen gehören die beiden ersten zusammen, weil sich in ihnen eine Entwicklung von der Erweckung zum konfessionellen Luthertum vollzogen hat. Bei den beiden letzteren überwiegt das pietistische Erbe, der überkonfessionelle Reich-Gottes-Gedanke hat hier über den konfessionellen Kirchenbegriff die Vorherrschaft behalten.

Die *bayerisch-fränkische Erweckung* ist von Nürnberg ausgegangen, wo sich um 1800 die stärkste Partikulargesellschaft der Deutschen Christentumsgesellschaft befand. Sie hat ihr Zentrum an der Universität Erlangen gefunden, wo der aus dem Rheinland stammende reformierte Theologieprofessor *Christian Krafft* (1784 bis 1845) durch seine nüchtern-erweckliche Predigt die Geister packte. Neben ihm war der Mineraloge *Karl von Raumer* (1783–1865) von großem Einfluß auf die akademische Jugend, weckte den Sinn für Heidenmission und soziale Verantwortung. Die Erlanger theologische Fakultät war bald mit Männern der Erweckung besetzt (Adolf von Harleß, Johann Konrad von Hofmann, Gottfried Thomasius). »Es war damals alles eins«, berichtet Thomasius, »Herrnhuter, Pietisten, Lutheraner, Reformierte, Katholiken waren einmütig beieinander ... Von einem konfessionellen Unterschied wußte man nichts. Es war doch wirklich eine schöne Zeit des wiedergekehrten Glaubens, obwohl es natürlich nicht so bleiben konnte.« Die um die Rechtfertigung des Sünders kreisende Frömmigkeit führte die Erlanger Erweckung zum konfessionellen Luthertum. »So sind wir Lutheraner geworden, frei von innen heraus.«

Am Anfang der *märkisch-pommerschen Erweckung* steht der Baron *Hans Ernst von Kottwitz* (1757–1843), ein von der Brüdergemeine bekehrter schlesischer Adeliger, bei dem sich der erweckliche Geist Herrnhutischen Konventikeltums mit unermüdlich tätiger

Nächstenliebe (vgl. unten S. 238), aber auch dem Hang zu kirchenpolitischer Intrige verband. Seine engen Verbindungen zum Adel und zum Kreis um den Kronprinzen, den späteren König Friedrich Wilhelm IV., haben den Konventikel haltenden frommen Baron zu einem der einflußreichsten Männer der preußischen Hauptstadt gemacht. Kottwitz hat viele junge Menschen erweckt und Erweckte gefördert. Er hat den jungen August Tholuck bekehrt und zu einer akademischen Karriere verholfen, erweckte Prediger und Theologen wie Goßner und Hengstenberg nach Berlin geholt. Bei der Entlassung des liberalen, für den Kotzebuemörder Sand eintretenden Theologieprofessor De Wette hat er ebenso unglücklich seine Hand im Spiel gehabt, wie er später tapfer gegen die Bedrückung der Altlutheraner protestierte. Kottwitz hat seine Fäden gesponnen zu den Gütern der pommerschen Adligen um *Adolf von Thadden-Trieglaff* (1796–1882), wo sich Herren und Knechte, ohne die Standesunterschiede aufzuheben, brüderlich in häuslichen Versammlungen erbauten. In diesen Kreisen hat der junge Otto von Bismarck seine Erweckung erlebt. Daß die Erweckungsbewegung eng mit den Standesinteressen des preußischen Adels verknüpft wurde, war unvermeidlich; nirgendwo ist sie in ein so enges Bündnis mit den Mächten des Adels und der politischen Reaktion eingetreten wie in Brandenburg-Pommern.

Der märkisch-pommerschen Erweckung ist es im Unterschied zur bayerisch-fränkischen nicht gelungen, eine theologische Fakultät vollständig mit Männern ihrer Richtung zu besetzen. An der Berliner Universität war die Erweckung lange Jahre nur durch die milde Frömmigkeit des Kirchengeschichtlers August Neander vertreten, der der Aufklärung nicht schlechtweg feindlich gesonnen war. Halle, die Hochburg des Rationalismus, blieb lange Zeit der Erweckung verschlossen. Ein Einbruch erfolgte erst, als der junge August Tholuck 1826 gegen den Willen der Fakultät dorthin berufen wurde. Tholuck will unter 950 Theologiestudenten anfangs nur drei an Christus Gläubige gefunden haben. Seine bezwingende Predigtgabe, seine unermüdliche Seelsorgetätigkeit an jedem einzelnen Studenten hat eine von Semester zu Semester wachsende Zahl junger Theologen der Erweckung zugeführt. Tholuck, der Erweckungstheologe par excellence, hat ein halbes Jahrhundert in Halle gewirkt. Am Ende seines Lebens konnte er, wie sein Biograph berichtet, auf eine »ungezählte Schar von Jüngern« blicken, verglichen mit den kümmerlichen Anfängen »ein Triumph des neuen Lebens, das seit einem halben Jahrhundert unsere Kirche durchweht«.

Die Erweckung in Preußen ist aus einer religiösen Bewegung zu einer schlagkräftigen kirchlichen Parteibewegung umgeformt worden durch *Ernst Wilhelm Hengstenberg* (1802–1869). Die von ihm 1827 gegründete und über 40 Jahre hindurch redigierte »Evangelische Kirchenzeitung« wurde das Organ der Erweckung und war das einflußreichste kirchliche Blatt im 19. Jahrhundert. Was einst die Devise der Christentumsgesellschaft gewesen war: Sammlung der Frommen und Verteidigung der christlichen Wahrheit gegen den Rationalismus, das war auch das Programm dieser Zeitung. Aber aus der Verteidigung ging sie zum Angriff über, und mit allen Mitteln des modernen Journalismus griff sie die rationalistischen Theologen auf Katheder und Kanzel an. Nicht immer ging es sauber dabei zu. Im hallischen Kirchenstreit 1830, der bekanntesten Auseinandersetzung der Erweckung mit dem Rationalismus, sagte sich selbst ein Neander von den Praktiken des Hengstenbergischen Blattes los. Der Verlust mancher ihrer Mitarbeiter hat den Siegeszug der von konservativen Adelskreisen unterstützten Zeitung nicht aufhalten können. Anfangs unionistisch gesinnt, hat sie seit den vierziger Jahren einen streng orthodoxen, am lutherischen Bekenntnis orientierten Kurs gesteuert.

Ein kompliziertes Bild bietet die *württembergische Erweckung*. Württemberg war um 1800 das am meisten vom Pietismus geprägte Land. Überall waren die durch das Pietistenreskript (vgl. oben S. 148) erlaubten Konventikel verbreitet, in denen seit der Französischen Revolution und noch mehr seit dem Auftreten Napoleons die chiliastischen Erwartungen eines Bengel wieder auflebten. Je näher das Jahr rückte, für das Bengel den Beginn des tausendjährigen Reiches berechnet hatte, desto stärker wuchs die apokalyptische Erregung, desto heftiger regten sich separatistische Stimmungen gegen das Kirchenregiment. Apokalyptisches Fieber trieb pietistische Gruppen zur Auswanderung nach Rußland und Amerika. Dort erwarteten sie in geschlossenen Siedlungen nicht selten kommunistischen Musters die Wiederkunft des Herrn, wie etwa die Anhänger des Webers *Georg Rapp* (1757–1847) in »Economy« bei Pittsburgh. Andere pietistische Gruppen konnten im Lande gehalten werden (Gründung von Korntal 1819). Chiliastisch blieb auch die Grundstimmung der landeskirchlichen Frömmigkeit und der um 1800 sich bildenden Gemeinschaften wie der des Bauern *Johann*

Michael Hahn (1758–1819). Im Chiliasmus beheimatet war auch *Johann Christoph Blumhardt* (1805–1880), der den Rationalismus nicht durch Worte, sondern durch Taten widerlegte (Krankenheilungen, Dämonenaustreibung), seit 1852 in Bad Boll ein Zentrum der schwäbischen Reichsgotteserwartung errichtete.

Die bedeutendste Gestalt der kirchlichen Erweckung Württembergs war der früh verstorbene *Ludwig Hofacker* (1798–1828). Hofacker verkörperte am reinsten den Typ des aus Angelsachsen bekannten Erweckungspredigers. Zu seiner Stuttgarter Predigtstätte kam das Volk von weither gezogen. Er kannte nur ein Thema: Sünde und Gnade, Buße und Rechtfertigung. Einen »Keil« in das Gewissen seiner Zuhörer zu schlagen, war das einzige Ziel seiner Predigten. Gedruckt fanden sie eine ungeheure Verbreitung. Unter der Leitung des Prälaten *Sixtus Karl Kapff* (1805–1879) hat die württembergische Erweckung den Kampf mit dem Hegelianismus eines David Friedrich Strauß geführt, ist um die Jahrhundertmitte in das württembergische Kirchenregiment eingedrungen, der württembergischen Landeskirche bis ins 20. Jahrhundert den pietistischen Stempel aufprägend.

Pietistisch wie die württembergische war die *niederrheinische Erweckung*. Der Schwerpunkt des kirchlichen Lebens am Niederrhein hatte sich zu Beginn des 19. Jahrhunderts vom Rhein und vom Siegerland in das mit der Industrialisierung aufstrebende Wuppertal verschoben. Die beiden Industriestädte Elberfeld und Barmen wurden das Zentrum der niederrheinischen Erweckung. Coccejanische Föderaltheologie und Tersteegensche Mystik, neben denen eine kräftige altreformierte Orthodoxie sich erhalten hatte, ließen am Niederrhein den Rationalismus nie zu einer kirchlichen Macht werden. So fehlt in diesem Raum der rationalistische Gegner, an dem sich der erweckliche Eifer entzünden konnte. Wie in Württemberg ist der Übergang vom alten Pietismus zur Erweckung fließend. Es erlischt der Widerstand gegen die verfaßte Kirche. Die »Stillen im Lande« treten aus der abgekapselten Welt ihrer Konventikel heraus und sammeln sich als gläubige Gemeinde unter der Kanzel großer Erweckungsprediger. Fast jede Gemeinde in Elberfeld und Barmen hat ihre bedeutenden Predigergestalten gehabt, von der Predigerdynastie *Krummacher* angefangen bis hin zu *Hermann Friedrich Kohlbrügge* (1803–1875).

Eine Eigenart der niederrheinischen Erweckung ist ihre enge Verflochtenheit mit Handel und Wirtschaft. War in Berlin die Erwekkung mit dem preußischen Adel verbündet, so im Wuppertal mit dem kapitalistischen Unternehmertum. »Alles ist Kirche und Handel, Mission und Eisenbahn, Bibel und Dampfmaschine; nach Kunst und Wissenschaft fragt man wenig oder gar nicht, kaum nach Politik.« So das Urteil des Bonner Theologen Carl Immanuel Nitzsch nach einem Besuch in Elberfeld 1840. Für die mit der Industrialisierung aufkommenden sozialen Probleme hat die Erweckung kein Auge gehabt. Impulse zur Sozialreform, die nirgends so nötig waren wie hier, sind nur schwer zu finden. Der alte Goethe hat 1830 über einen Predigtband des Barmer Pfarrers Friedrich Wilhelm Krummacher das böse Wort von den »narkotischen Predigten« gefällt, mit denen die ein kümmerliches Leben fristenden Fabrikarbeiter »in Schlaf gelullt« werden sollten. Friedrich Engels, aus einer pietistischen Barmer Fabrikantenfamilie stammend und selbst in seiner Jugend von der Erweckung erfaßt, konnte den Stoff zu seiner Kritik an der Gesellschaftsordnung in seiner Heimatstadt finden.

Die Bibel- und Missionsgesellschaften

Unter den zahlreichen aus der Erweckungszeit stammenden Institutionen nehmen neben den sozialen Einrichtungen (vgl. unten S. 238 f.) den ersten Platz die Bibel- und Missionsgesellschaften ein. Die von der Erweckung gegründeten Bibelgesellschaften gehen sämtlich auf das Vorbild der British and Foreign Bible Society in London (gegründet 1804) zurück. Die Londoner Bibelgesellschaft, die Mutter aller modernen Bibelgesellschaften mit Ausnahme der Cansteinschen Bibelanstalt in Halle, hat man die älteste ökumenische Organisation genannt. Von Anfang an überkonfessionell zusammengesetzt, betrieb sie durch eigene Agenturen oder Tochtergründungen eine über die ganze Erde reichende Bibelverbreitung. In der päpstlichen Enzyklika »Ubi primum« (1824) wurde die Pest der sich über die ganze Erde verbreitenden Bibelgesellschaften verdammt, die den Entschlüssen des Konzils von Trient zuwider die Bibel in die Landessprachen übersetzten. Katholiken mußten ihre Mitarbeit einstellen; die Bibelgesellschaften blieben eine protestantische Angelegenheit.

Die früheste deutsche Gründung ist die von Männern der Christentumsgesellschaft angeregte, vom württembergischen König privilegierte und mit englischem Kapital geförderte Württembergische Bibelanstalt (1812). Sie hat im Laufe des 19. Jahrhunderts alle anderen deutschen Bibelgesellschaften überflügelt, durch die Aufnahme wissenschaftlicher Ausgaben in den biblischen Grundsprachen den erwecklichen Rahmen gesprengt. Von den ungefähr drei Dutzend weiteren Bibelgesellschaften reicht die Preußische Hauptbibelgesellschaft (1814), eine auf englische Anregung erfolgte Gründung der Berliner Erweckung, am nächsten an die Stuttgarter Anstalt heran.

Mit einigem zeitlichen Abstand folgen den Bibelgesellschaften die Missionsgesellschaften. Auch hier war englisches Vorbild maßgebend. Es ist die London Missionary Society (gegründet 1795), die für die deutsche Missionsarbeit und ihre Rechtsform der freien Gesellschaft vorbildlich wurde. Die frühe Erweckung, in der überall schnell die Missionsliebe aufbrach, hat anfangs die Arbeit dieser englischen Gesellschaft durch die Zurüstung von Missionaren unterstützt. Mitglieder der Christentumsgesellschaft gründeten 1815 als erste Missionsgesellschaft im deutschsprachigen Raum die Baseler Mission, die mit einem Förderkreis im gesamten südwestdeutschen Raum vorwiegend die Mission der württembergischen Erweckung geworden ist. Es folgte die von der Berliner Erweckung getragene Berliner Missionsgesellschaft (1824), von der sich unter Johann Evangelista Goßner später eine zweite Berliner Gesellschaft abspaltete (Goßnersche Missionsgesellschaft, 1836). Erweckte Kreise des Wuppertals gründeten 1828 die Rheinische Mission mit Sitz in Barmen. Diesen noch der Blütezeit der Erweckung angehörenden Gründungen folgten, meist schon vom lutherischen Konfessionalismus bestimmt, die Norddeutsche Missionsgesellschaft (1836), die Leipziger Mission (1836), die Hermannsburger Mission (1849), unter den späteren Gründungen erwähnenswert noch die Neuendettelsauer Mission Wilhelm Löhes (gegründet 1853).

Die Mission ist das Lieblingskind der Erweckung gewesen. Aus den Missionsvereinen heraus ist die Erweckung zu einer Macht in der Kirche geworden; die großen Missionsfeste waren Anlaß zur Selbstdarstellung der Bewegung. Die freie Vereinsform schuf einen Freiheitsraum, den die staatlich verfaßten Landeskirchen nicht besaßen. Auf dem Missionsfeld war damit eine Selbständigkeit kirchlichen Handelns und eine Unabhängigkeit gegenüber den Interessen der Kolonialmächte ermöglicht, die die Missionen nicht ungenutzt gelassen haben, so daß ihre Gründungen das Ende der Kolonialherrschaft überdauern konnten. Freilich wird man in dem

Missionseifer der Erweckung die problematischen Seiten nicht übersehen dürfen. Zu sehr war der Blick nach außen, auf die Bekehrung der Heiden gewandt, zu wenig auf die sozialen Probleme in der Heimat. Die Erweckung hatte ihren Zenit längst überschritten, als Wichern es für nötig hielt, die Einseitigkeit der äußeren Mission durch die »Innere Mission« zu korrigieren.

IV Der Neubau der protestantischen Landeskirchen

Die Jahre der napoleonischen Erniedrigung haben nicht nur im politischen Bereich zu Überlegungen über Reform und Neuaufbau geführt. Auch die Reform des Kirchenwesens wurde allseits als notwendig anerkannt. In den Reformplänen des Freiherrn vom Stein nahm die Kirchenreform einen erheblichen Raum ein.

Dreierlei stand bei den Kirchenreformplänen zur Verhandlung. Zunächst und vorrangig die Reform der kirchlichen Verfassung. Hier galt es, die unter einem rein staatlich-bürokratischen Kirchenregiment verkümmerten Gemeinden zu neuem Leben zu erwecken und der Kirche eine organisatorische Selbständigkeit innerhalb des staatlichen Verwaltungsapparates zurückzugeben. Diese Seite der Kirchenreform vor allem hatte der Freiherr vom Stein ins Auge gefaßt. Stein wollte – analog zu der Belebung des Bürgersinns durch Einführung städtischer Selbstverwaltungsformen – auch im kirchlichen Leben eine stärkere Beteiligung der Gemeinden. Schleiermacher hat im Auftrage Steins 1808 einen »Vorschlag zu einer neuen Verfassung der protestantischen Kirche im preußischen Staate« ausgearbeitet, der die Einführung einer presbyterial-synodalen Ordnung als das geeignetste Mittel der Kirchenreform empfiehlt.

Die zweite Aufgabe lag in der Reform des Gottesdienstes. Der Ruf nach einer Liturgiereform, nach einer neuen Agende, erscholl allgemein, ohne daß Einmütigkeit über die Ziele der Kultusreform bestand. Von den mehr aufklärerischen Theologen gefordert, um die althergebrachten gottesdienstlichen Formen dem allgemeinen geistigen Fortschritt anzupassen, wurde sie von anderen für nötig gehalten, um die eingerissene aufklärerische Willkür zurückzuschneiden.

Dringend wurde die Aufgabe einer neuen Liturgie im Zusammenhang mit der dritten großen Reformaufgabe: der Union zwischen Lutheranern und Reformierten. Sollte die Gottesdienstreform nicht die im Volksbewußtsein fast ausgelöschten konfesssionellen Schranken wieder aufrichten, so mußte sie mit der von der Aufklärung längst geforderten Union zwischen Lutheranern und Reformierten zusammengehen. Das Problem einer neuen Gottesdienstagende war deshalb von Anfang an eng mit der Unionsfrage verbunden. Das galt auch von der Verfassungsfrage. Schleiermachers Verfassungsvorschlag von 1808 hält es bei jeder Neuorganisation der protestantischen Kirche für unumgänglich, »daß der kirchliche Unterschied zwischen Lutheranern und Reformierten gänzlich aufgehoben werde und die protestantische Kirche in diesem Staat durchaus nur eine sei.«

Die von Schleiermacher als wesentlich erkannte enge Verbindung zwischen Verfassungsreform, Gottesdienstreform und Unionsfrage ist nun bei der Neuordnung des protestantischen Kirchenwesens Preußens in verhängnisvoller Weise aufgelöst worden. Die Furcht vor republikanischen Tendenzen, vor einer kirchlichen Republik innerhalb der Monarchie, ließ den preußischen Staat vor der Einführung der Synodalordnung zurückschrecken. Der Staat zerstückelte das Reformwerk, nahm eigenständig nur die Frage der Union, dann die Agendenreform in die Hand.

Die Einführung der Union in Preußen

Zwei Jahre nach Kriegsende, zum dreihundertjährigen Jubiläum des Wittenberger Thesenanschlags, wurde im größten protestantischen Staat Deutschlands die Union zwischen Lutheranern und Reformierten proklamiert. In einer Kabinettsorder vom 27. September 1817 rief der preußische König Friedrich Wilhelm III. zur Vereinigung der beiden nur noch durch äußere Unterschiede getrennten protestantischen Konfessionen am kommenden Reformationsfest auf. Der von seinen Vorvätern längst gewünschten Einigung lägen keine Hindernisse mehr im Wege. Eine »neu belebte, evangelisch-christliche Kirche« sollte aus dieser Vereinigung hervorgehen. Der reformierte Monarch erklärte, zum Reformationsfest in der aus der bisher reformierten und lutherischen nun zu einer »evangelisch-christlichen Gemeinde« vereinigten Potsdamer Hof- und Garnisonsgemeinde das Abendmahl feiern zu wollen. Er hoffe, seinem Beispiele würden alle protestantischen Gemeinden im Lande folgen.

Die Proklamation des Königs fand in allen preußischen Provinzen, vor allem in den konfessionell stark gemischten Westprovinzen, eine freudige, teilweise begeisterte Zustimmung. In der Grafschaft Mark hatten Lutheraner und Reformierte schon ein halbes Jahr vorher das Reformationsjubiläum als Vereinigungsfest ausersehen. Die Berliner Geistlichen beschlossen unter Schleiermachers Vorsitz, in einer gemeinsamen Abendmahlsfeier am Vortag des Reformationsfestes die Union zu vollziehen. Nie vorher und nie wieder nachher hat sich ein preußischer König so in Übereinstimmung gewußt mit den protestantischen Gemeinden seines Landes. Allerdings handelte es sich bei der königlichen Proklamation nur um einen Aufruf, kein Unionsdekret. Es sollte sich bald herausstellen, welche Schwierigkeiten einer vollständigen Vereinigung noch im Wege standen.

Die außerpreußischen Unionen

Dem preußischen Unionsaufruf war kurz zuvor eine andere Unionsbildung voraufgegangen: die Union im Herzogtum Nassau. Verhandelt auf einer vereinigten reformiert-lutherischen Synode in Idstein, wurde sie vom nassauischen Herzog in einem Unionsedikt vom 11. 8. 1817 dekretiert. Die Union in Nassau ist nicht nur die erste deutsche Kirchenunion zwischen Lutheranern und Reformierten, sie hat auch einen anderen Unionstypus geschaffen als den, der in Preußen zustande kam. Das Unionsdekret verordnete die verwaltungsmäßige Zusammenlegung der beiden protestantischen Landeskirchen zu einer einzigen »Evangelisch-Christlichen Kirche« (Verwaltungsunion). Es forderte eine Vereinheitlichung des Kultus und gab eine neue Liturgie für die Unionskirche in Auftrag (Kultusunion). Betreffs der Lehre wurde die Übereinstimmung zwischen Lutheranern und Reformierten »in dem Wesentlichen ihres Bekenntnisses« vorausgesetzt, jede konfessionelle Bekenntnisgrundlage getilgt (Konsensusunion). Damit war eine vollständige Vereinigung der beiden Konfessionen staatlicherseits dekretiert, nicht ohne Mitwirkung kirchlicher Gremien, aber doch so, daß bald der Vorwurf auftauchen konnte, die Geistlichen seien nur Werkzeuge in der Hand der Politik gewesen.

In ähnlichen Formen wie in Nassau sind in den Jahren 1818–1822 durch das staatliche Kirchenregiment weitere unierte Landeskirchen geschaffen worden. Die Union wurde eingeführt in der Pfalz 1818, wo durch eine Volksabstimmung die Kirchenunion einen demokratischen Zug bekam, in Baden 1821, Rhein-Hessen 1822, Hanau 1818, Waldeck-Pyrmont 1821, Anhalt-Bernburg 1820. Für einen nicht unbeträchtlichen Teil des deutschen Protestantismus, hauptsächlich im westdeutschen Raum, war damit die innerprotestantische Konfessionsspaltung beseitigt.

Der Agendenstreit

Das Feuer der Begeisterung hat in Preußen nicht lange vorgehalten. Wenige Jahre nach dem allseits begrüßten königlichen Unionsaufruf sieht man den König und die überwiegende Zahl der Geistlichkeit in einem heftigen Streit gegeneinander stehen. Ein Streit, der das eben begonnene Unionswerk zum Stocken bringt und gefährdet. Es ist der Kampf um die der Unionskirche vom König aufgedrungene Agende (1822–1829).

Bei der Einführung der Union war die Agende nicht geändert worden. Alle kirchliche Aktivität konzentrierte sich auf die Einführung der Synodalordnung. Der König jedoch, der in der liturgischen Reform das Zentrum der Kirchenreform erblickte, vertiefte sich selbständig in liturgiegeschichtliche Forschungen und ließ 1821/22 eine eigenhändig verfaßte Kirchenagende im Heer und am Berliner Dom einführen, ordnete zugleich die Verteilung der Agende an sämtliche Geistlichen der Landeskirche an. Die königliche Agende, aus altertümlichen Formularen der Reformationszeit zusammengestückt, bedeutete eine Absage an alle Tendenzen zur Angleichung der Liturgie an die Erfordernisse der Zeit und eine Rückkehr zur voraufklärerischen kultischen Form des Gottesdienstes. Der Widerstand gegen die Agende war allgemein. Nicht nur bei der rationalistischen Geistlichkeit erhob sich ein Sturm der Entrüstung. Auch reformierte Gemeinden, gewohnt an ihre schlichte Gottesdienstform, erklärten die Liturgie »für theatralische Künste oder für eine halbe katholische Messe«. Die Lutherischen waren mit der Form der Einsetzungsworte beim Abendmahl nicht einverstanden. Zahllose Flugschriften wandten sich gegen die neue Gottesdienstordnung. Schleiermacher griff in einer anonymen Schrift »Über das liturgische Recht evangelischer Landesfürsten« (1824) das Vorgehen des Königs hauptsächlich von der rechtlichen Seite an. Nur ein verschwindend geringer, kaum der sechzehnte Teil der Geistlichen erklärte sich zur Annahme der Agende bereit.

Der Streit um die königliche Agende ist nach jahrelangen Kämpfen mit einem Kompromiß beendet worden. Der König, der das äußerste Mittel gesetzlicher Einführung der Agende immer scheute, erlaubte den einzelnen Landesteilen Provinzialagenden, die im Anhang die provinziellen und konfessionellen Sondertraditionen als Alternativformulare aufnehmen durften. Auf dieser Basis hat schließlich die protestantische Geistlichkeit in ihrer Mehrheit eingelenkt. Auch Schleiermacher gab den Widerstand auf, nachdem er zwar nicht gesiegt hatte, aber auch nicht unterlegen war.

Nicht gebeugt haben sich eine Reihe streng lutherischer Gemeinden der preußischen Ostprovinzen, vor allem Schlesiens. Hier sind dann die unerquicklichsten Szenen über die Bühne gegangen, die die Geschichte des landesherrlichen Kirchenregiments in Deutschland kennt. Weites Aufsehen erregten die Vorgänge in der Gemeinde Hönigern bei Namslau in Schlesien, wo der die Agende nicht annehmende Pfarrer Kellner ins Gefängnis gesteckt wurde und preußisches Militär mit Kolbenschlägen die von der Gemeinde bewachte Kirche aufbrach (1834). Vergeblich trat der greise Kottwitz bei seinem König für die Schlesier ein: »Juden, Katholiken und Mennoniten finden Duldung in Preußen; die Lutheraner bitten nur um Gewährung einer gleichen Wohltat.« Tausende von Lutheranern wanderten nach Nordamerika und Australien aus, um der Caesaropapie ihres Landesherren zu entgehen. Die im Lande Verbliebenen trennten sich von der Landeskirche. Erst unter Friedrich Wilhelm IV. haben diese »Altlutheraner« sich eine eigene freikirchliche Organisation geben dürfen (Evangelisch-Lutherische Kirche in Preußen 1841).

Die Rückbildung der Union

Der Agendenstreit hat das preußische Unionswerk weit über die Grenzen des Landes in Verruf gebracht. Er förderte das Wiedererwachen des alten konfessionellen Bewußtseins. Die Befürworter der Union sieht man bald auf dem Rückzug. Eine königliche Kabinettsorder vom 28. Februar 1834 lockert erstmals den Zusammenhang von (verordneter) Agende und (freiwilliger) Union. Die Union bezwecke kein Aufgeben des bisherigen Glaubensbekenntnisses, durch den Beitritt zu ihr werde »nur der Geist der Mäßigung und Milde ausgedrückt, welcher die Verschiedenheit einzelner Lehrpunkte der anderen Konfession nicht mehr als den Grund gelten läßt, ihr die äußere kirchliche Gemeinschaft zu versagen«. Das war ein deutliches Abrücken vom ursprünglichen Ziel einer vollständigen religiösen Vereinigung. Die Fortexistenz der beiden Konfessionen innerhalb der verwaltungsmäßig und kultisch geeinten Landeskirche war anerkannt. Da eine große Zahl von Gemeinden sich bereits als uniert betrachteten, gab es nun nebeneinander unierte, lutherische und reformierte Gemeinden innerhalb der preußischen Union. Ein Zustand, der der preußischen Unionskirche seitdem eigentümlich geblieben ist.

Eine preußische Generalsynode von 1846 hat noch einmal den Versuch gemacht, das steckengebliebene Unionswerk zur Konsensusunion weiterzubilden. Der Versuch, durch Formulierung eines Unionsbekenntnisses weiterzukommen, mißlang. Ein von dem Theologen Carl Immanuel Nitzsch entworfenes unionistisches Ordinationsformular (von den Konfessionellen als Nitzschenum verspottet) fand zwar die Billigung der Synode, wurde jedoch vom König ignoriert. Der Evangelische Oberkirchenrat, die 1850 eingerichtete oberste Verwaltungsbehörde der preußischen Landeskirche, mußte in seiner Zusammensetzung dem verschiedenen Bekenntnisstand Rechnung tragen und sollte bei Angelegenheiten, die den Bekenntnisstand berührten, konfessionell getrennt abstimmen (itio in partes). In der preußischen Union blieben das lutherische und das reformierte Bekenntnis somit erhalten. Strittig war nur, ob auch die lutherische und die reformierte Kirche erhalten worden war.

Der lutherische Konfessionalismus

Zum gleichen Reformationsfest, zu dem in Nassau und Preußen die Union verkündet wurde, veröffentlichte der Kieler Pfarrer und spätere Propst *Claus Harms* (1778–1855) seine 95 Thesen gegen den herrschenden Rationalismus. Sie mündeten in einen scharfen Angriff gegen die Unionspläne. Keineswegs habe die Zeit die Scheidewand zwischen Lutheranern und Reformierten aufgehoben. »War auf dem Colloquio zu Marburg 1529 Christi Leib und Blut in Brot und Wein, so ist er es noch 1817« (These 78). Das war, mitten im 19. Jahrhundert, die Sprache der lutherischen Orthodoxie. Leidenschaftlich die Warnung vor der Unionsfeier in Wittenberg: »Vollzieht den Akt nicht über Luthers Gebein! Er wird lebendig davon und dann wehe euch« (These 75).

Selten ist eine Prophezeiung so in Erfüllung gegangen wie diese. Zwar wirkten die Harmsschen Thesen von 1817 keineswegs wie ein Fanal. Erst seit den dreißiger Jahren bildet sich, allermeist aus der Erweckungsbewegung heraus, eine größere Bewegung, die sich neu auf das lutherische Bekenntnis besinnt und, in scharfer Front gegen die Unionen, Kirche und Theologie zum konfessionellen Luthertum zurückführen will. Sehr bald aber schwillt dieses Neuluthertum zu einem Strom an, der eine große Zahl deutscher Landeskirchen erfaßt, auch in die Unionskirchen eindringt, über die deutschen Grenzen hinaus bis nach Skandinavien und Nordamerika weiterwirkt. Dieses Neuluthertum, auch lutherischer Konfessionalismus genannt, hat das Gesicht eines großen Teils des deutschen Protestantismus bis in 20. Jahrhundert hinein, ja bis in die Gegenwart geprägt.

Die erste rein lutherische Landeskirche Deutschlands wurde, nach dem Ausschluß der Reformierten, die rechtsrheinische bayerische Landeskirche, an deren Spitze seit 1852 der Lutheraner *Adolf von Harleß* (1806–1879) stand. Zentren des bayerischen Neuluthertums waren die Erlanger theologische Fakultät, die Generationen von Pfarrern im Geiste eines bewußten Luthertums ausgebildet hat, daneben das kleine Dorf Neudettelsau mit seinen Anstalten, wo *Wilhelm Löhe* (1808–1872) Prediger für die deutsch-lutherische Kirche Nordamerikas zurüstete, mit seinem Kampf gegen die unreinen Altäre (Abendmahlsgemeinschaft mit den Reformierten) der eifrigste Motor einer rein lutherischen Kirche. Neben Bayern entwickelte sich Hannover unter der Führung von *Ludwig Adolf Petri* (1803–1873) in schweren inneren Kämpfen gegen den Rationalismus (Katechismusstreit) zu einer Hochburg des Neuluthertums, ohne jedoch die Göttinger theologische Fakultät gewinnen zu können. Lutherisch wurde ebenfalls Mecklenburg unter *Theodor Kliefoth* (1810–1895). In Sachsen, wo noch lange der Rationalismus herrschte und von wo 1838 ein Teil der Lutheraner nach Nordamerika auswanderte und die streng lutherische Missouri-Synode gründete, setzte sich das Luthertum erst seit der Jahrhundertmitte durch. Die Leipziger Fakultät wurde mit dem Dreigestirn Kahnis, Luthardt und Delitzsch die zweite Hochburg neulutherischer Theologie neben Erlangen. In Kurhessen versuchte *August Vilmar* (1800–1868) das Neuluthertum durchzusetzen. Seine Anhänger gingen später in die Separation von der Landeskirche (Hessische Renitenz). Vom konfessionellen Geist wurde auch geprägt das baltische Luthertum mit seiner Universität Dorpat.

Die im Revolutionsjahr 1848 abgehaltene »Leipziger Konferenz von Gliedern und Freunden der evang.-lutherischen Kirche« förderte die Sammlung der Kräfte des Neuluthertums über die landeskirchlichen Grenzen hinweg. Der in der Auseinandersetzung mit der Union entstandene Gedanke einer deutschen lutherischen Bekenntniskirche galt als Fernziel. Um dieses Ziel zu erreichen, mußte die Union bekämpft und ihre weitere Ausdehnung verhindert werden. Als nach dem preußischen Sieg von 1866 die Ausdehnung der Union auf die neupreußischen Provinzen drohte, fand sich das Neuluthertum in der »Allgemeinen evangelisch-lutherischen Konferenz« (gegründet 1868 in Hannover) zu einem losen Verbund zusammen. Der Verzicht Preußens auf die Einführung der Union in Hannover und Schleswig-Holstein sowie das Anwachsen einer konfessionell lutherischen Partei innerhalb der preußischen Unionskirche kräftigten die Position des Neuluthertums.

Im Ergebnis haben Union und Konfessionalismus zu einer erneuten innerprotestantischen Aufspaltung geführt. Es ist die Tragik des deutschen Protestantismus im 19. Jahrhundert gewesen, daß er in einer Zeit revolutionärer gesellschaftlicher Veränderungen einen erheblichen, wenn nicht den größten Teil seiner Energien auf innerkirchliche Kämpfe gewendet hat.

Der Kampf um die Kirchenverfassung

Schleiermachers »Vorschlag zu einer neuen Verfassung der protestantischen Kirche« hatte die Richtung angegeben, in der alle reformbewußten Köpfe die Besserung des in Verfall geratenen protestantischen Kirchenwesens suchten: größere Unabhängigkeit der Kirche gegenüber dem Staat durch Gewährung von Rechten kirchlicher Selbstverwaltung, konkret die Einführung der Presbyterialverfassung in den Gemeinden und der Synodalordnung für den übergemeindlichen kirchlichen Zusammenschluß auf den Ebenen des Kreises, der Provinz und des Landes. Presbyterien und Synoden, wie es sie reformierter Tradition entstammend im Rheinland und in Westfalen gab, sollten die staatlichen Kirchenbehörden, die Konsistorien, entbehrlich machen, der Kirche gegenüber dem Staatsapparat eine solche Unabhängigkeit geben, »daß sie als ein sich selbst regierendes lebendiges Ganze darstehe«. Das landesherrliche Kirchenregiment sollte nach Schleiermachers Vorschlag auf eine bloße Oberaufsicht beschränkt bleiben.

Die preußische Reaktion nach 1815 hat im Gefolge der Unterdrückung aller politischen Verfassungspläne auch die kirchliche Verfassungsreform nicht zur Ausführung kommen lassen. Die vom Freiherrn vom Stein aufgelösten Provinzialkonsistorien wurden 1815 wiedererrichtet, jetzt auch im preußischen Westen, wo es sie nie gegeben hatte. Zwar wurden 1816 Kreis- und Provinzialsynoden einberufen, sie erhielten jedoch nur dürftige Befugnisse. Viele waren mit Schleiermacher darin einig, lieber gar keine Synoden zu haben als solche. Eine Landessynode wurde nicht gestattet. Furcht vor Liberalismus und Revolution ließ den Kultusminister Altenstein, Befürworter eines Staatskirchentums im Hegelschen Sinne, auch die Keime der Presbyterialverfassung zertreten. Dafür wollte der König das Bischofsamt in der evangelischen Kirche wiederherstellen. Tatsächlich erhielten die vom König ernannten Generalsuperintendenten den Titel Bischof. In Königsberg gab es sogar einen evangelischen Erzbischof.

So ist der Versuch, nach den Freiheitskriegen eine preußische Kirchenverfassung auf der Grundlage der Presbyterial-Synodalordnung einzurichten, im ersten Anlauf gescheitert. Das absolutistische Kirchenregiment des Landesherrn wurde restauriert. Nur den Westprovinzen Rheinland und Westfalen gelang es, ihre althergebrachte Presbyterial- und Synodalordnung zu bewahren. Im preußischen Westen hatte man sich nach 1815 der aufgedrungenen Konsistorialverfassung ebenso heftig widersetzt wie der königlichen Agende. Der Widerstand erlahmte erst, als der preußische Staat in der rheinisch-westfälischen Kirchenordnung von 1835 sich zum Zugeständnis der Presbyterial- und Synodalordnung bereit erklärte, wenn die Gemeinden ihrerseits die Konsistorien und Generalsuperintendenten anerkannten. Wer im Kampf um die rheinisch-westfälische Kirchenordnung gesiegt hat, ob der sein Herkommen verteidigende westdeutsche Protestantismus oder der die kirchenregimentlichen Schlüsselstellungen in der Hand behaltende preußische Staat, blieb eine offene Frage. Immerhin war es wichtig, daß ein beträchtlicher Teil Preußens erstmals eine kirchliche Verfassung bekam.

Das Revolutionsjahr 1848

Als der mit großen Hoffnungen allseits begrüßte preußische König Friedrich Wilhelm IV. 1840 den Thron bestieg, wurde ein neuer Anlauf zur Einführung der Presbyterial-Synodalordnung genommen. Der König berief 1846 eine Generalsynode ein (vgl. oben S. 213). Diese erste Synode der gesamten preußischen Landeskirche blieb ohne jede Folgen. Sie verstärkte die Furcht vor Liberalismus und Demokratie. Ihre Beschlüsse wurden vom König nicht genehmigt.

Zwei Jahre später schien es, als ob die Revolution zustande

brächte, was auf dem Verhandlungsweg nicht zu erreichen war. Der liberale Graf Schwerin, Schwiegersohn Schleiermachers, wurde 1848 in Preußen Kultusminister, löste das Oberkonsistorium auf und berief eine Kommission für den Entwurf einer presbyterial-synodalen Kirchenordnung. Auftrag der Kommission war es, »bei der Umgestaltung der Staatsverfassung die Formen festzustellen, innerhalb deren sich die Kirche mit Selbständigkeit und Freiheit entfalten kann«. In Frankfurt am Main legte das Paulskirchenparlament die öffentliche Stellung der Kirche fest: »Jede Religionsgemeinschaft ordnet und verwaltet ihre Angelegenheiten selbständig, bleibt aber den allgemeinen Staatsgesetzen unterworfen« (§ 147 der Paulskirchenverfassung).

Das Scheitern der Revolution bedeutete das Ende der liberalen Kirchenverfassungspläne. Zwar in die preußische Verfassung ging das Recht auf kirchliche Selbstverwaltung ein, sogar ohne die Einschränkung des Unterworfenseins unter die allgemeinen Gesetze. Die katholische Kirche hat den § 15 der preußischen Verfassungsurkunde immer als eine Magna Charta der Religionsfreiheit gepriesen; er öffnete ihr den Weg freier kirchlicher Selbstverwaltung, wie er selbst in katholischen Staaten nicht gewährt wurde. Die evangelische Kirche aber ging leer aus. Wohl wurde durch die Bildung einer eigenständigen obersten Verwaltungsbehörde, des Evangelischen Oberkirchenrates (1850), die kirchliche Organisation aus dem jetzt parlamentarisch kontrollierten Staatsapparat herausgelöst. Eine verwaltungsmäßige Trennung der Kirche vom Staat war damit erreicht. Aber von der Synodalordnung wurde nicht mehr geredet. Der Evangelische Oberkirchenrat wurde ein Organ des landesherrlichen Kirchenregiments in Reinkultur. Das konservative Kultusministerium von Raumer erklärte: »An den Landesfürsten als praecipuum membrum der Kirche und ganz unabhängig von seiner Stellung zur Staatsverfassung und zu den übrigen Staatsgewalten fiel mithin die ganze Leitung der kirchlichen Angelegenheiten zurück, und die Ausführung des Artikels 15 der Konstitution, insoweit er einer Ausführung bedurfte, war vollzogen, als der Landesherr sein landesherrliches Kirchenregiment in voller Unabhängigkeit von dem Ministerium der geistlichen Angelegenheiten festgestellt hatte.« Das war allen auf eine synodale Kirchenverfassung drängenden Kräften ein Schlag ins Gesicht. »Vielleicht ist nie sophistischer der Versuch gemacht worden«, urteilte der liberale Kirchenhistoriker Karl von Hase, »ein bestehendes oder verheißenes Recht umzustürzen als hier. Es war wie ein höhnendes Spiel mit der gesetzlichen Selbständigkeit der Kirche.«

Die Einführung der Presbyterial-Synodalordnung

So lange die Konservativen die Politik bestimmten, war an die Einführung einer Kirchenordnung nicht zu denken. Erst in den siebziger Jahren, als Bismarck seine Politik mit den Liberalen machte und nicht mehr die Unterstützung der Konservativen fand, kommt es in Preußen zur Einführung der Presbyterial- und Synodalordnung.

Das Verdienst gebührt dem liberalen Kultusminister Adalbert Falk. Falk, Bismarcks stärkste Stütze im Kulturkampf gegen Rom, hat der gesamten altpreußischen Landeskirche eine Kirchenverfassung gegeben, freilich ohne das landesherrliche Kirchenregiment dabei aufzuheben. Er hat das in der rheinisch-westfälischen Kirchenordnung von 1835 erprobte Modell einer Kombination von Konsistorialverfassung und Synodalverfassung auf die übrigen Provinzen der preußischen Landeskirche übertragen. Die von Falk entworfene, vom König als Träger des landesherrlichen Kirchenregiments erlassene Kirchengemeinde- und Synodalordnung von 1873 regelt die kirchliche Selbstverwaltung auf der Ebene der Kirchengemeinde, des Kirchenkreises und der Kirchenprovinz und setzt dafür die Organe des Gemeindekirchenrates bzw. Presbyteriums, der Kreissynode und der Provinzialsynode ein. Die Generalsynodalordnung von 1876 schuf für die gesamte preußische Landeskirche die Generalsynode als höchstes legislatives Verfassungsorgan, das mit der Befugnis ausgestattet war, landeskirchliche Gesetze zu erlassen. Nicht leichten Herzens gab der König seine Unterschrift unter den bedeutsame Rechte seines Summepiskopats einschränkenden Erlaß.

Daß es sich bei der Einführung der Presbyterial-Synodalordnung um keine spezifisch preußische Erscheinung handelte, lehrt ein Blick auf die übrigen protestantischen Landeskirchen Deutschlands. Sie haben fast alle während des 19. Jahrhunderts, teils früher, teils später als Preußen, die Synodalordnung eingeführt.

Das kirchliche Parteienwesen

Mit der Synodalordnung zog das Parteienwesen in die evangelische Kirche ein. In Analogie zum politischen Parlamentarismus bildeten sich auf den Synoden sehr bald ein rechter und ein linker Flügel, zwischen beiden eine Mittelpartei. Auf dem rechten Flügel standen die »Konfessionellen«, die sich seit der Jahrhundertmitte in der Auseinandersetzung mit der Union fester zusammengeschlossen hatten. Auf der anderen Seite die für Bekenntnisfreiheit kämpfenden Liberalen, die sich 1863 im Deutschen Protestantenverein organisiert hatten. Zwischen beide stellte sich eine der Union verpflichtete, aber ebenso der freien wissenschaftlichen Forschung aufgeschlossene »Mittelpartei«.

Bei den Synodalwahlen entbrannte ein heftiger Kampf um die Mehrheit in den kirchenleitenden Gremien. Diesen Kampf gewann jedoch keine der drei Gruppierungen, sondern eine vierte, im Zusammenhang der neuen Generalsynodalordnung erst geschaffene Kirchenpartei: die Positive Union. Gegründet 1876 von dem Hofprediger *Rudolf Kögel* (1829–1896) und seinen Freunden, nahm die Positive Union in der Bekenntnisfrage gegenüber allen liberalen Tendenzen einen streng orthodoxen Standpunkt ein, bejahte aber im Unterschied zu den Konfessionellen die preußische Unionskirche.

Die Positive Union hat bei den Kirchenwahlen sehr schnell entscheidende Erfolge erzielt und zusammen mit den Konfessionellen die Mehrheit auf den Synoden erobert. Das von den Liberalen erkämpfte Verfassungswerk mußte nun den Zielen der konservativen Mehrheit dienen. Als »Hofpredigerpartei« dem Thron nahestehend, ist es die Positive Union gewesen, die in den letzten Jahrzehnten der preußischen Monarchie weiten protestantischen Kreisen eine fast religiöse Verehrung des preußischen Herrscherhauses zur Pflicht gemacht hat. Dieser theologisch orthodoxen Partei ist die Ausschaltung des Liberalismus aus dem kirchlichen Leben weithin gelungen. Das Gesicht der preußischen Landeskirche ist tief ins 20. Jahrhundert hinein von der Positiven Union geprägt worden.

V Die protestantische Theologie im 19. Jahrhundert

Das 19. Jahrhundert ist das klassische Zeitalter der protestantischen Theologiegeschichte. Freigesetzt von der Macht der Tradition durch die aufklärerische Unterscheidung von Theologie und Religion, in vielfacher Weise angeregt durch Romantik, Idealismus und Erweckung, hat die Theologie im 19. Jahrhundert einen Reichtum von Entwürfen und Systemen hervorgebracht wie nie zuvor. Im 18. Jahrhundert läßt sich alle theologische Arbeit in die drei Schulen der Aufklärungstheologie, in die Restbestände der Orthodoxie und in den Pietismus einordnen, die theologische Individualität tritt zurück hinter dem Gemeinsamen der Schulrichtung. Im 19. Jahrhundert geht das nicht mehr. Die Individualität des Theologen dominiert über Tradition und Schule derart, daß auch dort, wo man der Freiheit müde werdend in die Bahnen einer theologischen Restauration zurücklenkt, das individuelle Gepräge nicht zu übersehen ist. Nicht in jeder Hinsicht ist dieser Reichtum Gewinn. Bald wird die Klage laut, das Ende dieser Entwicklung werde sein, daß »der Protestantismus in so viel Kirchtümer sich zerschlägt, als in demselben Kirchtürme sind« (August Kahnis). Es wird Schicksal des deutschen Protestantismus, sich mit dem Lehrpluralismus abzufinden.

Im weiten Meer der protestantischen Theologie des 19. Jahrhunderts lassen sich gleichwohl, von hoher Warte betrachtet, drei große Strömungen unterscheiden. Zunächst eine konservative Strömung, die die Bewahrung des christlichen Glaubensgutes zu ihrer Aufgabe macht, gegenüber den Prinzipien der Aufklärung, besonders der historischen Bibelkritik, eine ablehnende oder zumindest ausweichende Haltung einnimmt, eine Theologie, die in breiten Schichten des konservativen Kirchenvolkes Zustimmung findet, zu den herrschenden geistigen Mächten der Zeit aber meist in Gegensatz gerät. Ihr entgegengesetzt eine liberale Strömung, in der die Aufklärung weiterlebt, in der die historische Bibelkritik weitergebildet wird, eine Theologie, die in der ersten Jahrhunderthälfte noch breiten Rückhalt an den liberalen, bürgerlichen Schichten des Kirchenvolkes hat, in der zweiten Jahrhunderthälfte aber in immer größere Distanz zu den bekenntnisgebundenen Kirchentümern gerät. Zwischen den Flügeln, die Anliegen beider aufnehmend, aber vor den Extremen einer wissenschaftsfeindlichen Kirchlichkeit und einer kirchenfremden Wissenschaftlichkeit sich hütend, eine Vermittlungstheologie. Sie hat, zwischen Glauben und Wissen, Kirchlichkeit und Wissenschaftlichkeit keinen Gegensatz anerkennend, das Erbe Schleiermachers verwaltet, hat jedoch immer daran gekrankt, daß ihr eine breite und prägende Wirkung in der Kirche versagt geblieben ist.

1. Die konservative Theologie

Die Erweckungstheologie

Als Theologe der frühen Erweckung lehrte in Berlin, neben Schleiermacher und größeren Einfluß auf die heranwachsende theologische Jugend ausübend als dieser, der Kirchenhistoriker *August Neander* (1789–1850). Seine Devise »Pectus est, quod facit theologum (= das Herz macht den Theologen)« richtete ihre Spitze gegen die Verständigkeit des Rationalismus, aber auch gegen den Vernunftbegriff Hegels. Sie ist Ausdruck einer allein an der religiösen Subjektivität interessierten Theologie, die sich durch ökumenische Weite und dogmatische Großzügigkeit auszeichnet (Pectoraltheologie). Neanders die religiösen Individualitäten aus den Quellen kongenial erfassende Geschichtsschreibung hat den Pragmatismus des 18. Jahrhunderts überwunden und eine neue Phase in der Kirchengeschichtswissenschaft eingeleitet, ist aber der Gefahr der Auflösung der Kirchengeschichte in eine fromme Biographiensammlung nicht ganz entgangen (Allgemeine Geschichte der christlichen Religion und Kirche, 1825 ff.). Neander war von überraschender Offenheit für die Ergebnisse der historischen Bibelkritik, in der Erweckung damit eine Sonderstellung einnehmend.

August Tholuck (1799–1877), Schüler Neanders und Professor in Halle, verkörpert am reinsten den Typus der Erweckungstheologie. Vom Ansatz der Pectoraltheologie ausgehend, hat er eine Lehre wiederentdeckt, die die Aufklärung abgestoßen, die auch der Idealismus sich nicht hatte aneignen können: die Lehre von der Erbsünde. Tholucks Jugendschrift »Die Lehre von der Sünde und vom Versöhner oder die wahre Weihe des Zweiflers« (1823), ist das theologiegeschichtlich bedeutsamste Dokument der Erweckung. Mit den Mitteln einer in die tiefsten Abgründe des menschlichen Gewissens hineinleuchtenden religiösen Psychologie wird die völlige Verderbnis, das wurzelhaft Böse in der menschlichen Natur bloßgelegt. An der religiösen Erfahrung bewahrheitet sich die christliche Erbsündenlehre, die Tholuck weniger in ihrer reformatorischen als in ihrer augustinisch-mittelalterlichen Form restituiert und von der her er die Notwendigkeit des Glaubens an die Versöhnungstat Christi aufweist. »Ohne die Höllenfahrt der Selbsterkenntnis ist die Himmelfahrt der Gotteserkenntnis nicht möglich.« Mit der Lehre von der Sünde ist in Tholucks Augen eine radikale Absage an den Geist der Zeit vollzogen. Eine Absage an das »heidnische Weimar«, wo man anfing, vom Segen des Sündenfalls zu sprechen. Eine Absage an die idealistische These von der Identität des menschlichen und des göttlichen Geistes. Seit Tholuck ist allen von der Erweckung erfaßten Theologen die Sündenlehre zum Schibboleth gegenüber dem Geist der Zeit geworden. Die gründlichste systematische Behandlung erfuhr sie in der weit verbreiteten, bis in die zweite Jahrhunderthälfte immer wieder neu aufgelegten Monographie von Tholucks Fakultätskollegen Julius Müller: »Die christliche Lehre von der Sünde« (1839/1844; 6. Auflage 1877). Müller hat sein Werk ausdrücklich gegen Hegel und den Idealismus, aber auch gegen den Sündenbegriff der Schleiermacherschen Glaubenslehre geschrieben. Noch Kierkegaard fand bei Müller Unterstützung für seinen Kampf gegen den Idealismus.

Die konfessionelle Theologie

Die aus der Erweckungstheologie hervorgehende konfessionelle Theologie besaß in Norddeutschland ihren Wortführer in *Ernst Wilhelm Hengstenberg* (vgl. oben S. 203), einem ursprünglich reformierten, später streng lutherischen Theologen, Professor für Altes Testament in Berlin. Neben dem in seiner »Evangelischen Kirchenzeitung« geführten kirchenpolitischen Kampf hat Hengstenberg auch auf dem Feld der theologischen Wissenschaft die Auseinandersetzung mit dem Rationalismus gesucht. Unter Bestreitung der in der kritischen Bibelwissenschaft erreichten Ergebnisse hat er die alttestamentliche Wissenschaft streng unter die Autorität des Bibelglaubens gebeugt und auf unbedingte Treue gegenüber dem lutherischen Bekenntnis verpflichtet. Hengstenbergs theologisch wissenschaftliche Werke, die das Rad der Bibelwissenschaft ins 17. Jahrhundert zurückdrehen wollten, sind schnell der Vergessenheit anheimgefallen. Der Einfluß Hengstenbergs auf die evangelische Kirche ist unvergleichlich anhaltender geblieben: er ist es gewesen, der breiten protestantischen Volkskreisen das Mißtrauen gegen die historische Bibelkritik eingepflanzt, historische Kritik mit dem Unglauben identifiziert hat. Hengstenbergs bedingungslosem Gehorsam gegenüber der Autorität von Bibel und Bekenntnis entsprach die politische Haltung seiner Kirchenzeitung: sie hat unentwegt auf der Seite der preußischen Konservativen gestanden.

Ein anderes Bild bietet die Theologie des sich aus der bayerisch-fränkischen Erweckung herausbildenden süddeutschen Konfessionalismus. Die theologische Schule Erlangens, Hochburg des Neuluthertums im 19. Jahrhundert, gipfelt in *Johann Christian Konrad von Hofmann* (1810–1877), dem bedeutendsten und originellsten neulutherischen Theologen des 19. Jahrhunderts. Hofmann hat seine Kraft nicht auf die Auseinandersetzung mit dem Rationalismus gewandt. Er ist, die Bibelkritik mehr ignorierend als bekämpfend, in schöpferischer Aufnahme des romantischen Geschichtsverständnisses und in Fortführung des Schleiermacherschen anthropologischen Ansatzes zu einer eigentümlichen Neubegründung einer auf die Schriftautorität sich stützenden Theologie durchgestoßen. Ausgehend von der religiösen Erfahrung, vom geschichtlichen Tatbestand des eigenen Christseins (»Ich, der Christ, bin mir, dem Theologen, eigenster Stoff meiner Wissenschaft«) gelangt Hofmann auf dem Weg eines Rückschlußverfahrens zur Vergewisserung der Wahrheit der Bibel als einer geschichtlichen, einer heilsgeschichtlichen Wahrheit. Hofmann ist im 19. Jahrhundert der große Erneuerer einer Theologie der Heilsgeschichte, wie sie in der Föderaltheologie des älteren Pietismus vorgebildet war. Die Autorität, die der Bibel im ganzen, einschließlich des Alten Testamentes, zukommt, ist keine äußere Autorität, der sich der Mensch im Gehorsam beugen muß, sondern ihre Autorität ergibt sich organisch aus dem geschichtlichen Verstehen des wiedergeborenen Christen.

Hofmann hat damit innerhalb der konfessionellen Theologie eine von vielen als Befreiung empfundene Alternative zum Hengstenbergischen Autoritätsglauben geschaffen. Mit seiner Freiheit gegenüber den Formeln des lutherischen Bekenntnisses, mit seiner »neuen Weise, alte Wahrheit zu lehren«, fand er unter den konfessionellen Theologen nicht nur Freunde. Besonderen Anstoß erregte seine kritische Haltung gegenüber der Lehre von der stellvertretenden Genugtuung Christi, die er als ein Luther fremdes, erst von Melanchthon ins Luthertum eingebrachtes Theologumenon erkannte. Hofmann hat durch die Entgegensetzung von Luther und Luthertum der neueren Lutherforschung bleibende Impulse gegeben.

Ihm ist es zu verdanken, daß die »Erlanger Schule« nicht den Charakter einer Repristinationstheologie angenommen hat. Während in Rostock der Hengstenbergschüler *Friedrich Adolf Philippi* (1809–1882) in seiner »Kirchlichen Glaubenslehre« (1854 ff.) das dogmatische System der altlutherischen Orthodoxie nahezu vollständig repristinierte, konnte es in Erlangen *Gottfried Thomasius* (1802–1875) wagen, die orthodoxe Christologie durch seine Kenosislehre (Kenosis = Erniedrigung, Verzicht des Sohnes bei der Menschwerdung auf einen Teil seiner göttlichen Eigenschaften) umzubilden.

Johann Christian Konrad von Hofmann fällt auch mit seiner liberalen politischen Haltung – lange Jahre war er Abgeordneter der Fortschrittspartei im bayerischen Landtag – aus dem Gesamtbild des sonst durchweg politisch konservativen Konfessionalismus heraus.

Die biblische Theologie

Die konfessionelle Theologie hatte ihre Blütezeit in der Jahrhundertmitte, in der Zeit der Reorganisation lutherischer Landeskirchen und der Abwehr der Union. Nachdem der Kampf um Union und Bekenntnis verebbte, tritt eine an der biblischen Offenbarung orientierte Theologie stärker in den Vordergrund: die biblische Theologie.

Der markanteste Vertreter einer rein biblischen Theologie im 19. Jahrhundert war der Tübinger Theologe *Johann Tobias Beck* (1804–1878). In den chiliastischen Traditionen des Bengelschen Pietismus verwurzelt, ging Beck seinen theologischen Weg unbekümmert um alle geistigen Strömungen seiner Zeit. Idealismus und Schleiermacher blieben ihm ebenso gleichgültig wie die missionarischen und sozialen Aktivitäten seiner pietistischen Freunde. In seinem theologischen System wollte er die »reale« biblische Gedankenwelt nacherzeugen (»Die christliche Lehrwissenschaft nach den biblischen Urkunden«, 1841). Becks Theologie, ihrem Anspruch nach das reinste Modell einer allein aus der Bibel geschöpften Theologie, entging in der Durchführung wie alle solche Versuche nicht dem Einfluß zeitgenössischer Denkkategorien, hier des auf die biblische Lehreinheit angewandten romantischen Organismusbegriffs. In seiner allein dem Bibelwort vertrauenden quietistischen Gelassenheit gegenüber dem Geist der Zeit bildet Beck das Gegenstück zu Hengstenbergs streitbarem Aktivismus.

Breite Wirkung fand die biblische Theologie um die Jahrhundertwende in der Gestalt von *Martin Kähler* (1835–1912), seit 1860 Professor in Halle. Kähler ist der erste Bibeltheologe, der sich den mit der historisch-kritischen Bibelwissenschaft auftauchenden Problemen gestellt hat. Der Titel seines berühmten Vortrages »Der sogenannte historische Jesus und der geschichtliche biblische Christus« (1892) gibt die von Kähler gefundene Lösung an. Kähler erklärt den Christusglauben der Gemeinde für unabhängig von den Fortschritten und Ergebnissen der historischen Leben-Jesu-Forschung. Nicht der historische Jesus, wie ihn die wissenschaftliche Forschung zum Gegenstand hat, sondern der gekreuzigte und auferstandene Christus, den die apostolische Predigt bezeugt, ist Grund und Inhalt des Glaubens. Damit kommt Kähler zu einer beachtlichen Revision der traditionell-orthodoxen Lehre von der Schrift. Die Bibel ist weder inspiriert noch Offenbarungsurkunde, sondern »Urkunde der kirchengründenden Predigt«.

Der dritte Repräsentant der biblischen Theologie, weit hinein ins 20. Jahrhundert wirkend, war *Adolf Schlatter* (1852–1938), seit 1898 Professor in Tübingen. Bei Schlatter erhält die biblische Theologie erstmals eine Wendung gegen das reformatorische Bekenntnis. Die lutherische Rechtfertigungslehre hat Schlatter nicht in Übereinstimmung mit der Theologie des Apostels Paulus befunden und als unbiblisch kritisiert. Schlatters vielgelesene Kommentarwerke, die scharfe Beobachtungsgabe mit lebendiger Frömmigkeit auch methodisch verbinden (»Sehakt« und »Lebensakt«), haben Anerkennung auch bei denjenigen theologischen Schulen gewonnen, die seinen meist konservativen Ergebnissen nicht zustimmten.

2. Die liberale Theologie

Der Rationalismus

Die Schule des theologischen Rationalismus, ungebrochen von der Aufklärung und von Kant herkommend, kaum berührt von Romantik und Idealismus, ist in den ersten Jahrzehnten des 19. Jahrhunderts noch beherrschend auf Katheder und Kanzel, in Buch- und Zeitschriftenliteratur. *Julius August Ludwig Wegscheider* (1771 bis 1849), seit 1810 Professor in Halle, veröffentlichte 1815 seine »Institutiones theologiae christianae dogmaticae«, eine Anleitung, den biblischen und kirchlichen Lehrbestand in eine vernünftige moralische Gottes- und Unsterblichkeitslehre umzubilden. Bis 1844 erlebte diese bekannteste rationalistische Dogmatik acht Auflagen! Der rationalistischen Theologie war es mit der Christlichkeit ebenso ernst wie mit der Vernünftigkeit. *Friedrich Röhr* (1777–1848), Generalsuperintendent in Weimar, wo er Goethe die Grabrede hielt, hat neben seinen »Briefen über den Rationalismus« (1813) auch »Christologische Predigten« (1831/37) herausgegeben. Die Rolle Jesu als des größten Lehrers für Religion und Sittlichkeit war allen Rationalisten unumstößlich.

Die Schwäche des Rationalismus lag in seinem Verhaftetsein an den ungeschichtlichen Vernunftbegriff Kants und im Vorbeigehen am neuen romantischen Geschichtsverständnis. *Heinrich Eberhard Gottlob Paulus* (1761–1851), seit 1811 Professor in Heidelberg, hat mit seiner rationalistischen Schrifterklärung diese Schwäche am deutlichsten an den Tag gebracht. Sein Leben lang leidenschaftlich gegen alle Formen von Aberglauben und Mystizismus kämpfend, im hohen Alter noch die Offenbarungsphilosophie Schellings der Lächerlichkeit preisgebend, hat Paulus ganz naiv an der Historizität der neutestamentlichen Berichte festgehalten und nur die mirakulöse Auffassung der Evangelisten durch vernünftige Exegese berichtigen wollen. Das Mißverhältnis zwischen naiv unkritischem Historienglauben und einer kein Wunder zulassenden rationalistischen Verständigkeit hat jene bizarre Wundererklärung hervorgebracht, die späteren Generationen nur noch zur Belustigung diente: so wenn die Geschichte von Jesu Meerwandeln auf einer Augentäuschung der Jünger beruhen soll, die den im Bodennebel am Ufer wandelnden Herrn vom Schiff aus erblickten; wenn die Krankenheilungen durch von Jesus verwendete Heilmittel zustande gekommen sein sollen; oder wenn es sich bei den Totenauferweckungen nur um die Erweckung von Scheintoten gehandelt habe.

Wie weit rationalistisches Gedankengut über die akademischen Katheder hinaus in die Schichten des liberalen Bürgertums eingedrungen ist, bezeugt der ungeheuere literarische Erfolg von Heinrich Zschokkes »Stunden der Andacht« (1816), einem bis zur Jahrhundermitte viel gelesenen sentimental-rationalistischen Erbauungsbuch.

Die historisch-kritische Theologie

Der Rationalismus eines Wegscheider und Paulus ist um die Jahrhundertmitte klanglos von der theologiegeschichtlichen Bühne abgetreten. Mit seinem ungeschichtlichen Vernunftbegriff hatte er sich selbst überlebt. Die im zweiten Drittel des 19. Jahrhunderts sich neu bildenden Formen liberaler Theologie stehen dem Rationalismus fremd gegenüber, haben ihre wesentlichen Anstöße von Schleiermacher und noch mehr von Hegel empfangen. Die bedeutendste Neubildung ist die »historisch-kritische Theologie« oder »Tübinger Schule«.

Kein zweites theologisches Buch hat bei seinem Erscheinen ein ähnlich weites Aufsehen und eine so leidenschaftliche Debatte erregt wie das »Leben Jesu« von *David Friedrich Strauß* (1808 bis 1874), erschienen 1835, ein Jahr nach Schleiermachers Tod. Was an dem Buch des jungen, hegelisch gebildeten Tübinger Stiftsrepetenten schockierte, war die durchgehende Bestreitung der Geschichtlichkeit der evangelischen Berichte von Jesus. Nach Strauß reden die Evangelien von Jesus nicht in der Form historischen Berichts, sondern in der Form des Mythos. Sie übertragen die Idee des Gottmenschen auf die Gestalt des jüdischen Weisheitslehrers Jesus; mit den übernatürlichen Farben des Mythos haben sie sein Lebensbild so dick übermalt, daß die ursprünglichen Farben nicht mehr erkennbar sind. Nach Strauß ist Jesus nichts weiter als ein jüdischer Prophet gewesen. Die Idee der Gottmenschheit in ihm personifiziert zu sehen, geht gegen alle Vernunft. »Die Idee schüttet ihre Fülle nicht in ein einzelnes Exemplar aus, das Unendliche realisiert sich nicht in einer endlichen Gestalt.« Nur vom unendlichen Prozeß der Menschheitsentwicklung soll gelten, was das Dogma von der Einigung von Gottheit und Menschheit besagt. Strauß meinte, mit seinem Festhalten an der Idee der Gottmenschheit einen idealen christlichen Standpunkt wahren zu können. Erst in späteren Jahren hat er mit dem Christentum gebrochen und sich einer liberalen Bildungsfrömmigkeit zugewandt.

Sämtliche theologische Richtungen waren durch das »Leben Jesu« in die Schranken gefordert; nahezu alle akademischen Theologen haben, oft gleich in ganzen Gegenschriften, zu Strauß Stellung genommen. Die Debatte verlief ergebnislos. Strauß zu antworten, war die Theologie nicht gewappnet. Die von ihm aufgeworfene Frage nach der Geschichtlichkeit der evangelischen

Berichte wurde verdrängt.

Nicht wenig trug zum fruchtlosen Ausgang der Straußdebatte die zunehmende Radikalisierung der historischen Kritik bei. *Bruno Bauer* (1809–1882), in seinen Anfängen Rechtshegelianer, Schüler Marheinekes und einer der schärfsten Kritiker von David Friedrich Strauß, ging zur radikalen Kritik über und veröffentlichte nach 1840 eine Reihe scharfsinniger Untersuchungen zur Entstehungsgeschichte des Neuen Testaments. Über Strauß hinausgehend kam Bauer zu dem Ergebnis, nicht nur die Form, auch der Inhalt des Neuen Testaments sei Mythos. Bauer, der die Schriften des Neuen Testaments sämtlich im zweiten nachchristlichen Jahrhundert entstanden sieht, zieht selbst die Existenz Jesu in Zweifel und erklärt die christliche Religion als ein aus alexandrinischer Logosspekulation und stoischer Philosophie zusammengebrautes Produkt der antiken Welt, dessen Heimat nicht in Jerusalem, sondern in Rom gelegen habe. Bauer hat mit seiner profanen, das Christentum ganz in den Fluß der spätantiken Weltgeschichte hineinstellenden Methode auf Karl Marx und Friedrich Engels Eindruck gemacht. Engels brauchte bloß noch den Klassencharakter der die christliche Erlösungsreligion produzierenden Kreise aus der Sklavenhaltergesellschaft zu postulieren, um Bruno Bauers Ideen ins Repertoire der marxistischen Religionstheorie aufnehmen zu können.

Bauers phantastische Konstruktionen legten es vielen nahe, über die historisch-kritische Methode den Stab zu brechen. Nur wenige sahen, daß er »für die Geschichte blind geworden war, weil er zu scharf beobachtet hatte« (Albert Schweitzer). Bauer, der »Antitheologe par excellence«, ist nach 1848 ins Lager der preußischen Konservativen gegangen.

Schien durch das Auftreten von Strauß und Bauer die historisch-kritische Methode sich selbst diskreditiert zu haben, so ist ihre Rehabilitierung der geduldigen und fleißigen Arbeit des Lehrers von Strauß zu danken. *Ferdinand Christian Baur* (1792–1860), seit 1826 Professor in Tübingen, gilt zu Recht als der Vater der historisch-kritischen Theologie, und er hat sie sogleich auf eine Höhe geführt, die sie im ganzen 19. Jahrhundert nicht wieder erreicht hat. Bei Baur verbindet sich in einzigartiger Weise philosophischer Geist mit der Akribie historischen Arbeitens. »Ohne Philosophie bleibt mir die Geschichte ewig tot und stumm«, hat Baur einmal geschrieben, noch ehe er auf die Philosophie Hegels stieß, deren Einfluß dann für die entscheidende mittlere Periode seines Schaffens bestimmend gewesen ist. Bei Hegel fand Baur den Entwicklungsgedanken und das Schema der Dialektik, welche er auf die Geschichte des Urchristentums wie auf die gesamte Geschichte des Christentums angewandt hat. Vom philosophischen Begreifen her und dank einer umfassenden Absicherung durch historische Quellenkritik ist es Baur gelungen, zwei theologische Disziplinen auf völlig neue und methodisch gesicherte Füße zu stellen: die neutestamentliche Wissenschaft und die Kirchen- und Dogmengeschichte.

In der neutestamentlichen Wissenschaft ist Baur zu einer Rekonstruktion der Geschichte des Urchristentums gekommen, die von dem herkömmlichen Bild erheblich abstach. Baur nimmt seinen Ausgang nicht wie Strauß bei den Evangelien, sondern methodisch gesicherter beim Apostel Paulus. Er erkennt Paulus als denjenigen, der die Gesetzesfreiheit und die universale Denkweise Jesu wiederentdeckt hat, die in der Zwischenzeit, in dem von Petrus und Jakobus geführten Judenchristentum, verschüttet worden waren. Der Gegensatz zwischen dem gesetzesgebundenen Judenchristentum und dem gesetzesfreien paulinischen Heidenchristentum erfüllt nach Baur die Geschichte der Christenheit in den ersten beiden Generationen. Thesis und Antithesis stehen sich gegenüber, bis unter dem Druck des gemeinsamen Feindes, der Gnosis, zu Beginn des zweiten Jahrhunderts der Gegensatz in der Synthesis der frühkatholischen Kirche versöhnt und aufgehoben wird. Alle neutestamentlichen Schriften beziehen nach Baur in diesen Kämpfen Stellung, sie verfolgen eine bestimmte Tendenz, die in der sogenannten »Tendenzkritik« erhoben wird.

Das Baursche Schema hat manch Konstruiertes, ist später durch wichtige Entdeckungen (z. B. Priorität des Markus-Evangeliums) empfindlich erschüttert worden; die Einschränkung der echt paulinischen Briefe auf Römerbrief, Korintherbriefe und Galaterbrief hat sich als übertrieben kritisch herausgestellt. Es bleibt doch Baurs Verdienst, daß er die neutestamentliche Wissenschaft auf eine dem damaligen Aufschwung der Geschichtswissenschaft ebenbürtige Höhe gehoben hat. Gerade der Vergleich mit Strauß, der die Schriften des Neuen Testamentes noch einflächig nebeneinander ordnet, zeigt, wieviel durch Baurs Tendenzkritik in Richtung auf ein geschichtliches Verstehen des Neuen Testamentes geleistet worden ist.

Ähnlich bahnbrechend sind Baurs kirchengeschichtliche Arbeiten. Unter dem Einfluß der Hegelschen Wertschätzung des altkirchlichen Dogmas hat sich Baur vor allem der Dogmengeschichte zugewandt. In den großen Monographien »Die christliche Lehre von der Versöhnung« (1838) und »Die christliche Lehre von der Dreieinigkeit und Menschwerdung Gottes« (1841–1843) ist es Baur gelungen, aus der Vielfalt des über die Jahrhunderte verteilten, üblicherweise in einzelne Lehrstreitigkeiten zerstückelten dogmenhistorischen Stoffs einen großen, innerlich zusammenhängenden Entwicklungsprozeß zu erschauen, in dem – ganz im Sinne Hegels – der Geist zum Bewußtsein seiner selbst kommt. Baur ist damit zum Begründer der neueren Dogmengeschichte geworden. Noch Baurs großer Gegenspieler Adolf von Harnack mußte zugeben: »Immer wird es das unvergängliche Verdienst des großen Schüler Hegels, Ferdinand Christian Baurs, in der Theologie bleiben, daß er zuerst eine einheitliche Gesamtauffassung der Dogmengeschichte zu geben und den ganzen Prozeß in sich nachzuerleben versucht hat.«

Die religionsgeschichtliche Schule

Die Tübinger Schule Ferdinand Christian Baurs hat wenig unmittelbare Fortsetzung gefunden. Baurs zahlreicher Schülerschaft blieben in der Reaktionszeit nach 1848 die theologischen Lehrstühle versperrt. Die historisch-kritische Schriftforschung hat sich erst sehr allmählich wieder stärkere Positionen erobert. Wichtig war, daß es nun auch auf dem Feld der alttestamentlichen Wissenschaft gelang, ein zusammenhängendes Bild vom Werden der israelitischen Religion zu zeichnen. Das Verdienst kam *Julius Wellhausen* (1844–1918) zu, dessen »Prolegomena zur Geschichte Israels« (1873) ein durch Quellenkritik abgesichertes Gesamtbild der Geschichte Israels entwarfen, das in den Grundzügen bis heute Bestand hat.

Gegen Jahrhundertende sammelte sich ein größerer Kreis liberaler Theologen in der »religionsgeschichtlichen Schule«. Die religionsgeschichtliche Schule, Blütezeit etwa 1890 bis ca. 1920, setzte die Arbeit der historisch-kritischen Theologie fort, entfernte sich aber vom Hegelianismus der Tübinger Schule und brachte eine Rückkehr zu Herder und zu Schleiermacher. Nicht mehr das Dogma, die Lehre war es, wonach man fragte und forschte, sondern die Religion, das religiöse Erlebnis, das Leben stand im Mittelpunkt. Unverkennbar war die Nähe zur gleichzeitigen »Lebensphilosophie«. Die religionsgeschichtliche Schule hat ihre Schwerpunkte in den exegetischen Disziplinen gehabt. Ihre Hauptvertreter waren Wilhelm Bousset, Adolf Deißmann, Hermann Gunkel, Hugo Greßmann, William Wrede. Durch die Abkehr vom Hegelschen Entwicklungsbegriff rückte den Religionsgeschichtlern die Bibel in einen weiten historischen Abstand, der die Fremdheit vieler biblischer Vorstellungen bewußt werden ließ. So erkannten Johannes Weiß (»Die Predigt Jesu vom Reiche Gottes« 1892) und Albert Schweitzer die Fremdartigkeit von Jesu Reich-Gottes-Predigt, die keine in der Geschichte sich entwickelnde Größe, sondern spätjüdisch geprägt das bald hereinbrechende eschatologische Endreich meint. Das vorbehaltlose Hineinstellen des Christentums in den Fluß der spätantiken Religionsgeschichte brachte die religionsgeschichtliche Schule in Spannung mit denjenigen theologischen Richtungen, die an der Ausschließlichkeit der biblischen Offenbarung festhielten.

Der Systematiker der religionsgeschichtlichen Schule wurde *Ernst Troeltsch* (1865–1923), Professor in Heidelberg, der später in Berlin zur Philosophie überging. Troeltsch hat in immer neuen Anläufen mit dem aus dem religionsgeschichtlichen Ansatz sich ergebenden Problem der Absolutheit des Christentums gerungen, ohne mehr als eine relative Höchstgeltung des Christentums, zuletzt beschränkt auf den europäischen Kulturkreis und ein existenzielles Entscheidungsmoment mit einbeziehend, behaupten zu können. In Anknüpfung an Schleiermacher hat Troeltsch die Selbständigkeit der Religion im geistig sozialen Leben betont (»religiöses Apriori«), dabei wie kein anderer die mit der Religionspsychologie und der Religionssoziologie sich ergebenden Fragen angepackt. Seine große historische Monographie »Die Soziallehren der christlichen Kirchen und Gruppen« (1912) ergänzt die herkömmliche Dogmengeschichte durch die erste Geschichte der christlichen Sozialethik; darüber hinaus weist sie die soziologische Bedingtheit christlicher Lehrbildung auf, zeigt, welche unterschiedlichen Funktionen die Lehre in »Kirche« und »Sekte«, den beiden Grundtypen religiösen Gemeinschaftslebens, erfüllt. Eindringliche Analysen der Neuzeit und der sie tragenden Grundkräfte überzeugten Troeltsch von der Fremdheit des Christentums in der modernen Welt. Auch die Reformation, üblicherweise als Beginn der Neuzeit verstanden, wird von Troeltsch als kulturfremd empfunden, ins Mittelalter zurückgeschoben samt dem Altprotestantismus. Erst in der Aufklärung des 18. Jahrhunderts beginnt die Neuzeit, die als Kulturperiode nicht mehr vom Christentum, sondern von autonomen und rationalen Kräften gespeist wird. Die Rolle, die Religion und Christentum in der modernen Welt zu spielen haben, ist das Hauptproblem, das bei Troeltsch letztlich ungelöst bleiben mußte. Überreich an Einsichten und Problemerfassungen, war er der große »Aporetiker der liberalen Theologie«.

3. Theologie der Vermittlung

Die spekulative Theologie

Am Anfang der das ganze 19. Jahrhundert durchziehenden Versuche, im Gefolge Schleiermachers und Hegels eine mittlere Position zwischen den Extremen des Rationalismus und der orthodoxen Restauration zu finden, steht die spekulative Theologie. Ihre Begründer sind der tiefsinnige *Karl Daub* (1765–1836), Professor in Heidelberg, und *Philipp Marheineke* (1780–1846), Professor in Berlin. Die theologische Arbeit beider hat sich, Schleiermachers Anregungen abwehrend, im Anschluß an Hegel vollzogen, dessen Vorlesungen über die Philosophie der Religion Marheineke nach Hegels Tod herausgab. Als Rechtshegelianer die konservative Seite der Hegelschen Philosophie hervorkehrend, haben die spekulativen Theologen den Schwerpunkt ihrer Arbeit einseitig in die Dogmatik gelegt und das altkirchliche Dogma, Dreieinigkeitslehre und Lehre vom Gottmenschen, ins Zentrum ihrer Theologie gerückt. Marheinekes dogmatischer Leitfaden »Die Grundlehren der christlichen Dogmatik als Wissenschaft« ist in der ausgereiften Form der Zweitauflage von 1827 die erste, in der Nachfolge Hegels trinitarisch gegliederte Dogmatik.

Die Erneuerung des altkirchlichen Dogmas durch die spekulative Theologie ist der konservativen Repristinationstheologie nicht zuzuzählen. Die spekulative Theologie will »Wissenschaft« im strengen Hegelschen Sinne sein. Sie erhebt sich über jeden Autoritätsglauben, faßt die religiösen Vorstellungen in die Klarheit des Begriffes, gegenüber Schrift und Bekenntnis vermag sie durchaus eine freie Stellung einzunehmen. Gegenüber dem Dogmengehalt konservativ, hat sie nach ihrer spekulativ-wissenschaftlichen Form eine liberale Prägung, die ihr von konservativer Seite den Vorwurf einbrachte, das Christentum an die Philosophie verraten zu haben. Den Charakter einer kirchlichen Reformbewegung nahm die spekulative

Theologie in der Schweiz an bei *Alois Emanuel Biedermann* (1819 bis 1885), seit 1850 Professor in Zürich, dem Hauptvertreter des theologischen Hegelianismus in der zweiten Jahrhunderthälfte.

Die Vermittlungstheologie

Im Jahr 1828 schloß sich eine Gruppe Schleiermacher nahestehender Theologen zur Gründung der Zeitschrift »Theologische Studien und Kritiken« zusammen. Ihr Programm einer »wahren Vermittlung« zwischen dem modern-wissenschaftlichen Bewußtsein und dem Geist des Christentums hat der Gruppe den Namen der »Vermittlungstheologie« eingebracht, bald bezogen auch auf ihre Mittelstellung zwischen Liberalismus und Konfessionalismus. Die Vermittlungstheologie umschloß eine Vielzahl verschiedenartiger Individualitäten, nahm Anstöße von der Erweckung ebenso auf wie Anregungen des spekulativen Idealismus. Der Vorwurf der Ziel- und Richtungslosigkeit blieb ihr nicht erspart. In *Carl Immanuel Nitzsch* (1787–1868), Professor in Bonn, später in Berlin, hat die Vermittlungstheologie ihre klarste Verkörperung gefunden: bewußte Kirchlichkeit, bestehend in entschiedenem kirchenpolitischen Einsatz für die Union und Absage an den Konfessionalismus; Einsicht in die Notwendigkeit eines kirchlichen Bekenntnisses, jedoch in zeitgemäßer Neuformulierung (vgl. oben S. 213); Offenheit für die Ergebnisse der historisch-kritischen Wissenschaft. In der theologischen Lehrbildung ist bei Nitzsch wie bei den übrigen Vermittlungstheologen gegenüber Schleiermacher eine stärkere Rücksichtnahme auf die kirchliche Überlieferung festzustellen, vor allem im Gottesbegriff nähert man sich wieder dem Supranaturalismus.

Von dem im Wirken für ihre Zeit aufgehenden und deshalb meist bald vergessenen Vermittlungstheologen kommt bleibende Bedeutung zu *Richard Rothe* (1799–1867), Professor in Heidelberg. Von der Erweckung, von Schleiermacher und von Hegel geprägt, hat Rothe in seiner »Theologischen Ethik« (1845/48) ein eigentümliches, heilsgeschichtliche Theologie mit theosophischer Spekulation verbindendes System entworfen, von dem die These vom Aufgehen der Kirche im Staat die weiteste Beachtung gefunden hat.

Nach Rothe ist das Christentum nur auf einer anfänglichen Entwicklungsstufe an die Form der Kirche gebunden, auf einer späteren Stufe ist es dazu bestimmt, die kirchliche Form abzustreifen und in die Form des Staates – dieser Begriff bei Rothe noch nicht unterschieden von dem der Gesellschaft – überzugehen. Nicht Pessimismus, sondern ein idealistischer Fortschrittsglaube steht hinter Rothes These: die Entkirchlichung breiter Massen begrüßt er als legitime Folge der Reformation, als gesunde Aussiedelung christlichen Lebens aus der kirchlichen Enge in die Weite der Welt. Indem Rothe den Kirchenbegriff durch das Hegelsche Entwicklungsschema geschichtlich relativiert, wendet er sich weniger gegen Schleiermacher und seinen Begriff von der Kirche als notwendiger religiöser Gemeinschaftsform als gegen die sich bildenden konfessionellen Landeskirchentümer. Rothe sieht, daß viele Gebildete sich von den konfessionellen Kirchentümern abwenden, ohne doch Atheisten zu werden. Deshalb seine Warnung, »doch nur nicht das Christentum mit sich selbst zu verfeinden, dadurch, daß wir fortfahren, es gewaltsam mit der Kirche zu identifizieren«.

So problematisch und illusionär Rothes Hoffnungen auf eine »christliche Welt« waren – er hat zu seiner Zeit Dinge gesehen, die erst im 20. Jahrhundert unter dem Stichwort der »Säkularisierung« ins allgemeine Bewußtsein gerückt sind.

Albrecht Ritschl und seine Schule

Das am Ende des Vormärz entworfene System Rothes bedeutet Höhepunkt und Ende der Vermittlungstheologie. Das Scheitern der Revolution und der Sieg der Reaktion hat eine »Periode geistiger Ermattung« (I. A. Dorner) zur Folge gehabt, in der es nirgendwo zu fruchtbaren theologischen Neuansätzen kommt. Von ihren kirchenpolitischen Zielen, von Vollendung der Union und Synodalverfassung abgedrängt, ziehen sich die Vermittlungstheologen auf Historie und auf praktische Theologie zurück. Die beiden Dezennien zwischen 1850 und 1870 bilden die Durststrecke der Theologie des Jahrhunderts.

Die Periode theologischer Stagnation wird beendet, als Anfang der siebziger Jahre *Albrecht Ritschl* (1822–1889) mit einem neuen, groß angelegten System auf den Plan tritt. In den Jahren 1870–1874 erscheint Ritschls dreibändiges dogmatisches Hauptwerk »Rechtfertigung und Versöhnung«. Den Schlüssel zu dem nicht leicht zugänglichen System liefert Ritschl anschließend mit dem »Unterricht in der christlichen Religion« (1875), einem Dogmatik und Ethik im Gleichgewicht haltenden knappen theologischen Gesamtabriß. Ursprünglich für den Schulunterricht verfaßt, wird das kleine Werk zum Kristallisationspunkt einer theologischen Schule, die an Umfang und Einfluß alle anderen Schulbildungen des 19. Jahrhunderts übertrifft und bis zum Ersten Weltkrieg das theologische Klima Deutschlands bestimmt.

Albrecht Ritschl, Sohn eines Bischofs der unierten preußischen Landeskirche, hatte seine theologischen Anfänge bei der Vermittlungstheologie genommen, von ihr enttäuscht sich dann der Tübinger Schule angeschlossen. Ritschls frühe historische Arbeiten zeigen ihn als Schüler Ferdinand Christian Baurs. Erst 1857 in der zweiten Auflage seiner »Entstehung der altkatholischen Kirche« ist die Absage an den Tübinger Hegelianismus offenkundig. Unbefangene Würdigung des historischen Quellenmaterials läßt Ritschl den Konstruktivismus der Schule Baurs durchschauen und einen eigenen Standort in Nähe des historischen Positivismus beziehen. Ritschls Rückwanderung vom linken Flügel der Theologie auf eine theologische Mittelstellung führt ihn zu historisch wie dogmatisch konservativeren Positionen, jedoch nicht zur alten Vermittlungstheologie zurück. Entschlossen streift er alle spekulativen wie pietistischen Fäden ab, die die Vermittlungstheologie eines Rothe mit Idealismus und Erweckung verbanden. Auch den Schleiermacherschen Ansatz im Bewußtsein gibt Ritschl auf. Ritschl gründet seine Theologie auf die in der christlichen Gemeinde geglaubte und in der Bibel bezeugte geschichtliche Offenbarung Gottes in Jesus Christus. Die Geschichte, in der Gott sich offenbart, wird zum Ausgangspunkt und zum Horizont der Theologie. Umfassende geschichtliche Studien, neben der Bibel die gesamte Dogmengeschichte einschließend, bilden den historischen Unterbau seines Systems. Unbeschränkte Anwendung der historisch-kritischen Methode, Freiheit gegenüber allen Lehrformulierungen, erkenntnistheoretische Begründung der Möglichkeit und Geltungsweise theologischer Aussagen heben das System auf ein wissenschaftliches Niveau, das den Vergleich mit Schleiermacher sucht und zugleich den Zusammenhang mit neueren wissenschaftlichen Strömungen, vor allem dem Positivismus und dem Neukantianismus, wahrt.

Das Christentum wird von Ritschl aufgefaßt als eine Ellipse, bei welcher alles bezogen wird auf die beiden Brennpunkte der Erlösung und des Reiches Gottes. Damit soll jedes bloß um die Erlösung kreisende Christentumsverständnis abgewehrt werden, wie es Ritschl in der älteren Vermittlungstheologie, aber auch in Schleiermachers Glaubenslehre zu finden meinte. Obwohl Ritschls Hauptwerk ein dogmatisches ist und den Brennpunkt der Erlösung behandelt, liegt der Akzent bei ihm doch auf dem zweiten Brennpunkt, auf dem Reich Gottes und damit auf der ethischen Seite der Theologie. Durch die Sündenvergebung ist der Mensch berechtigt, in der Gemeinschaft mit Gott mittätig zu sein am Reiche Gottes. »Das Reich Gottes ist der allgemeine Zweck der durch Gottes Offenbarung in Christus gestifteten Gemeinde.« Auf die Tätigkeit am Reiche Gottes muß deshalb alles Streben der Christen ausgerichtet sein.

Art und Weise, wie der Christ sein Handeln am Reiche Gottes ausübt, hat Ritschl bestimmt in Auseinandersetzung mit dem römischen Katholizismus und dem in der evangelischen Kirche herrschenden erwecklich-pietistischen Christentum. Beide, der das Reich Gottes mit der Kirche identifizierende Katholizismus und der Reich Gottes und Welt auseinanderreißende Pietismus, verkennen die Weltbezogenheit des Reiches Gottes. In den weltlichen Ordnungen der Familie, der Berufsstände und des Staates will das Reich Gottes verwirklicht werden. Der weltflüchtigen Frömmigkeit des Pietismus galt Ritschls leidenschaftlicher Kampf. Er hat das letzte Jahrzehnt seines Lebens an eine große »Geschichte des Pietismus« (3 Bände, 1880–1886) gewandt, die durch den Aufweis seiner mittelalterlichen katholischen Herkunft dem Pietismus das Existenzrecht in der evangelischen Kirche bestreiten sollte. Mit seiner die Christenheit zur Mitarbeit an den kulturellen Aufgaben der Zeit anspornenden Reich-Gottes-Theologie ist Ritschl zum Vater des »Kulturprotestantismus« geworden.

Zu den zahlreichen Theologen, die sich in den siebziger und achtziger Jahren an Ritschl anschlossen, zählt der Kirchenhistoriker *Adolf von Harnack* (1851–1930). Im Jahre 1888 gegen den Widerstand des Evangelischen Oberkirchenrats nach Berlin berufen, galt der universal gebildete und als Wissenschaftsorganisator weit über den theologischen Bereich wirkende Harnack jahrzehntelang als Wortführer der liberalen Theologie. Doch wahrte er mit seiner Distanz gegenüber der religionsgeschichtlichen Einebnung des Christentums und seiner behutsamen Haltung in freilich durch seine Theologie mitverursachten kirchlichen Lehrstreitigkeiten (Apostolikumstreit) immer eine vermittlungstheologische Position. Seine im Jahr 1900 gehaltenen Vorlesungen über »Das Wesen des Christentums«, oft aufgelegt und in 14 Sprachen übersetzt, führen die Ritschlsche Reich-Gottes-Theologie unbeirrt von religionsgeschichtlichen Erkenntnissen weiter, zeigen aber doch größere Skepsis gegenüber dem kulturellen Fortschritt. Mit dem Satz »Nicht der Sohn, nur der Vater allein gehört in das Evangelium, wie es Jesus verkündigt hat«, plädierte Harnack für ein dogmenfreies, nicht lehrhaftes Christentum. Von dieser Tendenz ist auch sein Hauptwerk, das große »Lehrbuch der Dogmengeschichte« (1885 ff.) geleitet. Hier wird das altkirchliche Christus- und Trinitätsdogma als ein Produkt des griechischen Geistes auf dem Boden des Evangeliums begriffen und damit historisch relativiert.

Neben dem Historiker Harnack steht *Wilhelm Herrmann* (1846–1922) als der bedeutendste Systematiker der Schule Ritschls. Herrmann, seit 1879 in Marburg lehrend, führte noch radikaler als Harnack den Kampf gegen jedes lehrhafte Verständnis des Christentums. Dabei behielt bei dem ehemaligen Amanuensis Tholucks die individuelle Erfahrung der Religion die Oberhand über den Reich-Gottes-Begriff. Das Erleben der in der Person Jesu begegnenden Wirklichkeit Gottes trat ihm in den Mittelpunkt von Glaube und Theologie. Herrmanns »Ethik« (1901) versucht im Rückgriff auf Kant die Eigenart der Religion aus ihrer Beziehung auf die Sittlichkeit zu erfassen. Eindringlich durchdachte er das Verhältnis von Religion und Offenbarung, Glaube und Geschichte. Herrmann war der theologische Lehrer von Karl Barth und Rudolf Bultmann.

VI Protestantismus und soziale Frage

Die mit der industriellen Revolution und der Entstehung eines Proletariats im 19. Jahrhundert akut werdende soziale Frage traf die deutsche evangelische Kirche unvorbereitet. Eine eigene kirchliche Sozialarbeit, vergleichbar derjenigen der katholischen Kirche und ihrer Orden, gab es nicht. Die Reformation hatte nach der Auflösung der Klöster die kirchliche Liebestätigkeit der »christlichen Gemeinde« anvertraut, faktisch in die Hände der Obrigkeit gelegt. Dieses System bewährte sich bis zum Dreißigjährigen Krieg. In den Jahrzehnten danach hat es an Initiativen evangelischer Prediger zur Gründung von Waisen- und Armenhäusern nicht gefehlt. Spener beklagte in den Pia Desideria das »Unterdrücken und Aussaugen« der Armen durch die Reichen und erklärte »eine andere Gemeinschaft der Güter« für notwendig. Neue Wege ging August Hermann Francke mit seinen hallischen Anstalten, dem ersten großen Beispiel selbständiger kirchlicher Sozialarbeit. Aber Franckes Werk blieb hinter seiner universalen Zielrichtung weit zurück. Den Prozeß der Verkümmerung der evangelischen Kirche zu einer Predigt- und Unterrichtsanstalt hat es nicht aufhalten können. Die evangelische Kirche hat im 19. Jahrhundert die soziale Verpflichtung als eigene Aufgabe erst in dem Maße erkennen können, in dem sie sich ihrer organisatorischen Selbständigkeit gegenüber dem Staat bewußt wurde. So sind es zunächst nur einzelne, oft Laien, gewesen, die Maßnahmen zur Behebung der sozialen Not ergriffen.

Die Diakonie der Erweckungszeit

Am Anfang einer Geschichte der evangelischen Sozialarbeit im 19. Jahrhundert steht der Patriarch der Berliner Erweckung, der Freiherr *Hans Ernst von Kottwitz* (vgl. oben S. 201) mit seiner 1807 in Berlin für brotlose Arbeiter und ihre Familien gegründeten »Freiwilligen-Armen-Beschäftigungsanstalt«. Statt Almosen wollte Kottwitz Gelegenheit zur Selbsthilfe geben. Gesunden Sinn zeigt sein Grundsatz, erst müsse dem leiblichen Elend gewehrt sein, ehe man vom seelischen Elend reden könne.

Nach den Freiheitskriegen blüht in Deutschland die Ära der Rettungshäuser: Erziehungsanstalten für heimatlose und verwahrloste Jugendliche. *Johannes Falk* (1768–1826) errichtet den Lutherhof in Weimar, *Adalbert Graf von der Recke-Volmerstein* (1791–1878) gründet Haus Overdyk bei Bochum und Düsselthal bei Düsseldorf. *Christian Friedrich Spittler* (1782–1867), Sekretär der Deutschen Christentumsgesellschaft, und *Christian Heinrich Zeller* (1779–1860), ein von Pestalozzi beeinflußter Schulmann, eröffnen 1820 in Beuggen bei Basel eine »Freiwillige Armenschullehrer- und Armenkinderanstalt«. Von hier ist die süddeutsche Rettungshausbewegung ausgegangen, die im Vormärz allein in Württemberg über 20 Rettungshäuser hervorgebracht hat.

Den Initiativen evangelischer Laien folgt die Erneuerung der weiblichen Diakonie durch den rheinischen Pfarrer *Theodor Fliedner* (1800–1864). In Kaiserswerth bei Düsseldorf gründete er 1836 die erste Diakonissenanstalt. Tätigkeit katholischer Barmherziger Schwestern war ihm Ansporn gewesen. Das freikirchliche Vorbild holländischer Mennoniten führte ihn auf die Idee der Erneuerung des urchristlichen Standes der Diakonissen. Bald entstanden in den meisten deutschen Landeskirchen nach dem Vorbild von Kaiserswerth Diakonissenmutterhäuser, die Frauen zur Krankenpflege und zur Gemeindearbeit ausbildeten.

Johann Hinrich Wichern und die Innere Mission

Der Mann, der die über Deutschland verstreuten Anfänge einer evangelischen Liebes- und Sozialtätigkeit in einen großen organisatorischen Zusammenhang gebracht und durch die Idee der »Inneren Mission« auf eine neue geistige Grundlage gestellt hat, ist *Johann Hinrich Wichern* (1808–1881). In ärmlichen Hamburger Verhältnissen aufgewachsen, theologisch von Erweckung und Vermittlungstheologie geprägt, hatte Wichern als Student tiefe Eindrücke von der Arbeit des Baron Kottwitz und von Johannes Falk empfangen. In Hamburg gründete er 1833 das »Rauhe Haus«, eine Erziehungsanstalt, die er durch eine Druckerei und eigenen Verlag (Agentur des »Rauhen Hauses«) ergänzte, sowie durch eine »Gehilfenanstalt«, in der die Anfänge der männlichen Diakonie in Deutschland liegen. In den »Fliegenden Blättern aus dem Rauhen Hause« warb Wichern seit 1844 für den Gedanken der »Inneren Mission«: für ein von der gesamten evangelischen Kirche zu leistendes »Bekenntnis des Glaubens durch die Tat der helfenden Liebe«. Der entscheidende Durchbruch in die Öffentlichkeit gelang ihm durch seine zündende Stegreifrede auf dem Wittenberger Kirchentag vom 22. September 1848. Unmittelbarer Erfolg war die

Gründung eines »Centralausschusses für die Innere Mission der deutschen evangelischen Kirche«. Im Auftrage des Centralausschusses faßte Wichern seine Gedanken zusammen in der bahnbrechenden Denkschrift »Die innere Mission der deutschen evangelischen Kirche. Eine Denkschrift an die deutsche Nation« (1849).

Bei Wichern verband sich in einzigartiger Weise die Tatkraft helfender Liebe mit großem organisatorischen und propagandistischen Geschick, schließlich mit einem weiten Blick für das Ausmaß der sozialen Nöte seiner Zeit und ihrer verhängnisvollen Folgewirkung für Kirche und Staat. Ungezählten ist der »Franziskus auf Hamburger Untergrund« (Friedrich Naumann) Vorbild und Ansporn gewesen. Tatkräftig und gegen manchen Widerstand vornehmlich aus konfessionellen Kreisen hat er den Ausbau der Inneren Mission betrieben und ein Netz von Wohlfahrtseinrichtungen über fast ganz Deutschland gespannt. Darunter auch die nach englischem Vorbild gegründeten Stadtmissionen und die Herbergen zur Heimat. Durch Wort und Schrift hat Wichern als erster der evangelischen Christenheit ihre soziale Verantwortung bewußt gemacht, hat es ihr ins Gewissen eingebrannt, daß dem Massenelend nicht mehr durch Einzelinitiativen, sondern nur durch eine umfassende kirchliche Liebestätigkeit gewehrt werden kann. Ziel von Wicherns sozialem Wirken war die »Verwirklichung der christlichen und sozialen Wiedergeburt des heillosen Volkes«.

Die Grenzen von Wicherns Reformkonzept können gleichwohl nicht übersehen werden. Die Innere Mission hat es sich zur Aufgabe gemacht, einzelne Menschen aus dem Elend zu retten und sie in die bestehenden Ordnungen von Familie, Kirche und Staat zurückzuführen. Wicherns konservative Weltanschauung hat ihm den Blick für die gesellschaftlichen Veränderungen verstellt, die sich aus der industriellen Revolution notwendig ergeben mußten. Für den Kampf des vierten Standes um seine soziale Stellung in der Gesellschaft hatte er keinen Blick. Sozialreformerische Impulse, Anstöße zur Gewerkschaftsbildung, wie sie in England gerade von protestantischen Kreisen ausgehen, sucht man bei Wichern vergeblich. Daß er mit seinem Programm im Revolutionsjahr 1848 auftrat, hat die Realisierung seiner Pläne verhängnisvoll beeinflußt. Die »Deutsche Evangelische Kirche«, die 1848 entstehen sollte und der Wichern die Innere Mission als eine Lebensfunktion zuordnete, kam nicht zustande. Statt dessen geriet die Innere Mission in die Hände der politischen Reaktion. Die seit 1848 nach Bundesgenossen ausschauenden preußischen Konservativen haben Wichern am kräftigsten unterstützt. Friedrich Julius Stahl, Theoretiker der konservativen Partei, wurde erster Vizepräsident des Centralausschusses der Inneren Mission. Wichern, der vor 1848 die Berechtigung sozialreformerischer Bewegungen durchaus anerkannt hatte, ist unter dem Eindruck der Revolution dieses Bündnis eingegangen und hat zusammen mit den preußischen Konservativen auf den »christlichen Staat« gehofft. So viel die Innere Mission bei den Schwachen und Elenden des vierten Standes hat helfen können, zu dem aufstrebenden und gesunden Teil des Arbeiterstandes konnte sie den Zugang nie finden.

Aus der sich an Wichern anschließenden Geschichte der Inneren Mission ragt heraus die Gestalt des Westfalen *Friedrich von Bodelschwingh* (1831–1910). Bodelschwingh hat seit 1872 bei Bielefeld die Epileptikeranstalt Bethel aufgebaut, die sich unter seiner und später unter seines Sohnes Leitung zu einer in der ganzen Welt bekannten »Stadt der Barmherzigkeit« entwickelte. Als konservativer Abgeordneter im Preußischen Landtag setzte Bodelschwingh, dessen besondere Liebe neben den Kranken den »Brüdern von der Landstraße« galt, das Wandererarbeitsstättengesetz (1907) durch. In Wilhelmsdorf/Westfalen und bei Berlin legte er Arbeiterkolonien an. Auch gründete er – Vorform der späteren Bausparkassen – einen Verein »zur Beschaffung eigener Wohnungen mit Grundbesitz für die deutschen Fabrikarbeiter« (1885).

Die evangelisch-soziale Bewegung

Wichern bleibt die überragende Gestalt am Beginn einer evangelisch-sozialen Bewegung. Aber neben ihm und nach ihm traten andere auf, die die Probleme der Zeit schärfer erkannten, auch wenn sie im kleineren Kreise wirken mußten. Da ist, mehr als eine Randgestalt, der Schwabe *Gustav Werner* (1809–1887) mit Idee und Praxis der »christlichen Fabrik«, einem Versuch, die als revolutionär erkannten neuen Formen der Großindustrie durch Produktions- und Lebensgemeinschaft von Industriellen und Arbeitern unter die Herrschaft Christi zu stellen. Mehr Theoretiker als Praktiker war der zeitweilig mit Wichern zusammengehende *Victor Aimé Huber* (1800–1869). Huber hat in zahlreichen Vorträgen und Schriften für den Genossenschaftsgedanken, für die »Selbsthilfe der arbeitenden Klassen durch Assoziationen« als Lösung der sozialen Frage geworben. Durch Zusammenschluß zum Zwecke des Verbrauchs (Konsumgenossenschaften) und zum Zwecke des Wohnungsbaus (Wohnungsbaugenossenschaften) sollte der Arbeiterstand zu menschenwürdigen Lebensbedingungen kommen. Auch der Gedanke der betrieblichen Mitbestimmung und der Gewinnbeteiligung der Arbeiter sind bei Huber bereits zu finden, konstruktive Ansätze zur Sozialreform, mit denen er Wicherns Ohr nicht erreichte.

Eine Sonderstellung in der evangelisch-sozialen Bewegung nimmt *Rudolf Todt* (1839–1887) ein. Todt, Pfarrer in der Mark Brandenburg, ist der erste evangelische Theologe, der sich umfassend mit der Literatur des wissenschaftlichen Sozialismus befaßt hat. Sein Buch »Der radikale deutsche Sozialismus und die christliche Gesellschaft«, erschienen 1877 auf dem Höhepunkt der Macht des deutschen Liberalismus, schockierte durch die These, vom Standpunkt des Neuen Testamentes aus könne man dem Sozialismus seinem inneren Wesen nach die Berechtigung nicht versagen. Todt gibt dem von Wichern stammenden Begriff eines »christlichen Sozialismus« zum erstenmal scharfe Konturen. Wer die soziale Frage verstehen und zu ihrer Lösung beitragen wolle, müsse in der Rechten die Nationalökonomie, in der Linken die wissenschaftliche Literatur der Sozialisten und vor sich aufgeschlagen das Neue Testament haben. Fehle eines von dreien, so müsse die Lösung schief ausfallen. Todt zog daraus die Konsequenz, ein Christ müsse Sozialist sein, Sozialdemokrat könne er aber nicht sein. Für einen »christlichen Sozialismus« hat Todt zeitweilig zusammengearbeitet mit dem Mann, der innerhalb der evangelisch-sozialen Bewegung den Schritt zur politischen Parteibildung wagte: Adolf Stoecker.

Adolf Stoecker (1835–1909), seit 1874 Hofprediger in Berlin, seit 1877 Leiter der Berliner Stadtmission, war einer der volkstümlichsten Prediger seiner Zeit, der »größte Volksmissionar Deutschlands« (Theodor Heuss). Konservativ im Glauben und in der monarchischen Staatsgesinnung, behielt Stoecker einen klaren Blick für die Schäden der liberal-kapitalistischen Wirtschaftsform. Als die Sozialdemokratie unter der Berliner Arbeiterschaft mit ihrer atheistischen und republikanischen Propaganda an Boden gewann, vertauschte er die Kanzel mit der politischen Tribüne, gründete 1878 nach der Redeschlacht der Berliner Eiskellerversammlung die »Christlich-Soziale Arbeiterpartei«. Der Versuch, die Kirche und Vaterland entfremdeten großstädtischen Arbeitermassen der sozialdemokratischen Propaganda zu entreißen, mißlang. Stoeckers Partei, bald in »Christlich-Soziale Partei« umbenannt, erzielte Stimmerfolge nur in kleinbürgerlichen Schichten. Kleinbürgerlich war auch der Antisemitismus, der sich mit Stoeckers antikapitalistischer Haltung verband.

Im Jahre 1890 gründete Stoecker den Evangelisch-Sozialen Kongreß. Ein überwiegend akademisches Forum von Theologen und Nationalökonomen, machte es sich der Evangelisch-Soziale Kongreß zur Aufgabe, »die sozialen Zustände unseres Volkes vorurteilslos zu untersuchen, sie an dem Maßstabe der sittlichen und religiösen Forderungen des Evangeliums zu messen und diese selbst für das heutige Wirtschaftsleben fruchtbarer und wirksamer zu machen als bisher«. Diese Plattform freier und kritischer Diskussionen geriet bald ins Zielfeuer konservativer Kritik aus Kirche und Politik. Wachsende innere Spannungen zwischen dem positiv orthodoxen Stoecker und den theologischen Liberalen um Friedrich Naumann veranlaßten Stoecker zum Austritt. Zusammen mit *Ludwig Weber* (1846–1922), dem Führer der evangelischen Arbeitervereine, gründete er 1897 die »Kirchlich-Soziale Konferenz«, um die volksmissionarischen Ideen Wicherns lebendig zu erhalten.

Friedrich Naumann (1860–1919), evangelischer Pfarrer, später Berufspolitiker, ist die letzte große Gestalt der evangelisch-sozialen Bewegung des 19. Jahrhunderts, zugleich ihr Vollender und ihr Überwinder. Naumann hat den Evangelisch-Sozialen Kongreß aus dem Gegensatz zur Sozialdemokratie herausgeführt, ist vom antisemitischen Kurs abgegangen – Schritte, die zum Zerwürfnis mit Stoecker führten. In zunehmendem Maße hat Naumann die Sphären von Religion und Politik getrennt, hat den Glauben an einen »christlichen Sozialismus« aufgegeben. Vom christlich-sozialen Gedanken ist er zum national-sozialen Prinzip übergegangen (Gründung des National-sozialen Vereins 1896). Organ des Kreises um Naumann wurde die Zeitschrift »Die Hilfe« (1895–1943), deren langjähriger Redakteur und späterer Herausgeber Theodor Heuss war.

Eine Sonderstellung in bzw. neben der evangelisch-sozialen Bewegung nimmt der religiöse Sozialismus ein. *Christoph Blumhardt* (1842–1919), Nachfolger seines Vaters in der Leitung von Bad Boll (vgl. oben S. 204), kam von der realistischen Reich-Gottes-Erwartung des schwäbischen Pietismus zur Bejahung der sozialistischen Arbeiterbewegung, die er als eine von Gott gewirkte Bewegung zur

Herbeiführung des Reiches Gottes verstand. Blumhardt war einer der ersten evangelischen Theologen, der der sozialdemokratischen Partei beitrat. Von 1900 bis 1906 saß er als sozialdemokratischer Abgeordneter im Württembergischen Landtag. Zentrum eines religiösen Sozialismus wurde die Schweiz, wo *Hermann Kutter* (1869–1931) in der Nachfolge Blumhardts die sozialistische Bewegung als Vollstreckerin des göttlichen Gerichts über die kapitalistische Gesellschaftsordnung zu sehen lehrte (»Sie müssen!«, 1903). Zusammen mit *Leonhard Ragaz* (1868–1945) gründete Kutter in der Schweiz die religiös-soziale Bewegung, die sich durch die Bejahung des Sozialismus von der christlich-sozialen Bewegung in Deutschland geschieden wußte. Sie brach jedoch an inneren Spannungen zwischen Kutter und Ragaz auseinander. In Deutschland kam es erst nach dem 1. Weltkrieg zur Bildung religiös-sozialistischer Vereinigungen (zusammengeschlossen 1924 in der Arbeitsgemeinschaft der Religiösen Sozialisten Deutschlands).

VII Reorganisation und innere Erneuerung der katholischen Kirche

Die Reorganisation der deutschen Bistümer

Der Weg der katholischen Kirche Deutschlands im 19. Jahrhundert ist, in weit stärkerem Maße als der der evangelischen Kirche, ein Aufstieg aus tiefsten Niederungen gewesen. Die Auflösung der geistlichen Fürstentümer seit 1803, die Säkularisierung des Kirchengutes und die Aufhebung der Klöster und katholischen Universitäten hatten den im 18. Jahrhundert trotz aller Brüchigkeit immer noch imponierenden Bau der katholischen Reichskirche zum Einsturz gebracht, den deutschen Katholizismus an der Wurzel getroffen. Als nach dem Ende der napoleonischen Wirren der Wiener Kongreß daranging, aus der Konkursmasse des Alten Reiches eine neue Ordnung zu errichten, dachte niemand mehr an eine Rückgabe des Kirchenbesitzes und an eine Restauration der Reichskirche. Die von *Ignaz Heinrich von Wessenberg* (1774–1860) im Auftrage des Fürstprimas Dalberg betriebenen nationalkirchlichen Pläne fanden weder bei den deutschen Souveränen noch beim Heiligen Stuhl Unterstützung. Der einzige vom Wiener Kongreß in seinen Grenzen wiederhergestellte geistliche Staat war der Kirchenstaat.

Nicht die nationalkirchliche Idee des 18. Jahrhunderts, sondern die universalkirchlich orientierte Politik des päpstlichen Kardinals *Ercole Consalvi* (1757–1824) hat auf dem Wiener Kongreß gesiegt und die Richtung angegeben, in der die Zukunft der deutschen katholischen Kirche lag. Diese Richtung hieß Anlehnung und Anschluß an den universalkirchlichen Episkopat des römischen Papstes. Kardinal Consalvi, wohl der genialste Diplomat, der dem Papsttum je gedient hat, erkannte klar die Vorteile, die sich aus der Säkularisation für Rom ergaben. Consalvi war es gewesen, der 1801 das Konkordat mit Napoleon geschlossen und den Sieg der Französischen Revolution über die katholische Staatskirche in einen Sieg Roms über den Gallikanismus umzuwenden verstanden hatte. Nachdem feststand, daß das Deutsche Reich nicht wiedererstehen sollte und nachdem eine bundesrechtliche Regelung nicht zu erreichen war, hat Consalvi schon in Wien alle Fäden gesponnen für eine Neuordnung der kirchlichen Angelegenheiten durch vertragliche Regelungen zwischen Rom und den einzelnen Souveränen. Daß die deutsche Bundesakte von 1815 auf alle Artikel über die Kirchen verzichtete, gab den Weg frei für Verhandlungen Roms mit den deutschen Ländern.

Die Reorganisation der katholischen Kirche in Deutschland beginnt mit dem Konkordat, das 1817 zwischen Rom und Bayern abgeschlossen wird. Das bayerische Konkordat garantiert der katholischen Kirche die unversehrte Erhaltung ihrer »auf göttlicher Anordnung und auf den Kanonischen Satzungen« beruhenden Rechte. Bayern wird in die beiden Kirchenprovinzen München-Freising (mit den Suffraganen Augsburg, Passau und Regensburg) und Bamberg (mit den Suffraganen Würzburg, Eichstätt und Speyer) eingeteilt. Den Bischöfen wird ein hohes Maß kirchlicher Freiheit: ungehinderte Ausübung ihrer kanonischen Kirchengewalt und freier Verkehr mit Rom sowie freie Erziehung ihres Klerus zugesichert. Angesichts der durch die Säkularisation entstandenen kirchlichen Vermögensverluste soll von seiten des Staates eine ausreichende Realdotation für Bistümer, Domkapitel und theologische Seminare zur Verfügung gestellt werden. Dafür sichert sich der Staat das Recht zur Nominierung der Bischöfe und zur Einflußnahme auf die Zusammensetzung der Domkapitel. Die Bischöfe müssen dem König einen Treue- und Gehorsamseid leisten.

Das Inkraftsetzen des Konkordats verlief nicht ohne Schwierigkeiten. Der bayerische Staat veröffentlichte, dem Beispiel Napoleons und seiner Organischen Artikel folgend, das Konkordat als Anhang zum Religionsedikt von 1818, das die Garantie der Religionsfreiheit und der Gleichberechtigung der drei christlichen Konfessionen enthielt, außerdem die staatliche Kirchenaufsicht bekräftigte. Plazet (= staatliche Genehmigung kirchlicher Anordnungen und Veröffentlichungen) und Recursus ab abusu (= Anrufung der weltlichen Gewalt bei Grenzüberschreitungen der geistlichen Gewalt) wurden erneuert. Dadurch wurde die im Konkordat zugesicherte Freiheit und Monopolstellung der katholischen Kirche nachträglich eingeschränkt, was der bayerische Staat mit Rücksicht auf die protestantische Bevölkerungsminderheit für notwendig hielt. Weitere Verhandlungen (Tegernseer Erklärung von 1821) konnten die Widersprüche zwischen Konkordat und Religionsedikt mindern. Doch hat es an Reibungsflächen zwischen Kirche und Staat in Bayern während des 19. Jahrhunderts nicht gefehlt.

Mit den anderen, überwiegend protestantisch regierten deutschen Staaten hat der Römische Stuhl ebenfalls Verhandlungen über die kirchliche Reorganisation geführt, jedoch keine Konkordate abgeschlossen. Am Ende solcher Verhandlungen steht regelmäßig eine päpstliche Zirkumskriptionsbulle, ein einseitiger, aber im Einvernehmen mit dem Staat vorgenommener päpstlicher Erlaß, der die kirchlichen Verhältnisse, vornehmlich die Abgrenzung der Diözesen (Zirkumskription), ordnet. Am dringendsten war die Regelung für Preußen, das durch die polnischen Teilungen im Osten, durch die Säkularisation im Westen beträchtliche katholische Gebiete zugewonnen hatte, seit dem Wiener Kongreß eine zu zwei Fünfteln katholische Bevölkerung zählte. Die Zirkumskriptionsbulle »De salute animarum« von 1821 errichtet in Preußen zwei erzbischöflich geleitete Kirchenprovinzen: im Westen Köln (mit den Suffraganen Trier, Münster, Paderborn), im Osten Gnesen-Posen (mit dem Suffragan Kulm). Die Bistümer Ermland und Breslau blieben exemt. Die Mitwirkung des Staates bei der Bischofswahl war durch ein negatives Ausschließungsrecht gewährleistet. Staatliche Kirchenaufsicht (Plazet, Recursus ab abusu) blieb erhalten. Eine Realdotation war vorgesehen, wurde in der Praxis durch jährliche finanzielle Staatszuschüsse ersetzt. Ähnlich wie in Preußen konnte durch die Zirkumskriptionsbulle »Impensa Romanorum pontificum« von 1824 die katholische Kirche im Königreich Hannover reorganisiert werden (Bistümer Hildesheim und Osnabrück).

Schwieriger für Rom gestalteten sich die Verhandlungen mit den Ländern des deutschen Südwestens, die am tiefsten in den nationalkirchlichen Traditionen des Febronianismus verwurzelt waren. Rom konnte hier nicht mit den Einzelstaaten verhandeln, sondern sah sich dem Verbund von Baden, Württemberg, Hessen-Darmstadt, Kurhessen und Nassau gegenüber. Die Zirkumskriptionsbulle »Provida sollersque« von 1821 schuf für das Gebiet dieser Länder die oberrheinische Kirchenprovinz mit dem Erzbistum Freiburg (für Baden) und den Suffraganen Rottenburg (für Württemberg), Mainz (für Hessen-Darmstadt), Fulda (für Kurhessen) und Limburg (für Nassau und Frankfurt). Weitgehende staatliche Mitwirkung bei der Wahl der Bischöfe und Domherren mußte Rom zugestehen. Staatliche Kirchenaufsicht ist bis zum Kulturkampf nirgendwo stärker ausgeübt worden als im deutschen Südwesten.

Durch Konkordat und Zirkumskriptionsbullen ist die im Sturm der Säkularisation untergegangene deutsche katholische Kirche neu erstanden, in einer Form, die, bei einigen Veränderungen, bis ins 20. Jahrhundert fortbesteht. Nicht aus eigener Kraft, sondern durch das Zusammenwirken Roms mit den deutschen Souveränen ist sie reorganisiert worden. Beide, Rom und die deutschen Staaten, haben denn auch bei dieser Reorganisation ihre deutlichen Vorteile gezogen auf Kosten der alten reichskirchlichen Tradition. Der Staat sicherte sich die Kirchenhoheit und ein bestimmtes Maß kirchlicher Aufsicht. Rom, das die Macht der großen rheinischen Erzbistümer brach und an Stelle des alten Konstanz, dem Herd des Febronianismus, die neuen traditionslosen Bistümer Freiburg und Rottenburg schuf, konnte endgültig die nationalkirchlichen Tendenzen brechen und die deutsche Kirche wie zuvor die französische in das universale System der römischen Papstkirche einfügen.

Der religiöse Neuaufbruch im deutschen Katholizismus

Der Reorganisation der äußeren kirchlichen Verhältnisse wäre kaum anhaltender Erfolg beschieden gewesen, wenn nicht die innere Erneuerung dazugekommen wäre. Um 1800 herrscht in der katholischen Kirche Deutschlands noch die Aufklärung. Von ihr löst sich im Zeitalter der Romantik eine Erneuerungsbewegung, die aus kleinen Anfängen allmählich zu einer das gesamte katholische Leben Deutschlands prägenden Macht heranwächst: die katholische Bewegung.

Ähnlich wie die protestantische Erweckung ist die katholische Erneuerungsbewegung des 19. Jahrhunderts von einer Vielzahl einzelner Zentren ausgegangen. Die Hauptzentren liegen auf einer Nord-Süd-Achse, die von Münster über Mainz nach Tübingen, und auf einer Ost-West-Achse, die von Wien über Landshut nach München läuft. Mit der protestantischen Erweckung hat die katholische Bewegung gemeinsam das ausgeprägt ökumenische Bewußtsein in der mehr religiös als kirchlich orientierten Frühphase um 1800, in der viele Fäden zur Erweckungsbewegung laufen. Anstöße von Rom und die Verbindung dorthin fehlen anfangs ganz. Früher als im Protestantismus erwacht ein ausgeprägt konfessionelles Bewußtsein, angeregt durch die romantische Wiederentdeckung des Katholizismus und wesentlich durch protestantische Konvertiten veranlaßt. Seit den zwanziger Jahren dringt von Frankreich her der Ultramontanismus nach Deutschland ein, der die Freiheit der Kirche nur im Anschluß an das Papsttum gewährleistet sieht in scharfer Abgrenzung gegen Staatskirchentum und Protestantismus (Joseph de Maistre, Du Pape, 1819).

In Bayern, das in der Geschichte der katholischen Bewegung an die Spitze gehört, gingen die stärksten Anstöße von dem Pastoraltheologen *Johann Michael Sailer* (1751–1832) aus. In den letzten beiden Jahrzehnten des 18. Jahrhunderts an den alten Universitäten Dillingen und Ingolstadt lehrend, von 1800 bis 1821 das geistige Haupt der bayerischen Landesuniversität Landshut, hat der reiche geistige Gaben mit einer innigen, ungeheuchelten Frömmigkeit verbindende Sailer auf einen weiten Freundeskreis und auf ganze Generationen heranwachsender Priester einen prägenden Einfluß ausgeübt. Sailer ist Hauptrepräsentant des aus eigenen Wurzeln sich erneuernden deutschen Katholizismus in der vorultramontanen Ära. Er war kein blinder Eiferer gegen die Aufklärung, kam selbst von der Aufklärung her, teilte mit ihr lebenslang die Verachtung der Scholastik und die Vorliebe für die Mystik. Zwischen Febronianismus und Kurialismus einen Mittelweg suchend, blieb er romtreuen Kreisen lange verdächtig und gelangte erst in hohem Alter zu kirchlichen Würden (zuletzt Bischof von Regensburg 1829). Freundschaftlichen Kontakt hielt er zur protestantischen Erweckung. Aus einem Kreis seiner Freunde und Schüler um Johann Michael Feneberg und Martin Boos ging die Allgäuer Erweckungsbewegung hervor.

Sailers Einfluß zu verdanken ist die Berufung von Männern wie Görres und Döllinger an die 1826 neugegründete Universität München. *Joseph von Görres* (1776–1848), in jungen Jahren politischer Propagandist der Französischen Revolution, war durch die Heidelberger Romantik und ihre Begeisterung für das Mittelalter hindurchgegangen und hatte während der Befreiungskriege mit seinem »Rheinischen Merkur« die Wellen der nationalen Begeisterung hochgetrieben. In München wurde er der geistige Mittelpunkt eines Kreises, der mehr publizistisch als wissenschaftlich für eine staatsunabhängige Kirche und für die Anerkennung des Katholizismus im protestantisch bestimmten deutschen Geistesleben kämpfte (zu Döllinger vgl. unten S. 259).

Im Nordwesten des Reiches bildete Münster das Hauptzentrum katholischer Erneuerung. Die Fürstin *Amalia Gallitzin* (1748 bis 1806), seit 1779 in Münster ansässig, sammelte bereits vor der Französischen Revolution einen Kreis von Menschen um sich, die, von der Aufklärung abgestoßen, sich um eine Vertiefung des Glaubenslebens und um Rückbesinnung auf die verschütteten Schätze der Tradition, dabei auch um ein neues Bildungsideal und eine neue Pädagogik (Bernhard Heinrich Overberg) mühten. Im Gallitzinschen Kreis, in dem schon Johann Georg Hamann Aufnahme gefunden hatte, vollzog *Friedrich Leopold Graf zu Stolberg* (1750 bis 1819) im Jahre 1800 seinen Übertritt zur katholischen Kirche: die erste in der Reihe jener namhaften Konversionen, die später von den Romantikern fortgesetzt wurde. Stolbergs »Geschichte der Religion Jesu Christi« (1806–1818) weckte das in der Aufklärung verkümmerte historische Bewußtsein des Katholizismus. Starke Ausstrahlungskraft besaß Münster für die im Rheinland um Köln und Bonn sich bildende katholische Bewegung.

Der sich um 1810 in Wien um *Clemens Maria Hofbauer* (1751 bis 1820) sammelnde Kreis trug von Anfang an das Gepräge bewußt katholischer Kirchlichkeit. Hofbauer, der »Apostel Wiens« und erste deutsche Redemptorist, war ein streitbarer Gegner nicht nur der Aufklärer, sondern auch Sailers. Neben ihm spielten eine bedeutende Rolle die norddeutschen Konvertiten aus dem Kreis der Romantiker. Voran Friedrich Schlegel, der nach seiner 1808 in Köln vollzogenen Konversion in seinen Wiener Vorlesungen das romantische Geschichtsverständnis zu einer umfassenden Deutung der Religions- und Kulturgeschichte aus dem Geist des katholischen Christentums weiterbildete. Dann der einst Luther verherrlichende Dichter Zacharias Werner und der Staatsrechtler Adam Müller. Zu dem Hofbauerschen Kreis stießen zeitweilig auch Franz von Baader, Brentano, Eichendorff. Früher als anderswo wußte man um Hofbauer, daß eine Überwindung der Aufklärung und des Staatskirchentums nur durch ein Wiedererstarken des Papsttums zu erreichen sei. So konnte der Hofbauerkreis während des Wiener Kongresses mit Consalvi gegen Wessenberg konspirieren, wie er überhaupt die Kurie bei der Bekämpfung der nationalkirchlichen Bestrebungen unterstützte.

Noch zielstrebiger als in Wien und mit noch größerer Folgewirkung wurde die Anlehnung an Rom und die Abgrenzung gegenüber Aufklärung, Protestantismus und Staatskirchentum vom Mainzer Kreis um den Bischof *Joseph Ludwig Colmar* (1760 bis 1818) betrieben. Der Mainzer Kreis war ein reiner Klerikerkreis. In Mainz wurde 1805 ein tridentinisches Priesterseminar gegründet, dessen erster Regens *Franz Leopold Liebermann* (1759–1844) die theologische Ausbildung in scharfer Front gegen alle modernistischen Strömungen ganz auf die Scholastik stellte. Der Mainzer Rückzug von einer mit den geistigen Zeitströmungen im Austausch stehenden Universitätstheologie auf eine zum Mittelalter zurückkehrende, neuscholastische Seminartheologie hat im deutschen Katholizismus des 19. Jahrhunderts Schule gemacht. Er hat nicht wenig zu der Gettosituation beigetragen, die viele katholische Theologen des 19. Jahrhunderts beklagten. Gleichwohl sind vom Mainzer Kreis die stärksten Impulse zur Ausbildung eines katholischen Selbstbewußtseins und »zur Wiedergewinnung des echten katholischen Kirchenbegriffs« ausgegangen (Zeitschrift »Der Katholik« seit 1821).

Andere Wege der Erneuerung gingen die an der Universität bleibenden katholischen Theologen. Die »Tübinger Schule« des *Johann Sebastian Drey* (1777–1853) und des hochbegabten *Johann Adam Möhler* (1796–1838), tief vom Idealismus, von Schleiermacher und der Romantik befruchtet, suchte »die glückliche Mittelstraße« (Drey) zwischen den Extremen von Aufklärung und Restauration. Auch die Tübinger Schule führte zur Steigerung des katholischen Bewußtseins. Von Möhlers Jugendschrift »Die Einheit in der Kirche« (1825) geht der Weg zur scharfen Bestimmung der konfessionellen Gegensätze in der »Symbolik« (1832), dem bedeutendsten Werk der katholischen Kontroverstheologie seit Bellarmin. Indem er die Konfessionen als durchgebildete Organismen auffaßte, konnte Möhler den Katholizismus als die höchste und umfassendste Gestalt des Christentums in der Geschichte und als wahre Versöhnung aller Gegensätze begreifen.

VIII Die katholische Bewegung im Kampf gegen Staatskirchentum und Liberalismus

Der Kölner Mischehenstreit

Es war nur eine Frage der Zeit, wann die selbstbewußt werdende, um größere kirchliche Freiheiten kämpfende katholische Bewegung mit dem spätabsolutistischen Kirchenregiment der protestantischen Staaten in Konflikt geraten würde. Die außerhalb des engeren, von staatlichen Eingriffen unbedrohten Kreises von Liturgie und Dogma liegende Zone der »gemischten Dinge«, d. i. Schule, Ehe und Sozialarbeit, bildete einen ständigen Konfliktbereich. Der erste große Kirchenkampf des 19. Jahrhunderts sollte an der Ehefrage entbrennen.

Während des 18. Jahrhunderts war in Deutschland wie in anderen konfessionell gemischten Ländern die Anwendung des strengen tridentinischen Eherechtes, das jede Ehe mit Nichtkatholiken verbot, immer mehr in Abgang gekommen. Die Bischöfe wurden zu Ausnahmeregeln und Milderungen ermächtigt. In Schlesien erkannte die Kirche Ehen zwischen Katholiken und Protestanten als gültig an. Die Priester vollzogen bei bloßem Einverständnis über katholische Kindererziehung ohne Umstände die Einsegnung, andernfalls gewährten sie die passive Assistenz. Als 1825 eine königlich-preußische Kabinettsorder die in den Ostprovinzen schon seit 1803 unangefochten geltende Bestimmung, daß in Zweifelsfällen die Kinder dem Bekenntnis des Vaters folgen sollten, auch auf die preußischen Westprovinzen Rheinland und Westfalen ausdehnte, stieß sie hier mit der von Rom unterstützten Tendenz der Rückkehr zum kanonischen Eherecht zusammen. Ein päpstliches Breve zur Behandlung der gemischten Ehen machte nur geringe Zugeständnisse, hob zwar die Strafwürdigkeit der gemischten Ehen auf, bekräftigte gleichzeitig ihre Sündigkeit und erlaubte den Priestern nur die passive Assistenz. Dem preußischen Staat war das nicht genug. In einer Konvention zur Auslegung des Breve erreichte der Staat hinter dem Rücken des Papstes von dem Kölner Erzbischof Graf Spiegel und den Bischöfen von Trier, Paderborn und Münster die Zusage einer liberaleren Praxis. Das ging, solange Graf Spiegel lebte. Sein Nachfolger, der aus dem Gallitzinschen Kreis stammende *Clemens August Freiherr von Droste-Vischering* (1773–1845) war trotz anfänglich gegebener Zusage nicht bereit, die mit dem päpstlichen Breve nicht übereinstimmende Konvention zu befolgen. Seine Unnachgiebigkeit führte die Katastrophe herbei. Die preußische Regierung ließ im November 1837 den Erzbischof verhaften und nach der Festung Minden abführen. Ein ähnliches Schicksal widerfuhr dem Erzbischof von Posen-Gnesen *Martin von Dunin* (1774–1842), dem der Prozeß gemacht und der auf die Festung Kolberg gebracht wurde.

Durch das »Kölner Ereignis« sah sich der katholische Bevölkerungsteil Preußens mit einem Schlag in eine Kampfsituation gegen den Staat gestellt. Eine rührige katholische Publizistik, am wirksamsten Görres' »Athanasius« (1838), ließ die Wogen der Erregung anschwellen und sorgte für die Solidarisierung der katholischen Bevölkerungsmassen. Es war das erstemal, daß sich der deutsche Katholizismus als eine Macht erfuhr, die dem Staat Widerpart zu halten verstand. Als Friedrich Wilhelm IV. 1840 die Regierung antrat, brach er den aussichtslosen Kampf sofort ab. Droste-Vischering kehrte zwar nicht nach Köln zurück, erhielt aber in dem aus dem Mainzer Kreis stammenden *Johannes von Geissel* (1796–1864) einen gleichgesinnten Koadjutor und späteren Nachfolger. Die strenge klerikale Praxis in der Mischehenfrage behielt die Oberhand. Durch die Errichtung einer eigenen katholischen Abteilung im preußischen Kultusministerium und durch den Wegfall des Plazets wurde der Kirche zusätzlicher Freiheitsraum gewährt. Der Kölner Kirchenstreit, ein Vorspiel des Kulturkampfes, endete mit dem eindeutigen Sieg der Kirche. Das spätabsolutistische Kirchenregiment Preußens war am Widerstand der katholischen Bewegung gescheitert.

Katholische Bewegung und Liberalismus

Unter der Regierung Friedrich Wilhelms IV. (1840–1858) war der katholischen Kirche in Preußen eine Zeit fast ungehinderter Entfaltung beschieden. Seit den vierziger Jahren bildet sich eine Vielzahl freier kirchlicher Vereine (Franz-Xaverius-Missionsverein 1842; Borromäus-Verein 1844; Gesellenverein 1846; Pius-Verein 1848; Bonifatius-Verein 1849). Das durch den Kölner Streit gekräftigte katholische Gemeinbewußtsein suchte der König durch das großangelegte Kölner Dombaufest wieder mit der Monarchie zu versöhnen. Ein Kranz deutscher Fürsten war um den preußischen König versammelt, als er 1842 den Grundstein zum Weiterbau des vom Mittelalter halbvollendet gelassenen größten deutschen Kirchbaus legte. Stärkeren Widerhall als das Dombaufest fand in der katholischen Bevölkerung jedoch zwei Jahre später die Ausstellung des Heiligen Rocks in Trier. Weit mehr als eine Million Pilger wallfahrteten von August bis Oktober 1844 zu der wundertätigen Reliquie. Wieder war es Görres, der durch »Die Wallfahrt nach Trier« (1845) meisterhaft für die publizistische Auswertung dieser von staatskirchlichen Zwecken freien Demonstration sorgte.

Das Erstarken und Vordringen der katholischen Bewegung führte nicht nur zur siegreichen Behauptung kirchlicher Belange gegenüber dem Staat, sondern gleichfalls zum Abstoßen liberaler Richtungen in Kirche und Theologie. Die sich am Protest gegen die Trierer Wallfahrt entzündende Bewegung des »Deutschkatholizismus« trennte sich selbst von der Kirche. Geführt von dem schlesischen Kaplan *Johannes Ronge* (1813–1887), fand die mit päpstlichem Primat, Sakramentslehre und Heiligenverehrung vollständig brechende Bewegung während der vierziger Jahre unter dem liberalen katholischen Bildungsbürgertum kräftigen Anhang. Nach 1848 schlossen sich die deutschkatholischen Gemeinden mit den protestantischen rationalistischen »Lichtfreunden« zusammen und bildeten den Bund freireligiöser Gemeinden.

Gefährlicher für die katholische Bewegung waren liberale Regungen in der Theologie. An einer Reihe von Universitäten florierte, vom Staat begünstigt, eine freiere Theologie, die zu der in der katholischen Bewegung immer mehr dominierenden und von den Bischöfen begünstigten Neuscholastik in den schärfsten Gegensatz geriet. Der Bonner Theologe *Georg Hermes* (1775–1831) versuchte auf dem Wege des methodischen Zweifels und mit den Mitteln der Philosophie Kants und Fichtes, die Wahrheit des katholischen Glaubens gewiß zu machen. Der Ersatz des Autoritätsprinzips durch die rationale Argumentation rief den Protest der Mainzer Schule hervor, die den Hermesianismus bei dem Münchner Nuntius denunzierte. Dies führte zur Verurteilung der Lehre von Hermes durch das päpstliche Breve »Dum acerbissimas« von 1835. Die auf zahlreichen deutschen Lehrstühlen sitzenden Schüler von Hermes gaben sich nicht gleich geschlagen. Anderthalb Jahrzehnte lang währte der Kampf um den Hermesianismus, der seine Hochburgen an den Universitäten Bonn, München, Breslau und am Seminar von Trier hatte.

Seit den vierziger Jahren wurde der Hermesianismus von einer weiteren freien Richtung überflügelt: vom Güntherianismus. *Anton Günther* (1783–1863) war durch Clemens Maria Hofbauer in Wien zum Glauben geführt worden. Mit Hermes im Bewußtsein einig, daß die Scholastik endgültig überholt und eine Rückkehr zum Autoritätsprinzip nicht mehr möglich sei, suchte Günther eine Neubegründung katholischer Theologie im Anschluß an die spekulative Religionsphilosophie des deutschen Idealismus (»Vorschule zur spekulativen Theologie«, 1828/29). »Er hat die katholische Dogmatik in der Sprache der ›Phänomenologie des Geistes‹ dargestellt und dabei zu zeigen versucht, wie es möglich ist, die Schöpfung von der Dreifaltigkeit her und diese vom menschlichen Selbstbewußtsein aus zu verstehen« (Aubert). Im Revolutionsjahr 1848 an die Spitze der katholischen Bewegung vorstoßend, wurde der Güntherianismus in der Reaktionszeit des Sympathisierens mit dem Liberalismus verdächtigt. Pius IX. setzte 1857 die Werke Günthers auf den Index, präzisierte in einem Breve im selben Jahr noch einmal die Verurteilung. Günther, tief verbittert, unterwarf sich, mit ihm ein Teil seiner Schüler. Ein anderer, radikalerer Teil der Güntherianer blieb unbeugsam, ging später in die altkatholische Bewegung über.

Mit dem politischen Liberalismus fand sich die katholische Bewegung bis 1848 durch den Kampf gegen das spätabsolutistische Staatskirchentum in einer Front zusammen. Katholische Bewegung und Liberalismus forderten eine stärkere Trennung von Kirche und Staat und die Gewährung größerer Freiheitsrechte. Im Revolutionsjahr 1848 saß eine starke Gruppe katholischer Bischöfe und Geistlicher in der Paulskirche. Sie stimmte für die Grundrechte der Glaubens- und Gewissensfreiheit und erfocht für die Kirchen das Selbstverwaltungsrecht, wobei freilich die Bestimmung vom Unterworfensein der Kirche unter die allgemeinen Gesetze nicht verhindert werden konnte. Der Katholizismus hat von den liberalen Grundrechten, die ihm in den beiden Großstaaten Preußen und Österreich nach 1848 verfassungsmäßig gewährt wurden, kräftig Gebrauch gemacht für den weiteren kirchlichen Ausbau, und er hat durch die Katholikentage (seit 1848), durch das Vereins- und Pressewesen sowie durch Ordensgründungen an öffentlicher Macht ständig gewonnen.

Andererseits traten nach 1848 die verschiedenen Ziele von Kirche und Liberalismus deutlicher hervor. Vor allem in der Frage der Zivilehe und der Schulfrage kam es zu hartem Gegensatz. Die katholische Bewegung stellte sich jetzt ganz dem Kampf gegen den

Liberalismus zur Verfügung, der dem Pontifikat Pius IX. (1846 bis 1878) seit der Jahrhundertmitte das Gepräge gab. Als Pius IX. daranging, die liberalen Ideen öffentlich zu verurteilen, fand er in der deutschen katholischen Bewegung vorbehaltlose Zustimmung.

Der Katholizismus vor der sozialen Frage

Daß die katholische Bewegung auf den antiliberalen Kurs Roms kritiklos einging, hat den Graben zwischen katholischer Kirche und dem von protestantisch-liberalen Ideen geprägten kulturellen Leben der deutschen Nation vertieft, jedoch die katholische Kirche in stärkerem Maße als den Protestantismus befähigt, Kritik an den Schäden des liberalistischen Wirtschaftssystems zu üben. In dem Mainzer Bischof *Wilhelm Emmanuel Freiherr von Ketteler* (1811–1877) hat die Verbindung von Antiliberalismus und sozialem Reformbemühen die sichtbarste Verkörperung gefunden.

Der aus münsterländischem Adelsgeschlecht stammende Ketteler, während des Kölner Kirchenstreites aus dem juristischen Staatsdienst ausgeschieden, um Priester zu werden, hat sofort, als er 1850 zum Bischof von Mainz geweiht war, den Kampf gegen den Liberalismus aufgenommen. Die liberaler Tendenzen verdächtigte katholisch-theologische Fakultät in Gießen legte er durch die Errichtung einer die Priesterausbildung an sich ziehenden bischöflichen Lehranstalt in Mainz lahm. Kettelers literarischer Auseinandersetzung mit dem Liberalismus in »Freiheit, Autorität und Kirche« (1862) folgte im Jahr des Syllabus »Die Arbeiterfrage und das Christentum« (1864). Dies war die erste einer Reihe von sozialpolitischen Schriften, in denen Ketteler die ökonomischen Verhältnisse der liberalen Industriegesellschaft schonungslos und unter Anleihen von Lassalles Theorie vom ehernen Lohngesetz kritisierte.

Schon im Revolutionsjahr 1848 hatte Ketteler in seinen im Mainzer Dom gehaltenen Predigten über »Die großen sozialen Fragen der Gegenwart« (gedruckt 1849) das soziale Gewissen der deutschen Katholiken geschärft. Die im Mainzer Kreis betriebene Rückkehr zur Scholastik wußte Ketteler zu einer Aktualisierung der Soziallehre Thomas von Aquins zu nutzen. Der »soziale Bischof« hat die von seinem Münchener Studienfreund *Adolf Kolping* (1813–1865) zur Rettung des Handwerkerstandes gegründeten »Gesellenvereine« unterstützt, die sich nach der ersten Gründung 1846 seit der Jahrhundertmitte von Köln aus bald überall in

Deutschland und auch jenseits der deutschen Grenzen ausbreiteten (Kolping-Familie).

Kettelers Weltbild war der mittelalterlichen Sozialordnung verhaftet, zukunftsträchtige sozialpolitische Ideen hat er nicht entwickelt. Aber es bleibt sein Verdienst, über die Bewußtmachung der sozialen Verantwortung der Kirche hinaus die katholische Bewegung auf das Feld der Sozialpolitik geführt zu haben.

IX Der Sieg des Ultramontanismus und der Kulturkampf

Das 1. Vatikanische Konzil

Papst *Pius IX.* (1846–1878), dessen 32 Jahre währender Pontifikat der längste in der bisherigen Kirchengeschichte war, hat nach anfänglichem Schwanken den Kurs der römischen Kirchenpolitik immer deutlicher auf eine den liberalen und nationalen Strömungen des 19. Jahrhunderts entgegenlaufende Richtung festgelegt. Er hat damit die katholische Kirche in eine Abseitsstellung hineinmanövriert, in der sie ebenso ihre die nationalen Grenzen übergreifende Eigenstruktur unter der Leitung des Papstes ausbauen konnte (Ultramontanismus), wie sie geistig und kulturell in ein gefährliches Getto geraten mußte. Das Dogma von der unbefleckten Empfängnis der Maria (Immaculata conceptio) von 1854, das der Papst ohne Konzil allein aus eigener Machtvollkommenheit verkündete, war allen auf Versöhnung von katholischem Glauben und modernem Geist hin arbeitenden Kräften ein Schlag ins Gesicht, riß überdies auch den Graben zum kirchlichen Protestantismus und zur Ostkirche tiefer auf. Andererseits stärkte das Dogma eine seit der Romantik wieder aufgelebte Marienfrömmigkeit, die durch die Marienerscheinung von Lourdes (1858) ein neues, auch von deutschen Katholiken besuchtes Wallfahrtszentrum fand. Die Verurteilung der Irrtümer des Liberalismus in dem »Syllabus errorum« von 1864 zerschnitt vollends jedes Band zwischen katholischem Glauben und moderner liberaler Kultur. Ihren Höhepunkt erreichte die ultramontane Tendenz auf dem 1. Vatikanischen Konzil 1869/1870, das zu einem Zeitpunkt, als das Papsttum politisch vollständig entmachtet war und die Auflösung des Kirchenstaates vor der Türe stand, die universale Herrschaftsstellung des Papstes über die Gesamtkirche und seine Unfehlbarkeit verkündete.

Die deutsche Bischofskonferenz in Fulda hatte vor Eröffnung des Konzils sich mehrheitlich gegen eine Unfehlbarkeitserklärung ausgesprochen. Vierzehn der zwanzig Bischöfe der Fuldaer Konferenz hatten ein von der Dogmatisierung abratendes Schreiben an den Papst gerichtet. Es war von einem überzeugten Gegner der Unfehlbarkeitslehre entworfen, von dem Bischof von Rottenburg *Karl Joseph von Hefele* (1809–1893), Schüler Möhlers und Verfasser einer berühmten »Conziliengeschichte« (7 Bde., 1835–74). In der deutschen Öffentlichkeit sprach sich am entschiedensten der Münchner Kirchenhistoriker *Ignaz von Döllinger* (1799–1890), der gelehrteste und einflußreichste unter den katholischen Theologen Deutschlands, gegen die Unfehlbarkeit aus (»Der Papst und das Konzil«, 1869). Nicht nur liberale katholische Politiker wie der bayerische Ministerpräsident Chlodwig von Hohenlohe-Schillingsfürst erklärten sich gegen ein neues Dogma. Auch die romtreuen katholischen Politiker Peter Reichensperger und Ludwig Windthorst bezeichneten in einer Eingabe an die Bischöfe ein Unfehlbarkeitsdogma als unnötig und inopportun.

Das 1. Vatikanische Konzil wurde am 8. 12. 1869 eröffnet. Wegen der Besetzung Roms durch italienische Truppen wurde es im Herbst des folgenden Jahres abgebrochen und am 20. 10. 1870 von Pius IX. ohne Termin vertagt. Ein erstes Ergebnis des Konzils lag vor in der dogmatischen Konstitution »Über den katholischen Glauben«. Sie behauptete die sichere Erkennbarkeit Gottes durch das natürliche Licht der menschlichen Vernunft und verwarf die moderne Kritik an den Gottesbeweisen. Die Hauptaufgabe des Konzils, eine umfassende Formulierung der vom Tridentinum offen gelassenen Lehre von der Kirche, wurde nicht gelöst. Von den fünfzehn Kapiteln des Entwurfs »De ecclesia« gelangte nur das Kapitel über den Primat des Papstes vor das Konzil. Am 18. Juli 1870 wurde die dogmatische Konstitution »Pastor aeternus« mit 553 gegen 2 Stimmen angenommen. Sie enthielt die doppelte Bestimmung: 1. daß der Papst als Nachfolger des Petrus, Stellvertreter Christi und oberstes Haupt der Kirche die volle und unmittelbare bischöfliche Jurisdiktionsgewalt über die Gesamtkirche und über die einzelnen Bistümer ausübt (Primat des Papstes, Universalepiskopat), 2. daß der Papst in Entscheidungen, die er als Amtsperson (= ex cathedra) über Fragen des Glaubens oder der Moral trifft, unfehlbar ist, und daß seine nicht der Zustimmung der Kirche bedürfenden Entscheidungen »irreformabel« sind (Infallibilität = Unfehlbarkeit).

Das vatikanische Papstdogma hat in der seit dem Mittelalter offenen Streitfrage zwischen der konziliaristisch-episkopalistischen und der papalistischen Richtung eine eindeutige Entscheidung für die Papstidee erbracht. Die nach dem Zusammenbruch des Gallikanismus und Febronianismus zu Beginn des 19. Jahrhunderts neuerstandene Papstidee, der Ultramontanismus, hatte sich auf der ganzen Linie durchgesetzt. Insofern bedeutet das 1. Vaticanum den konsequenten und erfolgreichen Abschluß einer längst eingeschlagenen Entwicklung. Zugleich beginnt mit ihm ein Jahrhundert katholischer Kirchengeschichte, das wie kein Jahrhundert zuvor von Rom, von der Person und den Zielvorstellungen des jeweiligen Papstes, bestimmt wird.

Der Sieg des Ultramontanismus war nicht billig erkauft. Eine starke Minderheit auf dem Konzil, darunter fast alle deutschen und die österreichischen Bischöfe, hatte in heißen Debatten um Milderung der Formulierungen gekämpft und sich bis zuletzt widersetzt. Bei einer ersten Abstimmung hatten 88 Konzilsväter mit Nein, 62 nur mit einem bedingten Ja gestimmt. Eine Gruppe von ungefähr 60 Bischöfen war vor der Abstimmung aus Rom abgereist, um nicht ihr »Nein« gegenüber dem Papst wiederholen zu müssen. Schweren Herzens haben die deutschen Bischöfe sich nachträglich unterworfen und die Konzilsbeschlüsse in ihren Diözesen veröffentlicht. Erst nach längerem Ringen unterwarf sich Bischof Hefele von Rottenburg, der noch während des Konzils historische Argumente gegen die Unfehlbarkeit publiziert hatte (Causa Honoriae papae, 1870). Als letzter zeigte der österreichische Bischof Stroßmayer, einer der freimütigsten Redner auf dem Konzil, im Dezember 1872 seine Unterwerfung an.

Die Entstehung der altkatholischen Kirche

Während kein Bischof der Konzilsminderheit die Unterwerfung verweigerte, gab es innerhalb der katholischen theologischen Wissenschaft und unter den Gebildeten viele, die sich mit dem neuen Dogma nicht abfanden. Ihr Führer wurde Döllinger, der auf einer Protestversammlung katholischer Professoren und Gebildeter in Nürnberg (25. 8. 1870) erklärte, das Konzil sei von der alten katholischen Wahrheit abgefallen und habe eine neue Kirche geschaffen. Als Döllinger trotz wiederholter Aufforderung die Anerkennung der Konzilsbeschlüsse verweigerte, wurde er exkommuniziert (17. 4. 1871). Seine Anhänger forderten auf dem ersten Altkatholikenkongreß in München (September 1871) gegen Döllingers Rat die Abhaltung eigener Gottesdienste und die Einrichtung einer Notkirchengemeinschaft. Der zweite Altkatholikenkongreß (Köln 1872) schritt zum folgenschweren Beschluß der Wahl eines eigenen Bischofs weiter. Erster Bischof der »Altkatholischen Kirche« wurde 1873 der Breslauer Theologieprofessor *Joseph Hubert Reinkens* (1821–1896). Er erhielt von einem Bischof der Utrechter Kirche die

Weihe und trat somit in die apostolische Sukzession ein. Als Döllinger, der formell nicht übergetreten war, 1890 starb, wurde er nach altkatholischem Ritus bestattet.

Der altkatholischen Kirche wurden während des Kulturkampfes von einer Reihe deutscher Länder (Preußen, Baden, Hessen) die gleiche Rechtsstellung und die gleichen Privilegien wie der katholischen Kirche gewährt. Doch blieb der erwartete große Abfall von Rom aus. Die altkatholische Kirche, die in der Folgezeit eine Reihe katholischer Gebräuche, auch den Zölibat, abschaffte, blieb auf kleine Gruppen der Gebildeten beschränkt. Anders als der Deutschkatholizismus hat sich der Altkatholizismus jedoch auf Dauer gehalten mit einer in Deutschland zwischen 30 000 und 40 000 Seelen schwankenden Mitgliederzahl. Durch ihre Verbindung zu der von Rom getrennten Kirche von Utrecht, sowie zu anderen altkatholischen Kirchen der Schweiz, Österreichs und Polens hat das deutsche altkatholische Bistum seine Stellung festigen können. Im 20. Jahrhundert haben sich die Altkatholiken durch die Gewährung der Abendmahlsgemeinschaft der anglikanischen Kirche angenähert.

Der Kulturkampf

Hatte im 1. Vatikanischen Konzil der Ultramontanismus seinen höchsten Triumph gefeiert, so folgt unmittelbar darauf die härteste Bewährungsprobe für die katholische Kirche in Mitteleuropa. In den siebziger Jahren des 19. Jahrhunderts durchzieht das öffentliche Leben Deutschlands, Österreichs und der Schweiz die Auseinandersetzung zwischen katholischer Kirche und moderner liberaler Gesellschaft. Ein Kampf, der nach einem Wort des preußischen liberalen Abgeordneten Virchow aus dem Jahre 1873 »Kulturkampf« genannt wird.

Der Kulturkampf ist im Deutschen Reich und in Preußen, wo er seinen Hauptkampfplatz fand, in der Öffentlichkeit als Kampf zwischen katholischer Kirche und Liberalismus ausgefochten worden. Der eigentliche politische Kontrahent der Kirche war jedoch der Reichskanzler des 1871 gegründeten Deutschen Reiches und preußische Ministerpräsident Otto von Bismarck, ein den modernen liberalen und nationalen Ideen fernstehender preußischer Konservativer, der, seit 1866 auf die liberale Mehrheit gestützt, den Liberalismus nur als Bundesgenossen gebrauchte, sich im passenden

Moment auch wieder von ihm zu lösen verstand.

Die Motive, die Bismarck den Kulturkampf beginnen ließen, sind vielschichtig und nicht auf eine Formel zu bringen. Hauptgrund war Bismarcks Sorge um den Bestand des neugegründeten Reiches, seine Furcht, alle inneren Feinde des neuen Reiches, von den Anhängern der degradierten deutschen Dynastien bis hin zu den Elsässern und den Polen der Ostprovinzen, würden sich in der 1870 gegründeten katholischen Zentrumspartei sammeln und unter der Lenkung der ultramontanen katholischen Hierarchie zu einer Religion und Politik vermischenden Gegenmacht im Reiche werden. Bismarcks Absicht war in erster Linie die Bekämpfung des politischen Katholizismus, nicht die der katholischen Kirche. Diese wollte er allerdings – wie auch die evangelische Kirche – aus der bisherigen Verflechtung in das staatliche Leben herauslösen und auf die religiöse Sphäre beschränken. Die Durchführung des Kulturkampfes mußte Bismarck weithin dem liberalen Kultusminister Falk überlassen. Das führte dazu, daß in der politischen Praxis die Intentionen Bismarcks nicht klar heraustraten.

Das Signal zum Beginn des Kampfes gab die Aufhebung der seit 1841 bestehenden katholischen Abteilung im preußischen Kultusministerium, die als Hort des Ultramontanismus galt. In der Folge wurde der Kulturkampf geführt mit den Mitteln des liberalen Rechtsstaates, d. h. durch Gesetzgebung. Die von 1871 bis 1875 dauernde Phase der Kulturkampfgesetzgebung begann im Reich mit der Gesetzgebung gegen den Mißbrauch der Kanzel zu politischen Zwecken (sog. »Kanzelparagraph«, 10. 12. 1871) und dem Verbot der Jesuiten und verwandter Orden (4. 7. 1872). Schwerpunkt der Gesetzgebung lag in Preußen, wo der konservative Kultusminister von Mühler Anfang 1872 durch den Liberalen Adalbert Falk abgelöst wurde. In Preußen wurde am 11. 3. 1872 das Schulaufsichtsgesetz mit den Stimmen der Liberalen gegen das Zentrum und die sich nun von Bismarck trennenden Konservativen verabschiedet. Es unterstellte das gesamte Schulwesen der Aufsicht des Staates. Im Jahre darauf erließ Falk die vier *Maigesetze* (11.–14. 5. 1873). Sie betrafen die Vorbildung und Anstellung der Geistlichen, wobei ein »Kulturexamen« und die theologische Ausbildung an staatlichen Universitäten gefordert wurden; die kirchliche Disziplinargewalt, die nur von einer deutschen kirchlichen Behörde ausgeübt werden durfte, von der die Appellation an einen staatlichen Gerichtshof offenstehen sollte; die Grenzen des kirchlichen Strafrechts; Erleichterung des Kirchenaustritts.

Die Maigesetze bedeuteten einen erheblichen staatlichen Eingriff in die kirchliche Rechtsgewalt. Die deutschen Bischöfe verweigerten die Mitwirkung. Dies führte zur Verhaftung und Absetzung der Erzbischöfe von Köln und Gnesen-Posen, sowie weiterer Bischöfe und Geistlicher. Durch das »Expatriierungsgesetz« (4. 5. 1874), das Gesetz über die Verwaltung erledigter Bistümer (20. 5. 1874), schließlich durch das die Staatsleistungen sperrende sog. »Brotkorbgesetz« (22. 4. 1875) suchte der Staat vergeblich den kirchlichen Widerstand zu brechen. Das in der Kulturkampfgesetzgebung ergiebigste Jahr 1875 brachte u. a. das Verbot sämtlicher Orden mit Ausnahme der Krankenpflegeorden sowie die Aufhebung der die kirchlichen Grundrechte garantierenden Artikel der preußischen Verfassung. Auf Reichsebene wurde, wie in Preußen schon 1874, in diesem Jahr die obligatorische Zivilehe eingeführt.

Die Folgen der Kulturkampfgesetze waren verheerend. Weder Bismarck noch die Liberalen hatten nach der durch das Unfehlbarkeitsdogma hervorgerufenen Beunruhigung einen derart geschlossenen Widerstand des deutschen Katholizismus erwartet. Von den zwölf preußischen Bischöfen waren 1878 nur noch vier im Amt, gegen tausend Pfarreien waren ohne Seelsorger, mehrere hundert Priester des Landes verwiesen. Das katholische Volk stand fast geschlossen hinter der Hierarchie. Das katholische Vereinswesen blühte. Die katholische Publizistik mit ihrem mächtig anschwellenden Zeitschriftenwesen sorgte für den Zusammenhalt. Die Partei des Zentrums gewann kontinuierlich an Stimmen.

Mitte der siebziger Jahre wurde die Ausweglosigkeit des Kampfes immer deutlicher. Eine Reihe von Gründen veranlaßten Bismarck, nach Wegen zur Beendigung des Kampfes zu suchen. Außer dem unbeugsamen Widerstand des Katholizismus bewog ihn der ebenfalls wachsende Widerstand der evangelischen Kirche, die von der paritätischen Gesetzgebung mitbetroffen war und durch das Zivilehegesetz einen rasanten Rückgang der Amtshandlungen erlitt. Weiter der Zerfall der liberalen Mehrheit, der Rücktritt des Kultusministers Falk 1879, schließlich der wachsende, durch die Kaiserin Augusta erregte Widerstand am Hofe. Nach dem Tod des unbeugsamen Pius IX. (7. 2. 1878) hatte sich Leo XIII. entgegenkommend gezeigt. Nun begann Bismarck sein stets als politisches Glanzstück beurteiltes diplomatisches Spiel, ohne Prestigeverlust für das Deutsche Reich die Kulturkampfgesetzgebung wieder abzubauen. Im Laufe von sieben Jahren (1880–1887) sind durch eine Reihe von Gesetzesnovellierungen die in die kirchliche Jurisdiktion eingreifenden Bestimmungen der Kulturkampfgesetzgebung aufgehoben bzw. verändert worden. Die Bischofsstühle wurden wieder besetzt, ein geregeltes kirchliches Leben ermöglicht. Das Fortgelten der Gesetze über die Zivilehe, über die Aufhebung der Religionsartikel der preußischen Verfassung und das Verbot des Jesuitenordens hinderte Leo XIII. nicht, am 23. 5. 1887 den Kulturkampf als beendet zu erklären.

Daß die Kirche den Kampf gegen die bedeutendste mitteleuropäische Macht siegreich bestanden hatte, stärkte das katholische Selbstbewußtsein, stärkte in Deutschland vor allem das Zusammengehörigkeitsgefühl der Katholiken mit dem Papst. Dem Kulturkampf folgte unter Wilhelm II. eine lange Friedensära für den deutschen Katholizismus, in der das Ordens- und Vereinswesen seinen kontinuierlichen Aufschwung fortsetzte. Die Sozialenzyklika Leos XIII. »Rerum Novarum« (1891) legte den Grundstein für eine allen Utopien absagende, reformerische katholische Sozialpolitik und forderte das Entstehen katholischer Arbeitervereine. Bestehen blieb eine gewisse geistige Selbstabschließung des Katholizismus, die sich in der Unterrepräsentation des katholischen Bevölkerungsteils an den akademischen Berufen bemerkbar machte. Der »Reformkatholizismus«, der in dem Würzburger Professor *Hermann Schell* (1850–1906) seinen führenden Theoretiker besaß (»Der Katholizismus als Prinzip des Fortschritts«, 1897), kämpfte vergeblich für eine Öffnung des Katholizismus zum modernen wissenschaftlichen Denken. Schells Bücher wurden auf den Index gesetzt. Der »Modernismus«, dessen französischer Hauptvertreter Alfred Loisy 1908 verurteilt wurde, fand in Deutschland verhältnismäßig geringe Verbreitung. Die Verurteilung des Modernismus durch Pius X. führte dazu, daß alle katholischen Theologen vor dem Empfang der höheren Weihe eidlich dem Modernismus absagen mußten (Antimodernisteneid von 1910, abgeschafft 1967).

FÜNFTER ABSCHNITT: DER WEG DER KIRCHE SEIT DEM 1. WELTKRIEG

Der 1. Weltkrieg (1914–1918) und seine unmittelbaren Folgen markieren wie im politischen, sozialen und geistigen Leben Deutschlands so auch in der Kirchengeschichte einen entscheidenden, der Epochenwende um 1800 in vielerlei Hinsicht entsprechenden Einschnitt. Dieser Einschnitt greift tiefer in das Leben des deutschen Protestantismus ein als in das der katholischen Kirche. Das Ende der Monarchie ließ die Struktur der unter dem Primat des Papstes stehenden katholischen Bistümer unberührt, betraf aber unmittelbar die Verfassung der evangelischen Landeskirchen durch das Ende des landesherrlichen Kirchenregiments. Erstmals in seiner Geschichte stand der deutsche Protestantismus vor der Aufgabe, unabhängig von staatlicher Bevormundung eine seinem eigenen Wesen entsprechende Kirchenverfassung zu entwickeln.

Noch stärker als in der Verfassungsfrage war der deutsche Protestantismus von dem Bruch im geistig-kulturellen Leben betroffen. Daß die vom Idealismus geschaffenen geistigen Grundlagen des 19. Jahrhunderts in den Stürmen des Weltkrieges für viele endgültig zerbrachen, konnte dem in eine kulturelle Randstellung geratenen, zu den geistigen Mächten der Zeit in Gegensatz getretenen deutschen Katholizismus eher zum Vorteil als zum Nachteil gereichen. Tatsächlich zeigen die zwanziger Jahre im deutschen Katholizismus ein aufblühendes geistiges und religiöses Leben, das kaum Anzeichen einer Krise, eher die Züge eines nach langer Winterkälte aufblühenden Frühlings zeigt (kennzeichnende Wendungen: »Monastischer Frühling«, »liturgischer Frühling«). Dagegen der tief vom Geist des Idealismus und Liberalismus durchtränkte Protestantismus mußte durch den Zerfall der geistigen Grundlagen selbst in eine tiefe Krisis geraten. Auf dem Feld der protestantischen Theologie, nicht auf dem der katholischen Theologie, hat sich denn auch in den zwanziger Jahren eine »Theologie der Krisis« gebildet. Hier ist die große Auseinandersetzung mit dem 19. Jahrhundert vollzogen worden, die in dem Werk von Karl Barth zum weit über den deutschen Raum hinauswirkenden Wendepunkt in der christlichen Theologie des 20. Jahrhunderts geworden ist. Die Entwicklung in der katholischen Kirche, seit dem 1. Vatikanischen Konzil im wesentlichen eine kontinuierliche, ist dagegen erst nach dem 2. Weltkrieg in eine Situation des Umbruchs geraten.

I Der theologische Umbruch der zwanziger Jahre

Die idealistische Begeisterung bei Beginn des 1. Weltkrieges hatte in den Kirchen die Hoffnung auf eine religiöse Erneuerung geweckt. Die im ersten Kriegsjahr sich füllenden Gotteshäuser sind jedoch sehr bald wieder leerer geworden. Die Erwartung, die von Materialismus und Liberalismus erfaßten Volksschichten, vor allem die unkirchliche Arbeiterschaft, würden wieder zur Kirche zurückfinden, erfüllte sich nicht. Der Prozeß der Entkirchlichung der Massen ist durch den 1. Weltkrieg nicht aufgehalten, sondern eher gefördert worden. In weiten deutschen Gebieten zog sich der Protestantismus nach Kriegsende auf das meist konservative, der verlorenen Monarchie nachtrauernde Bürgertum und die Beamtenschaft zurück. Nicht aus dem religiösen Erleben des Krieges, sondern aus der theologischen Besinnung der Nachkriegsjahre sind die Anfänge einer Erneuerung erwachsen.

Daß die führenden protestantischen Theologen, von den Konservativen bis hin zu den Liberalen, im Sommer 1914 in den Chor der Kriegsbegeisterten fast einhellig eingefallen waren, hatte den jungen Schweizer Theologen *Karl Barth* (1886–1968) an der deutschen Universitätstheologie irregemacht. Nach zeitweiliger Berührung mit dem religiösen Sozialismus von der Vorrangigkeit einer die christliche Predigt begründenden theologischen Neubesinnung überzeugt, schrieb Barth in seinem Pfarramt in Safenwil den Kommentar zum »Römerbrief« (1919). Mit der zweiten, völlig umgearbeiteten Auflage von 1922 rief er ein unerhört weites Echo hervor. Barths Betonung der Transzendenz Gottes und seine Absage an alle Formen des religiösen »Erlebens« bedeuteten den Bruch mit den herrschenden theologischen Schulrichtungen, vor allem mit der liberalen Theologie. An Barth und seinen theologischen Freund Eduard Thurneysen (1888–1974) schlossen sich bald der Schweizer reformierte Theologe *Emil Brunner* (1889–1966) und in Deutschland die lutherischen Theologen *Friedrich Gogarten* (1887–1969) und *Rudolf Bultmann* (1884–1976) an. Die Gegenkritik der liberalen Theologie blieb nicht aus. Ernst Troeltsch und der Exeget Adolf Jülicher, am schärfsten Adolf von Harnack sprachen sich dezidiert gegen Barth aus. Die Zeitschrift »Zwischen den Zeiten« wurde unter der Schriftleitung von Georg Merz für ein Jahrzehnt das Organ der neuen theologischen Bewegung (1923–1933). Von deren zahlreichen Benennungen »Theologie der Krisis«, »Theologie des Paradoxes«, »Theologie des Wortes Gottes« u. a. hat sich schließlich der Name »dialektische Theologie« durchgesetzt.

Karl Barth war Schüler Adolf von Harnacks und Wilhelm Herrmanns gewesen, kam also selbst aus der Tradition liberaler Theologie, gegen die sich der Hauptstoß der neuen Bewegung richtete. Auf sein theologisches Prinzip angesprochen, berief sich Barth auf Sören Kierkegaards Wort vom unendlichen qualitativen Unterschied zwischen Zeit und Ewigkeit. Damit war die Abkehr von aller idealistisch-vernünftigen oder erlebnishaften Vermittlung von Gott und Mensch, allen Synthesen zwischen Offenbarung und Vernunft, Christentum und Kultur ausgesprochen, wie sie weit über die liberale Theologie hinaus fast für die gesamte protestantische Theologie des 19. Jahrhunderts in der Nachfolge von Hegel und Schleiermacher selbstverständlich geworden waren. Barth bezog sich für seinen theologischen Neuansatz neben Kierkegaard, dem großen Kritiker des deutschen Idealismus, auch auf andere Außenseiter und Randgestalten des 19. Jahrhunderts. So haben Ludwig Feuerbach, der Philosoph des Materialismus und Atheismus, und der Basler Patristiker Franz Overbeck, Freund Friedrich Nietzsches und Leugner jeder Verträglichkeit von Christentum und Kultur, an der Wiege der dialektischen Theologie gestanden, durch Eduard Thurneysen vermittelt auch Dostojewskij. Die Wurzel der Verderbnis der neuprotestantischen Theologie wurde von Emil Brunner bei Schleiermacher gesucht (»Die Mystik und das Wort«, 1924). Barth, der sich deutlich gegen Schleiermacher aussprach, im letzten Urteil aber vorsichtiger blieb, ging sehr viel weiter zurück, bis in die natürliche Theologie der Spätorthodoxie. Daraus erwuchs innerhalb der dialektischen Theologie eine Neubesinnung auf die reformatorische Theologie, auch auf die theologische Arbeit der altprotestantischen Orthodoxie.

Der Kreis um die Zeitschrift »Zwischen den Zeiten« ist im Jahre 1933 an inneren Spannungen zwischen Barth und dem mit den »Deutschen Christen« zusammengehenden Gogarten auseinandergebrochen. Aus Karl Barths jede vernünftige Gotteserkenntnis (»natürliche Theologie«) ausschließendem offenbarungstheologischen Ansatz ergab sich bald darauf der Bruch mit dem nach einem anthropologischen »Anknüpfungspunkt« suchenden Emil Brunner (»Nein! Antwort an Emil Brunner«, 1934). Deutlich war auch Barths Absage an die Berücksichtigung der Anthropologie und der natürlichen Theologie bei Rudolf Bultmann, die in der Verknüpfung historisch-kritischer Schriftforschung mit einer sich der Begrifflichkeit der Philosophie Martin Heideggers bedienenden »existentialen Interpretation« später zu dem von Barth scharf abgelehnten Programm der »Entmythologisierung« führte.

In kompromißloser Unbeirrtheit hat Barth, nicht ohne Retraktationen (unabgeschlossene »Christliche Dogmatik im Entwurf«, 1927), gleichwohl in imponierender Folgerichtigkeit aus dem offenbarungstheologischen Ansatz ein dogmatisch-ethisches Gesamtwerk errichtet, das in den Bänden der seit 1932 über Jahrzehnte erscheinenden, unvollendet gebliebenen »Kirchlichen Dogmatik« die paradoxale Diastatik des »Römerbriefes« abgestreift hat und mit den Mitteln eines aus der Offenbarung, nicht der Vernunft begründeten Analogiedenkens statt des einstmaligen Gegensatzes jetzt die Gemeinschaft Gottes mit dem Menschen betont. Barths »Kirchliche Dogmatik«, schon von der Quantität her eines der gewaltigsten Werke der christlichen Theologie, hat durch ihr Vorbeigehen an der historisch-kritischen Exegese und den engen Anschluß an das altkirchliche Dogma auf kurze Sicht repristinatorische Tendenzen in der evangelischen Theologie und Kirche begünstigt. In ihren vorausweisenden Zügen (z. B. Kritik an der kirchlichen Tauflehre) dürfte sie noch lange nicht ausgeschöpft und zu ihrer eigentlichen Wirkung gekommen sein.

Die scharfe theologiegeschichtliche Wende, die sich in der dialektischen Theologie gegenüber der liberalen Theologie vollzogen hat, darf die anderen Neuansätze in der protestantischen Theologie der zwanziger Jahre nicht aus dem Blick rücken. Manche Berührungspunkte mit der dialektischen Theologie zeigt die mit dem Namen des Berliner Kirchenhistorikers *Karl Holl* (1866–1926) verknüpfte sogenannte »Lutherrenaissance«. Holls Lutheraufsätze (»Luther«, 1921) boten ein aus tiefem existentiellem Ernst nacherzeugtes, die Strenge historischer Methode mit der gedanklichen Schärfe des Systematikers verbindendes Lutherbild, das den vom Historismus in die Ferne der Objektivität entrückten Reformator wieder unmittelbar zur Gegenwart sprechen ließ. Indem Holl die Rechtfertigungslehre als das systematische Zentrum der Theologie Luthers herausstellte, dabei die Rechtfertigung nicht nur als Erleben des Menschen, sondern als Tat Gottes begriff, überwand er das den Reformator zum religiösen Heros stilisierende idealistisch-liberale Lutherbild. Holls Theologie behielt ihre Wurzeln gleichwohl im Idealismus, was die von ihm ausgehende Schule, vor allem den Systematiker *Emanuel Hirsch* (1888–1972), in Gegensatz zur dialektischen Theologie brachte. Daß Holl neben Luther, dessen Schwächen er nicht übersah, auch auf Calvin hinwies und erst in beiden zusammen das ganze Wesen der Reformation ausgedrückt sah, ist in der »Lutherrenaissance« der zwanziger Jahre nicht in vollem Maße zur Geltung gekommen.

Kritisch zur dialektischen Theologie standen auch die Neuansätze in der konfessionell-lutherischen Theologie. Bei *Paul Althaus* (1888–1966), der gegen Barths biblischen Offenbarungsbegriff die Lehre von der »Uroffenbarung« stellte, und *Werner Elert* (1885 bis 1954), der die reformatorische Unterscheidung von Gesetz und Evangelium betonte, reifte sie zu einer neuen »Erlanger Schule« heran.

Den Boden bereitet hatte allen diesen Neuansätzen schon im Jahre 1917 *Rudolf Otto* (1869–1937) mit seinem gegen die rationalisierende und ethisierende Religionsauffassung des Liberalismus gerichteten Werk »Das Heilige«.

II Das protestantische Kirchentum nach dem Ende des landesherrlichen Kirchenregiments

Der Untergang der Monarchie brachte für die protestantischen deutschen Landeskirchen das Ende der aus der Reformationszeit stammenden Kirchenverfassungsform, des landesherrlichen Kirchenregiments. Durch vielfältige Wandlungen hindurchgegangen und mit mancherlei Theorien (Episkopalismus, Territorialismus, Kollegialismus) untermauert, war das Kirchenregiment des Landesherrn breiten Schichten des deutschen Protestantismus zu einer Selbstverständlichkeit geworden, die als göttliche Ordnung empfunden wurde. »Das Königtum in Preußen ist uns Evangelischen tausendmal mehr als eine politische Frage, es ist uns Glaubensfrage.« Dieses Wort des Berliner Hofpredigers Döhring aus dem Jahr 1918 zeigt die tiefe, emotionale Bindung der konservativen Mehrheit der deutschen Protestanten an die Monarchie. Demgegenüber blieben die Kräfte, die eine Neuordnung innerlich bejahten, in der Minderheit.

Das neue Verhältnis von Kirche und Staat

Zwei große, miteinander in Zusammenhang stehende Aufgaben waren nach dem Fortfall des landesherrlichen Kirchenregiments zu lösen: die Neuregelung des Verhältnisses von Kirche und Staat und die Reform der Verfassungsstruktur des Landeskirchentums.

Was das Verhältnis von Kirche und Staat betrifft, so erscholl während der Revolution in weiten Kreisen der nichtkirchlichen Öffentlichkeit, teilweise aber auch in kirchlichen Kreisen der Ruf nach der Trennung der Kirche vom Staat. Da in Deutschland schon seit der Mitte des 19. Jahrhunderts durch die Einrichtung kirchlicher Selbstverwaltungsformen die evangelische Kirche aus dem staatlichen Verwaltungsapparat herausgetrennt war, es in der letzten Phase des landesherrlichen Kirchenregiments eine Staatskirche im strengen Sinn nicht mehr gegeben hatte, lief die Forderung der Trennung von Staat und Kirche praktisch auf den Entzug aller der Kirche in der Öffentlichkeit gewährten Privilegien, auf die Abschaffung des Religionsunterrichtes an den Schulen, die Aufhebung der theologischen Fakultäten, die Einstellung aller finanziellen Hilfsleistungen (Dotationen) hinaus. Eine Trennung von Staat und Kirche dieser Art, wie sie in Frankreich durch die Trennungsgesetzgebung von 1905 und in Sowjetrußland im Gefolge der Oktoberrevolution von 1917 zustande kam, ist jedoch in der Weimarer Republik nicht vollzogen worden. Die Weimarer Reichsverfassung von 1919 begnügte sich mit den aus der Paulskirchenverfassung übernommenen Bestimmungen, daß keine Staatskirche bestehe und jede Religionsgemeinschaft ihre Angelegenheiten selbständig innerhalb der Schranken des für alle gültigen Gesetzes ordne und verwalte (Weimarer Reichsverfassung, Artikel 137). Sie beließ den Kirchen den Status öffentlich-rechtlicher Körperschaften, das Recht der Steuererhebung von ihren Mitgliedern, garantierte ausdrücklich die Existenz der theologischen Fakultäten an den staatlichen Hochschulen und den Religionsunterricht als ordentliches Lehrfach an den Schulen, allerdings mit Ausnahme der bekenntnisfreien Schulen (Weimarer Reichsverfassung, Artikel 137.149).

Nachdem verfassungsmäßig die Stellung der Kirche im neuen Staat fixiert war, folgte in einem großen Teil Deutschlands die vertragliche Regelung des wechselseitigen Verhältnisses in *Konkordaten* (Verträgen zwischen der katholischen Kirche und den deutschen Ländern) und *Kirchenverträgen* (Verträgen zwischen evangelischen Landeskirchen und deutschen Ländern). Im Unterschied zu der auf eine lange Konkordatstradition zurückblickenden katholischen Kirche waren die evangelischen Landeskirchen unvorbereitet, als Vertragspartner dem Staat gegenüberzutreten. Die mit den evangelischen Kirchen abgeschlossenen Kirchenverträge (Bayern und Pfalz 1925, Preußen 1931, Baden 1932) folgen regelmäßig zuvor abgeschlossenen Konkordaten (Bayern 1924, Preußen 1929, Baden 1932), sichern nach dem Grundsatz der Parität der evangelischen Kirche Rechte zu, die zuvor der katholischen Kirche gewährt worden waren. Inhalt der Vertragsregelung zwischen Staat und Kirche waren im wesentlichen die Garantie der staatlich unterhaltenen theologischen Fakultäten an den Hochschulen und die Regelung kirchlicher Mitwirkung bei der Besetzung theologischer Professuren, das Einspruchsrecht des Staates bei der Besetzung kirchenleitender Ämter aus politischen Gründen (sog. Politische Klausel), die Garantie des konfessionellen Religionsunterrichts als ordentliches Lehrfach an den öffentlichen Schulen, schließlich die durchweg großzügige Regelung der sog. Staatsleistungen, d. h. der aus der Säkularisation des Kirchengutes stammenden staatlichen Verpflichtung zur bleibenden Ausstattung des Kirchenwesens (Zuschüsse zur Pfarrbesoldung, zu kirchenregimentlichen Zwecken, zum Kirchbau u. a.).

Durch Konkordate und Kirchenverträge hat die Weimarer Republik auf weiten Gebieten eine enge Zusammenarbeit von Kirche und Staat angebahnt, die beiden großen Kirchen vor anderen Religionsgemeinschaften, die ebenfalls den Status einer öffentlich-rechtlichen Körperschaft erworben haben, in hohem Maße privilegiert. So ist den großen christlichen Kirchen ihre aus der Geschichte erwachsene Sonderstellung gegenüber anderen religiösen Gemeinschaften im demokratischen Staat erhalten geblieben.

Nach dem – kirchenrechtlich gesehen – Intermezzo der nationalsozialistischen Ära ist nach dem 2. Weltkrieg im westlichen Deutschland durch neue Kirchenverträge das Verhältnis von Kirche und Staat weiterentwickelt worden in Richtung auf ein partnerschaftliches Verhältnis, wobei die Kirche ihre Position gegenüber dem Staat weiter verbessert hat (z. B. Loccumer Vertrag 1955). Die öffentlich-rechtliche Stellung der Kirchen ist in der Bundesrepublik Deutschland gesicherter als je zuvor in der deutschen Kirchengeschichte. Freilich ist die Mahnung eines Kirchenrechtslehrers aus dem Jahre 1965 nicht unangebracht: »Die umfassende Sicherung, Mitwirkung und Einflußnahme der Kirchen, die die heutige Lage des Verhältnisses von Staat und Kirche kennzeichnen, stehen in einem Mißverhältnis zur geistlichen Situation und Ausstrahlungswirkung der Kirchen« (Konrad Hesse).

Anders verlief nach 1945 die Entwicklung im östlichen Teil Deutschlands, wo die radikale Trennung von Staat und Kirche zwar nicht vollständig (Beibehaltung der theologischen Ausbildung an staatlichen Universitäten), aber doch weithin (beim Religionsunterricht, bei den Staatsleistungen) verwirklicht wurde.

Die Neuordnung der Kirchenverfassung

Die zweite Aufgabe, die Reform der Verfassungsstruktur der evangelischen Landeskirchentümer, hat nach dem 1. Weltkrieg eine Welle hochfliegender Reformpläne gezeitigt, im Ergebnis jedoch eine eher konservative, am Überkommenen festhaltende Neuordnung erbracht. Die Forderung, an die Stelle der bürokratisch regierten Landeskirchentümer eine auf demokratischer Grundlage errichtete, »von unten« geleitete Volkskirche zu bilden, erhoben z. B. von dem ein volkskirchliches »Rätesystem« fordernden liberalen Theologen Martin Rade, drang im kirchlichen Raum nicht durch.

Die fast zwei Drittel des deutschen Protestantismus umfassende preußische Landeskirche konstituierte sich 1922 unter dem neuen Namen »Evangelische Kirche der altpreußischen Union« und gab sich eine Verfassung, die »eher den Charakter eines Umbaues als den eines Neubaues« (W. Elliger) trug. Die vom liberalen Verfassungswerk des 19. Jahrhunderts geschaffenen Formen der Generalsynode und Provinzialsynode, in ihren Befugnissen gegenüber den ebenfalls beibehaltenen Behörden des Oberkirchenrates und der Konsistorien gestärkt, erwiesen sich als Auffangformen für die Bestrebungen nach stärkerer Mitwirkung der Gemeinden. Eine Reihe von Landeskirchen beschloß, für den leitenden Geistlichen den Bischofstitel einzuführen, leitete damit eine Entwicklung ein, der sich bis nach dem 2. Weltkrieg weitere Landeskirchen angeschlossen haben. So wird – mit Ausnahme der reformierten und einiger unierter Landeskirchen – die Mehrzahl der deutschen evangelischen Landeskirchen des 20. Jahrhunderts von Bischöfen geleitet.

Der verfassungsmäßige und organisatorische Neuaufbau der Kirchen nach dem 1. Weltkrieg vollzog sich im Rahmen der überkommenen, in ihren Grenzen nicht angetasteten Landeskirchentümer. Nur in Thüringen, wo auch politisch aus den thüringischen Kleinstaaten ein neues Land gebildet wurde, schmolz eine Vielzahl kleiner Landeskirchen zur »Thüringer Evangelischen Kirche« zusammen. Gegenüber der landeskirchlichen Reorganisation geriet die Aufgabe, den deutschen Protestantismus über die landeskirchlichen Grenzen hinweg zu einer größeren kirchlichen Einheit zusammenzuführen, ins Hintertreffen. Der kirchliche Einigungsgedanke, der, in den Freiheitskriegen erwacht, im Revolutionsjahr 1848 sowie nach der Reichsgründung 1871 zu vergeblichen Anläufen der Bildung einer »Deutschen Evangelischen Kirche« geführt hatte, war während des 1. Weltkrieges und in der unmittelbaren Nachkriegszeit wieder lebendig geworden. Zu dem von vielen erstrebten Zusammenschluß der 28 deutschen Landeskirchen zu einer Reichskirche kam es jedoch nicht. Immerhin schlossen sich die evangelischen Landeskirchen 1922 in Wittenberg zum »Deutschen Evangelischen Kirchenbund« zusammen, einer losen Föderation, die den Landeskirchen volle Freiheit und Selbständigkeit in Verkündigung, Verfassung und Verwaltung beließ, jedoch nach außen, gegenüber Staat und Öffentlichkeit, sowie gegenüber der Ökumene eine gemeinsame Vertretung des deutschen kirchlichen Protestantismus ermöglichte.

Gefördert durch den Nationalsozialismus, ist im Schicksalsjahr

1933 der nächste Schritt getan und der »Deutsche Evangelische Kirchenbund« zur »Deutschen Evangelischen Kirche«, einer föderativen Reichskirche umgebildet worden. Daß der kirchliche Einigungsgedanke als Mittel politischer Gleichschaltung benutzt wurde, hat ihn in verhängnisvoller Weise kompromittiert. So hat der kirchliche Neuaufbau nach dem 2. Weltkrieg zunächst wieder eine rückläufige Tendenz auf Kräftigung der Stellung der einzelnen Landeskirchen erbracht. Die Konferenz evangelischer Kirchenführer in Treysa Ende August 1945 setzte an die Stelle der »Deutschen Evangelischen Kirche« die »Evangelische Kirche in Deutschland« (EKD), die sich 1948 in Eisenach eine Grundordnung gab. Die »Evangelische Kirche in Deutschland« bildete mit ihren 28 Gliedkirchen (13 lutherische, 13 unierte und 2 reformierte) den kirchlichen Zusammenschluß des deutschen Gesamtprotestantismus. Ihr wurde jedoch von den konfessionell-lutherischen Gliedkirchen, die sich 1948 zur »Vereinigten Evangelisch-Lutherischen Kirche Deutschlands« (VELKD) zusammenschlossen, nicht der Charakter einer Kirche zuerkannt. Erst die der politischen Teilung Deutschlands folgende organisatorische Trennung der Kirche hat die bundeskirchlichen Tendenzen in beiden Teilen Deutschlands wieder vordringen lassen.

Die ökumenische Bewegung

Seine vielfältigen inneren Probleme, auch seine landeskirchliche Zerrissenheit, haben den deutschen Protestantismus gehindert, an den überkonfessionellen und übernationalen kirchlichen Einigungsbestrebungen tatkräftig mitzuarbeiten. Jedenfalls steht nach dem 1. Weltkrieg der deutsche Beitrag zur »Ökumenischen Bewegung« hinter dem der angelsächsischen Kirchentümer und dem des skandinavischen Luthertums deutlich zurück. Noch unmittelbar zu Beginn des 1. Weltkrieges hatte Friedrich Siegmund-Schultze (1885–1969) den »Weltbund für Freundschaftsarbeit der Kirchen« mitbegründet. Aus der Arbeit dieses Weltbundes entwickelte sich unter Führung des schwedischen Erzbischofs Nathan Söderblom (1866–1931) die Bewegung für Praktisches Christentum (Life and Work), an der sich der deutsche Protestantismus zunächst nur durch private Mitarbeit einzelner Theologen und Kirchenführer beteiligte. Zur 1. Weltkonferenz für praktisches Christentum 1925 in Stockholm war der Deutsche Evangelische Kirchenbund durch eine offizielle Delegation vertreten. Nach Söderbloms Tod wurde Hermann Kapler (1867–1941), Präsident des Deutschen Evangelischen Kirchenausschusses, Vorsitzender der Kontinentalen Sektion. Ziel der Bewegung für praktisches Christentum war, »die Gemeinschaft der Kirchen in der Betätigung christlicher Ethik bei den sozialen Problemen des modernen Lebens zu pflegen und zu fördern«.

Dominierte in der Bewegung für praktisches Christentum die überragende Persönlichkeit Söderbloms, so war von anglikanischen Kirchenführern geprägt die Arbeit der anderen großen ökumenischen Bewegung, der Bewegung für »Glaube und Kirchenverfassung« (Faith and Order). Entstanden im Anschluß an die Weltmissionskonferenz in Edinburgh (1910), machte es sich die Bewegung für Glaube und Kirchenverfassung zur Aufgabe, festzustellen, in welchen Punkten zwischen den einzelnen Konfessionen trennende Gegensätze und auf welcher Grundlage eine Wiedervereinigung möglich sein könnte. An der 1. Weltkonferenz für Glaube und Kirchenverfassung 1927 in Lausanne nahmen auch deutsche Vertreter, darunter der Generalsuperintendent Otto Dibelius, teil.

Während der nationalsozialistischen Ära kam die offizielle Mitarbeit der Deutschen Evangelischen Kirche an der ökumenischen Bewegung allmählich zum Erliegen. Die auf der 2. Weltkonferenz für praktisches Christentum 1937 in Oxford und auf der 2. Weltkonferenz für Glaube und Kirchenverfassung im gleichen Jahr in Edinburgh beschlossene Zusammenarbeit der beiden ökumenischen Bewegungen und die Bildung eines Ökumenischen Rates der Kirchen kam ohne deutsche Mitwirkung zustande. Erst elf Jahre nach diesem Beschluß wurde 1948 auf der 1. Weltkirchenkonferenz in Amsterdam der Ökumenische Rat der Kirchen konstituiert. Diesmal mit deutscher Beteiligung. Bald nach Ende des 2. Weltkrieges war durch die Stuttgarter Erklärung der evangelischen Kirchenführer, das sogenannte *Stuttgarter Schuldbekenntnis* (19. 10. 1945), die völlige Gemeinschaft der Evangelischen Kirche Deutschlands mit den in der ökumenischen Bewegung vereinten Kirchen wiederhergestellt. Seitdem ist die Mitarbeit in der ökumenischen Bewegung ein nicht mehr wegzudenkender, in seiner Bedeutung ständig wachsender Faktor im Leben der Evangelischen Kirche in Deutschland.

III Die Kirchen und der Nationalsozialismus

Im Januar 1933 ergriff Adolf Hitler und mit ihm der Nationalsozialismus in Deutschland die politische Macht. Das nationalsozialistische Parteiprogramm von 1925 hatte sich im Artikel 24 auf den Standpunkt eines »positiven Christentums« gestellt. In seiner Regierungserklärung vom 23. März 1933 versicherte Hitler, die bestehenden Verträge zwischen Kirche und Staat sollten respektiert, die kirchlichen Rechte nicht angetastet werden: »Die nationale Regierung wird in Schule und Erziehung den christlichen Konfessionen den ihnen zukommenden Einfluß einräumen und sicherstellen. Ihre Sorge gilt dem aufrichtigen Zusammenleben zwischen Kirche und Staat.« Daß die wahren Absichten Hitlers auf die völlige Ausrottung des Christentums aus dem Leben des deutschen Volkes hinausliefen, war 1933 nur wenigen einsichtig. Es sind auf dieses Ziel hin in den zwölf Jahren nationalsozialistischer Herrschaft auch nur die ersten Schritte unternommen worden. Der Kampf gegen die Kirchen ist vom Nationalsozialismus zu keinem Zeitpunkt mit ganzer Kraft und nie bis zur vollständigen Niederwerfung geführt worden. Ihre öffentlich-rechtliche Stellung haben die Kirchen bei aller Verfolgung im Dritten Reich nicht verloren. Erst bei der nationalsozialistischen Neuordnung des »Warthegaus« sind durch die völlige Vernichtung der kirchlichen Organisation und das Herabdrücken des religiösen Lebens in die private Vereinssphäre die wahren Ziele der nationalsozialistischen Kirchenpolitik offenbar geworden. Die Endlösung der Kirchenfrage blieb der Zeit nach dem »Endsieg« überlassen.

Der protestantische Kirchenkampf

In den Jahren vor der Machtergreifung hatte die nationalsozialistische Bewegung in den nationalgesinnten, zur Weimarer Republik kritisch eingestellten protestantischen Bevölkerungsschichten tiefe Einbrüche erzielt. Erheblich tiefere als in der katholischen Bevölkerung, deren Interessen durch die Zentrumspartei, eine der Stützen der Weimarer Republik, wahrgenommen wurden. Die Ende der zwanziger Jahre aufsteigende nationalistische Welle erfaßte auch die protestantische Pfarrerschaft. Zahlreiche Pfarrer schlossen sich den »nationalen Verbänden« an. Symptomatisch für die nationalistische Stimmung waren die Empörung, die der Pfarrer Günther Dehn 1928 mit seinem Magdeburger Vortrag über »Kirche und Völkerversöhnung« in kirchlichen Kreisen hervorrief und die studentischen Radauszenen bei seiner Berufung nach Halle 1931.

Im Frühjahr 1932 entstand die »Glaubensbewegung Deutsche Christen«, die unter der Leitung des Pfarrers Hossenfelder an eine Verbindung von Christentum und Nationalsozialismus glaubte und tatkräftig auf eine national- und rassebewußte, alle jüdischen Einflüsse abstreifende und nach dem Führerprinzip geleitete deutsche Reichskirche hinarbeitete. Schon bei den preußischen Kirchenwahlen 1932 gewannen die Deutschen Christen ein Drittel der Sitze. Nach der Umbildung des Kirchenbundes in die Reichskirche errangen sie bei den durch nationalsozialistische Einmischung beeinflußten Kirchenwahlen im Sommer 1933 die überwältigende Mehrheit. Auf der ersten Nationalsynode der neuen Reichskirche September 1933 in Wittenberg gelang den Deutschen Christen die Wahl des früheren Wehrkreispfarrers Ludwig Müller, eines Vertrauensmannes Adolf Hitlers, zum Reichsbischof.

Die hektische kirchliche Machtergreifung durch die Deutschen Christen und die ersten Maßnahmen des deutsch-christlichen Kirchenregimentes (Einführung des Arierparagraphen in die Kirchenverfassung) lösten eine starke Gegenbewegung in der evangelischen Kirche aus. Vor allem die berüchtigte Sportpalastkundgebung vom 13. November 1933, auf der der Hauptredner über die »Viehtreiber- und Zuhältergeschichten des Alten Testaments« herzog, öffnete vielen anfangs mit den Deutschen Christen Sympathisierenden die Augen. Es begann der bis zum Ende der nationalsozialistischen Ära währende, die Kirche auf die äußerste Zerreißprobe stellende Kirchenkampf. Er ist auf evangelischer Seite nicht bloß ein Kampf zwischen Kirche und Staat, sondern wesentlich eine innerkirchliche Auseinandersetzung zwischen den dem nationalsozialistischen Gedankengut willfährigen Deutschen Christen und ihren kirchenpolitischen und theologischen Gegnern gewesen.

Die innerkirchliche Opposition gegen das deutsch-christliche Kirchenregiment ist aus dem 1933 von Martin Niemöller (geb. 1892) gegründeten »Pfarrernotbund« erwachsen. Sie führte zur Bildung einer »Bekennenden Kirche« und zur Barmer Synode vom 29. bis 31. Mai 1934 (»Reichssynode der Bekenntnisgemeinschaft der Deutschen Evangelischen Kirche«). Auf dieser von lutherischen, reformierten und unierten Theologen gemeinsam beschickten Reichssynode wurde eine »Theologische Erklärung« verabschiedet, die alle Synthesen zwischen Christentum und Nationalsozialismus, sei es in der Verkündigung, sei es in der Kirchenverfassung, durch eine scharfe Akzentuierung des Ausschließlichkeitsanspruchs der biblischen Offenbarung verwarf. Den Grundtenor der *Barmer Theologischen Erklärung* gab die These 1 an: »Jesus Christus, wie er uns in der Heiligen Schrift bezeugt wird, ist das eine Wort Gottes, das wir zu hören, dem wir im Leben und Sterben zu vertrauen und zu gehorchen haben. Wir verwerfen die falsche Lehre, als könne und müsse die Kirche als Quelle ihrer Verkündigung außer und neben diesem einen Worte Gottes auch noch andere Ereignisse und Mächte, Gestalten und Wahrheiten als Gottes Offenbarung anerkennen.« An der Formulierung der Barmer Theologischen Erklärung hat Karl Barth mitgewirkt, der nach Verlust seiner Professur in Bonn seit 1935 von Basel aus der geistliche Mentor der Bekennenden Kirche war und dessen kompromißlose Offenbarungstheologie im Kirchenkampf zu breiter Wirkung gelangte.

Auf der zweiten Bekenntnissynode von Berlin-Dahlem Oktober 1934 wurde die Trennung vom deutsch-christlichen Kirchenregiment durch die Einrichtung einer eigenen Kirchenleitung, der »Vorläufigen Kirchenleitung der DEK« perfekt. Damit war die Evangelische Reichskirche gespalten. Spätere staatliche Ausgleichsversuche angesichts des Scheiterns der Deutschen Christen, die zeitweilige Einsetzung eines »Kirchenausschusses« zur Überwindung der Spaltung, Zerwürfnisse innerhalb der Bekenntnisfront wie innerhalb der Bewegung der Deutschen Christen, Gegensätze zwischen den sogenannten »intakten« und den im Kirchenregiment gespaltenen Landeskirchen haben den Kirchenkampf je länger, je mehr in eine Fülle von in den einzelnen Gebieten recht verschiedenartige Einzelkämpfe aufgelöst. Aus der deutschen evangelischen Kirche wurde ein Trümmerfeld. Während in einigen intakten Landeskirchen (Württemberg, Bayern, Hannover) ein geregeltes kirchliches Leben noch möglich war, wurde in den preußischen Kirchenprovinzen die Bekennende Kirche in den Untergrund gedrängt, ihre Leiter ins Gefängnis geworfen. Martin Niemöller, der nach anfänglichen Sympathien für den Nationalsozialismus am unerschrockensten den Kampf für die Freiheit der Kirche geführt hatte, blieb von 1938 bis 1945 Hitlers Gefangener im Konzentrationslager Dachau. Dietrich Bonhoeffer war einer der wenigen aus der Bekennenden Kirche, der den Schritt zum aktiven politischen

Widerstand tat (hingerichtet 1945 im Konzentrationslager Flossenbürg).

Katholische Kirche und Nationalsozialismus

Anders als bei der evangelischen Kirche ist der katholischen Kirche ein größerer innerkirchlicher Streit erspart geblieben. Hier war der Kirchenkampf wesentlich Auseinandersetzung zwischen nationalsozialistischem Staat und Kirche.

Die Reaktion auf Hitlers Machtergreifung war bei den katholischen Bischöfen, die noch kurz zuvor ihre Gläubigen vor dem Nationalsozialismus gewarnt und die Mitgliedschaft in der NSDAP verboten hatten, sehr reserviert gewesen. Hitlers kirchenfreundliche Reden erzwangen aber sehr bald eine Zurücknahme früherer Warnungen und Verbote (Kundgebung der Fuldaer Bischofskonferenz vom 28. 3. 1933). Als politisch äußerst geschickter Schachzug Hitlers erwies sich der schnelle Abschluß des Konkordats zwischen dem Deutschen Reich und dem Heiligen Stuhl im Juli 1933. Rom konnte im Reichskonkordat die kirchenfreundlichen Beteuerungen Hitlers vom Frühjahr 1933 vertraglich fixieren und weit über die früheren Länderkonkordate hinausgehende rechtliche Sicherungen für die katholische Kirche garantiert bekommen. Dadurch glückte es Hitler für den Moment, den deutschen Episkopat für sich einzunehmen. Nun ging auch durch die katholische Kirche eine Welle der Begeisterung für die neuen Machthaber und nicht wenige plädierten für eine »Begegnung zwischen katholischem Christentum und nationalsozialistischer Weltanschauung« (Titel einer Schrift von Michaël Schmaus, 1933).

Aber Hitler dachte nicht daran, Geist und Buchstaben des Konkordats einzuhalten. Schon 1933 wurden Proteste des Vatikans wegen Nichterfüllung des Konkordats nötig. In den folgenden Jahren wuchs die Bedrückung der kirchlichen Vereinsarbeit, der kirchlichen Presse und der katholischen Jugendorganisationen. Es begann der Kampf gegen die Bekenntnisschule. Durch aufsehenerregende Sittlichkeits- und Devisenprozesse gegen Priester suchte man einen Keil zwischen Klerus und Kirchenvolk zu treiben. Die päpstliche Enzyklika »Mit brennender Sorge« (1937), auf allen deutschen Kanzeln verlesen, protestierte gegen die »Vertragsumdeutung, Vertragsumgehung, Vertragsaushöhlung und Vertragsverletzung«. Einzelne Bischöfe traten durch mutige Predigten hervor, so der

Kardinal Faulhaber in München und der Bischof Graf Galen in Münster, der von der Kanzel gegen die Vernichtung des »lebensunwerten Lebens« predigte. Wurde während des Krieges mit Rücksicht auf die kirchentreue Bevölkerung mancherorts eine Art »Burgfrieden« von den Nationalsozialisten geschlossen, so nahm in anderen Gebieten, etwa in dem durch das Konkordat nicht geschützten Österreich, die kirchliche Bedrückung zu. Ständig stieg die Zahl der verhafteten Priester. Allein im Konzentrationslager Dachau waren gegen Kriegsende 261 katholische Geistliche aus dem Reichsgebiet inhaftiert.

Die Auseinandersetzung der christlichen Kirchen mit dem Nationalsozialismus hat ein zwiespältiges Bild hinterlassen. Einerseits ist mit Recht festgestellt worden, daß dem Nationalsozialismus in den Kirchen der einzige Gegner erwachsen ist, den er nicht so schnell zu Boden werfen konnte wie die politischen Parteien und die Gewerkschaften. Es ist dieser Widerstand gegen den Nationalsozialismus gewesen, der nach dem 2. Weltkrieg den christlichen Kirchen im öffentlichen Leben Deutschlands zu neuem Ansehen verholfen hat. Wenn aber darauf verwiesen wird, daß »nur die Kirche in der Hitlerzeit so etwas wie eine wirkliche Volksbewegung gegen den Nationalsozialismus in Gang gebracht« habe (Gerhard Ritter), so muß hinzugefügt werden, daß der Widerstand der Kirchen fast ausschließlich ein Widerstand in eigener Sache gewesen ist. Angesichts der nationalsozialistischen Judenverfolgung hat es wohl Hilfe einzelner Christen gegeben (Pfarrer Heinrich Grüber auf evangelischer, Propst Bernhard Lichtenberg auf katholischer Seite). Aber ein öffentliches Eintreten der Kirche für die Juden, wie, wenn auch vergeblich, in den Niederlanden, hat in Deutschland nicht stattgefunden. Hier setzte unmittelbar nach Kriegsende in der evangelischen Kirche die Selbstkritik ein (Stuttgarter Schuldbekenntnis der Evangelischen Kirche von 1945), hier die Kritik der Nachkriegsgeneration.

IV Die katholische Kirche auf dem Weg vom 1. zum 2. Vatikanischen Konzil

Die katholische Kirchengeschichte Deutschlands im 20. Jahrhundert kann wie die aller Länder der katholischen Welt nicht ohne den Zusammenhang mit Rom, mit der Leitung der Weltkirche durch den Papst und seine kirchenleitende Zentralbehörde, die römische Kurie, dargestellt werden.

Nach dem Sieg der Anhänger des Unfehlbarkeitsdogmas im 1. Vatikanischen Konzil konnte es scheinen, daß die katholische Kirche den von Pius IX. festgelegten Kurs der Absage an alle modern-liberalen Strömungen gradlinig fortsetzen würde. Das ist jedoch nicht geschehen. Die Kirchenpolitik der nach Pius IX. den apostolischen Stuhl besteigenden Päpste weist eine nicht unbeträchtliche Variationsbreite auf. Diese Variationsbreite ist nicht nur in der persönlichen Eigenart der Päpste begründet, sondern ist Ausdruck der weiterhin bestehenden inneren Spannungen in der katholischen Kirche, denen die Päpste Rechnung tragen müssen. Spannungen zwischen einer integralistisch-konservativen oder auch papalistischen Richtung und einer den modernen liberalen Ideen offenen progressistischen Richtung, wie sie zu Beginn des 20. Jahrhunderts in Deutschland im Reformkatholizismus (vgl. oben S. 264) lebendig war.

Schon *Leo XIII.* (1878–1903) war sofort in den ersten Jahren seines Pontifikats von dem antiliberalen Kurs Pius IX. abgegangen. Er proklamierte die Verständigung von Kirche und Kultur, beendete den Kulturkampf, förderte durch die Öffnung des Vatikanischen Archivs (1883) die Geschichtsforschung, machte sich als »Arbeiterpapst« einen Namen (vgl. oben S. 264). Obwohl als Neuthomist keineswegs liberal gesonnen, konnte sein Pontifikat doch eine Zeit der »Blüte und Ausbreitung des kirchlichen Liberalismus« genannt werden (Josef Schnitzer).

Unter *Pius X.* (1903–1914) schlug das Pendel wieder nach der antiliberalen Seite aus. Der »Schöpfer des Katholizismus im 20. Jahrhundert«, wie man Pius X. um seiner vielen innerkirchlichen Reformen willen genannt hat, verkörpert am reinsten die integralistische Tendenz eines allen modernen Zeitströmungen abgewendeten Katholizismus. Er führte die Linie des 1. Vaticanums fort, gab die Ausarbeitung des unter seinem Nachfolger fertiggestellten neuen zentralistischen Kirchenrechts in Auftrag (Codex iuris canonici, 1917), bekämpfte alle modernistischen und reformkatholischen Strömungen (Enzyklika »Pascendi dominici gregis«, 1907), schrieb den katholischen Priestern den bei der Weihe abzulegenden Antimodernisteneid (1910) vor.

Schwächte sich unter dem milden *Benedikt XV.* (1914–1922), der sich während des 1. Weltkriegs vergeblich als Friedensvermittler den verfeindeten Mächten anbot, die integralistische Tendenz im Papsttum ab, so trat sie unter *Pius XI.* (1922–1939) wieder kräftiger hervor. Der Pontifikat Pius XI. war nach außen geprägt durch die zahlreichen Konkordate, mit denen der römische Stuhl die rechtliche Stellung der katholischen Kirche in vielen Ländern zu sichern verstand, darunter die deutschen Länderkonkordate und das Reichskonkordat von 1933. Bedeutendstes Ereignis seines Pontifikats war die Beendigung des Konflikts zwischen dem Papsttum und dem italienischen Staat. Durch die Lateranverträge (1929) wurde die Gefangenschaft des Papstes im Vatikan beendet. Der Papst wurde unabhängiger Souverän über den kleinen Vatikanischen Staat. Im inneren Leben der katholischen Kirche hat sich Pius XI. als »Papst der Katholischen Aktion« einen Namen gemacht. In der Katholischen Aktion sollten die seit dem 19. Jahrhundert sich in vielen Ländern bildenden katholischen Vereine und Organisationen zusammengefaßt und auf die große Aufgabe einer Durchdringung der Welt mit den Grundsätzen der katholischen Lehre verpflichtet werden bei gleichzeitiger Unterordnung unter die Führung des Klerus. Einerseits ein Versuch, die seit 1900 kräftig aufblühenden Laienbewegungen näher an die Kirche heranzuführen; andererseits aber doch auch ein Ja zu einer Entwicklung, durch die der herkömmliche Kirchenbegriff, der die Kirche mit dem Klerus identifizierte, aufgesprengt werden mußte. »Mitarbeit und Teilnahme der Laien am hierarchischen Apostolat« – das ist die Kompromißformel, unter die Pius XI. die Laienaktivität in der Kirche stellte.

In Deutschland, wo sich um Karl Muth und die Zeitschrift »Hochland« (1903 ff.) schon vor dem 1. Weltkrieg ein reger Kreis katholischer Laien gesammelt hatte, wurden die zwanziger Jahre zur großen Zeit der katholischen »Bewegungen«. Die »Liturgische Bewegung«, die von Belgien her über Kloster Maria Laach nach Deutschland drang, wurde die bedeutendste katholische Erneuerungsbewegung. Sie setzte sich für eine Erneuerung der Liturgie und für die Beteiligung der Laien an der Messe ein (erste »Gemeinschaftsmesse« in Deutschland 6. 8. 1921 in Maria Laach). Die Ideen der Liturgischen Bewegung wurden in die katholische Jugendbewegung eingebracht von *Romano Guardini* (1885–1968), dem geistigen Führer des »Quickborn«. In katholischen Laienkreisen, in der aus dem Krieg heimkehrenden Generation, kam es zu einer Wiederentdeckung der Kirche als religiöser Gemeinschaft. Guardini brachte das auf die vielzitierte Formel »Die Kirche erwacht in den Seelen«. Eine katholische »Bibelbewegung« breitete sich aus. Die »Una-Sancta-Bewegung« bemühte sich um den Abbau gegenreformatorischer Positionen und ein neues Verstehen der anderen Konfession.

Mit *Pius XII.* (1939–1958) kam ein Mann auf den Stuhl Petri, der von 1917 bis 1929 als päpstlicher Nuntius in München und Berlin gelebt hatte, von daher über eine profunde Kenntnis der innerdeutschen Zustände verfügte. Daß er, der das Schiff der katholischen Kirche durch die heftigsten Stürme des Jahrhunderts steuern mußte, dem Nationalsozialismus mit den Mitteln der klassischen Diplomatie begegnete, in der Judenfrage zu keinem offenen Protest zu bewegen war, ist ihm nicht nur in außerkirchlichen Kreisen angelastet worden. Die von seinem Vorgänger eingeschlagene Politik der Verdammung des Kommunismus hat Pius XII. nach dem 2. Weltkrieg noch verschärft (Exkommunikation aller Mitglieder der kommunistischen Partei und ihrer Organisationen 1949 und 1950). Innerhalb der katholischen Kirche hat Pius XII. sowohl die liberalen als auch die integralistischen Tendenzen gefördert und weitergeführt, jene mehr in der ersten Hälfte seines Pontifikats, diese in den späteren Jahren. Er hat durch die Enzyklika »Divino afflante spiritu« (1943) der wissenschaftlichen Exegese mehr Raum gegeben und den normativen Charakter der Vulgata auf den rechtlich liturgischen Bereich eingeschränkt. Durch die Enzyklika »Mediator dei« (1947) hat er die liturgische Bewegung bejaht und unterstützt. Andererseits hat er als erster Papst von der im 1. Vatikanischen Konzil definierten Unfehlbarkeit Gebrauch gemacht durch die Dogmatisierung der Himmelfahrt Marias (Bulle »Munificentissimus Deus«, 1950). Vor der Verkündung des Mariendogmas hatte er den katholischen Weltepiskopat um seine Meinung befragt. Die deutschen Bischöfe hatten nach gründlicher Beratung innerhalb der deutschen katholischen Theologie von diesem Dogma abgeraten. Mit der Enzyklika »Humani generis« (1950) wurden modernistische Strömungen in der Theologie, vor allem die »neue Theologie« in Frankreich, verurteilt.

Es ist dem kurzen, aber kirchengeschichtlich höchst bedeutsamen Pontifikat *Johannes XXIII.* (1958–1963) vorbehalten gewesen, den von den Piuspäpsten lange zurückgestauten Strom liberaler und progressiver Ideen Einlaßrecht in die Kirche gewährt zu haben. Das von Johannes XXIII. einberufene, nach seinem Tod von *Paul VI.* zu Ende geführte 2. *Vatikanische Konzil* (1962–1965) hat das gesamte Klima in der katholischen Kirche verändert. Weniger durch seine Beschlüsse, die weithin Kompromißcharakter tragen und in denen sich ein weiteres Vordringen beider Tendenzen, der integralistischen und der progressistischen, widerspiegelt, als durch die Eröffnung einer permanenten und unerhört freimütigen Diskussion über alle grundlegenden kirchlichen Probleme. Daß die mehr als 2500 Konzilsväter, die sich zu diesem größten Konzil der Kirchengeschichte in der Peterskirche versammelten, sich gegenüber dem Papst und der kurialen Regie selbständig zeigten und in vielen Fällen die Änderung von Abstimmungsvorlagen erreichten, bot ein gegenüber dem 1. Vaticanum völlig verändertes Bild.

Neue Dogmen wurden auf dem 2. Vatikanischen Konzil nicht verkündet. Mit dem Stichwort »aggiornamento«, Eingehen auf die Probleme der Zeit, hatte Johannes XXIII. dem Konzil die innere Reform der Kirche zur Aufgabe gemacht. »Dieses Konzil war ein Konzil der Kirche über die Kirche« (Karl Rahner). Von den sechzehn Verlautbarungen des Konzils verdient besondere Erwähnung die Konstitution über die heilige Liturgie. Sie empfiehlt die Einführung der Volkssprache in den Wortgottesdienst der Messe, aktivere Beteiligung der Gemeinde und in Ausnahmefällen die Gewährung des Laienkelches. Das bedeutete einen Sieg der liturgischen Bewegung. Die dogmatische Konstitution über die Kirche »Lumen gentium« definiert die Kirche als das »Volk Gottes« und bricht mit dem einseitig juristischen Anstaltsbegriff, mit dem Klerikalismus, der die Kirche mit dem Priesterstand identifizierte und die Laien nur als Anhängsel gelten ließ. Die in der katholischen Kirche bisher offene Frage nach dem Verhältnis zwischen der päpstlichen und der bischöflichen Gewalt wird im Sinne einer organischen Verbindung beider beantwortet: das Bischofskollegium hat die höchste Gewalt über die Kirche inne, aber nur in Gemeinschaft mit dem Papst als seinem Haupt. Das Dekret über den Ökumenismus bekundet den Willen zur »Wiederherstellung der Einheit unter allen Christen«, ohne die alte Forderung der Rückkehr nach Rom zu wiederholen.

Literaturverzeichnis

Aus der Fülle der Literatur zur neueren Kirchengeschichte Deutschlands wird im folgenden nur eine kleine Auswahl wichtiger Titel gegeben. Besondere Aufmerksamkeit habe ich Taschenbuchausgaben gewidmet; sie sind mit der Abkürzung TB kenntlich gemacht. Reichhaltige Literaturhinweise findet man bei KARL HEUSSI, Kompendium der Kirchengeschichte, Sechzehnte, durch einen Literaturnachtrag ergänzte Auflage, Tübingen 1981.

ERSTER ABSCHNITT: DIE REFORMATION IN DEUTSCHLAND

GUSTAV WOLF: Quellenkunde der deutschen Reformationsgeschichte, 2 Bde., Gotha 1915–22 (Nachdruck Nieuwkoop-Hildesheim 1965).

KARL SCHOTTENLOHER: Bibliographie zur deutschen Geschichte im Zeitalter der Glaubensspaltung 1517–1585, 6 Bde., Stuttgart 1956 bis 58²; Bd. 7: Das Schrifttum von 1938 bis 1960, Stuttgart 1966.

KURT ALAND: Hilfsbuch zum Lutherstudium, Witten 1970³.

JOSEPH BENZING: Lutherbibliographie. Verzeichnis der gedruckten Schriften Martin Luthers bis zu dessen Tod, Baden-Baden 1966.

HANS JOACHIM HILLERBRAND: Bibliographie des Täufertums 1520 bis 1630, Gütersloh 1962.

KARL BRANDI: Deutsche Geschichte im Zeitalter der Reformation und Gegenreformation, Frankfurt 1979⁵.

PAUL JOACHIMSEN: Die Reformation als Epoche der deutschen Geschichte, München 1951 (Neudruck Aalen 1970).

HEINRICH BORNKAMM: Das Jahrhundert der Reformation, Frankfurt 1983³ (TB).

STEPHAN SKALWEIT: Reich und Reformation, Berlin 1967.

ERWIN ISERLOH – JOSEF GLAZIK – HUBERT JEDIN: Reformation, katholische Reform und Gegenreformation, in: Handbuch der Kirchengeschichte, hg. H. Jedin, Band IV, Freiburg - Basel - Wien 1979³ (mit umfassenden Literaturangaben).

BERND MOELLER: Deutschland im Zeitalter der Reformation, Göttingen 1981² (TB).

PETER BLICKLE: Die Reformation im Reich, Stuttgart 1982 (TB).

RAINER WOHLFEIL: Einführung in die Geschichte der deutschen Reformation, München 1982.

GEOFFREY R. ELTON: Europa im Zeitalter der Reformation, dt. München 1982².

ROBERT STUPPERICH: Die Reformation in Deutschland, Gütersloh 1980[2] (TB).

BERNHARD LOHSE: Martin Luther. Eine Einführung in sein Leben und sein Werk, München 1982[2] (mit umfassenden Literaturangaben).

JULIUS KÖSTLIN – GUSTAV KAWERAU: Martin Luther. Sein Leben und seine Schriften, 2 Bde., Berlin 1903[5] (letzte große Gesamtbiographie).

HEINRICH BOEHMER: Der junge Luther, Leipzig 1971[6].

MARTIN BRECHT: Martin Luther. Sein Weg zur Reformation 1483–1521, Stuttgart 1983[2].

HEINRICH BORNKAMM: Martin Luther in der Mitte seines Lebens, Göttingen 1979.

HELMAR JUNGHANS (Hg.): Leben und Werk Martin Luthers von 1526 bis 1546, 2 Bde., Göttingen 1983.

ROLAND H. BAINTON: Martin Luther, dt. Göttingen 1980[7] (TB: München 1983).

RICHARD FRIEDENTHAL: Luther. Sein Leben und seine Zeit, München 1983[11] (TB).

GERHARD BRENDLER: Martin Luther. Theologie und Revolution. Eine marxistische Darstellung, Köln 1983.

KARL HOLL: Gesammelte Aufsätze zur Kirchengeschichte I, Luther, Tübingen 1948[7].

HANNS RÜCKERT: Vorträge und Aufsätze zur historischen Theologie, Tübingen 1972.

GERHARD EBELING: Luther. Einführung in sein Denken, Tübingen 1981[4] (TB).

HEINRICH BORNKAMM: Luthers geistige Welt, Gütersloh 1960[4].

OSKAR FARNER: Huldrych Zwingli, 4 Bde., Zürich 1943–60.

WALTHER KOEHLER: Huldrych Zwingli, Leipzig 1954[2].

ULRICH GÄBLER: Huldrych Zwingli. Eine Einführung in sein Leben und sein Werk, München 1983 (mit umfassenden Literaturangaben).

FRITZ BÜSSER: Huldrych Zwingli. Reformation als prophetischer Auftrag, Göttingen 1973 (TB).

GOTTFRIED W. LOCHER: Die Zwinglische Reformation im Rahmen der europäischen Kirchengeschichte, Göttingen 1979.

GOTTFRIED W. LOCHER: Zwingli und die Schweizerische Reformation, in: Die Kirche in ihrer Geschichte, hg. B. Moeller, Lieferung J 1, Göttingen 1982.

GOTTFRIED W. LOCHER: Huldrych Zwingli in neuer Sicht, Zürich 1969.

ROBERT STUPPERICH: Melanchthon, Berlin 1960.

HEINOLD FAST: Der linke Flügel der Reformation. Glaubenszeugnisse der Täufer, Spiritualisten, Schwärmer und Antitrinitarier (Klassiker des Protestantismus IV), Bremen 1962.

WALTER ELLIGER: Thomas Müntzer. Leben und Werk, Göttingen 1976[3].

WALTER ELLIGER: Außenseiter der Reformation: Thomas Müntzer, Göttingen 1975 (TB).

GÜNTHER FRANZ: Der deutsche Bauernkrieg, Darmstadt 1977[11].

HANS JOACHIM HILLERBRAND: Die politische Ethik des oberdeutschen Täufertums, Leiden - Köln 1962.

HANS-JÜRGEN GOERTZ: Radikale Reformatoren. 21 biographische Skizzen von Thomas Müntzer bis Paracelsus, München 1978 (TB).

HANS-JÜRGEN GOERTZ: Die Täufer. Geschichte und Deutung, München 1980.

HANS-JÜRGEN GOERTZ (Hg.): Umstrittenes Täufertum 1525–1975, Göttingen 1977[2].

KLAUS DEPPERMANN: Melchior Hoffman. Soziale Unruhen und apokalyptische Visionen im Zeitalter der Reformation, Göttingen 1979.

ZWEITER ABSCHNITT: DAS KONFESSIONELLE ZEITALTER

ERNST WALTER ZEEDEN: Die Entstehung der Konfessionen, München - Wien 1965.

WERNER ELERT: Morphologie des Luthertums, 2 Bde., München 1958[2].

HANS EMIL WEBER: Reformation, Orthodoxie und Rationalismus, I–II, Gütersloh 1937–1951 (Neudruck Darmstadt 1966).

MARTIN HECKEL: Deutschland im konfessionellen Zeitalter, Göttingen 1983 (TB).

HARTMUT LEHMANN: Das Zeitalter des Absolutismus (Christentum und Gesellschaft Bd. 9), Stuttgart 1980.

MARTIN GRESCHAT (Hg.): Orthodoxie und Pietismus (Gestalten der Kirchengeschichte Bd. 7), Stuttgart 1982.

HANS LEUBE: Die Reformideen in der deutschen lutherischen Kirche zur Zeit der Orthodoxie, Leipzig 1924.

BENGT HÄGGLUND: Die Heilige Schrift und ihre Deutung in der Theologie Johann Gerhards, Lund 1951.

JOHANNES WALLMANN: Der Theologiebegriff bei Johann Gerhard und Georg Calixt, Tübingen 1961.

HERMANN SCHÜSSLER: Georg Calixt. Theologie und Kirchenpolitik, Wiesbaden 1961.

HANS-MARTIN BARTH: Atheismus und Orthodoxie, Göttingen 1971.

MARTIN GRESCHAT: Zwischen Tradition und neuem Anfang. Valentin Ernst Löscher und der Ausgang der lutherischen Orthodoxie, Witten 1971.

FRANÇOIS WENDEL: Calvin. Ursprung und Entwicklung seiner Theologie, dt. Neukirchen 1968.

JOACHIM STAEDTKE: Johannes Calvin. Erkenntnis und Gestaltung, Göttingen 1969 (TB).

MAX WEBER: Die protestantische Ethik und der Geist des Kapitalismus (Archiv für Sozialwissenschaft und Sozialpolitik, 20–21, 1904/05), in: MAX WEBER, Die protestantische Ethik. Eine Aufsatzsammlung, hg. J. Winckelmann, 2 Bde., Gütersloh 1981[6]–1982[4] (TB).

HUBERT JEDIN: Geschichte des Konzils von Trient, 4 Bde., Freiburg 1949–1982 (unterschiedliche Auflagen).

HUBERT JEDIN: Krisis und Abschluß des Trienter Konzils 1562/63, Freiburg 1964 (TB).

ERNST WALTER ZEEDEN: Das Zeitalter der Gegenreformation, München 1979 (TB).

HEINRICH BOEHMER: Die Jesuiten, Stuttgart 1957[5].

DRITTER ABSCHNITT: DAS ZEITALTER DES PIETISMUS UND DER AUFKLÄRUNG

WERNER MAHRHOLZ: Der deutsche Pietismus. Eine Auswahl von Zeugnissen, Urkunden und Bekenntnissen, Berlin 1921.

MARTIN SCHMIDT – WILHELM JANNASCH: Das Zeitalter des Pietismus (Klassiker des Protestantismus VI), Bremen 1965.

ALBRECHT RITSCHL: Geschichte des Pietismus, 3 Bde., Bonn 1880 bis 1886 (Neudruck Berlin 1966).

MARTIN SCHMIDT: Pietismus, Stuttgart 1983[3] (TB).

ERICH BEYREUTHER: Geschichte des Pietismus, Stuttgart 1978.

MARTIN GRESCHAT (Hg.): Zur neueren Pietismusforschung (Wege der Forschung Bd. 440), Darmstadt 1977.

JOHANNES WALLMANN: Philipp Jakob Spener und die Anfänge des Pietismus, Tübingen 1985[2].

ERICH SEEBERG: Gottfried Arnold, Meerane 1923 (Neudruck Darmstadt 1964).

HERMANN DÖRRIES: Geist und Geschichte bei Gottfried Arnold, Göttingen 1963.

HEINZ RENKEWITZ: Hochmann von Hochenau (1670–1721), Witten 1969[2].

KLAUS DEPPERMANN: Der hallesche Pietismus und der preußische Staat unter Friedrich III. (I.), Göttingen 1961.

CARL HINRICHS: Preußentum und Pietismus, Göttingen 1971.

ERHARD PESCHKE: Studien zur Theologie August Hermann Franckes, 2 Bde., Berlin 1964–1966.

ERICH BEYREUTHER: August Hermann Francke und die Anfänge der ökumenischen Bewegung, Hamburg-Bergstedt 1957.

HARTMUT LEHMANN: Pietismus und weltliche Ordnung in Württemberg vom 17. bis zum 20. Jahrhundert, Stuttgart 1969.

GOTTFRIED MÄLZER: Johann Albrecht Bengel, Stuttgart 1970.

ERICH BEYREUTHER: Nikolaus Ludwig von Zinzendorf in Selbstzeugnissen und Bilddokumenten, Stuttgart 1975.

LEIV AALEN: Die Theologie des jungen Zinzendorf, Berlin 1966.

WILHELM GOETERS: Die Vorbereitung des Pietismus in der reformierten Kirche der Niederlande bis zur labadistischen Krisis 1670, Leipzig 1911 (Neudruck Amsterdam 1974).

CORNELIS PIETER VAN ANDEL: Gerhard Tersteegen, Wageningen 1961.

EMANUEL HIRSCH: Geschichte der neuern evangelischen Theologie im Zusammenhang mit den allgemeinen Bewegungen des europäischen Denkens, 5 Bde., Gütersloh 1968[4].

WOLFGANG PHILIPP: Das Zeitalter der Aufklärung (Klassiker des Protestantismus VII), Bremen 1963.

WOLFGANG PHILIPP: Das Werden der Aufklärung in theologiegeschichtlicher Sicht, Göttingen 1957.

MARTIN GRESCHAT (Hg.): Die Aufklärung (Gestalten der Kirchengeschichte Bd 8), Stuttgart 1983.

KURT HUBER: Leibniz, München 1951.

KURT HILDEBRANDT: Leibniz und das Reich der Gnade, Den Haag 1953.

MAX WUNDT: Die deutsche Schulphilosophie im Zeitalter der Aufklärung, Tübingen 1945 (Neudruck Hildesheim 1964).

KLAUS SCHOLDER: Ursprünge und Probleme der Bibelkritik im 17. Jahrhundert. Ein Beitrag zur Entstehung der historisch-kritischen Theologie, München 1966.

GOTTFRIED HORNIG: Die Anfänge der historisch-kritischen Theologie. Johann Salomo Semlers Schriftverständnis und seine Stellung zu Luther, Göttingen 1961.

KARL ANER: Die Theologie der Lessingzeit, Halle 1929 (Neudruck Hildesheim 1964).

REINHARD KRAUSE: Die Predigt der späten deutschen Aufklärung (1770–1805), Stuttgart 1965.

ALBERT SCHWEITZER: Geschichte der Leben-Jesu-Forschung, Tübingen 1984[9] (TB).

VIERTER ABSCHNITT: DAS 19. JAHRHUNDERT BIS ZUM 1. WELTKRIEG

FRANZ SCHNABEL: Deutsche Geschichte im neunzehnten Jahrhundert, 4 Bde., 1948 ff. (insbesondere Bd. IV: Die religiösen Kräfte); TB: Freiburg 1964/65.

HEINRICH HERMELINK: Das Christentum in der Menschheitsgeschichte. Von der französischen Revolution bis zur Gegenwart, 3 Bde., Tübingen-Stuttgart 1951–55 (unvollendet, reicht bis zum 1. Weltkrieg).

ERNST RUDOLF HUBER – WOLFGANG HUBER: Staat und Kirche im 19. und 20. Jahrhundert. Dokumente zur Geschichte des deutschen Staatskirchenrechts, 3 Bde., Berlin 1973–1983.

ROGER AUBERT – JOHANNES BECKMANN – PATRICK J. CORISH – RUDOLF LILL: Die Kirche zwischen Revolution und Restauration, in: Handbuch der Kirchengeschichte, hg. H. Jedin, Band VI 1, Freiburg-Basel-Wien 1978[2].

MARTIN GRESCHAT (Hg.): Theologen des Protestantismus im 19. und 20. Jahrhundert, 2 Bde., Stuttgart 1978 (TB).

HEINZ BOLLI (Hg.): Schleiermacher – Auswahl. Mit einem Nachwort von Karl Barth, Gütersloh 1983[3] (TB).

WILHELM DILTHEY: Leben Schleiermachers, I. (1870) Berlin 1970[3]; II, Berlin 1966.

MARTIN REDEKER: Friedrich Schleiermacher, Berlin 1968.

HANS KÜNG: Menschwerdung Gottes. Eine Einführung in Hegels theologisches Denken, Freiburg-Basel-Wien 1970.

MICHAEL THEUNISSEN: Hegels Lehre vom absoluten Geist als theologisch-politischer Traktat, Berlin 1970.

ERICH BEYREUTHER: Die Erweckungsbewegung, in: Die Kirche in ihrer Geschichte, hg. K. D. Schmidt – E. Wolf, Band 4, Lieferung R 1, Göttingen 1977[2].

ERICH FOERSTER: Die Entstehung der preußischen Landeskirche, 2 Bde., Tübingen 1905–07.

WALTER ELLIGER (Hg.): Die Evangelische Kirche der Union. Ihre Vorgeschichte und Geschichte, Witten 1967.

HORST STEPHAN – MARTIN SCHMIDT: Geschichte der evangelischen Theologie seit dem deutschen Idealismus, Berlin-New York 1973[3].

KARL BARTH: Die protestantische Theologie im 19. Jahrhundert. Ihre Vorgeschichte und ihre Geschichte, Zollikon-Zürich 1981[4].

AGNES VON ZAHN-HARNACK: Adolf von Harnack, Berlin 1951[2].

WILLIAM O. SHANAHAN: Der deutsche Protestantismus vor der sozialen Frage 1815–1871, dt. München 1962.

GÜNTER BRAKELMANN: Die soziale Frage des 19. Jahrhunderts, Witten 1981[7].

WALTER BREDENDIEK: Christliche Sozialreformer des 19. Jahrhunderts, Leipzig 1953.

THEODOR HEUSS: Friedrich Naumann. Der Mann, das Werk, die Zeit, München-Hamburg 1968[3] (TB).

LEO SCHEFFCZYK (Hg.): Theologie in Aufbruch und Widerstreit. Die deutsche katholische Theologie im 19. Jahrhundert, Bremen 1965.

KARL BUCHHEIM: Ultramontanismus und Demokratie. Der Weg der deutschen Katholiken im 19. Jahrhundert, München 1963.

HEINRICH BORNKAMM: Die Staatsidee im Kulturkampf, Darmstadt 1969.

FÜNFTER ABSCHNITT: DER WEG DER KIRCHE NACH DEM 1. WELTKRIEG

ANDREAS LINDT: Das Zeitalter des Totalitarismus (Christentum und Gesellschaft Bd. 13), Stuttgart 1981.

KARL KUPISCH: Die deutschen Landeskirchen im 19. und 20. Jahrhundert, in: Die Kirche in ihrer Geschichte, hg. K. D. Schmidt – E. Wolf, Band 4, Lieferung R 2, Göttingen 1975[2].

KARL KUPISCH (Hg.): Quellen zur Geschichte des deutschen Protestantismus 1871–1945, München - Hamburg 1965 (TB).

HANS-JÜRGEN SCHULTZ (Hg.): Tendenzen der Theologie im 20. Jahrhundert. Eine Geschichte in Porträts, Stuttgart - Olten 1967[2].

JOHANNES RATHJE: Die Welt des freien Protestantismus. Ein Beitrag zur deutsch-evangelischen Geistesgeschichte, dargestellt an Leben und Werk von Martin Rade, Stuttgart 1952.

JÜRGEN MOLTMANN (Hg.): Anfänge der dialektischen Theologie, I–II. München 1977[4]/1977[3] (Bd. I: Karl Barth, Heinrich Barth, Emil Brunner; Bd. II: Rudolf Bultmann, Friedrich Gogarten, Eduard Thurneysen).

EBERHARD BUSCH: Karl Barths Lebenslauf, München 1978[3].

EBERHARD BETHGE: Dietrich Bonhoeffer, München 1983⁵.
ERNST WOLF: Barmen, München 1970².
FRIEDRICH ZIPFEL: Kirchenkampf in Deutschland 1933–1945. Religionsverfolgung und Selbstbehauptung der Kirche in der nationalsozialistischen Zeit, Berlin 1965.
KURT MEIER: Die Deutschen Christen, Göttingen 1964.
KURT MEIER: Der evangelische Kirchenkampf, 3 Bde., Göttingen 1984².
JOHN S. CONWAY: Die nationalsozialistische Kirchenpolitik 1933–1945, dt. München 1969.
KLAUS SCHOLDER: Die Kirchen und das Dritte Reich, Bd. 1, Frankfurt 1977.
HANS MÜLLER (Hg.): Katholische Kirche und Nationalsozialismus, München 1965 (TB).
HELMUT QUARITSCH – HERMANN WEBER (Hg.): Staat und Kirchen in der Bundesrepublik, Bad Homburg - Berlin - Zürich 1967.
RUTH ROUSE – STEPHAN CHARLES NEILL: Geschichte der ökumenischen Bewegung, 3 Bde., dt. Göttingen 1963²–1974.
GOTTFRIED MARON: Die römisch-katholische Kirche von 1870 bis 1970, in: Die Kirche in ihrer Geschichte, hg. K. D. Schmidt – E. Wolf, Band 4, Lieferung N 2, Göttingen 1972.
GEORG SCHWAIGER: Geschichte der Päpste im 20. Jahrhundert, München 1968 (TB).
KARL RAHNER – HERBERT VORGRIMLER (Hg.): Kleines Konzilskompendium. Alle Konstitutionen, Dekrete und Erklärungen des 2. Vaticanums, Freiburg 1982¹⁶ (TB).

Personenregister

Ortsregister

Sachregister